OECD-Wirtschaftsberichte: Deutschland 2025

OECD
BESSERE POLITIK FÜR EIN BESSERES LEBEN

Dieses Dokument sowie die darin enthaltenen Daten und Karten berühren weder den völkerrechtlichen Status von Territorien noch die Souveränität über Territorien, den Verlauf internationaler Grenzen und Grenzlinien sowie den Namen von Territorien, Städten oder Gebieten.

Die statistischen Daten für Israel wurden von den zuständigen israelischen Stellen bereitgestellt, die für sie verantwortlich zeichnen. Die Verwendung dieser Daten durch die OECD erfolgt unbeschadet des völkerrechtlichen Status der Golanhöhen, von Ost-Jerusalem und der israelischen Siedlungen im Westjordanland.

Anmerkung der Republik Türkiye
Die Informationen zu „Zypern" in diesem Dokument beziehen sich auf den südlichen Teil der Insel. Es existiert keine Instanz, die sowohl die türkische als auch die griechische Bevölkerung der Insel vertritt. Türkiye erkennt die Türkische Republik Nordzypern (TRNZ) an. Bis im Rahmen der Vereinten Nationen eine dauerhafte und gerechte Lösung gefunden ist, wird sich Türkiye ihren Standpunkt in der „Zypernfrage" vorbehalten.

Anmerkung aller in der OECD vertretenen EU-Mitgliedstaaten und der Europäischen Union
Die Republik Zypern wird von allen Mitgliedern der Vereinten Nationen mit Ausnahme der Republik Türkiye anerkannt. Die Informationen in diesem Dokument beziehen sich auf das Gebiet, das sich unter der tatsächlichen Kontrolle der Regierung der Republik Zypern befindet.

Bitte zitieren Sie diese Publikation wie folgt:
OECD (2025), *OECD-Wirtschaftsberichte: Deutschland 2025*, OECD Publishing, Paris, https://doi.org/10.1787/edfb037f-de.

ISBN 978-92-64-52143-8 (Druckfassung)
ISBN 978-92-64-97776-1 (PDF)
ISBN 978-92-64-75722-6 (HTML)

OECD-Wirtschaftsberichte: Deutschland
ISSN 1995-3216 (Druckfassung)
ISSN 1999-0278 (Online)

Originaltitel: OECD (2025), *OECD Economic Surveys: Germany 2025*, OECD Publishing, Paris, https://doi.org/10.1787/39d62aed-en.
Übersetzung durch den Deutschen Übersetzungsdienst der OECD.

Bildnachweis: Deckblatt © saiko3p/Shutterstock.com. Kapitel 1 © Anticiclo/Shutterstock.com. Kapitel 2 © Gorodenkoff/Shutterstock.com. Kapitel 3 © bbernard/Shutterstock.com. Kapitel 4 © saiko3p/Shutterstock.com.

Korrigenda zu OECD-Publikationen sind verfügbar unter: https://www.oecd.org/en/publications/support/corrigenda.html.

Vorwort

Dieser Bericht wird unter der Verantwortung des OECD-Prüfungsausschusses für Wirtschafts- und Entwicklungsfragen (EDRC) veröffentlicht, dem die Prüfung der Wirtschaftslage der Mitgliedsländer obliegt.

Der Berichtsentwurf des OECD-Sekretariats wurde für den Ausschuss von Robert Grundke, Enes Sunel und Christian Wittneben unter der Leitung von Mame Fatou Diagne erstellt. Für die Forschungsbeiträge von Lisa Gerland, Rudy Verlhac und Martin Reinhard vom DynEmp-Team der OECD-Direktion Wissenschaft, Technologie und Innovation sowie Christiana Vitale und Eszter Danitz von der OECD-Hauptabteilung Wirtschaft sei an dieser Stelle gebührend gedankt.

Statistische wissenschaftliche Unterstützung leistete Corinne Chanteloup. Laura Fortin und Robin Houng Lee kümmerten sich um die redaktionelle Aufbereitung. Weitere wichtige Beiträge und Kommentare kamen vom OECD-Zentrum für Unternehmertum, KMU, Regionen und Städte, dem OECD-Zentrum für Steuerpolitik und -verwaltung, der Direktion Finanz- und Unternehmensfragen, der Direktion Bildung und Kompetenzen, der Direktion Beschäftigung, Arbeit und Sozialfragen, dem OECD-Zentrum für Kompetenzen, der Direktion Wissenschaft, Technologie und Innovation sowie der Direktion Öffentliche Governance.

Die Wirtschaftslage und -politik Deutschlands wurde am 2. April 2025 vom Prüfungsausschuss unter Beteiligung von Vertreter*innen der zuständigen Stellen in Deutschland geprüft. Im Anschluss an diese Prüfung wurde der Bericht überarbeitet und in seiner vom gesamten Ausschuss vereinbarten Form am 28. Mai 2025 endgültig angenommen.

Der letzte OECD-Wirtschaftsbericht Deutschland erschien im Mai 2023.

Informationen über aktuelle und frühere Wirtschaftsberichte sowie den Prozess ihrer Erstellung finden sich unter http://www.oecd.org/eco/surveys.

Inhaltsverzeichnis

Tabellen

Abbildungen

Kästen

Statistische Eckdaten für Deutschland, 2024

(Die Angaben in Klammern beziehen sich auf den OECD-Durchschnitt)

LAND, BEVÖLKERUNG UND WAHLEN					
Bevölkerung (Millionen, 2023)	83.3		Bevölkerungsdichte je km² (2023)	238.4	(39.2)
Unter 15 Jahre (in %, 2023)	13.9	(16.9)	Lebenserwartung (in Jahren, 2022)	80.7	(80.6)
Über 65 Jahre (in %, 2023)	22.8	(18.2)	Männer (2022)	78.3	(78.0)
Im Ausland Geborene (in %)	19.8	(15.7)	Frauen (2022)	83.0	(83.2)
Durchschnittl. Wachstum der letzten 5 Jahre (in %)	0.1	(0.4)	Letzte Wahlen	Februar 2025	
WIRTSCHAFT					
Bruttoinlandsprodukt (BIP)			Anteile an der Wertschöpfung (in %, 2023)		
In jeweiligen Preisen (Mrd. USD)	4 659.7		Land- und Forstwirtschaft, Fischerei	0.9	(2.7)
In jeweiligen Preisen (Mrd. EUR)	4 307.9		Industrie, einschl. Baugewerbe	29.4	(27.1)
Durchschnittl. Realwachstum der letzten 5 Jahre (in %)	0.0	(1.7)	Dienstleistungen	69.7	(70.2)
Pro Kopf der Bevölkerung (Tsd. USD KKP, 2023)[1]	69.2	(59.0)			
STAAT (In Prozent des BIP)					
Ausgaben (OECD: 2023)	49.5	(42.4)	Bruttostaatsverschuldung (OECD: 2023)	63.2	(110.6)
Einnahmen (OECD: 2023)	46.7	(37.9)	Nettostaatsverschuldung (OECD: 2023)	25.8	(67.2)
ZAHLUNGSBILANZ					
Wechselkurs (EUR je USD)	0.92		Wichtigste Exporte (in % der gesamten Warenausfuhr)		
KKP-Wechselkurs (USA = 1)	0.73		Maschinen und Elektronik	26.9	
In % des BIP			Fahrzeuge	19.5	
Ausfuhr von Waren und Dienstleistungen	42.2	(30.5)	Chemische Erzeugnisse	14.6	
Einfuhr von Waren und Dienstleistungen	38.3	(30.2)	Wichtigste Importe (in % der gesamten Wareneinfuhr)		
Leistungsbilanzsaldo	5.7	(-0.5)	Maschinen und Elektronik	26.7	
Nettoauslandsvermögen	78.0		Chemische Erzeugnisse	12.6	
			Fahrzeuge	11.9	
ARBEITSMARKT, QUALIFIKATIONEN UND INNOVATION					
Beschäftigungsquote (Bevölk. ab 15 J.) (in %)	59.7	(58.0)	Arbeitslosenquote, Arbeitskräfteerheb. (Bevölk. ab 15 J.) (in %)	3.4	(4.9)
Männer	64.5	(65.4)	Junge Menschen (15–24 J.) (in %)	6.6	(11.1)
Frauen	55.1	(51.0)	Langzeitarbeitslose (1 Jahr und mehr, 2023) (in %)	0.9	(1.0)
Erwerbsquote (Bevölk. ab 15 J.) (in %)	61.8	(61.0)	Abschlussquote im Tertiärbereich (25–64 J., 2023) (in %)	33.4	(41.0)
Durchschnittlich geleistete Jahresarbeitsstunden (OECD: 2023)	1 332	(1 669)	Bruttoinlandsausgaben für FuE (2022, in % des BIP)	3.1	(3.0)
UMWELT					
Gesamt-Primärenergieaufkommen pro Kopf (2023, t RÖE)	2.9	(3.7)	Pro-Kopf-CO_2-Emiss. aus Verbrenn. foss. Energieträger (in t, 2023)	6.5	(7.6)
Erneuerbare Energien (in %, 2023)	19.6	(12.5)	Wasserentnahme pro Kopf (1 000 m³, 2019)	0.2	
Belastung durch Luftschadstoffe (über 10 µg/m³ Feinstaub ($PM_{2,5}$), in % der Bevölkerung, 2020)	54.0	(56.5)	Siedlungsabfälle pro Kopf (in t, 2023)	0.6	(0.6)
GESELLSCHAFT					
Einkommensungleichheit (Gini-Koeffizient, 2020, OECD: letztverfügbare Daten)	0.303	(0.316)	Bildungsergebnisse (PISA-Ergebnisse, 2022)		
Relative Armutsquote (in %, 2020, OECD: 2022)	11.6	(11.7)	Lesekompetenz	480	(476)
Mittleres verfügbares Haushaltseinkommen (in Tsd. USD KKP, 2020, OECD: 2021)	36.2	(30.0)	Mathematik	475	(472)
Öffentliche und private Ausgaben (in % des BIP)			Naturwissenschaften	492	(485)
Gesundheitsversorgung (2023)	11.8	(9.2)	Anteil der Frauen in den Parlamenten (in %)	35.3	(33.3)
Renten (2021)	11.6	(9.9)	ODA-Nettoleistungen (in % des BNE, 2022)	0.9	(0.4)
Bildung (Gesamtausgaben, 2020)	4.6	(5.1)			

Anmerkung: Die Jahreszahl ist in Klammern angegeben, wenn sie von der im Tabellentitel abweicht. Wenn die Quellendatenbank keinen OECD-Gesamtwert enthält, wird ein einfacher OECD-Durchschnitt der letztverfügbaren Daten berechnet, sofern für mindestens 80 % der Mitgliedsländer Daten vorliegen.

1. Der OECD-Gesamtwert bezieht sich auf den gewichteten Durchschnitt.

Quelle: Berechnungen ausgehend von Daten aus Datenbanken der OECD, der Internationalen Energieagentur, der Internationalen Arbeitsorganisation, des Internationalen Währungsfonds, der Vereinten Nationen und der Weltbank.

Zusammenfassung

Kernaussagen

Nach einem Jahrzehnt starken exportinduzierten Wachstums geriet die deutsche Wirtschaft durch die Coronapandemie, den russischen Angriffskrieg gegen die Ukraine und die zunehmenden handelspolitischen Spannungen unter Druck. Umso dringender müssen nun Strukturreformen vorangetrieben werden. Unter anderem gilt es,

- die mittelfristige Tragfähigkeit der öffentlichen Finanzen zu sichern, insbesondere durch mehr Ausgabeneffizienz, Ausgabenumschichtungen, eine Verbreiterung der Steuerbasis und Maßnahmen gegen den steigenden Ausgabendruck, der mit der Bevölkerungsalterung einhergeht,
- Bürokratielasten und regulatorische Wettbewerbshemmnisse abzubauen, um die Unternehmensdynamik, die Innovationstätigkeit und das Produktivitätswachstum anzukurbeln,
- dem Fachkräftemangel zu begegnen, indem die Arbeitsanreize für Frauen, Geringverdienende und ältere Arbeitskräfte erhöht, die Hindernisse für die Fachkräftemigration reduziert und die Aus-, Weiter- und Erwachsenenbildung verbessert werden,
- die regionale Entwicklung während der ökologischen und digitalen Transformation zu fördern, indem die Maßnahmen der regionalen Wirtschaftsförderung besser mit industrie-, infrastruktur- und innovationspolitischen Maßnahmen abgestimmt und die finanziellen und administrativen Kapazitäten der Kommunen gestärkt werden.

Die Energiekrise und die geopolitischen Spannungen haben die Dringlichkeit von Strukturreformen verstärkt

Das Wirtschaftswachstum könnte angekurbelt werden, indem die Unternehmensdynamik und Innovationstätigkeit gefördert, der Fachkräftemangel adressiert und die Infrastrukturinvestitionen erhöht werden. Unterstützung für die Regionen bei der erfolgreichen Bewältigung der ökologischen und digitalen Transformation würde helfen, bundesweit einen hohen Lebensstandard zu gewährleisten.

Nach einem Jahrzehnt mit dynamischem exportinduziertem Wachstum, Haushaltsüberschüssen und sinkender Arbeitslosigkeit hat sich das Wirtschaftswachstum verlangsamt. Die gestörten Lieferketten während und nach der Coronapandemie, die höheren Energiepreise und die zunehmenden handelspolitischen Spannungen haben der global ausgerichteten deutschen Wirtschaft stärker geschadet als anderen Volkswirtschaften. Umfassende staatliche Unterstützungsmaßnahmen und das schnelle Handeln der Regierung, um russisches Pipelinegas durch Gas aus anderen Quellen zu ersetzen, haben einen drastischeren Konjunkturabschwung verhindert. Der rasche Ausbau der erneuerbaren Energien hat die Energieversorgungssicherheit verbessert. Es bestehen jedoch nach wie vor strukturelle Herausforderungen, die das Wachstum bereits vor der Pandemie gebremst hatten.

Eine weitere Beschleunigung der Strukturreformen ist entscheidend, um das Wirtschaftswachstum anzukurbeln. Der Abbau von Bürokratielasten, u. a. durch eine schnellere Verwaltungsdigitalisierung, sowie die Stärkung des Wettbewerbs werden helfen, die Unternehmensdynamik und das Produktivitätswachstum zu steigern. Der Fachkräftemangel sollte angegangen werden, indem die Arbeitsanreize für Frauen, ältere Arbeitskräfte und Geringverdienende erhöht, die Hindernisse für die Fachkräftemigration weiter reduziert und die Aus- und Weiterbildung verbessert werden. Um weiterhin einen hohen Lebensstandard im ganzen Land zu gewährleisten, braucht es Politikmaßnahmen, die dafür sorgen, dass die Regionen den Strukturwandel erfolgreich meistern und zugleich die Daseinsvorsorge und öffentliche Investitionen gesichert werden.

Die Verringerung der politischen Unsicherheit und eine Kombination der geänderten Fiskalregeln mit Strukturreformen sind entscheidend für die Konjunkturerholung

Mehr Ausgabeneffizienz, Ausgabenumschichtungen, eine Verbreiterung der Steuerbasis sowie Maßnahmen, die dem steigenden Ausgabendruck aufgrund der Bevölkerungsalterung begegnen, würden helfen, die Infrastruktur- und Verteidigungsausgaben zu finanzieren und die mittelfristige Tragfähigkeit der öffentlichen Finanzen zu sichern.

Das BIP wird 2025 um 0,4 % und 2026 um 1,2 % wachsen. Die sinkende politische Unsicherheit nach dem Amtsantritt der neuen Regierung und die höheren Reallöhne werden den privaten Konsum beleben. Die Verteidigungsausgaben und Infrastrukturinvestitionen werden aufgrund der kürzlich reformierten Fiskalregeln und des großen Investitionsbedarfs voraussichtlich stark steigen. Zwar werden die hohen Zölle und die erhebliche handelspolitische Unsicherheit die Exporte und Investitionen im exportorientierten Verarbeitenden Gewerbe beeinträchtigen, doch dank der hohen Unternehmensersparnis und der sinkenden Zinssätze werden die privaten Investitionen insgesamt anziehen. Die Kerninflation wird angesichts des angespannten Arbeitsmarkts und der steigenden Inlandsnachfrage erhöht bleiben.

Die schnelle Verabschiedung eines Haushalts für 2025 ist wichtig, um die Unsicherheit über die Politikausrichtung, insbesondere die öffentlichen Investitionsvorhaben, weiter zu verringern. Die Planungs- und Genehmigungsverfahren für Infrastrukturvorhaben sowie die Vergabeverfahren sollten beschleunigt werden, um eine rasche Umsetzung der Investitions- und Ausgabenpläne zu gewährleisten. Damit der große Nachfrageschock nicht den Inflationsdruck in die Höhe treibt, sollten unbedingt Bürokratielasten und

Wettbewerbshemmnisse abgebaut und der Fachkräftemangel, insbesondere im Bausektor, angegangen werden.

Die Sicherung mittelfristig tragfähiger öffentlicher Finanzen erfordert eine Steigerung der Ausgabeneffizienz, Ausgabenumschichtungen und eine Verbreiterung der Steuerbasis. Eine schnellere Verwaltungsdigitalisierung, Verbesserungen bei der Evaluierung von Politikmaßnahmen und der öffentlichen Beschaffung sowie eine umfassendere Nutzung von Spending Reviews könnten die Ausgabeneffizienz erhöhen. Die Steigerung der Steuereinnahmen durch höhere Besteuerung von Grundeigentum, den Abbau von Vergünstigungen bei der Kapitalertrag-, Erbschafts-, Umsatz- und Umweltbesteuerung und die Stärkung des Steuervollzugs würde den Druck auf die Staatsfinanzen mindern und eine Senkung der hohen Steuern auf Arbeit ermöglichen.

Abbildung 1. Das Wirtschaftswachstum hat sich verlangsamt

Reales Pro-Kopf-BIP, 2000 = 100

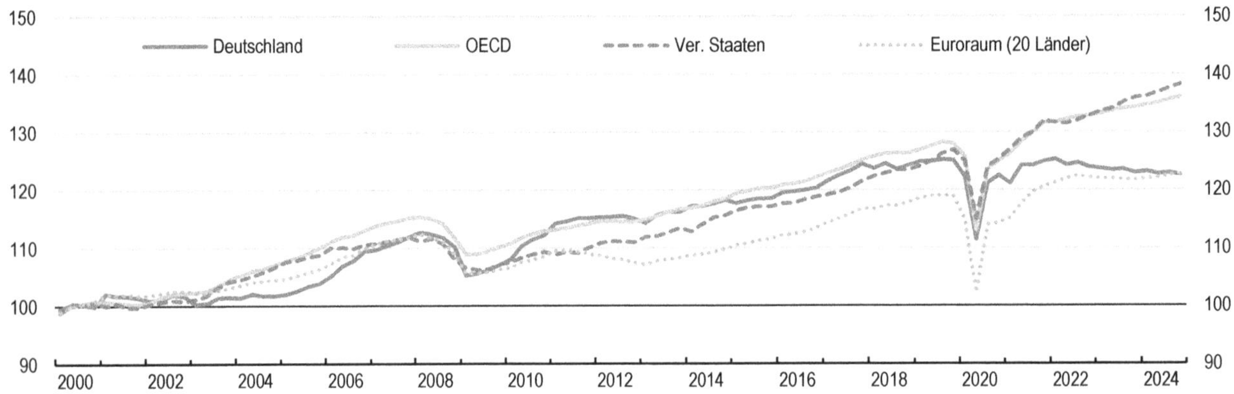

Quelle: *OECD Quarterly National Accounts* (Datenbank).

StatLink https://stat.link/lzwjec

Tabelle 1. Die Konjunkturerholung wird vom privaten Konsum ausgehen

Jährliche Wachstumsraten, in % (sofern nicht anders angegeben)

	2023	2024	2025	2026
Reales BIP	-0.1	-0.2	0.4	1.2
Privater Verbrauch	-0.2	0.2	0.9	1.0
Staatsverbrauch	-0.1	3.2	1.2	1.5
Investitionen	-0.7	-2.5	2.3	4.5
Waren- und Dienstleistungsexporte	0.2	-1.7	-0.3	0.6
Waren- und Dienstleistungsimporte	-0.3	-0.6	1.7	2.1
Arbeitslosenquote (in % der Erwerbsbevölkerung)	3.0	3.4	3.6	3.5
Inflation (HVPI)	6.0	2.5	2.4	2.1
Gesamtstaatlicher Finanzierungssaldo (in % des BIP)	-2.5	-2.7	-2.7	-3.3
Staatsverschuldung (Maastricht-Abgrenzung, in % des BIP)	62.9	62.4	63.4	64.6

Quelle: *OECD Economic Outlook 117* (Datenbank).

Dem zunehmenden Ausgabendruck aufgrund der Bevölkerungsalterung sollte durch Reformen des staatlichen Renten- und Gesundheitssystems begegnet werden. Um das Rentensystem zu stabilisieren und das Arbeitsangebot zu erhöhen, sollten finanzielle Frühverrentungsanreize sukzessive abgeschafft und die Arbeitsbedingungen und die Anreize für ältere Arbeitskräfte, länger im Erwerbsleben zu verbleiben, verbessert werden. Die Ausgabeneffizienz und Versorgungsqualität im Gesundheitswesen könnten gesteigert werden, wenn die jüngste Krankenhausreform durch weitere Maßnahmen zur Stärkung der ambulanten Versorgung ergänzt würde und die Digitalisierung des Gesundheitswesens schneller vorangetrieben würde.

Eine Stärkung kapitalgedeckter betrieblicher Altersvorsorgemodelle könnte die soziale Absicherung verbessern und zur Vertiefung der Kapitalmärkte beitragen. Mehr als die Hälfte der Beschäftigten verfügt über eine betriebliche Altersvorsorge, ein erheblicher Teil dieser Betriebsrenten basiert jedoch auf Direktzusagen und ist nicht kapitalgedeckt. Eine schrittweise Abschaffung der Direktzusagen durch die Einführung einer Pflichtmitgliedschaft in kapitalgedeckten betrieblichen Altersvorsorgeplänen für Neueinstellungen, eine Anhebung der aufsichtsrechtlichen Grenzen für Investitionen in private Vermögenswerte und eine Verbesserung der finanziellen Bildung der Sozialpartner würden zur Vertiefung der Kapitalmärkte beitragen.

Mehr Wettbewerb würde die Unternehmensdynamik und das Wirtschaftswachstum beleben

Hemmnisse für den Marktzutritt und das Wachstum von Unternehmen haben die Unternehmensdynamik, die Investitionstätigkeit und das Produktivitätswachstum beeinträchtigt. Der Abbau von Bürokratielasten, u. a. durch eine schnellere Verwaltungsdigitalisierung, sowie eine wettbewerbsfreundlichere Regulierung würden helfen, die Unternehmensdynamik, die Innovationstätigkeit und das Produktivitätswachstum zu fördern.

Im Dienstleistungssektor bestehen nach wie vor erhebliche Wettbewerbshemmnisse. Die restriktiven Berufszugangsregeln und Zulassungsanforderungen für Unternehmensgründungen sollten gelockert werden. Öffentliche Unternehmen haben ein größeres Tätigkeitsspektrum und eine schwächere Governance als im OECD-Durchschnitt und die Durchsetzung der Wettbewerbsneutralität könnte verbessert werden. Größere Befugnisse für das Bundeskartellamt, um wettbewerbshemmende Entscheidungen von öffentlichen Organen oder Regulierungsbehörden anzufechten, sowie mehr Transparenz bei Subventionen für öffentliche Unternehmen könnten zu einer Stärkung des Wettbewerbs beitragen. Die Fortsetzung der Korruptionsbekämpfung ist entscheidend, um faire Wettbewerbsbedingungen zu gewährleisten.

Eine schnellere Verwaltungsdigitalisierung würde helfen, den Bürokratieaufwand zu verringern. Es gibt keinen One-Stop-Shop für die Unternehmensgründung, weil viele dezentrale Register und Verwaltungsverfahren noch immer nicht digitalisiert und/oder miteinander verknüpft sind. Die Festlegung verbindlicher einheitlicher IT-Standards, eine kommunen- und länderübergreifende Harmonisierung von Verwaltungsverfahren und die Verbesserung der Digitalkompetenzen öffentlich Bediensteter sind zentral für die Verwaltungsdigitalisierung. Die jüngsten Bemühungen zur ebenenübergreifenden Überarbeitung, Vereinfachung und Vereinheitlichung von Regelungen und Verwaltungsverfahren sollten ausgeweitet werden.

Abbildung 2. Das Unternehmenswachstum nach der Gründung ist vergleichsweise schwach

Wachstumsrate neuer Marktteilnehmer, nach drei Jahren, in %

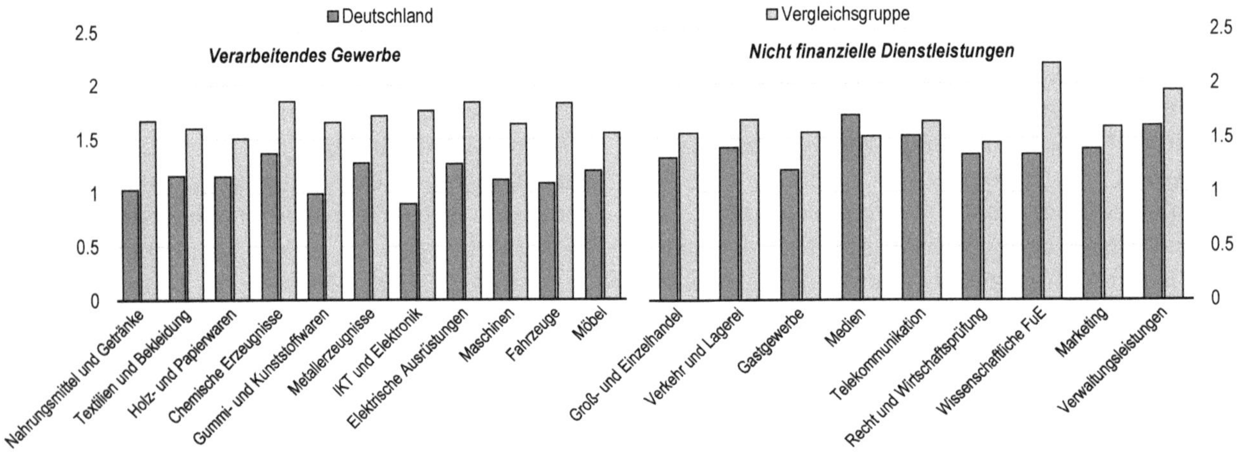

Quelle: *OECD DynEmp (v3_2)* (Datenbank).

StatLink https://stat.link/go8zkx

Der Fachkräftemangel muss beseitigt werden, um das Wirtschaftswachstum anzukurbeln

Der große Fachkräftemangel hängt u. a. mit einem Rückgang der geleisteten Arbeitsstunden und einem zunehmenden Kompetenz-Mismatch am Arbeitsmarkt zusammen. Die rasche Bevölkerungsalterung verschärft das Problem weiter. Entsprechend wichtig ist es, die Arbeitsanreize – insbesondere für Frauen, ältere Arbeitskräfte und Geringverdienende – zu erhöhen, die Aus- und Weiterbildung zu verbessern und die Fachkräftemigration zu erleichtern.

Die hohe Teilzeitquote, vor allem bei Frauen, führt dazu, dass in Deutschland vergleichsweise wenige Arbeitsstunden geleistet werden. Eine Senkung der Grenzsteuersätze für Zweitverdienende und ein besseres Angebot an Ganztagskinderbetreuung würden helfen, das Arbeitsangebot von Frauen zu steigern. Befreiungen von der Sozialversicherungs- und Steuerpflicht für geringfügige Beschäftigungen (Minijobs) sollten auf Schüler*innen und Studierende beschränkt werden. Zugleich sollten die Transferentzugsraten von sozialen Leistungen reduziert werden.

Finanzielle Frühverrentungsanreize sind einer der Gründe, warum viele gut ausgebildete und gesunde Arbeitskräfte vor dem gesetzlichen Rentenalter aus dem Erwerbsleben ausscheiden, während die Volkswirtschaft unter Fachkräftemangel leidet. Diese Anreize sollten abgeschafft werden, damit die Rentenabschläge bei vorzeitigem Renteneintritt zumindest versicherungsmathematisch neutral sind.

Viele junge Erwachsene haben aufgrund von unzureichenden Grundkompetenzen keinen Berufsabschluss. Zugleich steigt durch den Strukturwandel der Umschulungs- und Weiterqualifizierungsbedarf. Eine wesentliche Priorität sollten daher qualitative Verbesserungen der Erwachsenenbildung und des Übergangsbereichs in der beruflichen Bildung sein. Dies sollte mit Qualitätssteigerungen bei der frühkindlichen und Grundbildung, u. a. durch die Einführung eines obligatorischen Vorschuljahres zur Vermittlung von Grundkompetenzen, einhergehen. Um die Weiterbildungsqualität und -teilnahme zu fördern, sollten standardisierte Qualitätszertifizierungen geschaffen werden, die klare Benchmarks für die Kursinhalte, Unterrichtsqualität und Lernergebnisse von Weiterbildungen setzen. Zudem sollte die Finanzierung für nicht formale Weiterbildungen und Umschulungen ausgebaut werden.

Abbildung 3. Unternehmen haben erhebliche Schwierigkeiten bei der Stellenbesetzung

Schwierigkeiten bei der Personalgewinnung, 2022–2023, in % der Unternehmen

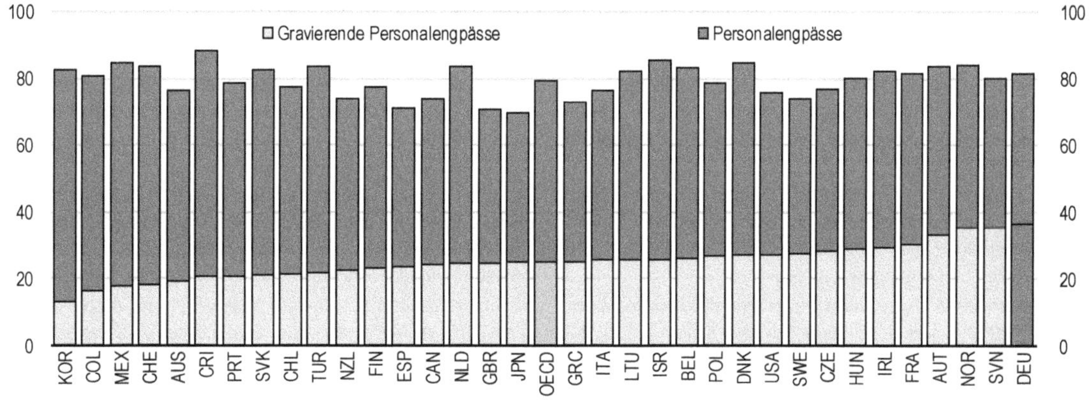

Quelle: Filippucci, Laengle und Marcolin (erscheint demnächst), „The firm side of labour shortages: 5 facts from the GFP Employer Survey", *OECD Productivity Working Paper*, OECD Publishing, Paris, auf der Basis von Daten aus dem GFP Employer Survey.

StatLink https://stat.link/vnmpzc

Regionalförderung ist entscheidend für einen erfolgreichen Strukturwandel

Die regionalen Ungleichheiten sind nach wie vor beträchtlich und drohen sich durch die ökologische und digitale Transformation zu vergrößern. Um die regionale Entwicklung zu unterstützen, müssen die Maßnahmen der regionalen Wirtschaftsförderung besser mit industrie-, infrastruktur- und innovationspolitischen Maßnahmen abgestimmt und die finanziellen und administrativen Kapazitäten der Kommunen gestärkt werden.

Transfers zwischen verschiedenen staatlichen Ebenen mit Auswirkungen auf die regionale Entwicklung sollten besser koordiniert werden. Die Regionalfördermaßen sind nicht mit den wesentlich umfangreicheren zweckgebundenen Zuweisungen des Bundes und industriepolitischen Maßnahmen koordiniert. Auch wenn sich ihre Zielsetzungen unterscheiden können, zielen diese Maßnahmen doch häufig auf die gleichen Bereiche ab. Die unzureichende Koordinierung verringert die Ausgabeneffizienz.

Die Einnahmen der Kommunen aus der laufenden Besteuerung von unbeweglichem Vermögen sind niedrig, obwohl die Gebäude- und Grundstückspreise stark gestiegen sind. Die Nutzung aktualisierter Immobilienwerte zur Steigerung der Einnahmen aus der Grundsteuer würde die Finanzlage der Kommunen und ihre Anreize zur Erhöhung der Ausgabeneffizienz stärken, da die lokale Bevölkerung eher geneigt sein dürfte, die Kommunen für ihre Ausgabenentscheidungen zur Rechenschaft zu ziehen. Eine stärkere Zusammenarbeit zwischen den Kommunen, z. B. durch gemeinsame Beschaffungsinitiativen, könnte die Ausgabeneffizienz und die Verwaltungskapazitäten erheblich steigern.

In Gebieten mit hohem Angebot an erneuerbaren Energien sind die Netzentgelte höher. Dies verringert die Akzeptanz der erneuerbaren Energien in der Öffentlichkeit und senkt die Anreize für Unternehmen, dorthin überzusiedeln, wo Grünstrom erzeugt wird. Da viele dieser Regionen eher wirtschaftsschwach sind, könnte eine Angleichung der Netzentgelte oder eine weitere Verbesserung der Netzentgeltanreize für die Übersiedlung von Unternehmen in Gebiete, die mit Strom aus erneuerbaren Energien versorgt werden, die Ziele der Regionalentwicklungspolitik und die ökologische Transformation unterstützen.

Die ökologische und digitale Transformation werden zu einer Reallokation von Arbeit zwischen Sektoren und Unternehmen führen und drohen Ungleichheiten zu verstärken. Um die Anpassungskosten für die Arbeitskräfte zu verringern und dem Fachkräftemangel zu begegnen, ist es entscheidend, Arbeitslosen mehr Möglichkeiten zur Umschulung oder Weiterqualifizierung zu bieten, auch beispielsweise durch die Nachholung von Berufs- oder Bildungsabschlüssen, und die Koordinierung zwischen den Jobcentern und den Arbeitgebenden vor Ort zu verbessern. Wenn Einnahmen aus der CO_2-Bepreisung genutzt werden, um vulnerable Haushalte zu unterstützen, können die negativen Verteilungseffekte der CO_2-Bepreisung verringert und die Akzeptanz der ökologischen Transformation gesteigert werden.

Wichtigste Feststellungen und zentrale Empfehlungen

Wichtigste Feststellungen	Zentrale Empfehlungen
Fiskalpolitik und Finanzmärkte stärken	
Es bedarf Investitionen zur Verbesserung der Verteidigungskapazitäten und zum Abbau des großen Infrastrukturstaus. Die jüngsten Reformen der Fiskalregeln gestatten eine zusätzliche Kreditaufnahme, um diesen Bedarf zu decken, während zugleich der durch die Bevölkerungsalterung bedingte Ausgabendruck steigt.	Fiskalischen Spielraum für öffentliche Investitionen schaffen: Ausgabeneffizienz steigern, Ausgaben umschichten und die Steuerbasis verbreitern, u. a. durch den Abbau von Steuervergünstigungen und eine Stärkung des Steuervollzugs.
Die effektive Besteuerung des Faktors Arbeit ist hoch, was die Arbeitsanreize verringert. Die Einnahmen aus der Besteuerung von Grundeigentum, Kapitalerträgen und Erbschaften sowie aus Alkohol- und Tabaksteuern sind im OECD-Vergleich niedrig.	Die Einkommensteuer senken, die Einnahmen aus der Grundsteuer sowie aus Alkohol- und Tabaksteuern erhöhen und die Vergünstigungen bei der Besteuerung von Kapitaleinkünften, bei der Erbschaftsteuer, der Umsatzsteuer und den Umweltsteuern verringern.
Etwa die Hälfte der Beschäftigten verfügt über eine betriebliche Altersvorsorge, ein erheblicher Teil dieser Betriebsrenten basiert jedoch auf Direktzusagen und ist nicht kapitalgedeckt. Dadurch stehen den Kapitalmärkten weniger Mittel zur Verfügung.	Die Direktzusagen schrittweise abschaffen und durch eine Pflichtmitgliedschaft in kapitalgedeckten betrieblichen Altersvorsorgeplänen für neu eingestellte Mitarbeitende ersetzen.
Den Wettbewerb fördern, um die Unternehmensdynamik und das Produktivitätswachstum wieder anzukurbeln	
Die hohen Bürokratiekosten sind auf komplizierte Regelungen und Verwaltungsverfahren zurückzuführen, die sich zwischen verschiedenen Bundesländern und Kommunen unterscheiden. Sie hemmen den Marktzugang und das Wachstum von Unternehmen in vielen Wirtschaftsbereichen, wie z. B. im Baugewerbe.	Größere Anstrengungen unternehmen, um bestehende Regelungen und Verwaltungsverfahren ebenenübergreifend zu überarbeiten, zu vereinfachen und zu vereinheitlichen.
Die Gründung eines Unternehmens ist mit erheblichem Bürokratieaufwand verbunden. Es gibt keinen One-Stop-Shop für die Unternehmensgründung, weil viele dezentrale Register und Verwaltungsverfahren noch immer nicht digitalisiert und/oder miteinander verknüpft sind.	Verbindliche einheitliche Standards für das Design und die Verknüpfung von Daten und IT-Tools aufstellen und rechtliche Hürden für die Verknüpfung dezentraler Register beseitigen. Einen One-Stop-Shop für alle bei einer Unternehmensgründung erforderlichen Verwaltungsverfahren einrichten.
Die Wettbewerbshemmnisse im Dienstleistungssektor sind nach wie vor höher als im OECD-Durchschnitt. Für viele Berufe gelten Zulassungs- und Qualifikationsanforderungen, zugleich aber sorgt der Arbeitskräftemangel für erhebliche Angebotsengpässe.	Berufszugangsbeschränkungen abbauen, insbesondere im Handwerk.
Die neuen Eingriffsbefugnisse des Bundeskartellamts im Rahmen von Sektoruntersuchungen erfordern Einvernehmen mit der Regulierungsbehörde, um Störungen des Wettbewerbs zu beseitigen. Bei der Konzessionsvergabe für lokale Infrastrukturen wurden in jüngerer Zeit häufig kommunale Unternehmen bevorzugt.	Die Befugnisse des Bundeskartellamts stärken, wettbewerbshemmende Entscheidungen von öffentlichen Organen oder Regulierungsbehörden anzufechten.
Kapazitätsengpässe, die Duplizierung von Zuständigkeiten sowie unzureichende Zusammenarbeit zwischen Strafverfolgungs- und Finanzbehörden auf Länder- und Bundesebene erschweren die Bekämpfung von Geldwäsche und Steuerkriminalität.	Die Pläne zur Einrichtung eines Bundesfinanzkriminalamts umsetzen und dessen Ermittlungskapazitäten, Datenzugang und Zusammenarbeit mit den Strafverfolgungs- und Finanzbehörden der Länder verbessern.
Den Fachkräftemangel beheben	
Mehr als ein Sechstel der Erwerbsbevölkerung arbeitet in Teilzeitjobs, in denen keine arbeitnehmerseitigen Sozialversicherungsbeiträge entrichtet werden müssen (Minijobs). Minijobber verfügen nur über eine schwache soziale Absicherung sowie geringe Weiterbildungs- und Karrieremöglichkeiten.	Minijobs auf Schüler*innen und Studierende beschränken und die Sozialversicherungsbeiträge für Verdienste unterhalb der derzeitigen Minijob-Grenze gleitend ansteigen lassen.
Das effektive Erwerbsaustrittsalter liegt deutlich unter dem gesetzlichen Rentenalter. Frühverrentungsprogramme werden hauptsächlich von Arbeitskräften mit höherem Bildungsniveau und Einkommen sowie einem überdurchschnittlichen Gesundheitszustand genutzt.	Finanzielle Frühverrentungsanreize abschaffen, damit die Abschläge bei vorgezogenem Renteneintritt zumindest versicherungsmathematisch neutral sind, und das gesetzliche Rentenalter an die Lebenserwartung koppeln.
Die Zusammenveranlagung von Ehepaaren und eingetragenen Lebenspartnerschaften führt zu hohen Grenzsteuersätzen bei der Einkommensteuer für Zweitverdienende. Über 50 % der Frauen gehen einer Teilzeitbeschäftigung nach, für die sie überqualifiziert sind.	Den Grenzsteuersatz für Zweitverdienende durch eine Reform des Ehegattensplittings senken.
Das Fehlen harmonisierter Qualitätsstandards und Zertifizierungen im fragmentierten Weiterbildungssystem beeinträchtigt die Qualität der Weiterbildungen und führt zu Informationsasymmetrien, die die Weiterbildungsteilnahme erschweren.	Standardisierte Qualitätszertifizierungen schaffen, die klare Benchmarks für Kursinhalte, Unterrichtsqualität und Lernergebnisse von Weiterbildungen setzen.
Die Bildungsergebnisse haben sich verschlechtert, und die Bildungsungleichheit ist nach wie vor hoch. Die Qualität der frühkindlichen Bildung ist entscheidend für die Kompetenzentwicklung im späteren Leben.	Ein obligatorisches, qualitativ hochwertiges Vorschuljahr einführen und die Dauer des Grundschultags verlängern, damit mehr Stunden für die Vermittlung von Grundkompetenzen zur Verfügung stehen.

Regionale Entwicklung im Strukturwandel fördern	
Die zweckgebundenen Zuweisungen des Bundes und die industriepolitischen Maßnahmen sind nicht mit den Maßnahmen der regionalen Wirtschaftsförderung koordiniert. Auch wenn sich ihre Zielsetzungen unterscheiden können, zielen sie doch häufig auf die gleichen Bereiche ab.	Die Zweckzuweisungen des Bundes und die industriepolitischen Maßnahmen besser mit den Maßnahmen der regionalen Wirtschaftsförderung koordinieren, um die Ausgabeneffizienz und die Wirksamkeit der Maßnahmen zur Stärkung der regionalen Entwicklung zu steigern.
Die Einnahmen der Kommunen aus der laufenden Besteuerung von unbeweglichem Vermögen sind niedrig, obwohl die Gebäude- und Grundstückspreise stark gestiegen sind. Außerdem wird die Finanzlage der Kommunen dadurch beeinträchtigt, dass ihr Steueraufkommen stark konjunkturabhängig ist.	Die kürzlich erfolgte Neubewertung des Grundbesitzes nutzen, um die Grundsteuer stärker an den Verkehrswert zu koppeln und das Steueraufkommen zu steigern, wobei zahlungsschwachen Wohneigentümer*innen Steuerstundungen gewährt werden sollten.
In Gebieten mit hohem Angebot an erneuerbaren Energien sind die Netzentgelte höher. Dies verringert die Akzeptanz der erneuerbaren Energien in der Öffentlichkeit und senkt die Anreize für Unternehmen, dorthin überzusiedeln, wo Grünstrom erzeugt wird.	Sicherstellen, dass die jüngsten Netzentgeltsenkungen an die Kund*innen weitergegeben werden, und in Erwägung ziehen, die Netzentgeltanreize weiter zu verbessern, damit Unternehmen in Gebiete übersiedeln, die mit Strom aus erneuerbaren Energien versorgt werden.
Im Zuge der digitalen und der ökologischen Transformation werden viele Arbeitskräfte den Arbeitsplatz wechseln müssen. Das formale Berufsbildungsangebot ist von hoher Qualität.	Arbeitslosen mehr Möglichkeiten bieten, eine formale Berufsausbildung abzuschließen, und die Koordinierung zwischen den Jobcentern und den Arbeitgebenden vor Ort weiter verbessern.

1 Fiskalpolitik stärken und Strukturreformen fortsetzen, um das Wirtschaftswachstum zu beleben

Robert Grundke

Enes Sunel

Christian Wittneben

Nach dem starken exportinduzierten Wachstum des letzten Jahrzehnts geriet die deutsche Wirtschaft durch die Coronapandemie, den Angriffskrieg Russlands gegen die Ukraine und die zunehmenden handelspolitischen Spannungen in schweres Fahrwasser. Umso wichtiger ist es daher, beschleunigt Strukturreformen umzusetzen. Die kürzlich erfolgte Reform der Fiskalregeln ermöglicht Ausgabenerhöhungen, um die Verteidigungskapazitäten zu steigern und den großen Infrastrukturstau abzubauen. Zur Sicherung mittelfristig tragfähiger öffentlicher Finanzen gilt es jedoch, parallel dazu die Ausgabeneffizienz zu erhöhen, Ausgabenumschichtungen vorzunehmen und die Steuerbasis zu verbreitern. Dem aufgrund der Bevölkerungsalterung steigenden Ausgabendruck sollte dabei durch Reformen des Renten-, Gesundheits- und Pflegesystems begegnet werden. Damit das Angebot mit der steigenden Inlandsnachfrage Schritt halten kann, gilt es, den Fachkräftemangel anzugehen und die hohen Bürokratielasten und Wettbewerbshindernisse zu verringern, die die Unternehmensdynamik, die Innovationstätigkeit und das Produktivitätswachstum beeinträchtigen. Um die Kapitalmärkte zu vertiefen und Start-ups den Zugang zu Finanzierungsmitteln zu erleichtern, wäre es zudem hilfreich, kapitalgedeckte betriebliche Altersvorsorgesysteme zu stärken und die Finanzbildung zu fördern.

1.1. Entscheidend zur Belebung des Wirtschaftswachstums sind fortgesetzte Strukturreformen und eine weitere Reduzierung der politischen Unsicherheit

1.1.1. Die Wirtschaft stagniert aufgrund des Zusammenwirkens exogener Schocks mit strukturellen Faktoren

Nach einem Jahrzehnt, das durch ein starkes exportinduziertes Wachstum, eine sinkende Arbeitslosigkeit, Haushaltsüberschüsse und eine rückläufige Staatsverschuldung gekennzeichnet war, geriet die deutsche Wirtschaft durch die Coronapandemie, den Angriffskrieg Russlands gegen die Ukraine und zunehmende handelspolitische Spannungen in schweres Fahrwasser (Abbildung 1.1). Ebenso wie die Lieferkettenengpässe während und nach der Pandemie wirken sich auch die wachsenden Spannungen in der Handelspolitik stärker aus als in anderen Ländern. Auf das Verarbeitende Gewerbe entfällt in Deutschland ein größerer Teil des BIP als in vielen anderen OECD-Ländern, und der Sektor ist stark in die globalen Wertschöpfungsketten eingebunden. Dies betrifft besonders den Handel innerhalb Europas sowie mit den Vereinigten Staaten und China. Die hohe Abhängigkeit von russischen Energieimporten wurde zwar rasch verringert, die Energiepreise sind aber nach wie vor höher als vor Kriegsbeginn; dies hat zu einer Verschlechterung der Terms of Trade geführt und beeinträchtigt die Produktion in energieintensiven Branchen (Abbildung 1.2). Der starke Preisauftrieb infolge von Lieferkettenstörungen und hohen Energiepreisen sowie die gestiegene Unsicherheit belasten zudem die Inlandsnachfrage.

Abbildung 1.1. Das Wirtschaftswachstum hat sich abgeschwächt

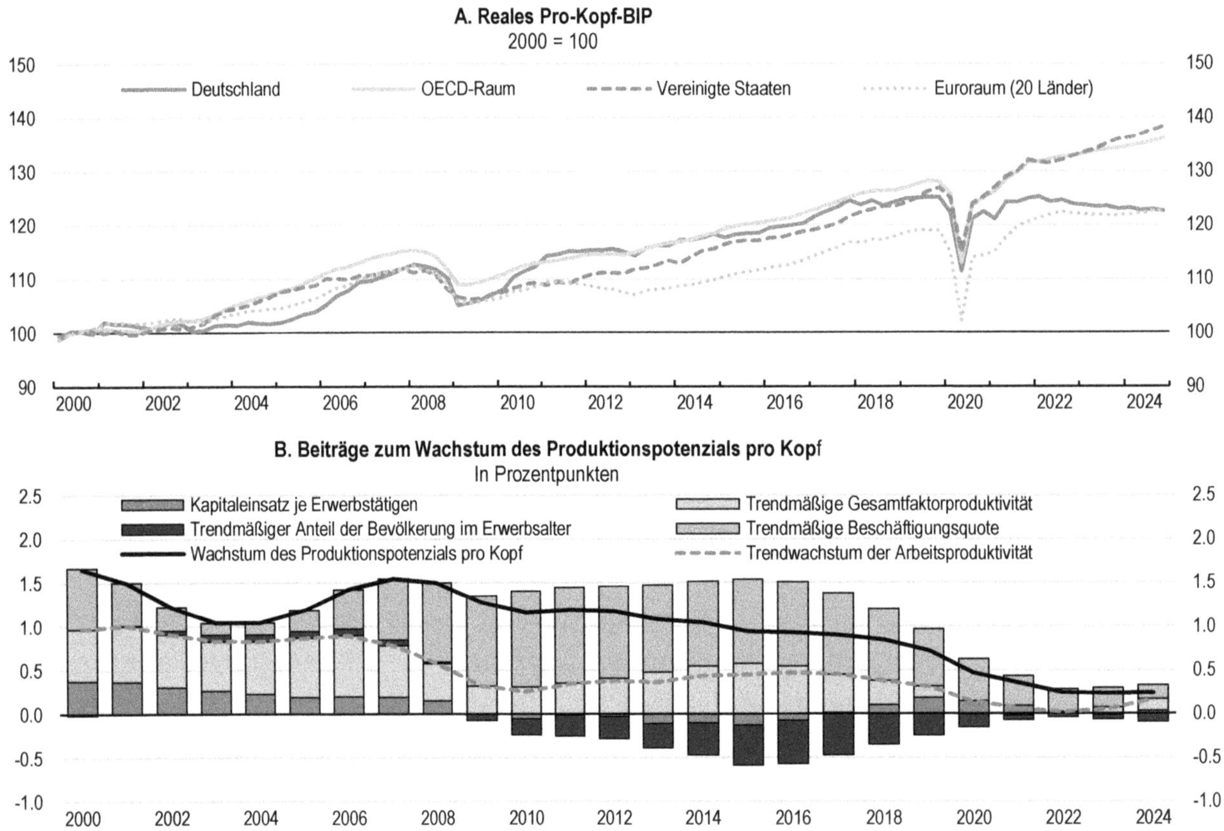

Quelle: OECD-Berechnungen basierend auf *OECD Quarterly National Accounts* (Datenbank) und *OECD Economic Outlook* (Datenbank).

StatLink https://stat.link/cp1hao2o1w09

Die jüngsten exogenen Schocks werden durch längerfristige strukturelle Herausforderungen verschärft, die das Wirtschaftswachstum bereits vor der Pandemie belasteten (Abbildung 1.1,Teil B). Hohe bürokratische Lasten und Hindernisse für den Marktzutritt, das Wachstum und den Marktaustritt von Unternehmen schwächen die Unternehmensdynamik, die Investitionen und die Innovationstätigkeit, was sich auch auf den Einsatz digitaler Technologien in den Unternehmen auswirkt. Dadurch wird das Produktivitätswachstum beeinträchtigt (Kapitel 2). Der zunehmende Fachkräftemangel, der durch die rasche Bevölkerungsalterung und einen Rückgang der geleisteten Arbeitsstunden je Erwerbstätigen verstärkt wird, belastet das Arbeitsangebot (Kapitel 3). Komplexe Planungs- und Genehmigungsverfahren sowie unzureichende Kapazitäten für die Infrastrukturplanung auf kommunaler Ebene behindern öffentliche Investitionen in vielen Bereichen, z. B. bezogen auf die schulische sowie die Verkehrs- und die digitale Infrastruktur (Kapitel 4). Um das Wirtschaftswachstum zu beleben und den Lebensstandard anzuheben, ist es entscheidend, dass diese Herausforderungen weiter durch einen umfassenden Katalog von Strukturreformen angegangen werden, die in diesem Bericht erörtert werden. OECD-Simulationen zufolge würden es diese Reformen ermöglichen, das Potenzialwachstum des Pro-Kopf-BIP bis 2035 um rd. 0,8 Prozentpunkte pro Jahr zu erhöhen (Tabelle 1.1). Um diese Reformen zu finanzieren und zugleich den durch die rasche Bevölkerungsalterung bedingten zunehmenden Ausgabendruck zu bewältigen, ist es erforderlich, die Ausgabeneffizienz zu steigern, Ausgaben umzuschichten und die Steuerbasis zu verbreitern (siehe weiter unten).

Tabelle 1.1. Zur Anhebung des Lebensstandards sind Strukturreformen erforderlich

Zusätzliches jahresdurchschnittliches BIP-Wachstum pro Kopf in den nächsten zehn Jahren (in Prozentpunkten)

Strukturreform	Zusätzliches BIP-Wachstum pro Kopf (in Prozentpunkten)
Bürokratieabbau, Verbesserung der öffentlichen Governance und wettbewerbsfreundlichere Regulierung	0.2
Senkung der Steuern und Abgaben auf Arbeit, insbesondere bei Gering- und Zweitverdienenden	0.1
Steigerung der öffentlichen Investitionen in Infrastruktur und FuE	0.1
Verbesserung der Aus- und Weiterbildungsmöglichkeiten für Erwachsene	0.1
Verbesserung des Zugangs zu Kinderbetreuung und frühkindlicher Bildung	0.1
Steigerung der Bildungsqualität, insbesondere für Kinder aus benachteiligten Haushalten	0.1
Kopplung des gesetzlichen Renteneintrittsalters an die Lebenserwartung ab 2031	0.1
Insgesamt	**0.8**

Anmerkung: Die Effekte der Strukturreformen werden anhand der Methode von Guillemette und Turner (2021[1]) quantifiziert. Die Strukturreformen umfassen: eine Verbesserung des Produktmarktregulierungsindex auf den Durchschnitt der besten fünf Länder und eine Halbierung des Abstands zum Durchschnitt der besten fünf Länder bei der Qualität der öffentlichen Governance; eine Verringerung der Steuer- und Abgabenbelastung der Arbeit um ein Viertel der Differenz zum OECD-Durchschnitt; eine Steigerung der öffentlichen Investitionen im Verhältnis zum BIP auf den OECD-Durchschnitt und der FuE-Ausgaben auf den Durchschnitt der besten fünf Länder; eine Verbesserung des Zugangs zu Erwachsenenbildung, um den Anteil der Erwachsenen ohne Abschluss des Sekundarbereichs II oder Berufsabschluss auf den Durchschnitt der besten fünf Länder zu senken, und eine Erhöhung der Ausgaben für aktive Arbeitsmarktpolitik um 25 %; eine Erhöhung der öffentlichen Ausgaben für Kinderbetreuung und frühkindliche Bildung im Verhältnis zum BIP auf den Durchschnitt der fünf besten Länder, um den Zugang zu diesen Angeboten und deren Qualität zu verbessern; eine Verringerung der Differenz zwischen den Bildungsergebnissen von Kindern aus dem obersten und dem untersten Dezil der Haushaltseinkommensverteilung und den durchschnittlichen Bildungsergebnissen auf einen Wert wie in Kanada, das in dieser Hinsicht besonders gut abschneidet; eine Kopplung des gesetzlichen Renteneintrittsalters an die Lebenserwartung ab 2031 (Erhöhung um ein Jahr für jedes zusätzliche Jahr Lebenserwartung). Das Szenario für die Verbesserung der Bildungsqualität bezieht sich auf das durchschnittliche zusätzliche jährliche Wachstum des Pro-Kopf-BIP zwischen 2025 und 2060, da sich Veränderungen der Bildungsqualität erst mit größerer zeitlicher Verzögerung auf das Humankapital der Erwerbsbevölkerung auswirken.
Quelle: OECD-Langfristmodell.

1.1.2. Die Wirtschaft hat die jüngsten Krisen relativ gut überstanden

Die letzten beiden Regierungen haben den erheblichen in den 2010er Jahren entstandenen fiskalischen Spielraum genutzt, um umfangreiche Förderprogramme für Unternehmen und private Haushalte aufzulegen. Dadurch konnte die Wirtschaft während der Pandemie und der Energiekrise stabilisiert werden. Die pandemiebedingten Hilfen, einschließlich Zuschüssen für Unternehmen und Kurzarbeit, beliefen sich im Zeitraum 2020–2022 auf rd. 5,5 % des BIP. Die Energiepreisentlastungen summierten sich 2022 auf etwa 1 % des BIP und 2023 auf 2,4 % des BIP. Durch eine deutliche Beschleunigung der Planungs- und Genehmigungsverfahren für den Bau von LNG-Terminals wurde es möglich, russisches Pipelinegas schnell durch Gas aus anderen Quellen zu ersetzen. Die Energiepreisbremse war so gestaltet, dass Energiesparanreize für Unternehmen und private Haushalte erhalten blieben. Durch eine Umstellung auf andere Energieträger und die Importsubstitution einiger energieintensiver Vorprodukte konnte der Gasverbrauch um rd. 20 % gesenkt werden (Moll, Schularick und Zachmann, 2023[2]). Nach der Explosion der Nord-Stream-Gaspipeline im September 2022 waren diese Maßnahmen entscheidend, um den wesentlich tieferen Konjunkturabschwung zu verhindern, der vielerorts für den Fall einer Unterbrechung der russischen Gaslieferungen prognostiziert worden war.

Eine gezieltere Ausrichtung der Fördermaßnahmen auf vulnerable Haushalte und stark exponierte Unternehmen hätte die fiskalischen Kosten jedoch senken und zugleich den notwendigen Strukturwandel erleichtern können. Die Gestaltung der Zuschüsse für Unternehmen und der Kurzarbeitsregelung während der Pandemie dürfte die Reallokation von Produktionsfaktoren hin zu expandierenden Sektoren und Unternehmen behindert und dadurch die Unternehmensdynamik und das Produktivitätswachstum geschwächt haben (Kapitel 2). Um die Unterstützungsmaßnahmen in der nächsten Krise besser auszugestalten und zielgenauer auszurichten, sollte die Evaluierung der Politikmaßnahmen verbessert werden. Hierzu müssen insbesondere rechtliche Hürden für den Zugriff auf sowie die Verknüpfung und Analyse von administrativen Mikrodaten ebenenübergreifend beseitigt werden. Außerdem ist es erforderlich, die Daten- und IT-Kapazitäten zu verbessern und eine Kultur der Wirkungsanalyse zu fördern (vgl. *OECD-Wirtschaftsbericht Deutschland 2023* und weiter unten).

Abbildung 1.2. Die Energiepreise sind gesunken, sind aber immer noch höher als vor dem Ukrainekrieg

Gas- und Strompreise, Januar 2021 = 100

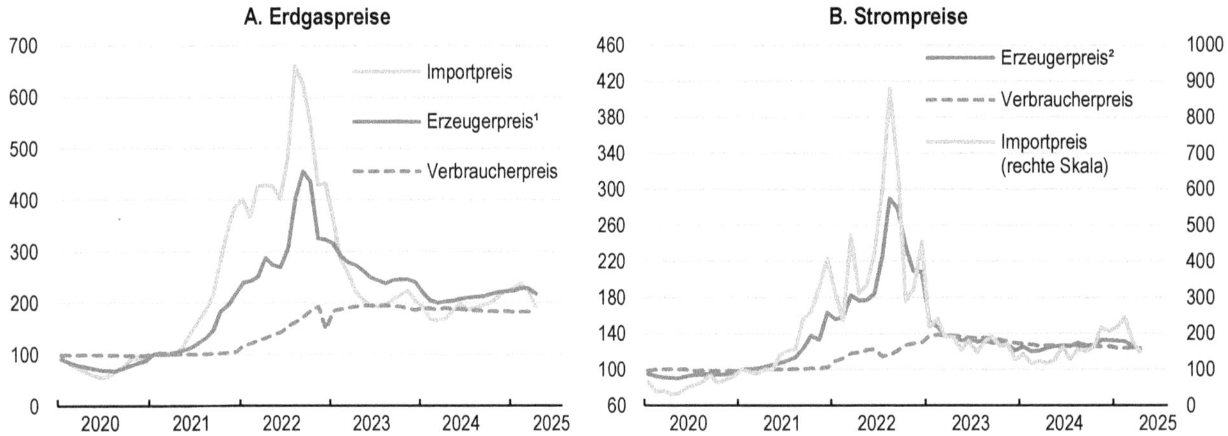

1. Erzeugerpreisindex für Erdgas bei Abgabe an Industrie.
2. Erzeugerpreisindex für Strom bei Abgabe an Sondervertragskunden.
Quelle: Statistisches Bundesamt.

StatLink https://stat.link/2gi637hvk69l

Neben den umfangreichen Förderprogrammen halfen auch hohe Eigenkapitalquoten und starke Marktpositionen den Unternehmen, die gestiegenen Vorleistungs- und Energiepreise sowie die wirtschaftliche Stagnation zu bewältigen. Die durchschnittliche Eigenkapitalquote kleiner und mittlerer Unternehmen stieg zwischen 2002 und 2019 von 18 % auf 32 % und lag 2024 bei 31 % (KfW, 2023[3]). Im Verarbeitenden Gewerbe erhöhte sich die durchschnittliche Eigenkapitalquote der Unternehmen zwischen 2019 und 2023 von 29 % auf 34 % (Bundesbank, 2023[4]). Aufgrund ihrer starken Position auf den Weltmärkten war es vielen Unternehmen zudem möglich, die höheren Vorleistungs- und Energiepreise an ausländische Verbraucher*innen und Kunden weiterzugeben. Dies trug bis Ende 2023 zu steigenden Unternehmensgewinnen bei (Abbildung 1.3, vgl. auch *OECD-Wirtschaftsbericht Deutschland 2023*). Auch auf den Inlandsmärkten halfen Marktmacht und hohe Preisaufschläge vielen Unternehmen, Preisschocks bei den Vorleistungen zu absorbieren (Kapitel 2). Die Zahl der Unternehmensinsolvenzen hat 2024 zwar zu steigen begonnen, liegt aber nach wie vor unter dem Zehnjahresdurchschnitt vor der Pandemie (siehe weiter unten).

Abbildung 1.3. Viele Unternehmen konnten höhere Vorleistungskosten weitergeben und verzeichneten so kräftige Gewinne

Zerlegung des BIP-Deflators, Einkommensseite, Beiträge in Prozentpunkten

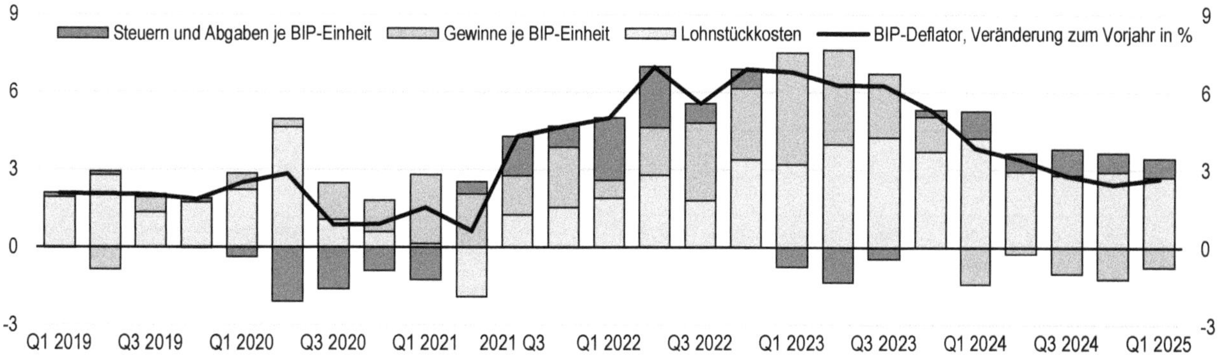

Quelle: OECD-Berechnungen auf Basis der *OECD National Accounts* (Datenbank).

StatLink https://stat.link/jr6d9hespg1r

Die Gesamtinflation ist rasch gesunken und die Geldpolitik wurde allmählich gelockert, die Kerninflation verharrt jedoch hartnäckig auf höherem Niveau. Die zügige Substitution russischer Energielieferungen und erhebliche Energieeinsparungen trugen dazu bei, dass die Energiepreise schnell abnahmen und die Gesamtinflation zurückging (Abbildung 1.2, Abbildung 1.4). Die Haushaltskonsolidierung half 2024 mit dem Auslaufen der Energiepreisbremsen, den Inflationsdruck zu verringern. Die Europäische Zentralbank (EZB) hat mit der Lockerung der Geldpolitik begonnen. Die Leitzinsen wurden von 4 % im Juni 2024 auf 2,25 % im April 2025 gesenkt, und die Inflationserwartungen der Märkte für die nächsten zwölf Monate sind fest beim Zielwert der EZB von 2 % verankert. Die Kerninflation ist mit 3,1 % (April 2025) allerdings immer noch hoch. Zurückzuführen ist dies auf einen hohen Preisauftrieb im Dienstleistungssektor (4,5 %), der durch starke nominale Lohnzuwächse bedingt ist.

Die steigenden Nominallöhne, die sich auch aus der angespannten Arbeitsmarktlage erklären, stützen die Kaufkraft der privaten Haushalte sowie den privaten Konsum (Abbildung 1.4). Die nominalen Arbeitsentgelte je abhängig Beschäftigte*n stiegen 2024 um 5,4 %. Dadurch erhöhten sich die Reallöhne um 3,1 %. Durch die starke Anhebung des Mindestlohns von 48 % auf 60 % des Medianlohns im Oktober 2022 stiegen insbesondere die Löhne und Gehälter im ersten Quintil der Verdienstverteilung. Der Effekt der Mindestlohnanhebung auf die Realeinkommen verringert sich allerdings dadurch, dass einkommensschwächere Haushalte von der Inflation besonders stark betroffen sind (Kapitel 3). Die Inflationsausgleichsprämien waren 2023 und 2024 bis zu 3 000 EUR von Steuern und Sozialversicherungsbeiträgen befreit. Davon profitierten rd. 86 % aller Tarifbeschäftigten. Im Durchschnitt beliefen sich diese Sonderzahlungen auf 2 680 EUR. Das Auslaufen dieser Steuerbefreiung im Januar 2025 hilft, eine Lohn-Preis-Spirale zu vermeiden und die Kerninflation zu senken.

Der befristete Charakter dieser Sonderzahlungen könnte aber auch teilweise erklären, weshalb viele Haushalte es vorzogen, einen größeren Teil des zusätzlichen Einkommens zu sparen, wodurch sich die Auswirkungen auf den privaten Konsum reduzierten. Am Arbeitsmarkt hat eine Abkühlung eingesetzt, er ist aber nach wie vor robust (Abbildung 1.4). Die Beschäftigung stieg 2024 weiter und erreichte mit 46,3 Millionen Beschäftigten ein Allzeithoch. Die Arbeitslosenquote ist weiterhin niedrig und die Zahl der offenen Stellen ist im historischen Vergleich hoch, was Zeichen des andauernden Fachkräftemangels ist (Kapitel 3). Der leichte Anstieg der Arbeitslosenquote seit Anfang 2023 ist hauptsächlich auf die Einreise von rd. 1,3 Millionen Geflüchteten aus der Ukraine zurückzuführen, deren Beschäftigungsquote relativ niedrig ist (Kapitel 3).

Abbildung 1.4. Die Inflation ist gesunken und die Nominallöhne sind stark gestiegen

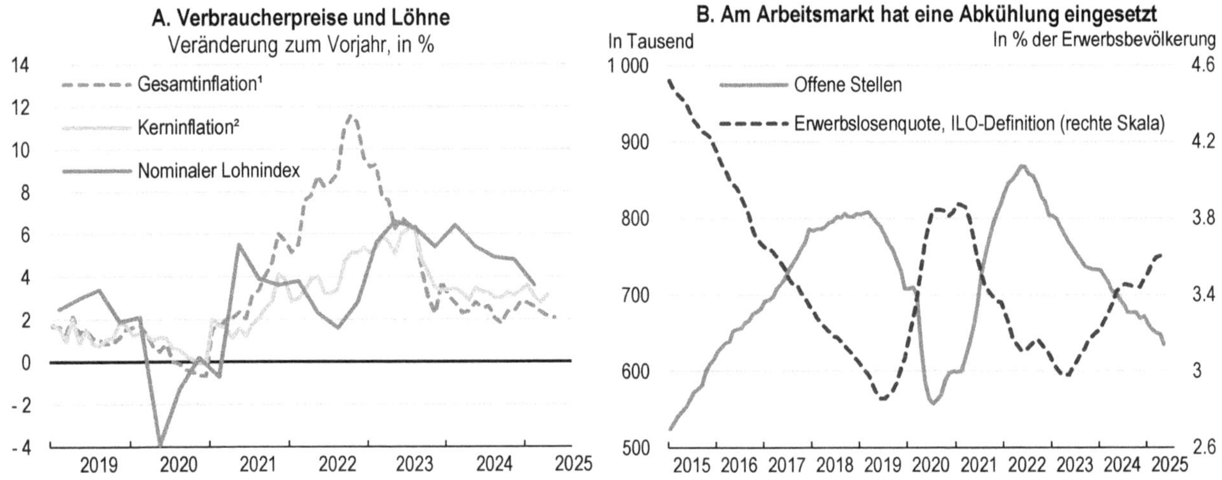

1. Harmonisierter Verbraucherpreisindex.
2. Harmonisierter Verbraucherpreisindex, ohne Nahrungsmittel, Energie, Alkohol und Tabak.
Quelle: Statistisches Bundesamt und Eurostat.

StatLink https://stat.link/amlk6dbau6nq

Die hohe Unsicherheit hat die Investitionstätigkeit und den privaten Konsum geschwächt (Abbildung 1.5). Der Krieg in der Ukraine hat die Energieversorgungssicherheit bedroht und zugleich deutlich gemacht, dass mehr in Verteidigungskapazitäten investiert werden muss. Zunehmende handelspolitische Spannungen und Lieferkettenstörungen belasteten das Vertrauen der Investoren, insbesondere im exportorientierten Verarbeitenden Gewerbe. Erschwerend hinzu kam dabei die große Unsicherheit in Bezug auf die Fiskalpolitik und die Ausgestaltung der Fördermaßnahmen für Unternehmen und Haushalte in der ökologischen Transformation. Das im November 2023 ergangene Urteil des Bundesverfassungsgerichts, mit dem die Verwendung von Notlagen-Kreditermächtigungen für Investitionen in nachfolgenden Haushaltsjahren für verfassungswidrig erklärt wurde, hatte zur Folge, dass sich die verfügbaren Mittel, um Unternehmen und Haushalte während der ökologischen Transformationen zu unterstützen, verringerten und dass die Energiepreisbremsen abrupt ausliefen. Dadurch fiel die fiskalische Straffung 2024 stärker aus als erwartet. Der Umweltbonus zur Förderung von Elektrofahrzeugen ist im Januar 2024 ausgelaufen, was einen starken Absatzrückgang auslöste. Die Pläne, die Netzentgelte zu senken und das Energiekostendämpfungsprogramm bis 2030 zu verlängern, wurden zurückgenommen. Die Meinungsverschiedenheiten über die Fiskalpolitik, insbesondere über die Finanzierung der Verteidigungsausgaben und der Militärhilfe für die Ukraine sowie über die Ausgestaltung und die Finanzierung der Fördermaßnahmen für die Wirtschaft und die ökologische Transformation führten im November 2024 schließlich zum Bruch der Koalition, was auch bedeutete, dass für 2025 kein Bundeshaushalt verabschiedet wurde. Mit der vorläufigen Haushaltsführung 2025 wurde zwar das Ausgabenniveau von 2024 auf das Jahr 2025 übertragen, neue öffentliche Investitionsvorhaben, die im Haushalt bewilligt werden müssen, wurden jedoch auf Eis gelegt. Daraus ergibt sich ein restriktiveres fiskalisches Umfeld als ursprünglich erwartet (siehe weiter unten).

Abbildung 1.5. Die hohe politische Unsicherheit belastet das Investitions- und Konsumklima

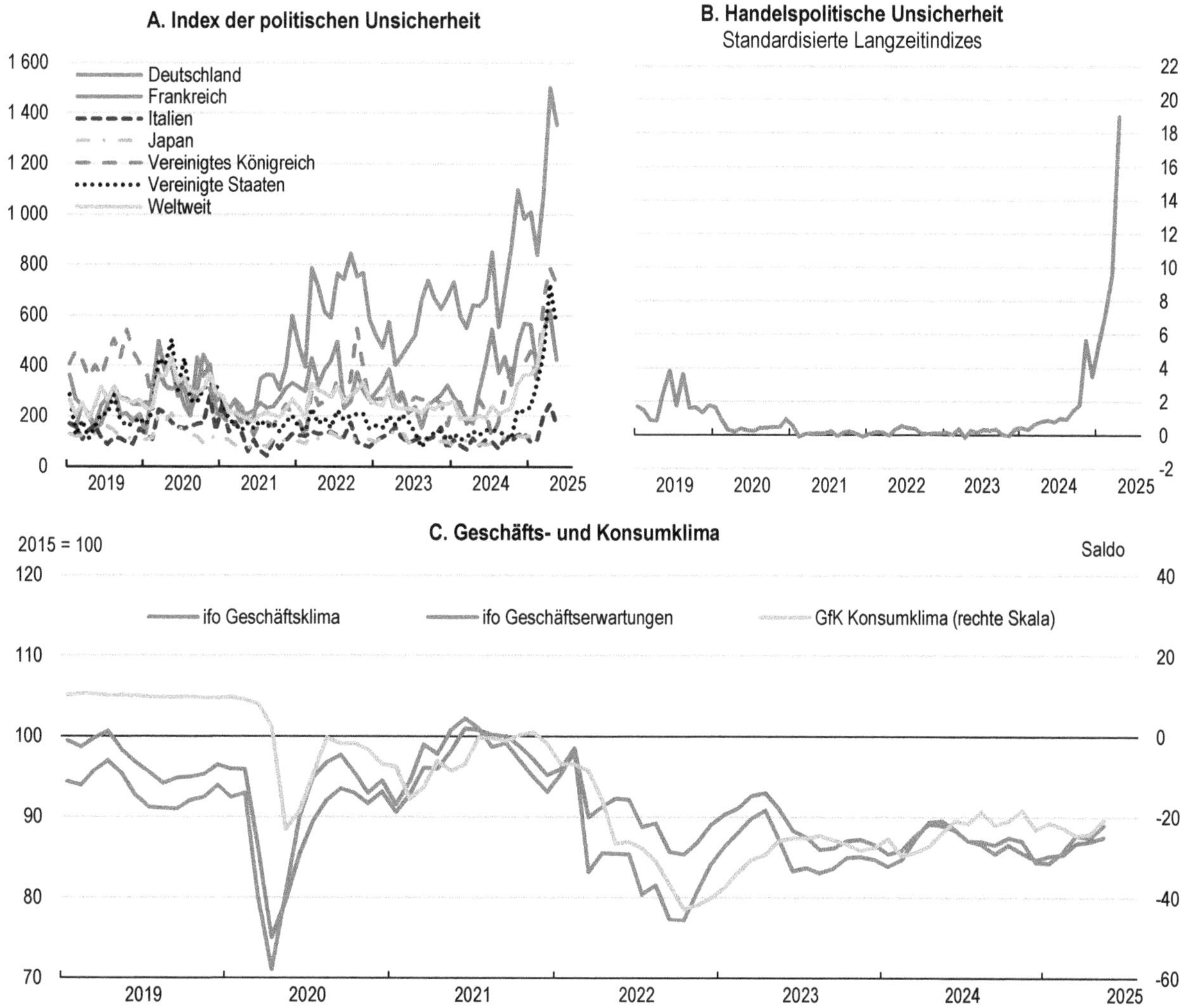

Quelle: http://www.policyuncertainty.com/index.html; https://www.matteoiacoviello.com/tpu.htm, Abruf: 19. Mai 2025; OECD-Berechnungen; ifo Konjunkturumfragen; GfK.

StatLink https://stat.link/mjyzx3censjh

Seit 2022 wurde ein breites Spektrum an Reformen durchgeführt, die sich mittelfristig positiv auf das Wachstumspotenzial und den Lebensstandard auswirken werden (Kasten 1.1). Nach den großen wirtschaftlichen und sozialen Verwerfungen, die durch die Pandemie, den Krieg in der Ukraine und die Energiekrise ausgelöst wurden, könnten einige Reformen, insbesondere in Bezug auf die ökologische Transformation, jedoch zu einem Anstieg der Unzufriedenheit in der Bevölkerung und einer Zunahme der politischen Unsicherheit beigetragen haben. Der Heizungsgesetz-Entwurf von 2023, dem zufolge der Einbau neuer und der Austausch irreparabel defekter Öl- und Gasheizungen in Wohn- und Gewerbebauten ab 2024 schrittweise verboten werden sollte, führte zu Unmut in der Bevölkerung und Streit in der Koalitionsregierung, da mehr als drei Viertel der Haushalte immer noch fossile Heizungen nutzen. Obwohl die ökologische Energiewende ein wichtiger politischer Hebel ist, um die Versorgungssicherheit zu erhöhen und die Abhängigkeit von Energieimporten zu verringern, könnten solche Vorschriften für die privaten Haushalte, die bereits unter den wirtschaftlichen und sozialen Folgen der Pandemie und der Energiekrise zu leiden hatten, eine Belastung dargestellt haben (NKR, 2024[5]). Wie im *OECD-Wirtschaftsbericht Deutschland 2023* empfohlen, sollte die CO_2-Bepreisung gestärkt werden. Dabei geht es u. a. darum, Steuerbefreiungen für fossile Brennstoffe und andere umweltschädliche Subventionen abzuschaffen. Die zusätzlichen Einnahmen sollten zur Unterstützung vulnerabler Haushalte genutzt werden. Dies würde helfen, die Emissionen dort zu mindern, wo dies weniger kostspielig ist, und die Akzeptanz der ökologischen Transformation erhöhen. Bei großen Strukturreformpaketen ist eine integrierte Kommunikation von entscheidender Bedeutung, um die Akzeptanz in der Öffentlichkeit zu erhöhen und Widerstand von Interessengruppen zu begegnen. Wenn Kosten und Nutzen von Reformen transparent vermittelt werden und Politikmaßnahmen so kombiniert werden, dass etwaige Nachteile für bestimmte Bevölkerungsgruppen durch andere Maßnahmen ausgeglichen werden, kann dies eine erfolgreiche Umsetzung erleichtern. Es ist zu begrüßen, dass die neue Bundesregierung beabsichtigt, die Regulierung zu vereinfachen und die CO_2-Bepreisung sowie die Technologieoffenheit zu stärken, die angekündigte Wiedereinführung der zuvor abgeschafften Agrardieselsubvention sind jedoch ein Schritt in die falsche Richtung.

Während die Unsicherheit in Bezug auf die Handelspolitik der Vereinigten Staaten stark gestiegen ist, hat die innenpolitische Unsicherheit seit den Bundestagswahlen im Februar abgenommen (Abbildung 1.5). Dies ist insbesondere auf die Reform der Fiskalregeln im März zurückzuführen, die höhere Ausgaben für Investitionen in Verteidigung und Infrastruktur ermöglicht (siehe weiter unten). Ein weiterer Grund ist der relativ schnelle und erfolgreiche Abschluss der Koalitionsverhandlungen. Die im Koalitionsvertrag der drei Regierungsparteien dargelegten Politikpläne zielen darauf ab, die Verteidigung und die innere Sicherheit zu stärken, den großen Infrastrukturstau abzubauen, die stagnierende Wirtschaft zu beleben, die öffentliche Verwaltung zu modernisieren und zu digitalisieren und dem Fachkräftemangel zu begegnen. Um die Konjunktur zu beleben, plant die neue Regierung, die Abschreibungsmöglichkeiten für Ausrüstungsinvestitionen im Zeitraum 2025–2027 zu erhöhen und die Körperschaftsteuer ab 2028 in einem Zeitraum von fünf Jahren um einen Prozentpunkt pro Jahr zu senken, die Stromsteuer und die Netzentgelte zu verringern, die Subventionen für energieintensive Unternehmen zu erhöhen und die Automobilindustrie durch eine stärkere Förderung von Elektrofahrzeugen und eine Anhebung der Pendlerpauschale zu unterstützen. Zur Erhöhung der Arbeitsanreize sollen Überstundenzuschläge, Zulagen für die Aufstockung von Teil- auf Vollzeit sowie Verdienste von Arbeitskräften, die das gesetzliche Rentenalter überschritten haben, steuerfrei werden. Ab 2027 ist eine allgemeine Senkung der Einkommensteuer für kleine und mittlere Einkommen geplant. Die Finanzierung vieler der angekündigten Maßnahmen ist jedoch nach wie vor unklar, zumal der Koalitionsvertrag den durch die rasche Bevölkerungsalterung bedingten wachsenden Ausgabendruck nicht wirklich angeht (siehe weiter unten). Nach der Vereidigung der Bundesregierung Anfang Mai gilt es nun, rasch einen Haushalt für 2025 und 2026 mit detaillierten Investitionsplänen sowie einen mittelfristigen Finanzplan zu verabschieden, um die politische Unsicherheit weiter zu verringern.

Zusätzlich zur schwachen Inlandsnachfrage stagnierten auch die Exportvolumen. In jüngster Zeit sind sie unter das vor der Pandemie verzeichnete Niveau gesunken, was auf verschiedene Faktoren zurückzuführen war (Abbildung 1.6). Die Lieferkettenengpässe, die die Vorleistungspreise in die Höhe getrieben hatten und während sowie nach der Pandemie die Produktion und die Exporte des Verarbeitenden Gewerbes belasteten, haben seit 2022 abgenommen. Davon profitieren insbesondere der Maschinen- und Anlagenbau, die Automobilindustrie und die Elektroindustrie. Gleichzeitig gingen jedoch die Produktion und der Export energieintensiver Branchen deutlich zurück. Grund dafür waren die steigenden Energiepreise infolge des Ukrainekriegs. Hohe Zinssätze reduzierten die weltweite Nachfrage nach Investitionsgütern, auf die ein großer Teil der deutschen Exporte entfällt (Abbildung 1.7). Erschwerend hinzu kamen die schwache Konjunktur in China und die zunehmenden Handelsspannungen. Die Vereinigten Staaten haben China 2024 als Deutschlands wichtigsten Handelspartner außerhalb der EU abgelöst. Die zunehmende Unsicherheit über die Handelspolitik der Vereinigten Staaten wirkt sich jedoch stark auf die Geschäftserwartungen aus, insbesondere im exportorientierten Verarbeitenden Gewerbe (Abbildung 1.5). Zugleich sehen sich die deutschen Hersteller auf ihren Exportmärkten zunehmender Konkurrenz durch chinesische Produzenten ausgesetzt. Durch die Lockerung der Geldpolitik haben sich die Exportmärkte zwar belebt, die Exportvolumen sind im zweiten Halbjahr 2024 aber dennoch zurückgegangen, und die Wettbewerbsfähigkeit der Hersteller ist gesunken (Abbildung 1.8). Auch steigende Lohnstückkosten trugen zur schwächeren Exportleistung bei. Daher ist es umso wichtiger, die Unternehmensdynamik und das Produktivitätswachstum zu fördern und dem Fachkräftemangel zu begegnen, um die internationale Wettbewerbsfähigkeit zu verbessern (Kapitel 2 und 3). Dies ist auch wichtig, um die ausländischen Direktinvestitionen zu erhöhen, bei denen seit 2022 eine Verlangsamung festzustellen ist (Bundesbank, 2024[6]).

Kasten 1.1. Jüngste Reformen auf Bundesebene

Seit 2022 wurden auf Bundesebene viele Reformen in einem breiten Spektrum von Bereichen verabschiedet:

- **Maßnahmen zur Beschleunigung der ökologischen Transformation:** Vereinfachung der Planungs- und Genehmigungsverfahren für Projekte im Bereich der erneuerbaren Energien und des Netzausbaus, Abschaffung der EEG-Umlage, größere Flexibilität bei den sektoralen Emissionszielen durch eine sektor-übergreifende Gesamtabrechnung, höhere Energieeffizienzstandards für Neubauten und Sanierungen, verbindliche Nutzung von mindestens 65 % erneuerbarer Energien für alle neuen Heizungen ab 2028
- **Steuerpolitik:** Ausgleich der kalten Progression, Erhöhung der Abschreibungsmöglichkeiten für Investitionen, Anhebung der Verdienstgrenze, bis zu der die Sozialversicherungsbeiträge gleitend steigen (Midijob-Grenze), Abbau der Agrardiesel-Subventionen
- **Migrationspolitik:** Erleichterung der Fachkräftezuwanderung durch Einführung der Chancenkarte zur Jobsuche und erleichterte Erteilung von Arbeitserlaubnissen und Visa bei Vorliegen eines Arbeitsplatzangebots, Arbeitserlaubnis für Geflüchtete in Aufnahmeeinrichtungen bereits nach sechs Monaten
- **Arbeitsmarktpolitik:** Anhebung des Mindestlohns, Reform der Grundsicherung mit Einführung des Bürgergelds, um Arbeitslosen mehr Qualifizierungs- und Weiterbildungsmöglichkeiten zu geben, Erhöhung der Freibeträge bei Hinzuverdienst zu Sozialleistungen, um die Arbeitsanreize zu verbessern
- **Bildungspolitik:** Einführung einer Ausbildungsgarantie für junge Menschen, die keinen Ausbildungsplatz gefunden haben, Erhöhung der staatlichen Ausbildungshilfe für Auszubildende und Studierende (BAföG), stärkere finanzielle Anreize für Unternehmen und Arbeitskräfte zur Förderung der Aus- und Weiterbildung, Einrichtung des Online-Portals „mein NOW" zur Verringerung von Informationsasymmetrien in der beruflichen Weiterbildung, Einführung des Startchancen-Programms zur Förderung benachteiligter Schulen
- **Gesundheitspolitik:** Krankenhausreform, mit der die Fallpauschalen teilweise durch Vorhaltepauschalen ersetzt wurden, Einführung der digitalen Patientenakte (ePA), Verabschiedung des Gesundheitsdatennutzungsgesetzes, das die Nutzung von Gesundheitsdaten für Forschungszwecke, u. a. zur Steigerung der Ausgabeneffizienz, erleichtert
- **Bürokratieabbau:** Einführung von Stakeholderkonsultationen für bessere Rechtsetzung und zur Reduzierung des Verwaltungsaufwands, Verringerung der Berichtspflichten in einigen Verwaltungsverfahren, Modernisierung des Baurechts, Beginn einer koordinierten Vereinfachung und Beschleunigung der Planungs- und Genehmigungsverfahren auf Bundes- und Länderebene
- **Wettbewerbsdurchsetzung:** Einführung eines neuen Eingriffsinstruments im Zusammenhang mit Sektoruntersuchungen, um Marktverzerrungen zu begegnen, die mit herkömmlichen Durchsetzungsinstrumenten schwer zu beheben sind, etwa stillschweigende Absprachen oder vertikale Integration
- **Bekämpfung von Korruption und Geldwäsche:** Verschärfung des Lobbyregistergesetzes, um dessen Geltungsbereich auf Kontakte mit niedrigeren ministerialen Ebenen auszudehnen, Einführung einer legislativen Fußspur, Erweiterung der Definition des Straftatbestandes der Abgeordnetenbestechung
- **Verteidigung und nationale Sicherheit:** Einrichtung eines Sondervermögens in Höhe von 100 Mrd. EUR zur Verbesserung der Verteidigungsinfrastruktur, beschleunigte Beschaffung im Verteidigungsbereich

Abbildung 1.6. Die Produktion des Verarbeitenden Gewerbes ist zurückgegangen, die Wertschöpfung entwickelt sich jedoch günstiger

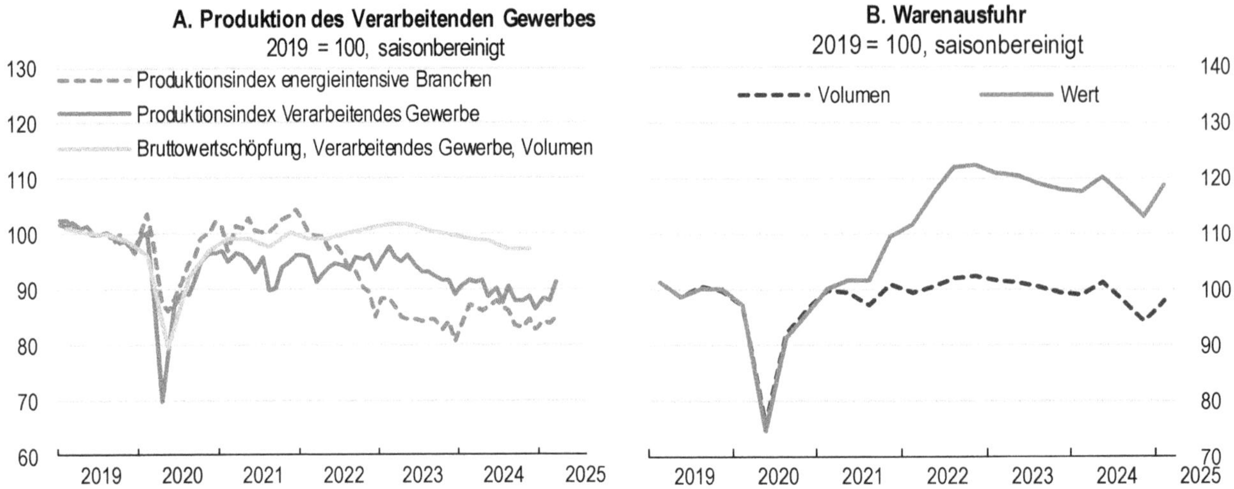

Quelle: Statistisches Bundesamt; *OECD National Accounts* (Datenbank).

StatLink https://stat.link/cumpvexzpcf1

Abbildung 1.7. In den Exporten dominieren die Investitionsgüter

Exporte von Waren und Dienstleistungen, in % der Gesamtexporte, 2023

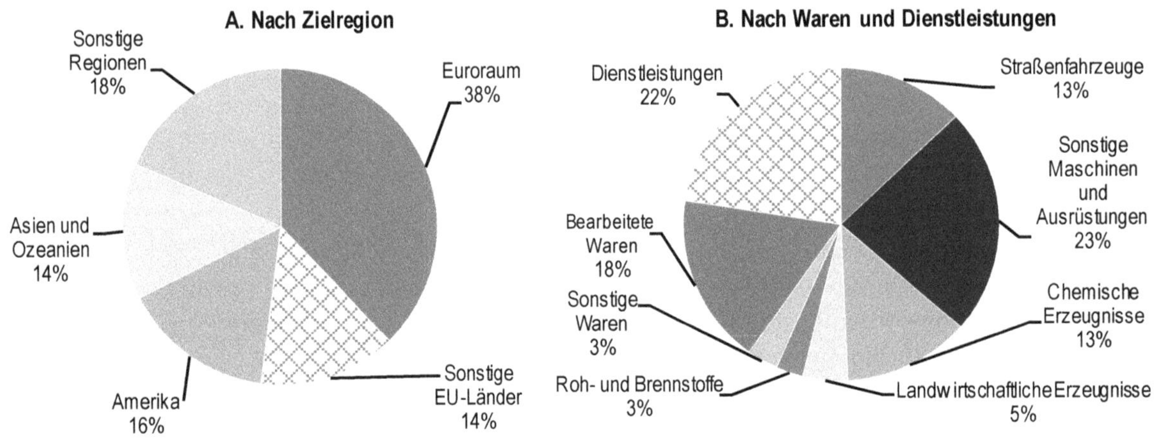

Quelle: OECD-Berechnungen auf der Basis der *DOTS Database* des IWF, der *Comtrade Database* der VN und der *Trade Statistics* der OECD.

StatLink https://stat.link/0d2ug3olv8ds

Die Unternehmen des Verarbeitenden Gewerbes haben sich durch die Umstellung auf Produkte mit höherer Wertschöpfung an die höheren Vorleistungspreise und den zunehmenden Wettbewerb aus China angepasst. In der Zeit nach der Pandemie sind die Exporte wertmäßig wesentlich stärker gestiegen als volumenmäßig. Zudem haben die Unternehmensgewinne bis Ende 2023 kräftig zugenommen (Abbildung 1.6, Abbildung 1.3). Dies war teilweise auf die starke Position deutscher Exporteure auf den Weltmärkten zurückzuführen, die es ihnen ermöglichte, höhere Vorleistungskosten an ausländische Kunden weiterzugeben (vgl. *OECD-Wirtschaftsbericht Deutschland 2023*), eine Verlagerung hin zu Produkten mit höherer Wertschöpfung spielte jedoch ebenfalls eine wichtige Rolle. Im Verarbeitenden Gewerbe ist die preisbereinigte Wertschöpfung seit der Pandemie höher als die Produktion (Abbildung 1.6). In der chemischen Industrie wurde die Produktion von energieintensiven Vorleistungen auf anspruchsvollere Produkte verlagert. In der Automobilindustrie wurden durch Lieferkettenengpässe verknappte und verteuerte Vorleistungen eher für Fahrzeuge mit höherem Wertschöpfungsgehalt und höheren Margen eingesetzt. Bereits vor der Pandemie hatten die Ausgaben für

Forschung und Entwicklung in der Automobilindustrie zugenommen, was auf eine strukturelle Verlagerung hin zu Produkten mit höherer Wertschöpfung hinweist. Im Verarbeitenden Gewerbe hat der Anteil der IKT-Güter an der Gesamtproduktion und an den Exporten aufgrund der stark steigenden weltweiten und inländischen Nachfrage nach IKT-Gütern deutlich zugenommen.

Abbildung 1.8. Die Wettbewerbsfähigkeit der Exporte hat sich verschlechtert

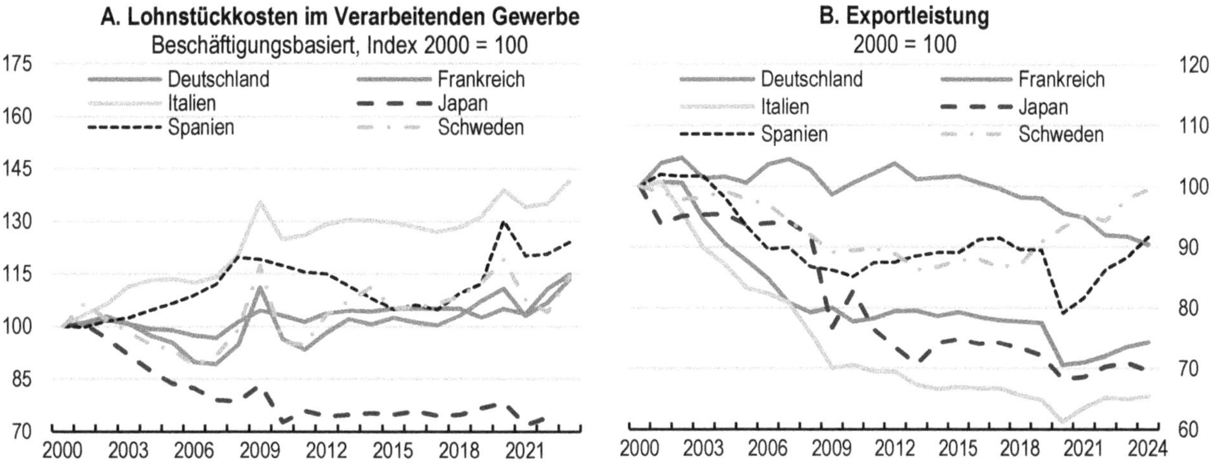

Anmerkung: Die Exportleistung wird am tatsächlichen Wachstum der Exporte eines Landes im Verhältnis zum Wachstum seines Exportmarkts gemessen.

Quelle: *OECD Productivity* (Datenbank); *OECD Economic Outlook* (Datenbank).

StatLink https://stat.link/536bxj

Der Strukturwandel im Verarbeitenden Gewerbe geht mit einer strukturellen Verlagerung der Wirtschaftstätigkeit in Richtung Dienstleistungen einher (Abbildung 1.9). Bei den IKT- und Unternehmensdienstleistungen haben Wertschöpfung und Beschäftigung stark zugenommen. Der öffentliche Sektor verzeichnet ebenfalls einen Anstieg der Wertschöpfung und der Beschäftigung, insbesondere im Gesundheits- und Bildungswesen. Im Verarbeitenden Gewerbe blieb die Beschäftigung während der Pandemie und der Energiekrise relativ konstant. Zurückzuführen war dies auf Kurzarbeit und andere Unterstützungsmaßnahmen, aber auch darauf, dass die Unternehmen angesichts der Fachkräftemangels Arbeitskräfte horteten. 2024 hat allerdings ein Rückgang um 50 000 Arbeitsplätze eingesetzt. Der Strukturwandel und die Reallokation von Arbeitskräften hin zu florierenden Branchen und Unternehmen, auch innerhalb des Verarbeitenden Gewerbes, sind für die Förderung des Produktivitätswachstums von entscheidender Bedeutung und sollten durch den Abbau von Hindernissen für den Marktzutritt, das Wachstum und den Marktaustritt von Unternehmen erleichtert werden (Kapitel 2). Die Arbeitskräfte sollten jedoch beim Wechsel in neue Beschäftigungsverhältnisse unterstützt werden. Dazu gilt es, die Berufs- und Erwachsenenbildung zu verbessern (Kapitel 3). Um den hohen Energiepreisen zu begegnen und die Unternehmen des Verarbeitenden Gewerbes horizontal zu unterstützen, sollte die Bundesregierung ihre Anstrengungen darauf richten, den Ausbau der erneuerbaren Energien und die Modernisierung des Stromnetzes zu beschleunigen (Kapitel 4).

Zur Unterstützung exportorientierter Branchen des Verarbeitenden Gewerbes und des Dienstleistungssektors in Zeiten zunehmender handelspolitischer Unsicherheit, insbesondere im Zusammenhang mit tarifären und nicht tarifären Hemmnissen für den Handel mit den Vereinigten Staaten, sollte die Bundesregierung verstärkte Anstrengungen unternehmen, um Hindernisse für den Handel mit den wichtigsten Handelspartnern abzubauen. Innerhalb der EU besteht nach wie vor großes Potenzial für einen weiteren Abbau von Hemmnissen im Handel mit Dienstleistungen und eine Stärkung des Binnenmarkts (Dorn, Flach und Gourevich, 2024[7]). Für diesen Bericht durchgeführte Analysen zeigen, dass ein weiterer Abbau der Hemmnisse im Handel mit digitalen Dienstleistungen die Produktivität steigern könnte – auch im Verarbeitenden Gewerbe, das diese Dienstleistungen als Vorleistungen nutzt (Kasten 1.2). In Deutschland besteht außerdem Spielraum, den hohen Verwaltungsaufwand und die Hindernisse für den Marktzutritt und das Wachstum von Start-ups zu verringern, insbesondere im Dienstleistungssektor (Kapitel 2).

Abbildung 1.9. IKT- und Unternehmensdienstleistungen haben stark expandiert

Bruttowertschöpfung, Volumen, 2015 = 100

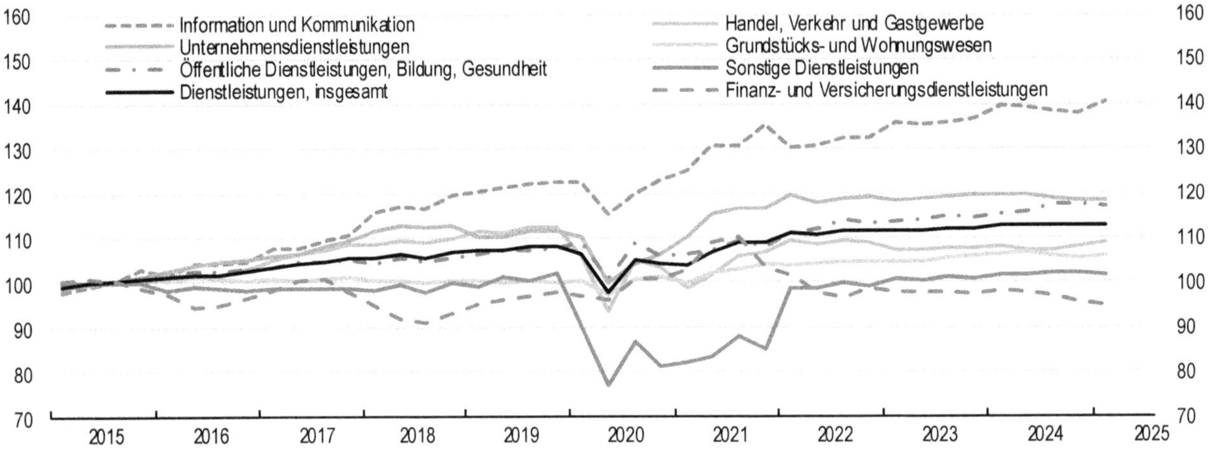

Quelle: Statistisches Bundesamt.

StatLink https://stat.link/aoce89hw0scq

Kasten 1.2. Auswirkungen von Beschränkungen des Handels mit digitalen Dienstleistungen auf die Unternehmensproduktivität und den Handel

In einer für diesen Bericht durchgeführten Analyse wurden die Auswirkungen von Beschränkungen des Handels mit digitalen Dienstleistungen auf die Produktivität untersucht. Dazu wurden internationale Paneldaten aus der Unternehmensdatenbank ORBIS mit dem Digital Services Trade Restrictiveness Indicator der OECD (DSTRI) und neuen Daten zur Durchsetzung der EU-Datenschutzgrundverordnung (DSGVO) kombiniert. Die Produktivität der Unternehmen wurde dabei auf die Strenge der Regulierung digitaler Dienstleistungen, einen Index der Durchsetzung der DSGVO sowie Dummy-Variablen für Land-Sektor, Sektor-Jahr, Firmenalter und Firmengröße regressiert. In einer zweiten Spezifikation wurden parallel dazu fixe Firmeneffekte verwendet. Außerdem wurde anhand von Daten zu den bilateralen Dienstleistungshandelsströmen (BACI) und einem Gravitätsmodell analysiert, welche Auswirkungen Beschränkungen des Dienstleistungshandels und die Durchsetzung der DSGVO auf die Dienstleistungshandelsströme zwischen den Ländern haben.

Dabei zeigte sich, dass der Gesamteffekt der Beschränkungen des Handels mit digitalen Dienstleistungen auf die Produktivität negativ ist, wobei dieser negative Effekt bei größeren Unternehmen stärker ausgeprägt ist. Vor allem Beschränkungen, die den Datenfluss und die Konnektivität behindern, haben in allen Sektoren einen starken negativen Effekt auf die Produktivität der Unternehmen. Strengere lokale Präsenzanforderungen bei der Bereitstellung digitaler Dienstleistungen und Beschränkungen in Bezug auf Zahlungssysteme haben jedoch einen positiven Effekt auf die Produktivität, was darauf hindeutet, dass sie inländische Dienstleistungsunternehmen möglicherweise vor ausländischem Wettbewerb schützen. Eine strengere Durchsetzung der DSGVO (gemessen an der Anzahl der Klagen im Zusammenhang mit der DSGVO) hat einen negativen Effekt auf die Produktivität. Mit der Einführung der DSGVO hat der Handel mit digitalen Dienstleistungen zwischen den EU-Ländern allerdings zugenommen.

1.1.3. Die Erholung wird von der steigenden Inlandsnachfrage ausgehen

Das BIP wird 2025 um 0,4 % und 2026 um 1,2 % expandieren (Tabelle 1.2). Die gesunkene Inflation, höhere Nominallöhne und die Abnahme der politischen Unsicherheit im Inland nach der Bildung der neuen Regierung werden dem privaten Konsum Auftrieb geben. Die hohe handelspolitische Unsicherheit beeinträchtigt unterdessen die Investitionen im exportorientierten Verarbeitenden Gewerbe. Da jedoch aufgrund der Umorganisation der Lieferketten, der Digitalisierung und der ökologischen Transformation ein hoher Investitionsbedarf besteht, werden sich die privaten Investitionen insgesamt beleben. Begünstigt wird diese Entwicklung durch hohe Eigenkapitalquoten der Unternehmen, sinkende Zinssätze und die abnehmende politische Unsicherheit im Inland, auch im Hinblick auf die Finanzierung der Fördermaßnahmen für Unternehmen während der ökologischen Transformation. Die öffentlichen Investitionen in Verteidigung und Infrastruktur werden infolge der größeren Flexibilität bei den Fiskalregeln und des großen Investitionsstaus stark zunehmen. Die Zollerhöhungen der Vereinigten Staaten und handelspolitische Spannungen werden die Exportnachfrage jedoch belasten.

Für 2025 ist eine fiskalische Straffung um 0,3 % des BIP und für 2026 eine fiskalische Expansion um 0,9 % des BIP zu erwarten. Da aufgrund des Bruchs der Ampelkoalition kein Haushalt für 2025 verabschiedet werden konnte, wurde das nominale Ausgabenniveau von 2024 auf das Jahr 2025 übertragen. Nach der Bildung der neuen Regierung wird die vor Kurzem erfolgte Reform der nationalen Fiskalregeln erheblichen fiskalischen Spielraum schaffen, um die Investitionen in Verteidigung und Infrastruktur in den nächsten Jahren zu erhöhen (siehe weiter unten). Die Effekte dieser Reform auf die öffentlichen Investitionen werden jedoch erst 2026 zum Tragen kommen, da die Verabschiedung des Haushalts für 2025 und die Ausarbeitung detaillierter Investitionspläne ebenso wie die Infrastrukturplanung und die Beschaffungsverfahren einige Zeit in Anspruch nehmen werden. Angesichts der restriktiven Fiskalpolitik im Jahr 2025, einer großen negativen Produktionslücke und niedrigerer Energiepreise wird die Gesamtinflation 2025 auf 2,4 % und 2026 auf 2,1 % sinken. Die Kerninflation wird unter dem Einfluss der auf den Fachkräftemangel zurückzuführenden Lohnzuwächse und der steigenden Investitionsnachfrage jedoch auf höherem Niveau verharren.

Die Aussichten für das Wirtschaftswachstum hängen davon ab, dass die neue Bundesregierung wichtige Strukturreformen umsetzt (siehe weiter oben). Wenn die öffentliche Auftragsvergabe und die Planungs- und Genehmigungsverfahren nicht beschleunigt werden, wird es zu Verzögerungen bei der Umsetzung der öffentlichen Investitionsprojekte kommen, was das BIP-Wachstum 2026 schmälern dürfte. Bleiben Strukturreformen zur Verringerung der Bürokratielasten und der regulatorischen Hindernisse für den Marktzutritt und das Wachstum von Unternehmen aus, insbesondere im Baugewerbe und im Dienstleistungssektor, könnte der durch höhere öffentliche Investitionen ausgelöste Nachfrageschock zu einem starken Inflationsanstieg führen. Eine weitere Zunahme der handelspolitischen Unsicherheit würde die Erholung des Konsum- und Investitionsklimas behindern und den privaten Konsum und die Investitionstätigkeit bremsen, insbesondere im Verarbeitenden Gewerbe, das stark in globale Wertschöpfungsketten integriert ist. Eine rasche Verabschiedung der Haushalte für 2025 und 2026 und detaillierter Investitionspläne könnte dagegen das Investitions- und Konsumklima verbessern und den Anstieg der öffentlichen Investitionen beschleunigen. Im Fall eines stärkeren Aufschwungs in China könnten sich die Exporte von Investitions- und sonstigen Gütern spürbar beleben.

Tabelle 1.2. Makroökonomische Indikatoren und Projektionen

Volumenmäßige Veränderung zum Vorjahr, in % und Preisen von 2020

	2021 In jeweiligen Preisen (Mrd. EUR)	2022	2023	Schätzungen und Projektionen		
				2024	2025	2026
Bruttoinlandsprodukt (BIP)	3 667.3	1.4	-0.1	-0.2	0.4	1.2
Privater Verbrauch	1 837.5	5.6	-0.2	0.2	0.9	1.0
Staatsverbrauch	820.2	0.1	-0.1	3.2	1.2	1.5
Bruttoanlageinvestitionen	774.6	0.0	-0.7	-2.5	2.3	4.5
Wohnungsbau	248.6	-4.1	-3.7	-4.9	0.6	1.7
Inländische Endnachfrage	3 432.2	3.0	-0.3	0.3	1.3	1.9
Vorratsveränderungen [1]	48.2	-0.1	0.0	0.0	0.0	0.0
Inländische Gesamtnachfrage	3 480.4	3.0	-0.2	0.3	1.2	1.9
Waren- und Dienstleistungsexporte	1 558.8	3.2	0.2	-1.7	-0.3	0.6
Waren- und Dienstleistungsimporte	1 371.9	7.1	-0.3	-0.6	1.7	2.1
Nettoexporte [1]	186.9	-1.3	0.2	-0.5	-0.8	-0.6
Sonstige Indikatoren (Wachstumsraten, sofern nicht anders angegeben)						
BIP ohne Arbeitstagbereinigung	3 676.3	1.4	-0.3	-0.2	0.3	1.5
Potenzielles BIP	..	0.8	0.8	0.6	0.5	0.6
Produktionslücke[2]	..	0.3	-0.6	-1.4	-1.5	-0.9
Beschäftigung	..	2.6	1.1	0.3	0.7	0.2
Arbeitslosenquote (in % der Erwerbsbevölkerung)	..	3.1	3.0	3.4	3.6	3.5
BIP-Deflator	..	6.1	6.1	3.1	2.4	2.1
Harmonisierter Verbraucherpreisindex	..	8.7	6.0	2.5	2.4	2.1
Harmonisierter Kerninflationsindex[3]	..	3.9	5.1	3.2	2.7	2.4
Nettosparquote der privaten Haushalte (in % des verfügbaren Einkommens)	..	10.3	10.4	11.2	10.8	10.6
Leistungsbilanzsaldo (in % des BIP)	..	3.9	5.6	5.7	4.8	3.7
Gesamtstaatlicher Finanzierungssaldo (in % des BIP)	..	-2.2	-2.5	-2.7	-2.7	-3.3
Struktureller staatlicher Primärsaldo[2]	..	-1.9	-1.8	-1.6	-1.3	-2.2
Bruttostaatsverschuldung (in % des BIP)	..	64.7	63.8	63.2	64.2	65.5
Bruttostaatsverschuldung (Maastricht-Abgrenzung, in % des BIP)	..	65.1	62.9	62.4	63.4	64.6
Nettostaatsverschuldung (in % des BIP)	..	26.4	26.6	25.8	27.8	30.2
3-Monats-Geldmarktsatz, Durchschnitt	..	0.3	3.4	3.6	2.1	1.8
Rendite 10-jähriger Staatsanleihen, Durchschnitt	..	1.1	2.4	2.3	2.5	2.5

1. Beitrag zur Veränderung des realen BIP.
2. In % des potenziellen BIP.
3. Harmonisierter Verbraucherpreisindex, ohne Nahrungsmittel, Energie, Alkohol und Tabak.
Quelle: *OECD Economic Outlook 116* (Datenbank) und Aktualisierungen (Änderungen vorbehalten).

Tabelle 1.3. Mögliche Ereignisse mit erheblichen Auswirkungen auf die weiteren Aussichten

Risiken	Mögliche Auswirkungen
Weitere globale Zunahme der Handelsbeschränkungen und anderer handelsverzerrender Maßnahmen, wie beispielsweise Subventionen und Local-Content-Vorschriften.	Eine neue Welle tarifärer und nicht tarifärer Hemmnisse, handelsverzerrender Subventionen und Local-Content-Vorschriften würde die Exportnachfrage senken und zu Störungen in den globalen Lieferketten führen. Dies wäre für die deutsche Wirtschaft, die stark in internationale Lieferketten eingebunden ist, besonders schädlich.
Störungen der globalen Energiemärkte und Lieferketten aufgrund einer Eskalation der Konflikte im Nahen Osten oder in anderen Weltregionen.	Höhere Energiepreise würden die Inflation in die Höhe treiben, die Kaufkraft der privaten Haushalte und den privaten Konsum verringern und die Wettbewerbsfähigkeit inländischer Unternehmen des Verarbeitenden Gewerbes beeinträchtigen. Störungen der globalen Lieferketten würden die Produktion des Verarbeitenden Gewerbes belasten.
Rascheres Ende des Ukrainekriegs als erwartet und Abnahme der geopolitischen Spannungen.	Das Vertrauen könnte sich stärker erholen, wodurch die Investitionstätigkeit und der private Verbrauch Auftrieb erhielten.

1.2. Finanzielle Anfälligkeiten angehen und Kapitalmärkte vertiefen

1.2.1. Die Finanzmarktrisiken halten sich weiter in Grenzen

Während der Pandemie und der Energiekrise waren die Insolvenzraten niedrig geblieben, infolge des Auslaufens der Hilfsmaßnahmen, der geldpolitischen Straffung und der Konjunkturabschwächung ist die Zahl der Unternehmensinsolvenzen jedoch gestiegen (Abbildung 1.10). Die Banken konnten sich aber trotz ihrer relativ niedrigen Profitabilität, die großenteils auf hohe Verwaltungs- und Betriebsaufwendungen zurückzuführen ist, gut behaupten (siehe weiter unten). Der Zinsüberschuss der Banken ist gewachsen, da die Bankzinssätze für Kredite an Unternehmen und private Haushalte stärker gestiegen sind als die Refinanzierungskosten der Banken. Nur rd. 10 % der Leitzinserhöhung haben sich in den durchschnittlichen Zinsen für täglich fällige Einlagen niedergeschlagen (Bundesbank, 2024[8]). Die risikogewichteten Eigenkapitalquoten liegen deutlich über den aufsichtsrechtlichen Mindestwerten. Die niedrige Kreditaufnahme und die hohen Eigenkapitalquoten der Unternehmen sowie die relativ langen Laufzeiten des Unternehmenskreditbestands verringern das Kreditrisiko (Abbildung 1.10). Angesichts der anhaltenden Konjunkturschwäche könnte die Risikogewichtung der systemrelevanten Banken in Bezug auf Unternehmenskredite die Anfälligkeit gegenüber steigenden Unternehmensinsolvenzen jedoch unterzeichnen. Ein weiteres Risiko für die Banken ist das Laufzeitrisiko infolge höherer Zinssätze. Es besteht darin, dass ein abrupter Anstieg der Marktzinsen zu einem Rückgang des Marktwerts von fest verzinslichen Wertpapieren mit längeren Laufzeiten und damit zu nicht realisierten Verlusten führt (OECD, 2023[9]). Diese nicht realisierten Verluste sind dank der Lockerung der Geldpolitik zwar zurückgegangen, im zweiten Quartal 2024 beliefen sie sich bei Sparkassen und Genossenschaftsbanken jedoch immer noch auf 6 % bzw. 15 % des harten Kernkapitals.

Die geldpolitische Straffung hat zu einem Rückgang der Wohnimmobilienpreise geführt, das Risiko weiterer Preiskorrekturen ist jedoch gering. Die rasche Straffung ließ die Hypothekenzinsen deutlich steigen, und die Nachfrage nach Wohneigentum reduzierte sich. Dadurch sanken die Wohnimmobilienpreise, die im zweiten Quartal 2022 einen Höchststand erreicht hatten, bis zum vierten Quartal 2023 um 13 % (Abbildung 1.11). Der starke Anstieg der verfügbaren Haushaltseinkommen, die rückläufige Schulden-Einkommens-Relation und die sinkende Inflation machten Wohnraum jedoch wieder bezahlbarer und ermöglichten eine leichte Erholung der Immobilienpreise. Die geldpolitische Lockerung könnte in den nächsten Quartalen zu einem weiteren Rückgang der Hypothekenzinsen und damit zu weiteren Preisanstiegen führen. Die Risiken auf dem Gewerbeimmobilienmarkt sollten jedoch genau beobachtet werden. Die Gewerbeimmobilienpreise sind seit ihrem Höchststand 2022 um mehr als 20 % gesunken (Bundesbank, 2024[8]). Die Price-at-Risk-Analyse der Bundesbank deutet darauf hin, dass die Wahrscheinlichkeit eines weiteren Preisrückgangs bei den Gewerbeimmobilien anders als bei den Wohnimmobilien gestiegen ist. Die restriktiven Finanzierungsbedingungen und die auf die stagnierende Wirtschaft zurückzuführende schwache Rentabilität könnten bei Gewerbeimmobilienentwicklern zu einem Anstieg der notleidenden Kredite führen. Bei börsennotierten Immobilien-

Aktiengesellschaften (REITs) und Banken könnten Verluste durch den Notverkauf von als Sicherheit gehaltenen Gewerbeimmobilien entstehen (OECD, 2024[10]). Ungefähr die Hälfte der Bankkredite, die Insolvenzrisiken ausgesetzt sind, betreffen den Immobiliensektor (Bundesbank, 2024[8]). Die Exposition gegenüber Gewerbeimmobilienkrediten konzentriert sich zwar auf einige wenige Kreditgeber, die Risiken von Spillover-Effekten auf den Rest des Finanzsystems sollten jedoch genau beobachtet werden.

Der makroprudenzielle Kurs sollte beibehalten werden. Anfang 2022 wurde der antizyklische Kapitalpuffer mit 0,75 % und der sektorale Systemrisikopuffer für Wohnimmobilienkredite mit 2 % der durch Wohnimmobilien besicherten Darlehen angesetzt. Aufgrund des partiellen Rückgangs der Risikoanfälligkeit auf dem Wohnimmobilienmarkt wurde der sektorale Systemrisikopuffer im April 2025 dann auf 1 % gesenkt. Die Lockerung der Geldpolitik wird den Druck auf die Bankbilanzen verringern, der makroprudenzielle Kurs sollte jedoch beibehalten werden, um den Risiken entgegenzuwirken, die von der Zunahme der Unternehmensinsolvenzen und dem Rückgang der Gewerbeimmobilienpreise ausgehen. Auf mittlere Sicht sollten die Behörden in Erwägung ziehen, positive neutrale Quoten für den antizyklischen Kapitalpuffer anzuwenden, wie dies in Schweden, Polen, Spanien und den Niederlanden der Fall ist (Bundesbank, 2024[8]).

Abbildung 1.10. Die Unternehmensinsolvenzen haben zugenommen, die Risiken für die Kreditgeber halten sich jedoch in Grenzen

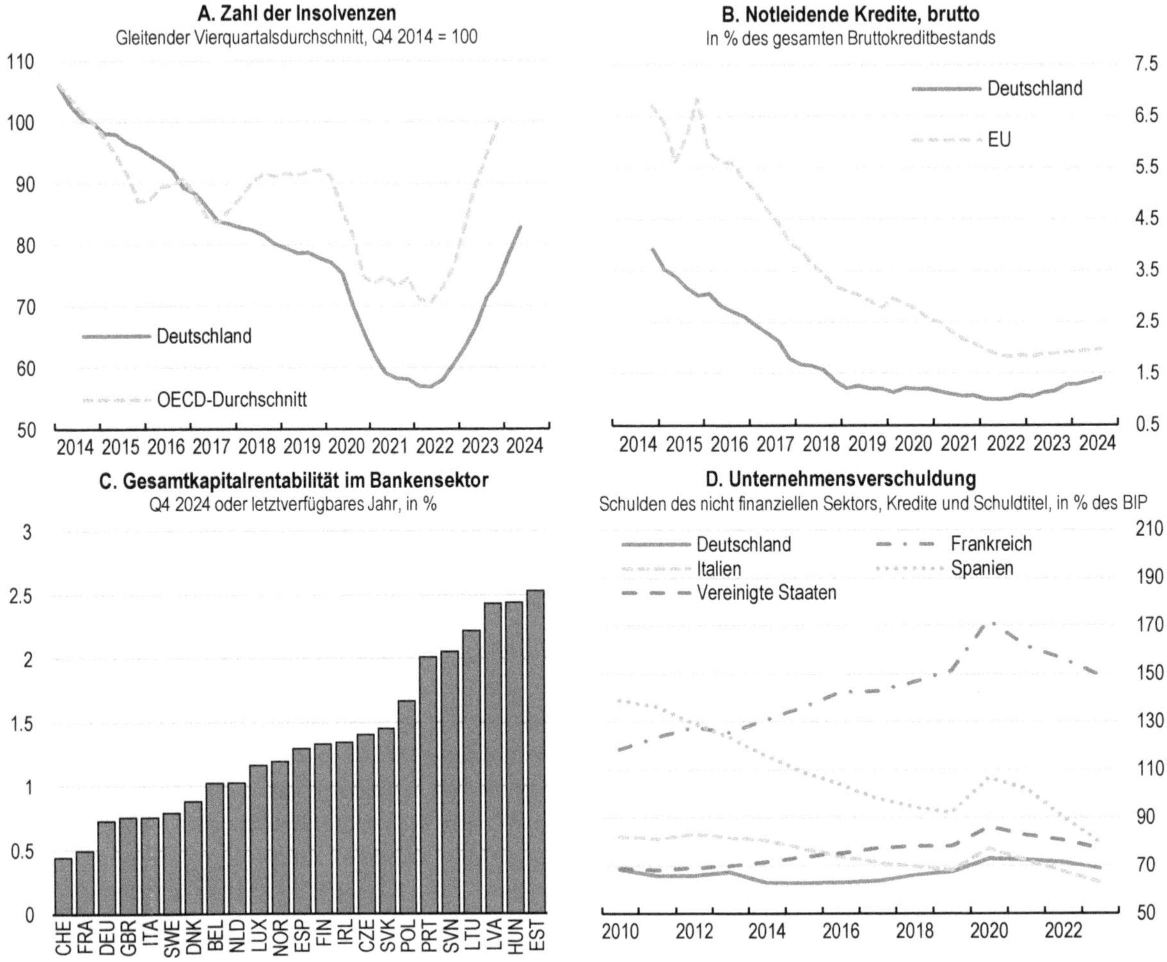

Quelle: OECD, Timely Indicators of Entrepreneurship (Datenbank); EZB; IWF, Financial Soundness Indicators (Datenbank).

StatLink https://stat.link/gjae8c

Es besteht Spielraum, um die Profitabilität des Bankensektors zu steigern (Abbildung 1.10, Teil C). Wegen der zahlreichen kleinen Sparkassen ist der Bankenmarkt stark fragmentiert, was dazu beiträgt, dass die Gesamtkapitalrentabilität im Bankensektor relativ niedrig ist. Seit Anfang der 1990er Jahre wurde zwar eine erhebliche Konsolidierung erzielt, diese war jedoch hauptsächlich auf Gebietsreformen zurückzuführen, durch die Gemeinden oder Kreise zusammengelegt wurden, und nicht auf Wettbewerbsdruck. Lokale Sparkassen, die sich im Besitz der Kommunen bzw. Landkreise befinden, unterliegen dem Regionalprinzip, das in den Sparkassengesetzen der Bundesländer verankert ist. Das Regionalprinzip beschränkt ihre Tätigkeit auf bestimmte geografische Gebiete und schützt sie vor Wettbewerb durch Institute aus anderen Regionen. Dies schafft institutionelle Hindernisse für die Konsolidierung und begrenzt den Wettbewerb (Hallerberg und Markgraf, 2018[11]). Da die Sparkassen nicht an der Börse notiert sind und die Risikoteilung durch Einlagensicherungssysteme auf Länderebene gewährleistet wird, ist die Marktdisziplin, von der Anreize zur Vergrößerung der Marktanteile und Steigerung der Rentabilität ausgehen könnten, ebenfalls schwach ausgeprägt (De Haan, 2022[12]). Die durch Gebietsreformen bedingten Zwangsfusionen gingen nachweislich mit einer höheren Rentabilität, niedrigeren Kreditkosten für Unternehmen und einem Anstieg der regionalen Investitionen und Beschäftigung einher. Das Regionalprinzip sollte daher mit Blick auf die Stärkung des Wettbewerbs und der Konsolidierung im Bankensektor überprüft werden (Koetter et al., 2018[13]).

Abbildung 1.11. Die Risiken in Bezug auf Wohnimmobilien haben abgenommen

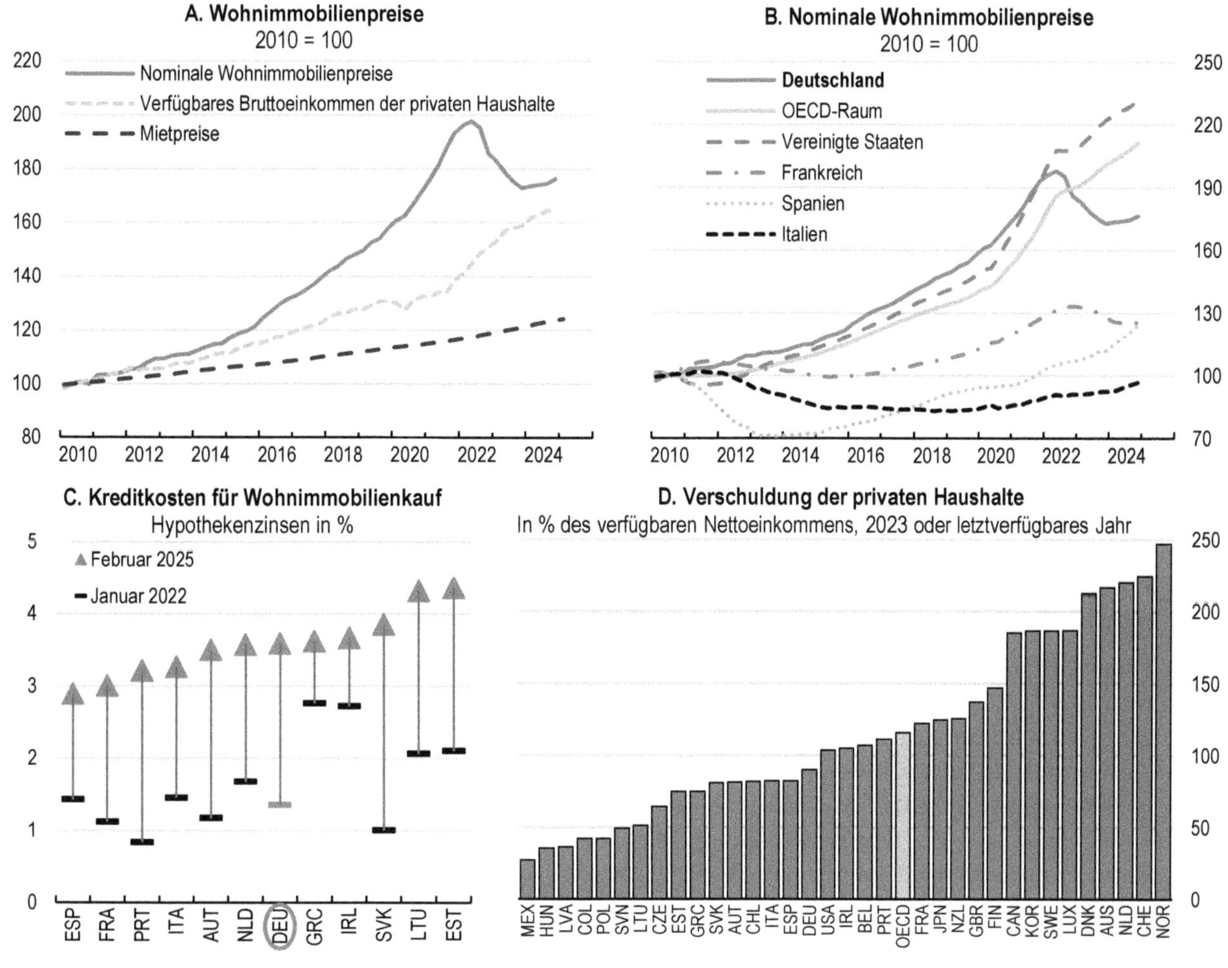

Quelle: *OECD Analytical House Price Database* (Datenbank); EZB; *OECD National Accounts* (Datenbank).

StatLink https://stat.link/wsh2jk

Die Rentabilität des Bankensektors sollte außerdem durch eine verstärkte Digitalisierung verbessert werden, die den Verwaltungsaufwand und die operativen Kosten senkt, insbesondere in Sparkassen und Genossenschaftsbanken. Dies würde auch dazu beitragen, den Finanzierungszugang für Branchen, in denen immaterielle Werte eine wichtige Rolle spielen, zu verringern, Investitionen in Wissenskapital zu fördern und die Unternehmensdynamik zu steigern (Bontadini et al., 2024[14]) (Kapitel 2 und 4). Wenn eine solche verstärkte Digitalisierung mit Effizienzsteigerungen bei elektronischen Zahlungssystemen und E-Rechnungen kombiniert würde, ließen sich durch eine bessere Rückverfolgbarkeit auch der Steuervollzug und die Bekämpfung der Geldwäsche stärken (Bellon et al., 2022[15]).

Die Verflechtungen zwischen inländischen Banken und globalen Nichtbanken-Finanzintermediären (NBFI) sollten ebenfalls genau beobachtet werden. Das deutsche Finanzsystem ist zwar nach wie vor weitgehend bankbasiert (siehe weiter unten), die direkten bilanziellen Forderungen deutscher Banken gegenüber dem globalen NBFI-Sektor belaufen sich inzwischen jedoch auf 12 % der aggregierten Bilanzsumme des deutschen Bankensystems (Bundesbank, 2024[8]). Bisher gibt es noch keinen integrierten Stresstestrahmen, um die Ausbreitung negativer Schocks von globalen Investmentfonds auf das deutsche Bankensystem zu analysieren. Auf EU-Ebene werden Anstrengungen unternommen, um Datenlücken im Sektor der alternativen Investmentfonds auf EU-Ebene zu schließen. Die Mitwirkung bei diesen Anstrengungen könnte die Überwachung der Bankforderungen gegenüber globalen Nichtbank-Finanzintermediären erleichtern (ESRB, 2024[16]). Die Umsetzung der überarbeiteten EU-Richtlinie über die Verwalter alternativer Investmentfonds in deutsches Recht und ihre Anwendung dürften dies ermöglichen.

1.2.2. Eine Vertiefung der Kapitalmärkte würde den Finanzierungszugang von Start-ups verbessern

Der begrenzte Zugang innovativer Start-ups zu Finanzmitteln ist einer der Gründe für die schwache Unternehmensdynamik, die die Innovationstätigkeit, die Investitionen, das Produktivitätswachstum und die Wettbewerbsfähigkeit hemmt (Draghi, 2024[17]) (Kapitel 2). Unzureichende Sicherheiten, schwache Cashflows und fehlende Kreditbiografien führen dazu, dass Banken bei der Kreditvergabe an innovative Start-ups zögern. Außerdem fehlt ihnen häufig das nötige Fachwissen, um die wirtschaftliche Tragfähigkeit der Investitionen in immaterielle Werte zu beurteilen, die disruptiven Innovationen zugrunde liegen. Finanzierungsquellen aus dem Nichtbankenbereich könnten diese Lücke schließen, sind jedoch nach wie vor schwach ausgebildet (Abbildung 1.12). 2021 nahmen die Investitionen in Wagniskapital (VC) zwar zu, weil die Attraktivität digitaler Geschäftsmodelle in der Pandemie gewachsen war, 2022–2024 kehrte sich dieser Trend jedoch wieder um. Die deutschen Wagniskapitalinvestitionen entsprachen 2024 bei einer Anzahl von Deals, die das vor der Pandemie verzeichnete Niveau überstieg, auf Cashflow-Basis weniger als 0,2 % des BIP, verglichen mit rd. 0,5 % des BIP im Vereinigten Königreich und in den Vereinigten Staaten (KfW, 2024[18]). 2024 beliefen sich die VC-Investitionen in Start-ups auf 7,4 Mrd. EUR und lagen damit immer noch unter dem vor der Pandemie verzeichneten Niveau. Der größte Teil der Deals entfiel auf die Bereiche Gesundheit, Energie und Verteidigung.

Um die Finanzierungslücke für Start-ups zu schließen, haben die Bundesregierung und die KfW die öffentliche Kofinanzierung von Wagniskapital erhöht. Die im September 2024 gestartete WIN-Initiative: Wachstums- und Innovationskapital für Deutschland mobilisiert rd. 12 Mrd. EUR und soll weitere private Investoren gewinnen, um bis 2030 innovative Start-up-Finanzierungen in Höhe von insgesamt 30 Mrd. EUR zu sichern. Darüber hinaus wurde ein Beteiligungsfonds für Zukunftstechnologien (Zukunftsfond) eingerichtet, um die Beteiligung institutioneller Anleger an den VC- und Private-Equity-Märkten zu erhöhen, wie dies im *OECD-Wirtschaftsbericht Deutschland 2020* empfohlen wurde. Die Anreize zur Mobilisierung privater Investitionen sollten jedoch weiter verstärkt werden. In Israel stellte der Staat mit der Yozma-Wagniskapitalinitiative beispielsweise bis zu 40 % der erforderlichen VC-Investitionen bereit und gewährte privaten Investoren das Recht, die staatlichen Beteiligungen in den fünf Jahren nach der Investition zu einem garantierten Preis zu erwerben. Durch die erfolgreiche Mobilisierung privater Investoren konnte der Anteil der öffentlichen Wagniskapitalfinanzierung innerhalb von sieben Jahren von 50 % auf nahezu null gesenkt werden (OECD, 2022[19]). Vor Kurzem wurde dann das Programm Yozma 2.0 gestartet, mit dem rd. 160 Mio. USD bereitgestellt wurden, um Investitionen institutioneller Anleger in Höhe von insgesamt 700 Mio. USD zur Finanzierung innovativer Start-ups zu hebeln, wiederum durch die Einführung garantierter Buy-out-Optionen für staatliche Beteiligungen. Außerdem wurde eine vorrangige Verlustübernahme vereinbart.

Abbildung 1.12. Die Wagniskapitalinvestitionen sind relativ schwach

Wagniskapitalinvestitionen, in % des BIP, 2023 oder letztverfügbares Jahr

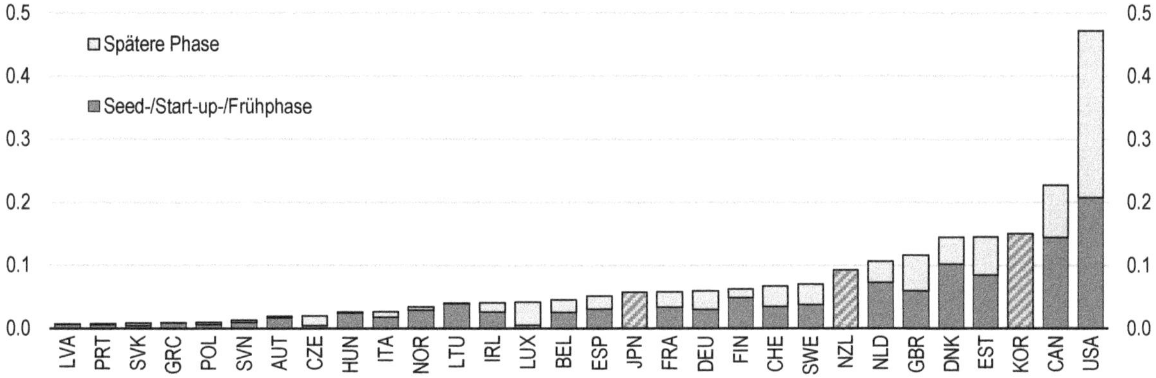

Anmerkung: Dealbezogene Daten. Für Japan, Korea und Neuseeland liegen keine aufgeschlüsselten Daten vor.
Quelle: *OECD Entrepreneurship Financing* (Datenbank).

StatLink https://stat.link/wl8eox

Eine stärkere Beteiligung institutioneller Anleger an den Kapitalmärkten ist von entscheidender Bedeutung, um den Zugang von Start-ups zu Finanzmitteln zu verbessern. Gut entwickelte Kapitalmärkte mit einer breiten Beteiligung institutioneller Anleger erleichtern Frühphaseninvestoren den Wiederausstieg und erhöhen ihre Ausstiegsrendite. Dies schafft Anreize, bei der Bereitstellung von Frühphasen- und Wachstumsfinanzierung für innovative Start-ups relativ hohe Risiken einzugehen (Arnold, Claveres und Frie, 2024[20]). In Deutschland spielen institutionelle Anleger, insbesondere Pensionsfonds, auf den Kapitalmärkten jedoch nur eine geringe Rolle (Abbildung 1.13). So waren 2023 beispielsweise nur rd. 6 % der inländischen Aktien im Besitz von inländischen institutionellen Anlegern, während über 24 % von ausländischen institutionellen Anlegern gehalten wurden. Im Zeitraum 2019–2023 stammten nur knapp über 10 % der Private-Equity-Investitionen von inländischen institutionellen Anlegern, im Vergleich zu durchschnittlich 30 % in Europa (OECD, 2024[21]).

Eine Stärkung der kapitalgedeckten betrieblichen Altersvorsorgesysteme könnte zur Vertiefung der Kapitalmärkte und zu einer effizienteren Finanzintermediation beitragen (Draghi, 2024[17]). Über die Hälfte der Beschäftigten verfügt über eine betriebliche Altersvorsorge. Dennoch belief sich das von beaufsichtigten Betriebsrentensystemen wie etwa Pensionskassen und Pensionsfonds, berufsständischen Versorgungswerken für Angehörige freier Berufe und Lebensversicherungen verwaltete Vermögen 2023 nur auf 17 % des BIP, im Vergleich zu rd. 50 % des BIP im Durchschnitt der OECD-Länder (Kasten 1.3) (OECD, 2024[22]). Dieser relativ niedrige Wert hängt mit der Tatsache zusammen, dass rd. 40 % der Verbindlichkeiten der betrieblichen Altersvorsorge Direktzusagen sind. Dabei handelt es sich um Betriebsrenten mit festen Leistungszusagen, die nicht der Aufsicht der Bundesanstalt für Finanzdienstleistungsaufsicht unterstehen. Diese Verbindlichkeiten belaufen sich auf rd. 12 % des BIP und rd. 60 % entfallen auf Großunternehmen, die im Leitindex des deutschen Aktienmarkts (DAX) vertreten sind (Bazzazi, 2025[23]). Etwa 80 % dieser Verbindlichkeiten von DAX-Unternehmen sind durch Versicherungsverträge gedeckt. 20 % sind jedoch nicht kapitalgedeckt, da die Beiträge der Beschäftigten für die Innenfinanzierung des Unternehmens genutzt werden. Dieser Anteil ist bei kleineren Unternehmen, auf die 40 % aller Direktzusagen entfallen, sogar noch höher. Viele Arbeitgeber bevorzugen Direktzusagen aus steuerlichen Gründen, da der Gegenwartswert der Verbindlichkeiten ohne Obergrenze vom Gewinn abgezogen werden kann, um weniger Körperschaftsteuer zu zahlen. Eine Rolle spielt aber auch, dass der Verwaltungssaufwand im Vergleich zu extern investierten Mitteln, die strengeren Solvenz- und Liquiditätsanforderungen unterliegen, niedriger ist (OECD, 2016[24]).

Abbildung 1.13. Institutionelle Anleger aus dem Nichtbankenbereich spielen auf den Kapitalmärkten eine relativ geringe Rolle

Eigentümerstruktur der inländischen Finanzaktiva insgesamt, 2023, in %

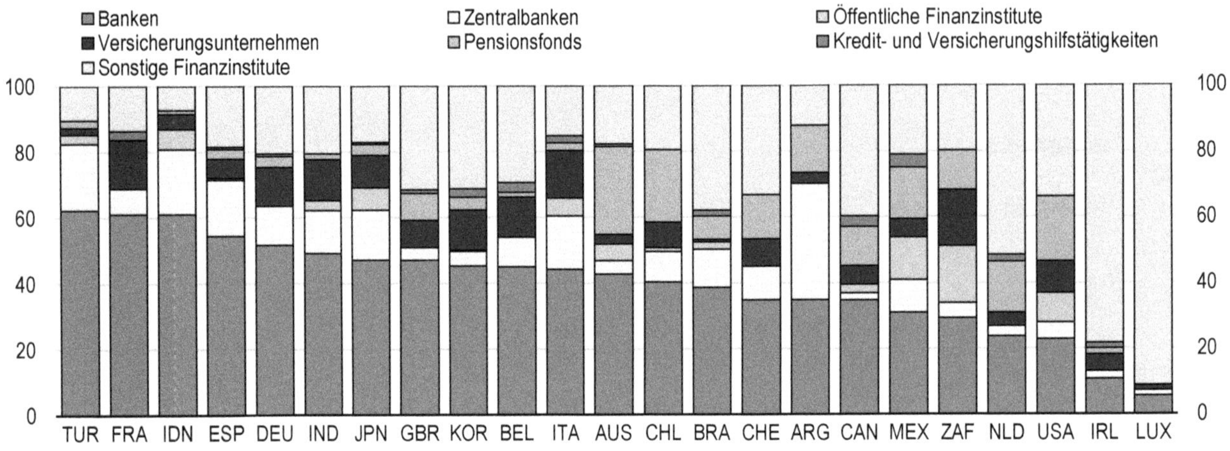

Quelle: Finanzstabilitätsrat.

StatLink https://stat.link/4kb5g0

Eine schrittweise Abschaffung der Direktzusagen durch die Einführung einer Pflichtmitgliedschaft in kapitalgedeckten betrieblichen Altersvorsorgesystemen für Neueinstellungen würde nicht nur zur Vertiefung der Kapitalmärkte beitragen, sondern auch die soziale Sicherung stärken und zugleich den Strukturwandel unterstützen und finanzielle Risiken verringern. Viele Unternehmen weisen bei ihren Direktzusagen ein Finanzierungsdefizit auf. Im Zeitraum 2000–2017 klaffte zwischen dem Deckungsvermögen und den Rentenverbindlichkeiten im Durchschnitt der börsennotierten Unternehmen eine Lücke von rd. 5 % der Marktkapitalisierung (Heusel und Mager, 2023[25]). Etwa 9 % der Unternehmen hatten überhaupt kein Deckungsvermögen. Im Fall einer Unternehmensinsolvenz haben die Rentenansprüche der Beschäftigten einen niedrigen Rang und die Erlösquote liegt bei unter 5 %. Die Rentenansprüche der Arbeitnehmenden sind im Fall der Insolvenz des Unternehmens jedoch durch ein Insolvenzsicherungssystem abgesichert. Da die Beitragssätze der Unternehmen zu diesem Insolvenzsicherungssystem jedoch nicht nach Insolvenzrisiko gestaffelt sind, sind Direktzusagen für Unternehmen mit hohem Insolvenzrisiko attraktiv (OECD, 2016[24]). Unternehmen, bei denen die Direktzusagen eine Finanzierungslücke aufweisen, erzielen auf den Aktienmärkten häufig höhere Renditen als andere Unternehmen, was darauf hindeuten dürfte, dass die Märkte im Insolvenzfall einen Bail-out zur Sicherung der Rentenzahlungen erwarten (Heusel und Mager, 2023[25]). Dies könnte den Wettbewerb verzerren und so die Unternehmensdynamik, die Innovationstätigkeit und das Produktivitätswachstum schwächen (Kapitel 2). Wie in anderen betrieblichen Altersvorsorgesystemen mit festen Leistungszusagen auch, können Direktzusagen nicht zu einem neuen Arbeitgeber mitgenommen werden, was die Erhöhung der Rentenansprüche durch längere Beitragszeiten erschwert und als Hindernis für die Reallokation von Arbeitskräften und damit auch für den Strukturwandel wirken könnte. Die Einführung einer Pflichtmitgliedschaft in kapitalgedeckten betrieblichen Altersvorsorgesystemen für Neueinstellungen würde dazu beitragen, die Kapitalmärkte zu vertiefen und die aus Direktzusagen resultierenden finanziellen Anfälligkeiten zu verringern. Darüber hinaus sollte ein Mindestdeckungsvermögen für Direktzusagen eingeführt werden, wie dies im Vereinigten Königreich und in den Vereinigten Staaten vorgesehen ist (Heusel und Mager, 2023[25]).

Ein stärkeres Engagement kapitalgedeckter betrieblicher Altersvorsorgesysteme in privaten Vermögenswerten würde zur Vertiefung der Kapitalmärkte beitragen. Die deutschen betrieblichen Altersvorsorgesysteme weisen eine Aktienexposition von lediglich 10 % auf – einer der niedrigsten Werte in Europa, selbst nach Berücksichtigung indirekter Engagements in Form von Investmentfondsanteilen (OECD, 2024[21]). Mit einer durchschnittlichen realen Jahresrendite von 1,8 % schnitten sie in den letzten zwanzig Jahren schlechter ab als vergleichbare Einrichtungen in den OECD-Ländern mit den besten Ergebnissen auf diesem Gebiet. Die geringe Aktienexposition erklärt sich aus einer Kombination aus niedrigen aufsichtsrechtlichen Grenzen für Investitionen in private Vermögenswerte und einem konservativen Anlageverhalten seitens der Altersvorsorgesysteme. Die Anlagegrenzen der Pensionskassen für Aktien, Immobilien, Unternehmensanleihen und private Investmentfonds liegen beispielsweise bei 35 %, 25 %, 50 % bzw. 7,5 % (OECD, 2024[26]). Für Instrumente von Einzelemittenten sind die Anlagegrenzen in allen Private-Asset-Kategorien ebenfalls niedrig. In Dänemark, Schweden, Norwegen und den Niederlanden, wo die realen Renditen kapitalgedeckter Altersvorsorgesysteme in den vergangenen zwanzig Jahren über dem OECD-Durchschnitt lagen, sind die Anlagegrenzen für diese Vermögenswerte entweder bei 100 % für Direktinvestitionen angesetzt oder es gibt keine Obergrenzen (OECD, 2024[22]). In allen diesen Ländern sind die Anlagegrenzen für Instrumente von Einzelemittenten ebenfalls höher. Die Beteiligungs- und Konzentrationsgrenzen der betrieblichen Altersvorsorgesysteme sollten für private Vermögenswerte von Einzelemittenten, Immobilien und private Investmentfonds angehoben werden, wobei angemessene Risikomanagement- und Governance-Prozesse sichergestellt werden sollten. Darüber hinaus sollten die Verwalter*innen der Pensionsfonds stärkere Anreize erhalten, die Aktienexposition zu erhöhen. Ein allmählicher Übergang von leistungsbezogenen zu beitragsbezogenen Systemen, wie er jüngst im Rahmen der Tarifregelungen in der chemischen Industrie erfolgte, könnte dazu beitragen, die Renditen zu steigern. Eine Verbesserung der finanziellen Bildung der Sozialpartner, die an den Verhandlungen über die Altersvorsorgesysteme beteiligt sind, und eine regelmäßige Information der Versicherten über die Rendite ihrer Rentenersparnisse würde den Verwalter*innen der Alterssicherungsfonds stärkere Anreize geben, die Rendite ihrer Anlageportfolios zu steigern (OECD, 2024[27]).

Die deutschen Versicherer sind zwar stärker an den Kapitalmärkten engagiert als die Altersvorsorgesysteme, könnten aber direkter in private Vermögenswerte investieren, um innovative Start-ups zu unterstützen (Abbildung 1.13). Das von deutschen Versicherungsunternehmen verwaltete Finanzvermögen belief sich Ende 2023 auf 50 % des BIP. Im europäischen Vergleich investieren die deutschen Versicherer weniger in Staatsanleihen (der Anleiheanteil ihrer Portfolios liegt unter 15 %), aber mehr in Aktien (der Aktienanteil beträgt fast 30 %). Die meisten Investmentfondsanteile sind jedoch in Schuldtiteln angelegt, was die Finanzierung innovativer Start-ups begrenzt. Die Vermögensallokation der Versicherungsunternehmen ist großenteils durch Liquiditätserwägungen und regulatorische Auflagen in Bezug auf zu erreichende Solvabilitätsquoten im Zusammenhang mit Solvency II motiviert (OECD, 2024[21]). Das Solvency-II-Regelwerk gestattet den Versicherern aber auch niedrigere Risikogewichtungen für langfristige Aktienanlagen und sieht keine aufsichtsrechtlichen Beschränkungen hinsichtlich der Allokationsgrenzen für Aktien oder alternative Investmentfonds vor (Arnold, Claveres und Frie, 2024[20]). Es sollte geprüft werden, ob die Umsetzung der einschlägigen Vorschriften die Anlagemöglichkeiten von Versicherungsunternehmen, insbesondere in Aktien, über Gebühr einschränkt. Dadurch könnte ein großer Pool an Finanzierungsmitteln für innovative Start-ups erschlossen werden.

Kasten 1.3. Das deutsche Rentensystem

Erste Säule – Gesetzliche Rentenversicherung (GRV)

Die gesetzliche Rentenversicherung ist der Eckpfeiler des deutschen Rentensystems und für die meisten Beschäftigten obligatorisch. Sie bietet eine Absicherung gegen das Risiko des Einkommensverlusts im Alter, bei Erwerbsminderung und im Hinterbliebenenfall. Es handelt sich um ein umlagefinanziertes System, bei dem die Beitragszahlenden Rentenansprüche für die Zukunft erwerben, die von der nächsten Generation finanziert werden. In Deutschland unterliegen die Renten generell der Einkommensteuer sowie Beiträgen zur Kranken- und Pflegeversicherung. Die Rentenversicherungsbeiträge werden zu gleichen Teilen zwischen Arbeitgebenden und Arbeitnehmenden aufgeteilt, die jeweils 9,3 % des Bruttolohns zahlen (der Gesamtbeitragssatz lag 2025 bei 18,6 %). Neben abhängig Beschäftigten sind bestimmte Selbstständige (z. B. Handwerker*innen, Künstler*innen, Autor*innen, Hebammen) ebenfalls obligatorisch in der gesetzlichen Rentenversicherung versichert. Anders als abhängig Beschäftigte müssen diese Selbstständigen in der Regel den vollen Beitragssatz von 18,6 % zahlen, wenngleich es (für Existenzgründer*innen) einen Pauschal- bzw. ermäßigten Satz gibt. Andere Selbstständige können der gesetzlichen Rentenversicherung auf freiwilliger Basis beitreten. Die Beamtenpensionen sind nicht Teil des Systems und werden vollständig steuerfinanziert.

Das Rentenalter wird bis 2031 schrittweise auf 67 Jahre angehoben. Für Versicherte, die 1964 oder später geboren sind, beträgt das Regelrentenalter 67 Jahre. Personen mit mindestens 35 Beitragsjahren können mit einem Abschlag von 3,6 % pro Jahr (0,3 % pro Monat) vorzeitig in Rente gehen. Personen mit 45 Beitragsjahren haben 2 Jahre vor Erreichen des gesetzlichen Rentenalters Anspruch auf eine Vollrente. Seit der Abschaffung der Hinzuverdienstgrenzen im Jahr 2023 können Altersrenten auch bei Fortsetzung der Erwerbstätigkeit in vollem Umfang in Anspruch genommen werden. Für Erwerbsminderungsrenten gelten weiterhin Hinzuverdienstgrenzen. Personen, die den Renteneintritt aufschieben, erhalten für jeden Monat nach Erreichen des Regelrentenalters, in dem sie keine Rente beziehen, einen Zuschlag von 0,5 %, was bei einem Rentenaufschub um ein Jahr einer Erhöhung um 6 % entspricht. Wenn in dieser Zeit weiter gearbeitet wird, erhöht sich die Rente auch durch die zusätzlich entrichteten Beiträge.

Die Rentenformel ist einkommensabhängig, wobei die Renten über ein Punktesystem an das Lebensarbeitseinkommen gekoppelt sind. Das Rentenniveau wird entsprechend dem nationalen Lohn- und Bevölkerungswachstum angepasst und nimmt mit zunehmender Bevölkerungsalterung ab (Nachhaltigkeitsfaktor). Die jährlichen Ausgaben werden durch Einnahmen aus Rentenversicherungsbeiträgen und Zuschüsse des Bundes gedeckt. Die Zuschüsse decken rd. 23 % der Rentenausgaben (rd. 2,5 % des BIP im Jahr 2024). Dies ermöglicht die Finanzierung versicherungsfremder Leistungen und eine Begrenzung der Beitragssätze. Überschüsse werden einer Nachhaltigkeitsrücklage zugeführt, und der Beitragssatz wird auf Basis der Relation zwischen dem Rücklagenniveau und den durchschnittlichen Ausgaben angepasst. Mit der Rentenreform von 2018 wurden zwei Haltelinien geschaffen, indem ein Mindestversorgungsniveau von 48 % des Durchschnittsverdiensts gesichert und eine Obergrenze für den Beitragssatz von 20 % des Bruttolohns festgelegt wurde. Das Mindestversorgungsniveau wurde bis 2025 gesichert, um den aus dem Nachhaltigkeitsfaktor resultierenden Rentenrückgang zu verhindern. Im Koalitionsvertrag ist vorgesehen, das Rentenniveau von 48 % bis 2031 beizubehalten, eine Aufhebung der Beitragsobergrenze wird aber nicht ausgeschlossen.

Eltern erhalten Entgeltpunkte für Kindererziehungszeiten, ohne dafür Beiträge entrichten zu müssen. Die Versicherten werden dabei so behandelt, als hätten in sie in diesen Zeiten Beiträge entrichtet, die denen eines Durchschnittsverdienenden entsprechen. Nachdem zwei Leistungsverbesserungsgesetze verabschiedet wurden („Mütterrente" I und II), werden für jedes ab 1992 geborene Kind drei Entgeltpunkte und für jedes vor 1992 geborene Kind 2,5 Entgeltpunkte angerechnet. Da ein Entgeltpunkt Beitragszahlungen auf Basis des Durchschnittsverdiensts aller Versicherten entspricht, erhöhen sich die künftigen Renten-

ansprüche dadurch für jedes Kind um rd. 100–120 EUR pro Monat. 2024 beliefen sich die Aufwendungen für die Mütterrente auf 21,8 Mrd. EUR.

Zweite Säule – Betriebliche Altersversorgung

Die Teilnahme an der betrieblichen Altersversorgung ist freiwillig, nimmt dank steuerlicher Anreize und Vereinbarungen zwischen den Sozialpartnern jedoch zu. Die betriebliche Altersvorsorge erfolgt häufig über Direktversicherungen, Pensionsfonds oder von Arbeitgebern verwaltete Altersvorsorgepläne mit Direktzusagen. Etwa 56 % der Beschäftigten größerer Unternehmen verfügen über eine betriebliche Alterssicherung, in kleinen Unternehmen und im Niedriglohnsektor ist der Anteil jedoch geringer. Seit 2019 können die Tarifpartner im sogenannten Sozialpartnermodell beitragsbezogene Systeme mit Mindestbeiträgen der Arbeitgeber einrichten.

Dritte Säule – Private Altersvorsorge

Die private Altersvorsorge wird durch staatliche Zuschüsse und Steuervorteile gefördert. Die Riester-Rente, die 2002 eingeführt wurde, um die private Altersvorsorge zu fördern, wendet sich in erster Linie an gesetzlich rentenversicherte Arbeitnehmende und basiert auf staatlichen Zulagen, durch die die Beitragszahlungen aufgestockt werden. Ihre Inanspruchnahme stagniert jedoch und gerade in den unteren Einkommensgruppen wird sie wenig genutzt. Ungefähr 17 % der gesetzlich rentenversicherten Beschäftigten verfügen nicht über eine zusätzliche Altersvorsorge. Die Rürup-Rente ist eine steuerlich begünstigte private Altersvorsorge, die in erster Linie auf Selbstständige und Besserverdienende ausgerichtet ist.

Eine Erleichterung der Börsenzulassungsbedingungen für Start-ups würde helfen, Wagniskapitalinvestoren anzuziehen, weil dadurch tragfähigere Ausstiegsoptionen entstehen. Auf Technologieunternehmen entfällt zwar ein größerer Anteil der Erstemissionen als sonst in Europa, die Börsengänge beliefen sich in den letzten zwanzig Jahren insgesamt jedoch auf weniger als 0,2 % des BIP pro Jahr (OECD, 2024[21]). Gründe für die niedrige Zahl der Börseneinführungen sind u. a. ein hoher Verwaltungsaufwand und die Fragmentierung der Kapitalmärkte in Europa. Das Zukunftsfinanzierungsgesetz ist zu begrüßen, da es die Anforderungen für Börsengänge vereinfacht, indem es die Mindestmarktkapitalisierung von 1,25 Mio. EUR auf 1 Mio. EUR absenkt und Mehrstimmrechtsaktien (mit einem Stimmrecht von bis zu 10:1) einführt. Zu begrüßen ist dabei auch die Verlängerung des Aufschubs für die Besteuerung übertragener Mitarbeiteranteile bis zu ihrer Veräußerung und die Anhebung des steuerfreien Höchstbetrags, da dies kleineren Unternehmen die Nutzung von Aktienoptionsplänen erleichtert. Jüngst wurde ein Entwurf für ein zweites Zukunftsfinanzierungsgesetz vorgelegt, das tragfähige Ausstiegsoptionen für innovative Start-ups fördern soll. Dieser Entwurf sollte verabschiedet werden. Er schafft größere Spielräume für betriebliche Reinvestitionen, indem er den Höchstbetrag für die Übertragung von Gewinnen aus der Veräußerung von Anteilen an Kapitalgesellschaften erhöht, und reduziert die für Investmentfonds und Spezial-Investmentfonds geltenden Beschränkungen für Investitionen in Venture-Capital-Fonds. Die Liquidität an den Börsen der EU könnte zudem erhöht werden, wenn die Unstimmigkeiten zwischen den Insolvenzordnungen der verschiedenen Länder beseitigt und die Beschränkungen für qualifizierte Einzelinvestoren und institutionelle Anleger, in ausländische Vermögenswerte zu investieren, gelockert würden (Arnold, Claveres und Frie, 2024[20]). Dies sollte durch die Einrichtung einer zentralen Gegenpartei und einer zentralen Wertpapierverwahrstelle auf EU-Ebene und die Vollendung der EU-Bankenunion ergänzt werden (Draghi, 2024[17]).

Um die Kapitalmärkte zu vertiefen, ist es außerdem von entscheidender Bedeutung, die Finanzbildung der privaten Haushalte zu verbessern und Anreize für kapitalgedeckte private Altersvorsorgepläne zu setzen. Die Sparquote der privaten Haushalte in Deutschland gehört zu den höchsten im OECD-Raum, aber nur ein kleiner Teil dieser erheblichen Ersparnisse wird an den Kapitalmärkten angelegt. Über 40 % der Ersparnisse der privaten Haushalte bestehen aus Bargeld und Einlagen, wodurch den Kapitalmärkten eine große Finanzierungsbasis entzogen wird. In Deutschland schneiden die Haushalte bei Indikatoren der finanziellen Grundbildung zwar relativ gut ab und sparen aktiv, aber nur 18 % besitzen ein Anlageprodukt. Etwa 12 % des Gesamtfinanzvermögens der privaten Haushalte entfallen auf Aktien (OECD, 2024[28]). Personen mit einer hohen Finanzbildung verfügen mit größerer Wahrscheinlichkeit über Altersvorsorgeprodukte. Initiativen zur Förderung der Finanzbildung sollten darauf abzielen, die Kenntnisse und Kompetenzen zu vermitteln, die erforderlich sind, um sich in einer zunehmend digitalen Investitionslandschaft zurechtzufinden und angemessen für die Rente vorzusorgen.

Darüber hinaus sollten die Anreize und Bedingungen für Investitionen in kapitalgedeckte Altersvorsorgepläne verbessert werden. Die Riester-Rente hatte zunächst zu einer Ausweitung der kapitalgedeckten Altersvorsorge geführt, hohe Gebühren und niedrige Renditen wirkten dann jedoch bremsend. Die Einführung von Gebührenobergrenzen bei gleichzeitiger Ausweitung der Zulagenberechtigung auf Selbstständige könnte die Anreize für die Kapitalmarktbeteiligung von Privatpersonen erhöhen (OECD, 2024[21]). Um die Riester-Rente attraktiver zu machen, wäre es auch sinnvoll, die Kapitalgarantie abzuschaffen, da sie der Grund dafür ist, dass die meisten Riester-Verträge auf Versicherungsprodukten mit niedrigen Renditen basieren. Alternativ dazu könnte ein standardisiertes Anlageprodukt mit Opt-out-Möglichkeit eingeführt werden, wie dies beispielsweise in Schweden der Fall ist. Dies könnte helfen, die Kosten zu senken und die Renditen sowie die Teilnahme an der kapitalgedeckten privaten Altersvorsorge zu erhöhen.

1.3. Die Fiskalpolitik stärken, um die mittelfristige Tragfähigkeit der öffentlichen Finanzen zu sichern

1.3.1. Den Projektionen zufolge wird der fiskalische Kurs 2025 straffer und 2026 deutlich expansiver

Nachdem zehn Jahre lang Haushaltsüberschüsse verzeichnet wurden und die Staatsverschuldung deutlich gesunken war, erhielt der Haushaltssaldo infolge der Corona- und der Energiehilfen ein negatives Vorzeichen (Tabelle 1.4). Diese Hilfen wurden großenteils vom Bund finanziert, wodurch sich das Finanzierungsdefizit des Bundes stark erhöhte, während sich die Finanzierungssalden der Länder besser entwickelten. Die nationale Schuldenbremse war in den Jahren 2020–2023 aufgrund der durch die Corona- und die Energiekrise ausgelösten Notlagen ausgesetzt worden. 2024 wurde sie wieder in Kraft gesetzt. Mit dem Wiederinkrafttreten der Schuldenbremse wurde der fiskalische Kurs 2024 restriktiver. 2025 wird er nochmals straffer werden, was den derzeitigen Inflationsrückgang unterstützt (siehe weiter oben). Die Straffung des fiskalischen Kurses erklärt sich vor allem aus der starken Verringerung des Haushaltsdefizits des Bundes. Die Defizite der Länder und der Kommunen sowie der Sozial- und Krankenversicherungsträger haben sich 2024 hingegen deutlich ausgeweitet (siehe weiter unten und Kapitel 4).

Die fiskalische Straffung auf Bundesebene ist z. T. eine Folge des im November 2023 ergangenen Urteils, mit dem das Bundesverfassungsgericht die Verwendung von notlagenbedingten Kreditermächtigungen für Investitionen in nachfolgenden Haushaltsjahren für verfassungswidrig erklärte. Aufgrund dieses Urteils verringerten sich die verfügbaren Mittel im Klima- und Transformationsfonds (KTF) um 60 Mrd. EUR, und der Wirtschaftsstabilisierungsfonds Energie wurde aufgelöst. Daher liefen die Energiepreisbremsen im Januar 2024 vorzeitig aus. Die Ausgaben aus dem KTF wurden für 2024 um ein Viertel auf 1 % des BIP und für 2025 um die Hälfte auf 0,6 % des BIP gekürzt. Die geplanten Ausgaben in Höhe von 1,9 % des BIP für den Zeitraum 2024–2025 aus dem Sondervermögen Bundeswehr blieben von dem Urteil unberührt, da dieses Sondervermögen mit einer Zweidrittelmehrheit in Bundestag und Bundesrat im Grundgesetz verankert wurde. Die fiskalische Straffung für 2025 ist auch eine Folge des Bruchs der Ampelkoalition und der gescheiterten Verhandlungen über den Haushalt 2025. In der vorläufigen Haushaltsführung 2025 wurde zwar das Ausgabenniveau von 2024 auf das Jahr 2025 übertragen, für 2025 geplante, aber noch nicht bewilligte öffentliche Investitionsvorhaben, u. a. aus dem KTF, wurden jedoch vorläufig ausgesetzt.

Tabelle 1.4. Der Haushaltssaldo erhielt in der Corona- und der Energiekrise ein negatives Vorzeichen

Staat, in % des BIP

	2014	2015	2016	2017	2018	2019	2020	2021	2022	2023	2024
Einnahmen insgesamt	**45.2**	**45.5**	**45.9**	**45.8**	**46.5**	**46.8**	**46.8**	**47.7**	**46.9**	**45.9**	**46.7**
Produktions- und Importabgaben	Table cell	11.3	11.3	11.1	11.1	11.1	10.8	11.2	10.9	10.2	10.3
Laufende Steuern auf Einkommen und Vermögen	11.8	12.1	12.4	12.6	12.9	12.9	12.5	13.3	13.4	12.7	12.8
Empfangene Sozialbeiträge	16.1	16.3	16.4	16.5	16.7	16.9	17.7	17.2	16.9	17.0	17.5
Vermögenswirksame Steuern und sonstige Einnahmen	5.9	5.8	5.8	5.6	5.8	5.8	5.9	5.9	5.7	6.0	6.1
Ausgaben insgesamt	**44.4**	**44.5**	**44.8**	**44.5**	**44.6**	**45.5**	**51.2**	**50.8**	**49.1**	**48.4**	**49.5**
Soziale Sicherung	18.4	18.7	19.1	19.0	18.9	19.2	21.4	20.5	20.0	19.7	20.5
Bildung und Gesundheit	11.2	11.2	11.2	11.1	11.2	11.5	12.9	13.0	12.8	12.0	12.2
Allgemeine öffentliche Verwaltung	6.2	5.9	5.7	5.7	5.6	5.7	6.0	6.0	6.0	6.3	6.6
Wirtschaftliche Angelegenheiten	4.4	4.4	4.4	4.4	4.5	4.6	5.9	6.5	5.7	5.8	5.4
Sonstiges[1]	4.4	4.3	4.3	4.4	4.5	4.6	5.0	4.7	4.6	4.6	4.9
Nettokreditaufnahme	**0.7**	**0.9**	**1.1**	**1.3**	**1.9**	**1.3**	**-4.4**	**-3.2**	**-2.2**	**-2.5**	**-2.7**
Primärsaldo	1.9	1.9	2.0	2.1	2.6	1.9	-3.9	-2.7	-1.7	-2.1	-2.2
Bruttoverschuldung	**83.3**	**79.3**	**76.6**	**71.8**	**68.8**	**67.6**	**81.0**	**78.7**	**64.7**	**63.8**	**63.2**
Bruttoverschuldung, Maastricht-Abgrenzung	**74.4**	**71.3**	**68.4**	**63.9**	**60.7**	**58.6**	**68.2**	**68.3**	**65.1**	**62.9**	**62.4**
Nettoverschuldung	44.4	40.7	38.8	34.2	31.4	28.9	36.4	34.1	26.4	26.6	25.8

1. Verteidigung; öffentliche Ordnung und Sicherheit; Wohnungswesen und kommunale Einrichtungen; Erholung, Kultur und Religion; Umweltschutz.
Quelle: Statistisches Bundesamt; *OECD National Accounts* (Datenbank); *OECD Economic Outlook* (Datenbank).

2026 dürfte der fiskalische Kurs aufgrund der Reform der nationalen Fiskalregeln deutlich lockerer werden. Die im März verabschiedete Reform gestattet in den nächsten Jahren höhere Ausgaben für Verteidigung sowie für öffentliche Investitionen, um den großen Infrastrukturstau abzubauen. Ausgaben ab einer Höhe von 1 % des BIP für Verteidigung, Zivil- und Bevölkerungsschutz, für die Nachrichtendienste, für den Schutz der informationstechnischen Systeme und für Hilfe für völkerrechtswidrig angegriffene Staaten sind dann von der Schuldenregel ausgenommen. Mit dem Sondervermögen Infrastruktur, das über öffentliche Anleihen finanziert wird, sollen in den nächsten zwölf Jahren bis zu 500 Mrd. EUR für zusätzliche Investitionen in die Infrastruktur sowie die ökologische Transformation bereitgestellt werden. Davon gehen 100 Mrd. EUR an den KTF, um durch öffentliche Investitionen und fiskalische Anreize für private Investitionen die ökologische Transformation und die Energiewende zu unterstützen. Weitere 100 Mrd. EUR sind für die Länder und Kommunen vorgesehen, die für einen großen Teil der öffentlichen Investitionsvorhaben zuständig sind (Kapitel 4). Darüber hinaus wird die Obergrenze für das strukturelle Defizit der Länder von 0 % auf 0,35 % des BIP angehoben. Zusammen mit der Obergrenze für den Bund von 0,35 % des BIP ergibt sich daraus eine Obergrenze für das strukturelle Defizit auf gesamtstaatlicher Ebene von 0,7 % des BIP.

Die Effekte dieser Reform auf die öffentlichen Investitionen werden erst ab 2026 zum Tragen kommen, da die Regierungsbildung, die Verabschiedung des Haushalts für 2025 und die Ausarbeitung detaillierter Investitionspläne sowie deren Umsetzung einige Zeit in Anspruch nehmen werden. Um eine rasche und effiziente Umsetzung öffentlicher Investitionsprojekte zu gewährleisten, ist es äußerst wichtig, die Planungs- und Genehmigungsverfahren für Infrastrukturvorhaben sowie die Vergabeverfahren weiter zu vereinfachen und zu beschleunigen, die Kosten-Nutzen-Analyse und die Evaluierung von Politikmaßnahmen zu verbessern und die Kapazitäten der Kommunen zu stärken (siehe weiter unten sowie Kapitel 2 und 4). Damit der fiskalische Nachfrageschock nicht zu einem Inflationsanstieg führt, sollte die Reform der nationalen Fiskalregeln mit Strukturreformen kombiniert werden, um den Verwaltungsaufwand und die Hindernisse für den Marktzutritt und das Unternehmenswachstum, vor allem im Baugewerbe und im Dienstleistungssektor, zu verringern und dem Fachkräftemangel zu begegnen (Kapitel 2 und 3).

1.3.2. Die Schaffung von fiskalischem Spielraum zur Finanzierung steigender Verteidigungs- und Infrastrukturausgaben ist entscheidend für die Sicherung mittelfristig tragfähiger Finanzen

Dass die Fiskalregeln flexibler gestaltet wurden, um den großen öffentlichen Investitionsbedarf anzugehen, ist zu begrüßen. 2024 gehörte Deutschland zu den OECD-Ländern mit den niedrigsten öffentlichen Nettoinvestitionen und die Qualität der öffentlichen Infrastruktur hat sich im Verlauf des letzten Jahrzehnts stark verschlechtert (Abbildung 1.14) (SVR, 2023[29]). Neueren Studien zufolge sind zum Abbau des großen öffentlichen Infrastrukturstaus bis 2035 zusätzliche Investitionen in Höhe von 40–60 Mrd. EUR (1–1,5 % des BIP) jährlich erforderlich, darunter öffentliche Investitionen zur Beschleunigung der ökologischen Transformation und zur Erhöhung der Energieversorgungssicherheit (Dullien et al., 2024[30]; BDI, 2024[31]). Infolge des Vollangriffs Russlands auf die Ukraine ist zudem der Ausgabenbedarf zur Verbesserung der Verteidigungskapazitäten stark gestiegen. Um das derzeitige NATO-Ziel zu erreichen, sollten die Verteidigungsausgaben im Kernhaushalt von 1,2 % des BIP im Jahr 2024 auf mindestens 2 % des BIP im Jahr 2028 angehoben werden, da die Mittel aus dem 2022 eingerichteten Sondervermögen Bundeswehr 2027 erschöpft sein werden. Dank der flexibleren Fiskalregeln wird es möglich, einen Teil dieser dringenden Ausgaben vorübergehend über eine höhere Schuldenaufnahme zu finanzieren.

Zur Sicherung mittelfristig tragfähiger öffentlicher Finanzen sollte die Flexibilisierung der Fiskalregeln allerdings mit anderen Reformen kombiniert werden, um die Ausgabeneffizienz zu steigern, Ausgabenumschichtungen vorzunehmen und die Steuerbasis zu verbreitern, u. a. durch den Abbau von Steuervergünstigungen und eine Stärkung des Steuervollzugs (vgl. *OECD-Wirtschaftsbericht Deutschland 2023*). Dies ist umso wichtiger, als die Verrentung großer Bevölkerungskohorten bevorsteht und die Lebenserwartung steigt, sodass der fiskalische Druck in den kommenden Jahren stark zunehmen wird (Abbildung 1.15). Bleiben Reformen aus, werden die Ausgaben für Renten, Gesundheitsversorgung und Pflege bis 2030 voraussichtlich um rd. 1,4 % des BIP wachsen, bis 2045 sogar um rd. 3,5 % des BIP. Dazu kommen die gestiegenen Zinskosten, die 2024 bereits bei 1,1 % des BIP lagen und in den nächsten Jahren weiter zunehmen dürften. Außerdem beginnt 2028 die Rückzahlung der wegen der Corona- und der Energiekrise aufgenommenen Schulden, was für zusätzlichen Druck im Bundeshaushalt sorgen wird.

Für diesen Bericht durchgeführte Simulationen zeigen, dass die Begebung von Staatsanleihen zur Finanzierung zusätzlicher (1 % des BIP übersteigender) Ausgaben zur Anhebung der Verteidigungsquote auf 2,5 % des BIP, zusammen mit dem neuen schuldenfinanzierten Sondervermögen Infrastruktur, aus dem in den kommenden zwölf Jahren Ausgaben für Infrastrukturinvestitionen von rd. 1 % des BIP pro Jahr bezahlt werden sollen, bei kompletter Ausschöpfung der gesamtstaatlichen Obergrenze für das strukturelle Defizit von 0,7 % des BIP bis 2045, zu einem Anstieg der Schuldenquote auf ungefähr 81 % führt (Abbildung 1.16, Teil A). In diesem Szenario wird bereits implizit unterstellt, dass dem alterungsbedingten Ausgabendruck, der bis 2045 auf etwa 3,5 % des BIP steigen wird, durch Reformen des Renten-, Gesundheits- und Pflegesystems begegnet wird (siehe weiter unten). Geschieht dies nicht, würde die Schuldenquote bis 2045 auf rd. 128 % des BIP steigen. Daher muss die schuldenfinanzierte Anhebung der Verteidigungs- und Infrastrukturausgaben in den nächsten Jahren unbedingt mit einer allmählichen Haushaltskonsolidierung kombiniert werden, um die öffentliche Verschuldung wieder auf einen rückläufigen Pfad zu bringen. In einem Szenario, in dem die EU-Fiskalregeln eingehalten werden, wozu zunächst eine nationale Ausnahmeklausel aktiviert wird, um im Zeitraum 2027–2030 zusätzliche Verteidigungsausgaben von bis zu 1,5 % des BIP über Schulden zu finanzieren, und das strukturelle Defizit bis 2031 dann um 0,5 % des BIP gesenkt wird, wäre es möglich, die öffentliche

Verschuldung zu stabilisieren. Um eine allmähliche Senkung des strukturellen Defizits auf 1,7 % des BIP bis 2031 zu ermöglichen, müsste sich der strukturelle Saldo im Primärhaushalt zwischen 2024 und 2031 um 1,2 % des BIP verbessern. Dies könnte erreicht werden, wenn die in Tabelle 1.5 genannten Empfehlungen zur Veränderung der Steuer- und Ausgabenstruktur umgesetzt werden. In einem solchen Szenario müssen die aus dem neuen Sondervermögen Infrastruktur getätigten zusätzlichen Ausgaben in Höhe von rd. 1 % des BIP jährlich durch fiskalische Anpassungen finanziert werden, da es nicht möglich ist, diese Ausgaben im Rahmen der nationalen Ausnahmeklausel von der EU-Defizitgrenze auszunehmen. Wenn dieses Haushaltsanpassungsszenario mit den in diesem Bericht empfohlenen Strukturreformen (Tabelle 1.1) kombiniert wird, sinkt die Schuldenquote bis 2039 auf unter 60 %.

Abbildung 1.14. Zur Beseitigung des großen Infrastrukturstaus sollten die öffentlichen Nettoinvestitionen erhöht werden

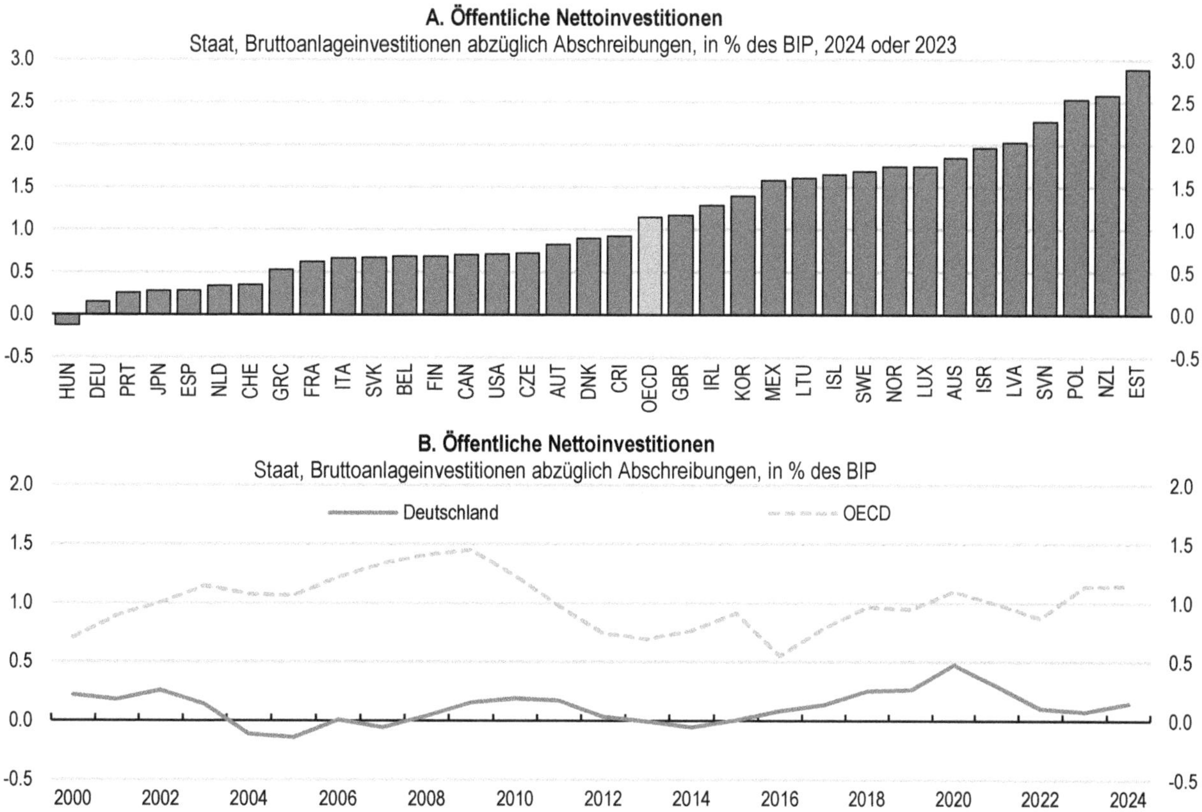

Quelle: *OECD National Accounts* (Datenbank) und OECD-Berechnungen.

StatLink https://stat.link/m3anu4

Die Tragfähigkeit der Verschuldung ist auch von der Zinsentwicklung abhängig. Im Szenario „Einhaltung der EU-Fiskalregeln" erhöhen sich die Zinszahlungen von 1,1 % des BIP im Jahr 2024 auf 1,9 % im Jahr 2031 und 2,7 % im Jahr 2045. 2031 würde das strukturelle Defizit von 1,7 % des BIP bereits völlig für die Zinszahlungen verwendet werden, und 2045 müsste ein struktureller Primärsaldo von 1 % des BIP erzielt werden, um die Zinszahlungen zu finanzieren. In einem Szenario, in dem die Zinssätze um 100 Basispunkte steigen, würde eine Haushaltskonsolidierung zur Senkung des strukturellen Defizits auf 1,7 % des BIP im Jahr 2031 nicht ausreichen, um die öffentliche Verschuldung zu stabilisieren (Abbildung 1.16, Teil B). Um fiskalische Puffer zu schaffen und für das Risiko steigender Zinsen vorzusorgen, müsste das strukturelle Defizit bis 2032 daher u. U. um weitere 0,5 % des BIP gesenkt werden, wozu eine Anpassung des strukturellen Primärsaldos um insgesamt 1,7 % des BIP in Tabelle 1.5 erforderlich wäre.

Abbildung 1.15. Die rasche Bevölkerungsalterung lässt die Renten-, Gesundheits- und Pflegeausgaben steigen

Öffentliche Gesundheits- und Rentenausgaben, in % des potenziellen BIP, Basisszenario

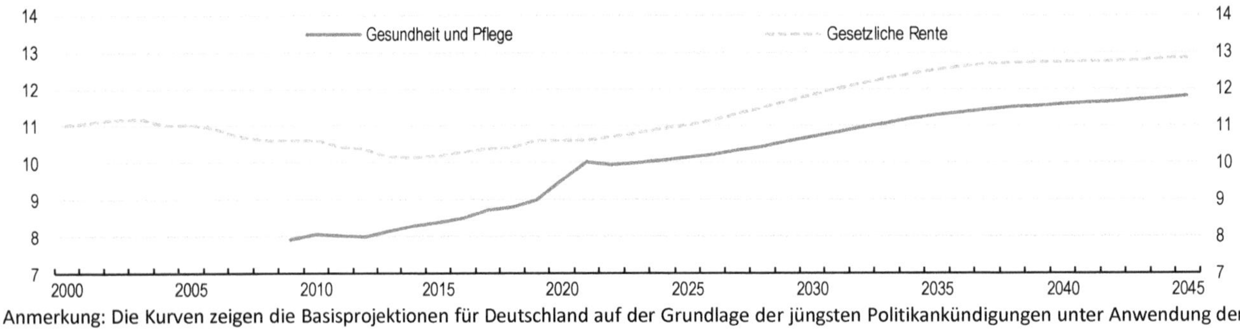

Anmerkung: Die Kurven zeigen die Basisprojektionen für Deutschland auf der Grundlage der jüngsten Politikankündigungen unter Anwendung der Methode von Guillemette und Turner (2021[1]).

Quelle: OECD-Langfristmodell.

StatLink https://stat.link/x75n2ifogzbn

Abbildung 1.16. Zur Sicherung tragfähiger öffentlicher Finanzen müssen Strukturreformen umgesetzt und die fiskalischen Effekte der Bevölkerungsalterung bewältigt werden

Bruttostaatsverschuldung, in % des BIP (Maastricht-Abgrenzung)

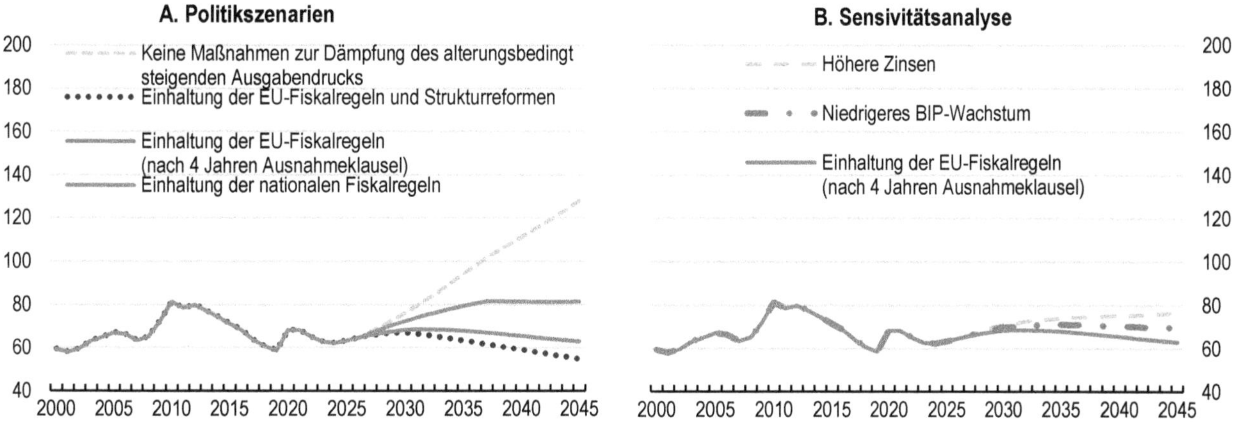

Anmerkung: Im Szenario „Einhaltung der nationalen Fiskalregeln" wird der im Basisszenario des OECD-Langfristmodells projizierte Pfad des realen Wachstums und der Zinsen zugrunde gelegt und unterstellt, dass das strukturelle Haushaltsdefizit bis 2027 auf 3,2 % des BIP steigt und danach bis 2037 unverändert bleibt. Dies entspricht dem Effekt der Reform der Fiskalregeln (Ausschöpfung der gesamtstaatlichen Obergrenze für das strukturelle Defizit von 0,7 % des BIP und Schuldenfinanzierung zusätzlicher Verteidigungs- und Infrastrukturausgaben in Höhe von 1,5 % bzw. 1 % des BIP). Die möglichen Wachstumseffekte der steigenden Verteidigungs- und Infrastrukturausgaben werden in diesem Szenario ohne Strukturreformen ausgeblendet. Wenn das Sondervermögen für zusätzliche Infrastrukturausgaben erschöpft ist, sinkt das strukturelle Defizit 2038 auf 2,2 % des BIP und bleibt danach konstant. Dies setzt voraus, dass das strukturelle Defizit im Primärhaushalt von 1 % des BIP im Jahr 2024 auf 0,7 % des BIP im Jahr 2037 zurückgeht und sich nach dem Auslaufen des Infrastruktursondervermögens 2038 in einen Überschuss von 0,3 % des BIP verwandelt, der im weiteren Verlauf des Projektionszeitraums auf 0,5 % des BIP ansteigt. Im Szenario „Einhaltung der EU-Fiskalregeln (nach 4 Jahren Ausnahmeklausel)" wird unterstellt, dass das Ausschöpfen der gesamtstaatlichen Obergrenze für das strukturelle Defizit von 0,7 des BIP sowie die Schuldenfinanzierung zusätzlicher Verteidigungsausgaben in Höhe von 1,5 % des BIP bei Aktivierung der nationalen Ausnahmeklausel im Zeitraum 2027—2030 im Einklang mit den EU-Regeln erfolgt und das strukturelle Defizit bis 2030 bei 2,2 % verharrt, 2031 dann auf 1,7 % sinkt und danach unverändert bleibt. Dazu muss der strukturelle Saldo des Primärhaushalts bis 2031 einen Überschuss von 0,2 % des BIP aufweisen und sich im weiteren Verlauf des Projektionszeitraums 1 % des BIP annähern. Das Szenario „Einhaltung der EU-Fiskalregeln und Strukturreformen" baut auf dem eben beschriebenen Szenario auf und berücksichtigt den Effekt eines umfassenden Katalogs von Strukturreformen und Empfehlungen auf die Staatsverschuldung. Diese Strukturreformen und Empfehlungen führen dazu, dass das reale BIP-Wachstum im Projektionszeitraum jährlich um 0,8 Prozentpunkte höher ausfällt als im Basisszenario des OECD-Langfristmodells (Tabelle 1.1). Das Szenario „Keine Maßnahmen zur Dämpfung des alterungsbedingt steigenden Ausgabendrucks" baut auf dem Szenario „Einhaltung der nationalen Fiskalregeln" auf, unterstellt aber, dass die steigenden Renten-, Gesundheits- und Pflegeausgaben über Schulden finanziert werden, womit sich der strukturelle Primärsaldo bis 2045 um 3,5 Prozentpunkte des BIP verschlechtert. Im Szenario „Höhere Zinsen" liegen die Zinsen im Projektionszeitrum 100 Basispunkte höher als im Szenario „Einhaltung der EU-Fiskalregeln (nach 4 Jahren Ausnahmeklausel)". Im Szenario „Niedrigeres BIP-Wachstum" sind die Wachstumsraten des nominalen BIP im Projektionszeitrum um 0,5 Prozentpunkte niedriger als im Szenario „Einhaltung der EU-Fiskalregeln (nach 4 Jahren Ausnahmeklausel)". Das staatliche Finanzvermögen bleibt im Einklang mit der Methode der Europäischen Kommission in allen Szenarien konstant auf seinem nominalen Niveau von 2024.

Quelle: OECD-Langfristmodell und OECD-Berechnungen.

StatLink https://stat.link/ldr3m1hag9kz

Tabelle 1.5. Potenzieller fiskalischer Effekt der OECD-Empfehlungen

Empfehlung	Fiskalischer Effekt (in Prozentpunkten des BIP)
Einnahmenseitige Empfehlungen	
Die Steuer- und Abgabenbelastung von Erwerbseinkommen verringern, insbesondere für Gering- und Zweitverdienende, und die Zusammenveranlagung von Ehepaaren und Lebenspartnerschaften reformieren	-1,3
Steuervergünstigungen für Einkünfte aus dem Verkauf oder der Vermietung von Immobilien abschaffen	0,3
Die großzügigen Freibeträge bei der Schenkung- und Erbschaftsteuer und die Befreiungen für Betriebsvermögen verringern	0,2
Die Neubewertung des Grundbesitzes nutzen, um die Grundsteuer stärker an den Wert des Grundvermögens zu koppeln und das Steueraufkommen zu steigern	0,3
Umsatzsteuervergünstigungen abbauen und den Steuervollzug verbessern	0,4
Steuern auf Alkohol und Tabak erhöhen	0,2
Umweltschädliche Steuervergünstigungen verringern	0,4
Fiskalischer Effekt der einnahmenseitigen Maßnahmen insgesamt	**0,5**
Ausgabenseitige Empfehlungen und Regierungspläne	
Verteidigungsausgaben auf 2,5 % des BIP anheben	-1,3
Subventionen und insbesondere umweltschädliche Subventionen abbauen	0,8
Die Ausgaben durch die Stärkung der Spending Reviews im Haushaltsverfahren besser priorisieren und die Ausgabeneffizienz durch bessere Wirkungsanalysen und gezieltere Maßnahmen auf allen staatlichen Ebenen steigern[1]	1,5
Ebenenübergreifend die öffentlichen Vergabeverfahren verbessern und die gemeinsame Beschaffung fördern [2]	1,0
Die aktive Arbeitsmarktpolitik und die Erwachsenenbildung verbessern	-0,1
Die öffentlichen Investitionen in Infrastruktur und FuE erhöhen	-1,0
Die Bildungsqualität sowie den Zugang zu Kinderbetreuung und frühkindlicher Bildung verbessern	-0,2
Fiskalischer Effekt der ausgabenseitigen Maßnahmen und Regierungspläne insgesamt	**0,7**
Fiskalischer Effekt der einnahmen- und ausgabenseitigen Maßnahmen insgesamt	**1,2**

1. Die Effekte von Reformen zur Priorisierung der Ausgaben und Verbesserung der Ausgabeneffizienz auf allen staatlichen Ebenen lassen sich anhand der verfügbaren Methoden schwer quantifizieren, sie würden den fiskalischen Spielraum aber deutlich vergrößern.
2. Die Schätzung des fiskalischen Effekts besserer öffentlicher Vergabeverfahren stammt aus einer OECD-Studie, in der errechnet wurde, dass die Ausgabeneffizienz um rd. 1 Prozentpunkt des BIP steigen würde, wenn die Kapazitäten für Risikoabschätzung und Marktanalyse bei Vergabeentscheidungen im Infrastrukturbereich durch Anwendung des Support Tool for Effective Procurement Strategies (STEPS) der OECD auf allen staatlichen Ebenen verbessert würden (Makovšek und Bridge, 2021[32]; OECD, 2021[33]).
Anmerkung: Die Rückkopplungseffekte der Strukturreformen auf die Steuereinnahmen sind in den Berechnungen nicht berücksichtigt. Eine Senkung der Arbeitsbesteuerung oder höhere Ausgaben zur Verbesserung von Weiterbildungs- und Erwachsenenbildungsmaßnahmen würden beispielsweise die Beschäftigungsquoten und die Qualität des Humankapitals erhöhen. Dadurch würde nicht nur das Wirtschaftswachstum, sondern auch das Steueraufkommen gesteigert, sodass sich der Nettoausgabenbedarf für diese Reformen verringern würde.
Quelle: OECD-Berechnungen auf der Grundlage des OECD-Langfristmodells.

Ausgabeneffizienz steigern und Ausgaben besser priorisieren

Zur Sicherung mittelfristig tragfähiger öffentlicher Finanzen sollten steigende Ausgaben für Verteidigung und öffentliche Investitionen in erster Linie über eine bessere Ausgabenpriorisierung und höhere Ausgabeneffizienz finanziert werden (unterer Teil von Tabelle 1.5). Die öffentlichen Ausgaben sind während der Pandemie und der Energiekrise stark gestiegen und liegen immer noch etwa 4 Prozentpunkte des BIP über dem Niveau der 2010er Jahre. Die Gesamtsteuerlast belief sich 2023 auf 38,1 % des BIP, womit sie rd. 4 Prozentpunkte des BIP höher war als im OECD-Durchschnitt. Wie bereits im letzten *OECD-Wirtschaftsbericht Deutschland* erörtert, ließe sich die Ausgabeneffizienz durch eine schnellere Digitalisierung der öffentlichen Verwaltung, eine stringentere Evaluierung der Politikmaßnahmen und eine stärkere Nutzung von Spending Reviews im Haushaltsverfahren sowie gemeinsame Beschaffungsverfahren auf allen staatlichen

Ebenen erheblich steigern (siehe dazu auch die Kapitel 2 und 4). Zudem sollte unbedingt das Renten- und Gesundheitssystem reformiert werden, um den von der Bevölkerungsalterung ausgehenden Ausgabendruck zu verringern. Dazu gilt es u. a., das Renteneintrittsalter an die Lebenserwartung zu koppeln, weitere Effizienzsteigerungen im Krankenhaussektor zu erzielen und die Digitalisierung der Gesundheitsversorgung weiter voranzutreiben (siehe weiter unten). Des Weiteren besteht Spielraum, den Staatsverbrauch zu senken, der in den letzten Jahren aufgrund einer steigenden Beschäftigung und höherer Löhne im öffentlichen Sektor stark zugenommen hat. Dies könnte u. a. durch eine bessere Zusammenarbeit der Kommunen und eine Bündelung ihrer Aufgaben sowie durch eine Beschleunigung der Digitalisierung der öffentlichen Verwaltung erreicht werden. OECD-Simulationen anhand eines für die deutsche Volkswirtschaft kalibrierten allgemeinen Gleichgewichtsmodells zeigen, dass eine Erhöhung der öffentlichen Investitionen durch Verringerung der Sozialausgaben, einschließlich Renten, und des Staatsverbrauchs bei Aufrechterhaltung der Bildungs- und Gesundheitsausgaben zu einer deutlichen Steigerung des Wirtschaftswachstums beitragen könnte (Abbildung 1.17, Kasten 1.4).

Zur Steigerung der Ausgabeneffizienz und Förderung der Ausgabenpriorisierung ist es von zentraler Bedeutung, die Spending Reviews besser in das reguläre Haushaltsaufstellungsverfahren einzubinden, eine Kultur der Wirkungsanalyse zu schaffen und die erforderlichen Dateninfrastruktur- sowie IT-Kapazitäten zu stärken (Tryggvadottir, 2022[34]). Auf Bundesebene wurden Spending Reviews 2015 eingeführt und seitdem regelmäßig durchgeführt. Ihre Auswirkungen auf den Haushalt bleiben jedoch begrenzt und auch bei der Ausrichtung der Ausgaben auf die Politikziele spielen sie weiterhin eine untergeordnete Rolle. Die Mittelzuweisungen im Haushalt werden in einem Top-Down-Verfahren beschlossen, wobei wenig auf Wirkungsevaluierungen Bezug genommen wird; außerdem verfügen die Ministerien innerhalb der für sie festgelegten Ausgabenplafonds über ein hohes Maß an Unabhängigkeit (Tryggvadóttir, Park und van den Akker, 2024[35]). Nach geltendem Haushaltsrecht ist jedes Ministerium zwar verpflichtet, die Politikziele seiner Programme festzulegen und Ex-ante- sowie Ex-post-Wirkungsanalysen durchzuführen, unzureichende Monitoringkapazitäten behindern jedoch die Erfüllung dieser Anforderung. Daher liegt das Augenmerk in den Haushaltsverfahren der Ministerien stärker auf den Inputs, d. h. darauf, ob Fristen eingehalten und Budgets ausgegeben werden, und weniger auf den mit den Programmen erzielten Wirkungen (Deloitte und ZEW, 2024[36]). Die Einführung eines zentralen Tools, um den Prozess digital zu begleiten und die Wirkungen der Programme zu dokumentieren, wäre ein wichtiger Schritt nach vorn. Dies sollte mit umfassenderen Spending Reviews mit klaren Einsparzielen kombiniert werden, wie dies in Dänemark, Kanada und den Niederlanden der Fall ist. Dadurch ließe sich der Top-Down-Ansatz stärken und könnten den Ministerien Anreize gegeben werden, eine Ausgabenpriorisierung anhand von Ergebnissen und Wirkungsanalysen vorzunehmen. Die Anstrengungen zugunsten einer ergebnisorientierten Haushaltsführung („Performance Budgeting") sollten dabei eng mit den Spending Reviews verknüpft werden, um Datenlücken und Ausgabenineffizienzen zu erkennen. Entscheidend ist zudem Unterstützung, um das Bewusstsein für die Problematik zu schärfen und die für die Maßnahmenevaluierung erforderlichen Daten- und IT-Kapazitäten in den für Rechnungsprüfung und Haushalt zuständigen Referaten der Ministerien zu stärken.

Derartige Anstrengungen zugunsten einer ergebnisorientierten Haushaltsführung sollten auch auf Länderebene unternommen werden. Dadurch könnte die Effizienz des staatlichen Handelns insgesamt gesteigert werden, da ein zunehmender Anteil der Ausgaben der Länder vom Bund finanziert wird, was die Zurechenbarkeit von Entscheidungen und die Anreize zur Erhöhung der Ausgabeneffizienz schwächt (Kapitel 4). Eine bessere Wirkungsanalyse könnte auch dazu beitragen, die Peer-Learning-Möglichkeiten ebenen- und ressortübergreifend zu verbessern. Um eine evidenzbasierte Politikgestaltung zu erleichtern, bedarf es zudem einer umfassenden Reform der Infrastruktur für den Datenaustausch sowie der entsprechenden Regelungen, die aktuell den Abruf, die Verknüpfung und die Analyse von Verwaltungsdaten durch die zuständigen Stellen erschweren (Riphahn, 2023[37]; Bachmann, Peichl und Riphahn, 2021[38]). Wichtige erste Schritte auf dem Weg dorthin wären die Umsetzung des geplanten Forschungsdatengesetzes sowie die gegenseitige Anerkennung der Anwendung der Datenschutzvorschriften durch die Länder (Kapitel 2).

Abbildung 1.17. Mit einer Verschiebung der Ausgabenstruktur hin zu öffentlichen Investitionen und der Steuerstruktur weg von der Arbeitsbesteuerung ließe sich das Pro-Kopf-BIP steigern

Veränderung des langfristigen realen Pro-Kopf-BIP infolge einer Verschiebung der Ausgaben- bzw. Einnahmenstruktur bei gleichbleibender Höhe der staatlichen Gesamteinnahmen und -ausgaben im Verhältnis zum BIP, in Prozentpunkten

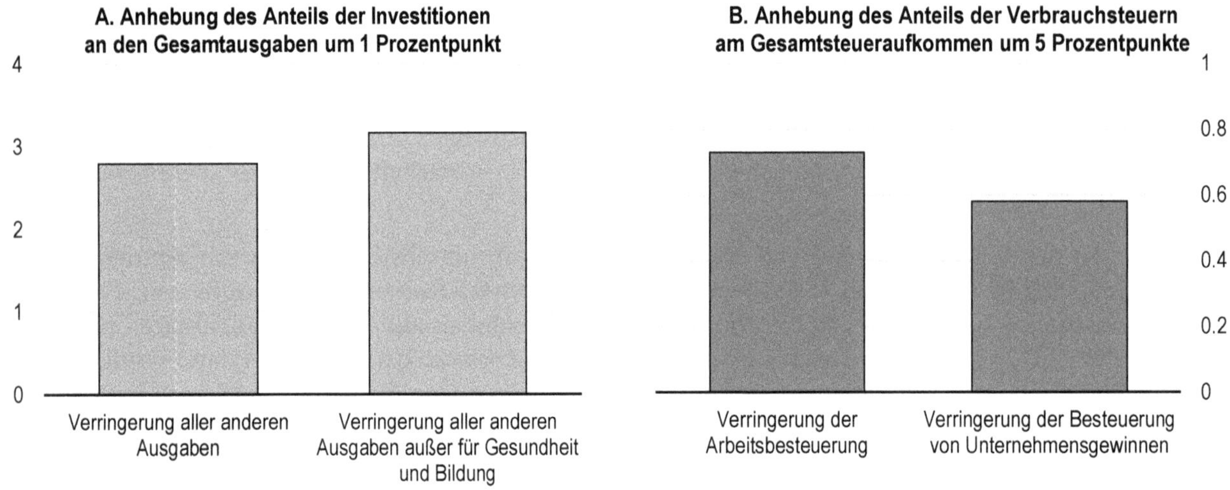

Anmerkung: „Andere Ausgaben" in Teil A bezieht sich auf die Summe dreier Ausgabenposten: Gesundheits- und Bildungsausgaben, Staatsverbrauch und Sozialleistungen, einschließlich Renten. „Verbrauchsteuern" in Teil B bezieht sich auf die Umsatzsteuer und andere Verbrauchsteuern. „Arbeitsbesteuerung" bezieht sich auf die Summe der von Arbeitnehmenden und Arbeitgebenden geleisteten Steuern und Abgaben. Wegen Einzelheiten vgl. Kasten 1.4.

Quelle: Sunel (erscheint demnächst[39]).

StatLink https://stat.link/zdrxue8mlvf5

Kasten 1.4. Wachstums- und Wohlfahrtseffekte von Veränderungen der staatlichen Ausgaben- und Einnahmenstruktur in einem dynamischen allgemeinen Gleichgewichtsmodell

Für diesen Bericht wurde ein dynamisches allgemeines Gleichgewichtsmodell für die deutsche Volkswirtschaft kalibriert, um frühere empirische Arbeiten zu den Effekten von Veränderungen der staatlichen Ausgaben- und Einnahmenstruktur zu ergänzen. Dabei wurde ein geschlossenes Wirtschaftsmodell mit einem repräsentativen Haushalt, einem repräsentativen Unternehmen und einem Staat zugrunde gelegt. Der Haushalt maximiert seinen Nutzen basierend auf Präferenzen in Bezug auf Konsum und Freizeit, bezieht Erwerbs-, Dividenden- und Transfereinkommen und entscheidet, welchen Anteil seiner Ersparnis er in Unternehmensanteilen angelegt. Das repräsentative Unternehmen maximiert den Gegenwartswert künftiger Dividenden, indem es entscheidet, wie viel es investiert und wie viel Arbeit es nachfragt. Der Staat besteuert Erwerbs- und Dividendeneinkommen, den Verbrauch der privaten Haushalte sowie Unternehmensgewinne. Jede dieser Steuern hat Auswirkungen darauf, welche Entscheidungen der privaten Akteure optimal sind, und dient der Finanzierung von staatlichen Konsumausgaben, welche sich nicht auf die Güterproduktion auswirken, sowie von öffentlichen Investitionen, Investitionen in Bildung und Gesundheit sowie Transferleistungen an die privaten Haushalte. Es wird unterstellt, dass der Staatshaushalt über den gesamten Zeitraum ausgeglichen ist. Gesundheits- und Bildungsausgaben erhöhen das Humankapital, was an der Effizienz des Arbeitseinsatzes gemessen wird. Die öffentlichen Investitionen erhöhen den öffentlichen Kapitalstock, der die Produktivität der von den Unternehmen eingesetzten privaten Produktionsfaktoren steigert.

Das Modell wird so anhand deutscher Daten kalibriert, dass die wichtigsten makroökonomischen Variablen im Durchschnitt des Zeitraums 2000–2019 abgebildet werden. Im nächsten Schritt werden Experimente durchgeführt, bei denen die staatliche Ausgaben- bzw. Einnahmenstruktur (d. h. die Anteile verschiedener Haushaltsposten an den Gesamtausgaben bzw. -einnahmen) verändert werden, während die Größe des Staats (d. h. die Gesamtausgaben bzw. -einnahmen im Verhältnis zum BIP) auf ihrem Ausgangsniveau verharrt. Wenn sich mehr als ein Ausgaben-/Einnahmeposten zur Finanzierung eines durch die Veränderung eines anderen Postens bedingten Einnahmerückgangs verändern kann, werden die zum Ausgleich vorgenommenen relativen Veränderungen gegenüber dem Ausgangszustand gleichmäßig auf alle Posten verteilt. In Abbildung 1.17 verringern sich beispielsweise alle drei Posten in der linken Säule von Teil A gegenüber ihrer Höhe vor der Politikänderung, um die Erhöhung der öffentlichen Investitionsausgaben auszugleichen. Beim ausgabenseitigen Experiment bleibt die Einnahmenstruktur unverändert gegenüber dem Ausgangsniveau, beim einnahmenseitigen Experiment bleibt die Ausgabenstruktur unverändert gegenüber dem Ausgangsniveau. Die Experimente führen auf lange Sicht zu einer Veränderung der Höhe des Pro-Kopf-BIP bzw. der Wohlfahrt, weil eine Veränderung der staatlichen Ausgabenstruktur z. B. Auswirkungen darauf hat, welcher Anteil der Ausgaben auf produktivere oder weniger produktive Zwecke entfällt. Eine Veränderung der staatlichen Einnahmenstruktur, die eine Veränderung der Steuersätze auf Erwerbseinkommen, Unternehmenserträge und Verbrauch beinhaltet, hat wiederum Auswirkungen auf die Konsum-, Spar-, Arbeits- und Investitionsentscheidungen des privaten Sektors.

Quelle: Sunel (erscheint demnächst[39]).

Die Steuerbasis verbreitern und die Steuerlast von der Arbeit wegverlagern

Strukturreformen zur Verbesserung der Ausgabeneffizienz sollten mit einer Verbreiterung der Steuerbasis und einer Umschichtung der Steuerlast weg von der Arbeit, hin zu Kapitaleinkünften, Vermögen und Verbrauch kombiniert werden. Im Steuermix liegt das Gewicht stark auf der Arbeitsbesteuerung. Der Beitrag, den Steuern auf Vermögen, auf Kapitaleinkünfte und Unternehmensgewinne sowie auf den Verbrauch zum Gesamtsteueraufkommen leisten, ist hingegen deutlich geringer als in anderen OECD-Ländern (Abbildung 1.18). Die hohe Besteuerung des Faktors Arbeit verringert die Arbeitsanreize, während zugleich starke Personalengpässe bestehen. Sie sollte daher durch eine Senkung der Einkommensteuersätze reduziert werden (Kapitel 3). Dies könnte finanziert werden, wenn die Einnahmen aus der Besteuerung von Grundeigentum erhöht, die Vergünstigungen bei der Erbschaftsteuer, der Besteuerung von Kapital- und Unternehmensgewinnen sowie der Umwelt- und Umsatzbesteuerung verringert, die Steuern auf Alkohol und Tabak erhöht und die Steuervollzugsanstrengungen verstärkt würden (vgl. *OECD-Wirtschaftsbericht Deutschland 2023*) (Tabelle 1.5, oberer Teil). OECD-Simulationen zeigen, dass eine solche Verschiebung der Steuerstruktur auch das BIP-Wachstum steigern könnte (Abbildung 1.17). Würden statt der Arbeitsbesteuerung die Steuern auf Unternehmensgewinne gesenkt, wäre der Effekt auf das BIP-Wachstum geringer. Vor diesem Hintergrund sind die im Koalitionsvertrag angekündigten Einkommensteuersenkungen für kleine bis mittlere Einkommen zu begrüßen, ihre Finanzierung muss aber noch geklärt werden. Die ebenfalls angekündigte degressive Abschreibung für Investitionen sowie die Senkung der Körperschaftsteuer dürfte die Investitionsanreize erhöhen, aber auch zu einer weiteren Verringerung der Steuereinnahmen aus Kapitalvermögen führen.

Bei der Schenkung- und Erbschaftsteuer sollten die Freibeträge und die Befreiungen für Betriebsvermögen verringert werden, wobei zugleich die Möglichkeiten zur Steuerzahlung in Raten ausgeweitet werden sollten. Obwohl Steuern auf Vermögen und Vermögensübertragungen, beispielsweise Erbschaft- und Schenkungsteuern, weniger verzerrend wirken dürften als die Besteuerung von Arbeit oder Kapitalerträgen und einen positiven Effekt auf die Chancengleichheit haben, macht Deutschland wenig Gebrauch von ihnen (OECD, 2021[40]; Scheuer und Slemrod, 2021[41]; Guvenen et al., 2019[42]). Zudem weist Deutschland, vor allem aufgrund der hohen Konzentration des Wohn- und Unternehmenseigentums, im Vergleich zu anderen OECD-Ländern eine hohe Vermögensungleichheit auf (Schularick, Bartels und Albers, 2022[43]). Die Steuerfreibeträge für Schenkungen an Familienangehörige gehören zu den höchsten im OECD-Raum. Die Absenkung der Freibeträge und die Anrechnung von steuerfreien Schenkungen auf die Steuerfreibeträge im Erbschaftsfall könnten das Steueraufkommen beträchtlich steigern und die Chancengleichheit erhöhen (OECD, 2021[40]). Die großzügigen Befreiungen von der Erbschaft- und Schenkungsteuer für Betriebsvermögen einschließlich Aktien resultieren zudem in Steuervergünstigungen von bis zu 10 Mrd. EUR jährlich, die stark regressiv sind (Jirmann, 2022[44]; BMF, 2021[45]). Diese Befreiungen sollen verhindern, dass große Familienunternehmen aufgrund von Liquiditätsengpässen aufgespalten werden müssen, und damit sicherstellen, dass Unternehmen, die gut bezahlte Arbeitsplätze bieten, erfolgreich in Familienbesitz weitergeführt werden können. Eine empirische Evaluierung der Erbschaftsteuerreform von 2009, bei der die Steuerbefreiungen für die Vererbung von Familienunternehmen stark ausgeweitet wurden, kam allerdings zu dem Schluss, dass auch bei dem weniger großzügigen System, das vor 2009 existiert hatte, keine Gefährdung der Unternehmensnachfolge bei Familienunternehmen durch Liquiditätsengpässe gegeben war (Houben und Maiterth, 2011[46]). Außerdem ermöglichen die Steuerbefreiungen Steuervermeidungsgestaltungen, mit denen Privatvermögen zu Betriebsvermögen erklärt wird, was zu sehr niedrigen effektiven Steuersätzen bei der Erbschaft- und Schenkungsteuer für wohlhabende Haushalte führt (Trautvetter und Schwarz, 2021[47]). Wenn diese Steuerbefreiungen auf Betriebsvermögen unter 26 Mio. EUR begrenzt würden, was in einer Reform von 2016 vorgesehen war, aber aufgrund bestehender Schlupflöcher nicht umgesetzt wurde, und wenn die persönlichen Steuerfreibeträge gekürzt würden, könnte das Steueraufkommen deutlich gesteigert werden, und zwar auch dann, wenn dies mit einer Senkung der Steuersätze kombiniert würde (Tiefensee und Grabka, 2017[48]; Bach, 2021[49]). Befürchtungen, dass dies zu Zwangsliquidierungen von Familienunternehmen führen könnte, ließe sich begegnen, indem die Möglichkeiten zur Zahlung der Steuern in Raten erweitert würden.

Abbildung 1.18. Im Steuermix liegt das Gewicht stark auf der Arbeitsbesteuerung

Aufschlüsselung des gesamtstaatlichen Steueraufkommens, in %, 2023 oder letztverfügbares Jahr

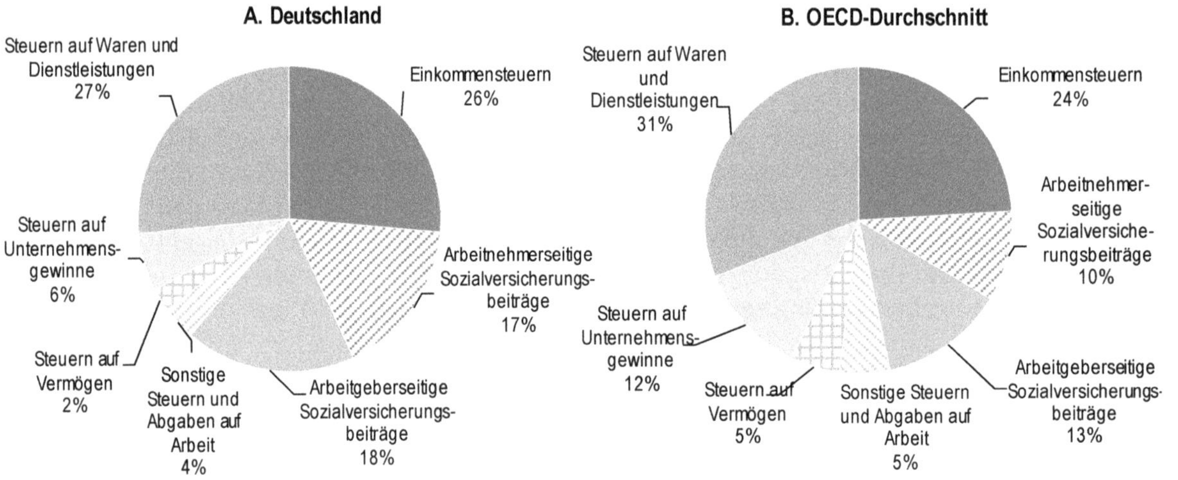

Anmerkung: Die Gewinne von Einzelunternehmen und Personengesellschaften unterliegen der Einkommensteuer, und das entsprechende Steueraufkommen ist in der Kategorie „Einkommensteuern" berücksichtigt. Das Aufkommen aus der Gewerbesteuer ist im Fall von Kapitalgesellschaften unter den „Steuern auf Unternehmensgewinne" und im Fall von Einzelunternehmen und Personengesellschaften unter den „Einkommensteuern" erfasst. Die Einnahmen aus der Quellenbesteuerung von Dividenden und Zinsen sind unter den „Steuern auf Unternehmensgewinne" berücksichtigt, wenn diese Erträge von Kapitalgesellschaften empfangen werden, und andernfalls in der Kategorie „Einkommensteuern". Das Aufkommen aus „Steuern auf Vermögen" umfasst insbesondere die Einnahmen aus Erbschaft- und Schenkungsteuern und aus der laufenden Besteuerung von unbeweglichem Vermögen. Quelle: *OECD Tax Revenue Statistics* (Datenbank).

StatLink https://stat.link/vf5zyky1idmq

Für Einkünfte aus der Veräußerung oder Vermietung von Bestandsimmobilien gibt es großzügige Steuervergünstigungen. Diese Vergünstigungen verzerren die Kapitalallokation, befördern den Anstieg der Wohnimmobilienpreise und erhöhen die Ungleichheit. Sie sollten daher abgeschafft oder gezielter darauf ausgerichtet werden, Anreize für die Vergrößerung des Wohnungsangebots zu schaffen. Dadurch könnten pro Jahr Mehreinnahmen in Höhe von bis zu 12 Mrd. EUR erzielt werden (Fuest, Hey und Spengel, 2021[50]; Bach und Eichfelder, 2021[51]). Gewinne aus der Veräußerung von Immobilien sind voll von der Einkommensteuer befreit, wenn die Immobilie mindestens zehn Jahre gehalten wurde; dies führt zu Einnahmeeinbußen von rd. 6 Mrd. EUR jährlich. Zudem werden die steuerpflichtigen Mieteinnahmen durch übermäßig großzügige Abschreibungsmöglichkeiten verringert, die die steuerliche Belastung von Immobilienvermögen stark reduzieren (Bach und Eichfelder, 2021[51]). Gewinne von Immobilienunternehmen sind vollständig von der Gewerbesteuer – der auf Gemeindeebene erhobenen Steuer auf Unternehmensgewinne in Höhe von durchschnittlich 15 % – befreit; die dadurch entstehenden Einnahmeausfälle belaufen sich auf rd. 5 Mrd. EUR (Kapitel 4). Dank Steuerschlupflöchern können Immobilien-Holdings außerdem die Grunderwerbsteuer umgehen (Bach und Eichfelder, 2021[51]). Darüber hinaus gilt ein Immobilienbestand von mehr als 299 Wohnungen automatisch als Betriebsvermögen und ist damit von der Erbschaftsteuer befreit, was für kleinere Bestände nicht der Fall ist; die daraus resultierenden Einnahmeverluste belaufen sich auf rd. 1 Mrd. EUR (Bach und Eichfelder, 2021[51]). Zusammen mit den niedrigen Zinssätzen hat die großzügige steuerliche Behandlung von Immobilien zahlreiche institutionelle und private Anleger an den deutschen Immobilienmarkt gelockt und so zu einer Fehlallokation von Kapital geführt. Da die Vergünstigungen nicht nur für Neubauten, sondern auch für Investitionen in den Wohnungsbestand gewährt wurden, beförderten sie den steilen Anstieg der Immobilienpreise. Außerdem wurde dadurch die Konzentration des Immobilienvermögens in den Händen der Haushalte im obersten Einkommensdezil verstärkt, während viele Mittelschichthaushalte, die Wohneigentum zur Selbstnutzung suchen, aus dem Markt gedrängt wurden (Fuest, Hey und Spengel, 2021[50]). Wenn die Steuern auf unbewegliches Vermögen, die im Vergleich zu anderen OECD-Ländern gering sind, erhöht würden, könnte das Steueraufkommen gesteigert und zugleich die Finanzlage der Kommunen verbessert werden (Kapitel 4).

Durch den Abbau der Ermäßigungen und Befreiungen bei der Umsatzsteuer und die Aufstellung transparenter Kriterien für die verbleibenden Ausnahmen ließen sich Steuermehreinnahmen erzielen und würde zugleich die Steuergerechtigkeit erhöht (OECD, 2022[52]). Der Anteil der Steuern auf Waren und Dienstleistungen am Gesamtsteueraufkommen ist in Deutschland deutlich geringer als im Durchschnitt der OECD-Länder (Abbildung 1.18). Dies ist hauptsächlich den großzügigen Umsatzsteuerermäßigungen und -befreiungen für Immobilien, für Finanz- und Versicherungsdienstleistungen, für Bildungsleistungen sowie für Gold, Silber, Edelsteine und Kunstwerke geschuldet (Trautvetter, 2020[53]). Viele dieser Steuervergünstigungen dürften verzerrend oder regressiv wirken, es mangelt jedoch an Transparenz und für viele dieser Maßnahmen fehlt es an Wirkungsanalysen (Aliu, Grundke und von Haldenwang, 2023[54]). In dem alle zwei Jahre veröffentlichten Subventionsbericht wird ein bestimmter Katalog von Steuervergünstigungen behandelt und für die Hälfte der genannten Maßnahmen werden auch Evaluierungen vorgelegt. Ein Bericht des Umweltbundesamts beziffert die umweltschädlichen Steuervergünstigungen und Subventionen auf 65 Mrd. EUR jährlich, was deutlich mehr ist als laut den Schätzungen des Subventionsberichts (Burger und Bretschneider, 2021[55]). Steuervergünstigungen werden in der Regel weniger genau guntersucht als direkte Ausgaben, die bei den jährlichen Haushaltsverhandlungen geprüft werden. Eine umfassende Prüfung und Folgenabschätzung der bestehenden Steuervergünstigungen, wie bereits im *OECD-Wirtschaftsbericht Deutschland 2023* empfohlen, könnte daher helfen, die Verwendung öffentlicher Ressourcen auf allen staatlichen Ebenen besser zu priorisieren. Einige der im Koalitionsvertrag angekündigten Maßnahmen würden in diesem Kontext nicht zu einer Verringerung der Steuervergünstigungen beitragen. Die Senkung der Mehrwertsteuer für Speisen in der Gastronomie, die Agrardiesel-Rückvergütung und die Anhebung der Pendlerpauschale sind kostspielig, und Wirkungsanalysen haben gezeigt, dass sie einen verzerrenden Effekt haben.

Dass die Einnahmen aus der Besteuerung von Waren und Dienstleistungen vergleichsweise gering sind, hängt auch mit niedrigen Regelsteuersätzen und einem schwachen Steuervollzug zusammen. Die Steuern auf Alkohol und Tabak sind niedrig im Vergleich zu anderen OECD-Ländern. Würden sie angehoben, könnten nicht nur die Steuereinnahmen gesteigert, sondern auch positive Gesundheitseffekte erzielt werden (siehe weiter unten). Eine Anhebung des Umsatzsteuerregelsatzes würde ebenfalls helfen, das Steueraufkommen zu steigern. Schätzungen der Europäischen Kommission zur Umsatzsteuerlücke deuten zudem darauf hin, dass Deutschland durch Steuerbetrugs- und Steuerhinterziehungsmodelle jedes Jahr Umsatzsteuereinnahmen in Höhe von 22 Mrd. EUR bzw. etwa 9 % des erwarteten Umsatzsteueraufkommens entgehen. Dieser Wert entspricht zwar in etwa dem OECD-Durchschnitt, allerdings wurden seit 2011 im Bereich des Steuervollzugs nur wenig Fortschritte erzielt. Grund dafür ist, dass die Zahl der Umsatzsteuer-Sonderprüfer*innen sowie der Umsatzsteuer-Sonderprüfungen gesunken ist und die IT-Infrastruktur ebenso wie die Koordination zwischen den Finanzverwaltungen der Länder und mit den europäischen Steuerbehörden nach wie vor unzureichend ist (vgl. *OECD-Wirtschaftsbericht Deutschland 2023*). Umsatzsteuerhinterziehung ebenso wie Geldwäsche könnte entgegengetreten werden, wenn die Nutzung von elektronischen Registrierkassen und E-Rechnungen in allen Betrieben vorgeschrieben und eine Obergrenze für Barzahlungen eingeführt würde. In Spanien, Italien, Ungarn und Chile wurde auf nationaler Ebene beispielsweise erfolgreich eine E-Rechnungspflicht eingeführt (OECD, 2022[56]).

Ergänzend dazu sollten die Steuervollzugsanreize der Länder erhöht und sollte die Steuerlückenschätzung für alle Steuerarten verbessert werden. In Deutschland liegen keine inländischen Informationen zu Steuerlücken vor. Der Hauptgrund dafür sind Datenschutz- und IT-Probleme, die durch die föderale Organisation der Finanzverwaltung und das strenge Steuergeheimnis verschärft werden (BMF, 2020[57]). Steuererhebung und Steuervollzug fallen in den Zuständigkeitsbereich der Länder, auch was Bundes- oder Gemeinschaftssteuern betrifft; dies ist eine Besonderheit des deutschen Steuersystems, das sich darin von anderen föderal organisierten Ländern wie den Vereinigten Staaten oder Australien unterscheidet (siehe auch Kapitel 4). Zusammen mit dem Finanzkraftausgleich reduziert dies auch die Anreize für die Finanzverwaltungen der Länder, den Steuervollzug zu verbessern, da nur ein kleiner Teil der erzielten Mehreinnahmen dem jeweiligen Bundesland selbst zufließt (vgl. *OECD-Wirtschaftsbericht Deutschland 2023*). Die Verringerung der effektiven Steuersätze infolge unzureichender Investitionen in den Steuervollzug könnte zudem ein Mittel sein, das jeweilige Bundesland für Unternehmen und wohlhabende Haushalte attraktiver zu machen, ähnlich wie beim schädlichen internationalen Steuerwettbewerb (Troost, 2016[58]; BMF, 2004[59]; OECD, 2021[60]). Durch die Einrichtung eines unabhängigen Instituts für Steuerforschung und die Schaffung der erforderlichen Datenaustausch- und IT-Infrastruktur für die Erfassung und Veröffentlichung von Informationen über Steuerlücken, insbesondere auf Länderebene, könnte eine objektive und unabhängige Auswertung von Steuerdaten bei gleichzeitiger Einhaltung hoher Datenschutzstandards gewährleistet werden (vgl. *OECD-Wirtschaftsbericht Deutschland 2023*). Ergänzend dazu sollten die verbindlichen Verwaltungsrichtlinien für die Steuerverwaltungen der Länder um Zielvorgaben für die Vollzugskapazitäten erweitert werden. Diese Richtlinien sollten zusammen mit Daten zu den Kapazitäten der Finanzverwaltungen veröffentlicht werden, um die Landesregierungen zur Rechenschaft ziehen zu können. Wenn länderspezifische Steuerlückenschätzungen vorliegen, könnten ausgehend davon Ziele für die Vollzugsleistung der Steuerverwaltungen aufgestellt werden, die dann ebenfalls in die Verwaltungsrichtlinien aufgenommen werden könnten.

1.3.3. Die Fiskalregeln weiter verbessern

So begrüßenswert die jüngste Reform der Fiskalregeln auch sein mag, droht sie doch einige notwendige fiskalische Anpassungen zu verzögern. Die geänderte Passage des Grundgesetzes weist darauf hin, dass das neue Sondervermögen der Finanzierung zusätzlicher Investitionen in die Infrastruktur dient und dass zugleich eine ausreichende Investitionsquote im Kernhaushalt gewährleistet werden muss. Dies muss allerdings noch in einem Bundesgesetz geregelt werden. Um eine effiziente Nutzung knapper Haushaltsmittel sicherzustellen, ist es entscheidend, klar zu definieren, was unter Investitionen zu verstehen ist. Da ein großer Teil des Infrastrukturstaus die Instandhaltung und Erneuerung bestehender Infrastruktur betrifft, muss mit dem Gesetz zur Einrichtung des Sondervermögens sichergestellt werden, dass auch diese Ausgaben finanziert werden können. Die Verteidigungsausgaben beliefen sich 2024 auf 1,2 % des BIP. Bei Hinzurechnung anderer infolge der Reform von der Schuldenbremse ausgenommener Ausgaben, etwa für Zivil- und Bevölkerungsschutz, für die Nachrichtendienste und für den Schutz der informationstechnischen Systeme, erhöht sich dieser Anteil auf 1,5 % des BIP. Da alle über 1 % des BIP hinausgehenden Ausgaben für solche Posten von der Schuldenbremse ausgenommen sind, wird es möglich, andere Nichtverteidigungsausgaben im Kernhaushalt in Höhe von rd. 0,5 % des BIP durch Schulden zu finanzieren. Eine solche fiskalische Fehlentwicklung gilt es zu vermeiden, damit die Haushaltsanpassungen, die in Zukunft erfolgen müssen, nicht zu umfangreich werden (siehe weiter oben). Die Zuweisungen aus dem Sondervermögen Infrastruktur an die Länder und Gemeinden könnten zudem genutzt werden, um den erforderlichen Konsens über die ebenen- und ressortübergreifende Vereinfachung und Vereinheitlichung von Regulierungen und Verwaltungsprozessen herbeizuführen und die gemeindeübergreifende Bündelung von Aufgaben zu fördern (Kapitel 2 und 4).

Die größere Flexibilität der Fiskalregeln sollte mit einer größeren Transparenz der Staatsfinanzen einhergehen, um den fiskalischen Rahmen insgesamt zu stärken. Obwohl die Schuldenbremse, die das strukturelle Defizit des Bundes und der Länder auf 0,35 % bzw. 0 % des BIP begrenzte, 2024 wieder in Kraft gesetzt wurde, und die Fiskalregeln durch das Urteil des Bundesverfassungsgerichts vom November 2023 gestärkt wurden, belief sich das Haushaltsdefizit nach den EU-Regeln 2024 auf 2,8 % des BIP. Dies liegt daran, dass die Nettoausgaben aus den Sondervermögen zwar nicht in dem für die Schuldenbremse maßgeblichen Haushaltsdefizit des Bundes berücksichtigt sind, wohl aber im Haushaltssaldo nach den EU-Regeln (vgl. *OECD-Wirtschaftsausblick Deutschland 2023*). Zudem hat sich der Finanzierungssaldo der Länder stark verschlechtert: Aus dem Überschuss von 0,38 % des BIP im Jahr 2022 wurde 2024 ein Defizit von 0,64 %. Grund hierfür ist, dass einige Länder ihre Schuldenbremse noch nicht wieder in Kraft gesetzt haben oder begonnen haben, Nettoausgaben aus eigenen Sondervermögen zu tätigen, die 2023 aufgelegt und während der Aussetzung der Schuldenbremse durch zusätzliche Kreditaufnahme finanziert wurden. Die Defizite der Länder und Gemeinden sind auch gestiegen, weil öffentliche Verkehrsgesellschaften seit Kurzem in der Volkswirtschaftlichen Gesamtrechnung unter dem Sektor Staat erfasst werden. In vielen anderen Fällen ist die Kreditaufnahme über staatliche Unternehmen noch nicht in den Haushaltsdefiziten erfasst. Die großen Unterschiede zwischen den Rechnungslegungs- und Fiskalregeln der Länder machen es außerdem zunehmend schwierig, die Haushaltssituation verschiedener nachgeordneter Gebietskörperschaften zu vergleichen (Bundesbank, 2024[6]).

Wie bereits im letzten *OECD-Wirtschaftsbericht Deutschland* empfohlen, sollten die Nettoausgaben sämtlicher Extrahaushalte auf Bundes- und Länderebene nach und nach in die Kernhaushalte überführt werden. Durch die Einbeziehung struktureller Investitionsausgaben in Schlüsselbereichen wie Verteidigung, digitale und grüne Infrastruktur oder Bildung in die Kernhaushalte würde die notwendige politische Diskussion darüber erleichtert, wie wichtige Investitionsbedarfe finanziert, welche Ausgaben priorisiert und wie zusätzliche Einnahmen erzielt werden sollten. Dies ist umso wichtiger, als vom Renten- und Gesundheitssystem in den kommenden Jahren immer größerer Druck auf die öffentlichen Haushalte ausgehen wird und 2028 die Tilgung der während der Pandemie aufgenommenen Schulden beginnen soll. Die Einbeziehung der Extrahaushalte in die Kernhaushalte sollte mit einer transparenten Quantifizierung der Eventualverbindlichkeiten einhergehen, die sich aus quasifiskalischen Aktivitäten staatlicher Unternehmen des Bundes und der nachgeordneten Gebietskörperschaften, wie etwa der Entwicklungsbanken, der Deutschen Bahn oder anderer staatlicher Unternehmen ergeben (IWF, 2022[61]; Asatryan, Heinemann und Nover, 2022[62])

Mit dem Bundesverfassungsgerichtsurteil vom November 2023 wurden die Prinzipien der Jährlichkeit und Jährigkeit des Bundeshaushalts bekräftigt, womit die Möglichkeiten zur Nutzung von Mitteln für die Finanzierung von Infrastrukturausgaben in späteren Jahren begrenzt wurden. Zwar gibt es spezifische gesetzliche Bestimmungen, die es der Verwaltung ermöglichen, mehrjährige vertragliche Verpflichtungen einzugehen (Verpflichtungsermächtigungen), eine Übertragung von Mitteln in spätere Jahre ist jedoch im Allgemeinen nicht möglich, von ein paar Ausnahmen im Bereich der Verteidigungsbeschaffung abgesehen. Durch die Einführung einer mehrjährigen Haushaltsführung könnte die fiskalische Planung in Bezug auf längerfristige Verpflichtungen verbessert werden, z. B. für öffentliche Investitionsvorhaben oder auch zur Sicherung der Verteidigungsquote oder eines stabilen Rentenniveaus. Wenn mehr Möglichkeiten geschaffen würden, Mittel in das nächste Haushaltsjahr zu übertragen, könnte zudem die Ausgabeneffizienz gesteigert werden. Die aktuellen Haushaltsregeln schaffen Anreize, die Mittel vor Ablauf des Haushaltsjahrs auszugeben, was zu großen Effizienzeinbußen und einer geringeren Ausgabenqualität führen könnte (Liebman und Mahoney, 2017[63]). Eine weitere Option, um öffentliche Investitionen zu erleichtern, ohne den gegenwärtigen haushaltspolitischen Rahmen zu verändern, wären höhere Kapitalspritzen oder Zuschüsse für staatliche Unternehmen wie die Deutsche Bahn, die Autobahn GmbH des Bundes, die Bundesanstalt für Immobilienaufgaben oder die Kreditanstalt für Wiederaufbau. Durch die Einrichtung eines ständigen Infrastrukturfonds, der aus laufenden Einnahmen finanziert würde, etwa Straßennutzungsgebühren, könnte eine stabile Finanzierung öffentlicher Investitionen in Straße und Schiene gewährleistet werden. Dabei könnte, wie in der Schweiz, festgelegt werden, wie viel jeweils für die Instandhaltung, die Erneuerung und den Ausbau ausgegeben werden darf, um zu verhindern, dass neue Bauvorhaben Vorrang vor der Substanzerhaltung erhalten. Eine weitere Option wären eigenständige einnahmefinanzierte Infrastrukturgesellschaften, etwa nach dem Vorbild der österreichischen ASFINAG, für die die Schuldenbremse nicht gelten würde, die aber den EU-Fiskalregeln entsprächen und mit denen sichergestellt werden könnte, dass sich der Infrastrukturausbau maßgeblich an den Präferenzen der Nutzer*innen orientiert (SVR, 2024[64]).

1.3.4. Das Renten, Gesundheits- und Pflegesystem stabilisieren, um die langfristige Tragfähigkeit der öffentlichen Finanzen zu sichern

Ohne weitere Politikänderungen werden die jährlichen öffentlichen Rentenausgaben aufgrund der raschen Bevölkerungsalterung bis 2045 um rd. 2 Prozentpunkte des BIP steigen (Abbildung 1.15). Deutschland ist bereits eines der OECD-Länder, in denen der Faktor Arbeit am höchsten besteuert wird, was sich negativ auf die Arbeitsanreize auswirkt. Daher sollte diesem Ausgabendruck nicht durch eine weitere Anhebung der Beitragssätze begegnet werden (Kapitel 3). Die Reformen und Reformpläne der jüngsten Zeit reichen jedoch nicht aus, um das Rentensystem zu stabilisieren, und 2024 sind die Mittelzuführungen aus dem Bundeshaushalt an die gesetzliche Rentenversicherung auf etwa 2,5 % des BIP angestiegen. Nachdem 2007 beschlossen worden war, das Rentenalter bis 2031 schrittweise auf 67 anzuheben, wurden die Anreize für einen längeren Verbleib im Erwerbsleben durch die Einführung großzügiger Frühverrentungsoptionen – abschlagsfreie Rente mit 45 Beitragsjahren und relativ geringe Abschläge für Personen mit mindestens 35 Beitragsjahren – wieder verringert (Kapitel 3 und Kasten 1.3). 2018 wurden mit dem Mindestversorgungsniveau von 48 % und der Obergrenze für den Beitragssatz von 20 % zwei Haltelinien eingeführt, die bis 2025 gelten. Im neuen Koalitionsvertrag ist vorgesehen, das Rentenniveau bis 2031 abzusichern und die „Mütterrente" für Frauen mit vor 1992 geborenen Kindern anzuheben, die geringe Rentenansprüche haben (Kasten 1.3). Die Umsetzung dieser Pläne hätte zur Folge, dass der Ausgabendruck erheblich steigen und der haushaltspolitische Spielraum für öffentliche Investitionen und andere wichtige Aufwendungen weiter sinken würde (Bundesbank, 2022[65]).

Um die gesetzliche Rentenversicherung mittelfristig zu stabilisieren, müssen die Voraussetzungen für eine längere Teilnahme älterer Arbeitskräfte am Erwerbsleben geschaffen werden (Abbildung 1.19, Kasten 1.3). Dazu gilt es, die fiskalischen Frühverrentungsanreize zu verringern, die Arbeitsbedingungen und Weiterbildungsmöglichkeiten älterer Arbeitskräfte zu verbessern und für mehr Anreize zu sorgen, über das gesetzliche Rentenalter hinaus zu arbeiten (Kapitel 3). Mit dem OECD-Langfristmodell durchgeführte Simulationen zeigen, dass eine Anhebung des effektiven Renteneintrittsalters durch eine schrittweise Abschaffung der Frühverrentungsanreize bei gleichbleibenden Rentenansprüchen wirksamer wäre, um das Rentensystem zu stabilisieren und den Druck auf die Staatsfinanzen zu verringern, als andere Politikszenarien, wie etwa eine Erhöhung der Zuwanderung oder der Erwerbsbeteiligung von Frauen. Mehr Zuwanderung und ein höheres Arbeitsangebot von Frauen sind allerdings entscheidend, um dem Fachkräftemangel zu begegnen (Kapitel 3). 2031 wird das gesetzliche Rentenalter bei 67 Jahren liegen. Ab dann muss es an die Lebenserwartung gekoppelt werden, um das Rentensystem längerfristig zu stabilisieren. Dies könnte durch eine Rentenverringerung ergänzt werden. Diese Verringerung sollte dann mit einer garantierten Mindestrente oder einer Anhebung der bestehenden Altersgrundsicherung kombiniert werden, um das Altersarmutsrisiko zu senken (OECD, 2023[66]). Wenn die Riester-Rente attraktiver gestaltet und die kapitalgedeckten Betriebsrenten gestärkt würden, könnte dies helfen, die gesetzliche Rente zu ergänzen und die Kapitalmärkte zu vertiefen (siehe weiter oben).

Abbildung 1.19. Zur Stabilisierung der Rentenausgaben muss das effektive Rentenalter angehoben und das gesetzliche Rentenalter an die Lebenserwartung gekoppelt werden

Öffentliche Rentenausgaben (in % des BIP)

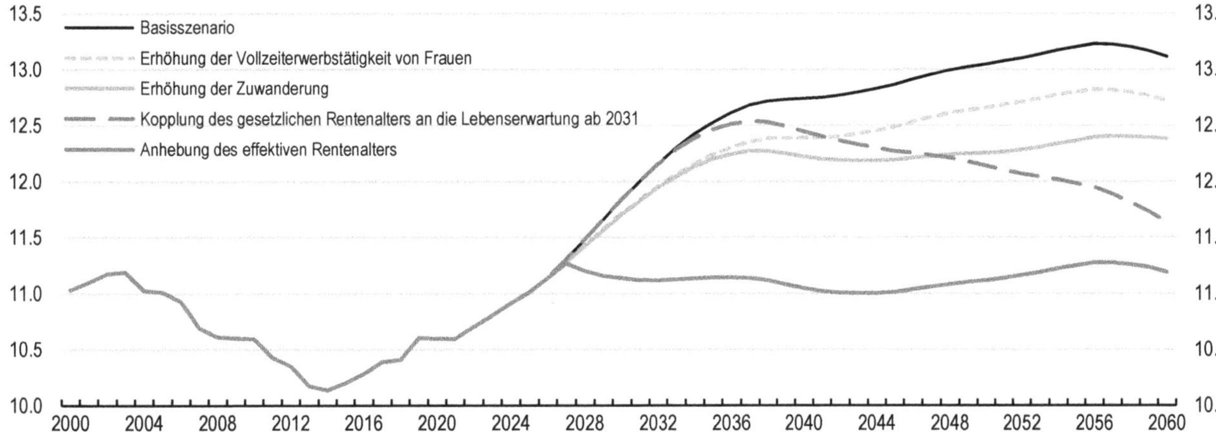

Anmerkung: Die Graphen zeigen den Effekt verschiedener Szenarien auf die öffentlichen Rentenausgaben in Deutschland anhand der Methode von Guillemette und Turner (2021[1]). Das Szenario „Erhöhung der Vollzeiterwerbstätigkeit von Frauen" unterstellt, dass der Anteil der teilzeitbeschäftigten Frauen bis 2035 auf den schwedischen Wert sinkt (was einem Rückgang von 35 % auf 15 % entspricht). Das Szenario „Anhebung des effektiven Rentenalters" unterstellt, dass das effektive Renteneintrittsalter bis 2032 im Vergleich zum Basisszenario um 0,6 Jahre (und bis 2045 um 1,3 Jahre) steigt, wobei sich die Rentenansprüche durch den längeren Verbleib im Erwerbsleben nicht erhöhen. Das Szenario „Kopplung des gesetzlichen Rentenalters an die Lebenserwartung ab 2031" unterstellt eine Anhebung des gesetzlichen Renteneintrittsalters um ein Jahr für jedes zusätzliche Jahr Lebenserwartung, wobei das durchschnittliche Rentenniveau unverändert bleibt. Das Szenario „Erhöhung der Zuwanderung" unterstellt für den Projektionszeitraum eine Nettozuwanderung von 400 000 Personen jährlich ab 2026, wohingegen das Basisszenario auf dem Destatis-Basisszenario von 206 000 Einwander*innen jährlich beruht.
Quelle: OECD-Langfristmodell.

StatLink https://stat.link/8c7w5eon8rtg

Würden Beamt*innen und Selbstständige in die gesetzliche Rentenversicherung einbezogen, würde dies die Stabilisierung des Rentensystems unterstützen und für mehr Fairness sorgen (Kasten 1.3). Beamt*innen sind über ein gesondertes System versichert und erhalten vergleichsweise höhere Altersbezüge als gesetzlich Versicherte, was auch die Arbeitskräftemobilität verringert (vgl. *OECD-Wirtschaftsbericht Deutschland 2016*). Würden sie in das gesetzliche System aufgenommen, würden die Einzahlungen in die Rentenversicherung steigen. Aufgrund der höheren Lebenserwartung von Beamt*innen und ihrer über dem Durchschnitt liegenden Arbeitsentgelte würde dies das System aber nur auf kurze bis mittlere Sicht entlasten. Allerdings könnten dadurch Hemmnisse für eine höhere Arbeitskräftemobilität verringert werden (Kapitel 2). Die Einbeziehung der Selbstständigen in die gesetzliche Rentenversicherung hätte einen stärkeren Effekt auf die Tragfähigkeit des Systems. Etwa 3 Millionen Selbstständige in Deutschland verfügen aktuell über keine obligatorische Alterssicherung. Zudem sehen sie sich oft mit erheblichen Sparlücken konfrontiert. Dies führt zu hohen Kosten für die Grundsicherung im Alter, über die die Betreffenden dann unterstützt werden müssen (SVR, 2023[29]). Die Einführung einer Rentenversicherungspflicht für neu selbstständig Beschäftigte oder die Festlegung einer Altersgrenze für die Aufnahme könnte Trittbrettfahrerverhalten entgegenwirken, das gesetzliche Rentensystem stärken und die Kosten für die steuerfinanzierte Grundsicherung verringern.

Die deutsche Pflegeversicherung, die im Umlageverfahren finanziert wird, steht aufgrund steigender Kosten – eine Folge des demografischen Wandels, des medizinischen Fortschritts und der Ausweitung des Leistungsangebots – vor erheblichen Herausforderungen. Bis 2040 werden sich die Ausgaben pro Versicherte*n voraussichtlich um über 90 % erhöhen, wobei allein die Bevölkerungsalterung zu einem Anstieg um 23 % führt (BMWK, 2022[67]). Damit müssten die Beitragssätze auf 4,4 % bis 5,2 % des Bruttoarbeitsentgelts steigen, sodass sich die bereits hohe Arbeitsbesteuerung und der von ihr ausgehende bremsende Effekt auf das Arbeitsangebot weiter erhöhen würden. Da zugleich fast die Hälfte der pflegebedürftigen älteren Menschen informell versorgt wird, hauptsächlich von weiblichen Familienangehörigen, ist es auch äußerst wichtig, das

Angebot und die Finanzierung von Pflegeleistungen zu verbessern, um die Erwerbsbeteiligung von Frauen zu steigern (Kapitel 3). Wenn zudem der Anstieg der Pflegeversicherungsleistungen begrenzt, die Ausgabeneffizienz in der stationären Pflege erhöht und die Menschen ermutigt würden, privat für die Pflege vorzusorgen, würde dies die intergenerationelle Fairness fördern und den finanziellen Druck auf die gesetzliche Pflegeversicherung verringern helfen. Zur Steigerung der Ausgabeneffizienz sollte die professionelle häusliche Pflege gestärkt werden, da der Anteil der Menschen mit leichtem oder mittlerem Pflegebedarf, die stationär in Pflegeeinrichtungen untergebracht sind, wesentlich höher ist als in anderen OECD-Ländern (OECD, 2024[68]). Eine allmähliche Anhebung der Mittelzuführungen aus dem Kernhaushalt zur Stärkung des Pflegevorsorgefonds würde darüber hinaus helfen, einen starken Anstieg der Beitragssätze zu verhindern. Dies könnte mit der Einführung einer obligatorischen privaten Pflegezusatzversicherung kombiniert werden, die kapitalgedeckt wäre, mit gezielter steuerfinanzierter Unterstützung für Niedrigeinkommensgruppen (BMWK, 2021[69]).

Die gesetzliche Krankenversicherung ist durch demografische Veränderungen, den zunehmenden medizinischen Fortschritt und steigende Behandlungskosten sowie durch Zivilisationskrankheiten starkem finanziellem Druck ausgesetzt. Der Spielraum zur Erhöhung der Ausgabeneffizienz ist erheblich, da die Gesundheitsausgaben pro Kopf zu den höchsten im OECD-Raum gehören, während die Gesundheitsergebnisse nur etwa dem Durchschnitt entsprechen (OECD/Europäische Kommission, 2024[70]). Überkapazitäten in der stationären Versorgung tragen mit zu den schwerwiegenden Personalengpässen bei, während das System der Fallpauschalen zu Überbehandlungen führt. Dadurch verringert sich die Ausgabeneffizienz und wahrscheinlich auch die Behandlungsqualität. Die kürzlich in Kraft getretene Krankenhausreform hat das Potenzial, die Ausgabeneffizienz zu erhöhen, da sie die Krankenhausversorgung konsolidiert und auf eine stärkere Spezialisierung der Kliniken auf bestimmte Behandlungen abzielt. Die Fallpauschalen werden dabei teilweise durch Vorhaltevergütungen ersetzt, die die Krankenhäuser für die Bereithaltung der nötigen Kapazitäten erhalten. Die erfolgreiche Umstrukturierung der Krankenhauslandschaft erfordert erhebliche Investitionen in Gebäude und Ausrüstungen. Diese Investitionen, die im Zuständigkeitsbereich der Länder liegen, waren in den letzten Jahrzehnten schwach ausgefallen. Einige Krankenhäuser auf dem Land werden zudem infolge der Reform schließen müssen. Daher muss außerdem die ambulante und die digitale Versorgung gestärkt werden, damit die Primärversorgung gewährleistet ist und die Patient*innen ihrem Bedarf entsprechend an Krankenhäuser mit der richtigen Spezialisierung überwiesen werden können. Die Einführung der elektronischen Patientenakte ist ein großer Schritt nach vorn. Wenn sie in der ambulanten und der stationären Versorgung vollständig umgesetzt ist, wird sie die Behandlungsqualität und die Ausgabeneffizienz deutlich erhöhen, da unnötige Doppeluntersuchungen sowie Labortests und ungewollte Wechselwirkungen von Arzneimitteln vermieden werden können. Bislang ist die Umsetzung aufgrund einer unzureichenden Sensibilisierung des Gesundheitspersonals und Bedenken seitens von Gesundheitsverbänden allerdings noch lückenhaft. Zudem behindert die begrenzte Interoperabilität der bestehenden IT-Systeme die komplette Umsetzung, auch wenn kürzlich standardisierte Benutzeroberflächen festgelegt und vorgeschrieben wurden. Die Vorsorge sollte durch eine stärkere Sensibilisierung der Menschen für Zivilisationskrankheiten gestärkt werden, und die Steuern auf Alkohol und Tabak, die im Vergleich zu anderen OECD-Ländern niedrig sind, sollten erhöht werden. Mehr Transparenz über Preise und Preisnachlässe in der medizinischen Beschaffung und eine bessere Wettbewerbsdurchsetzung könnten helfen, die stark steigenden Arzneimittelausgaben einzudämmen (Seldesjachts et al., 2024[71]; Berndt, Grill und Schumann, 2024[72]).

Tabelle 1.6. Frühere Empfehlungen und ergriffene Maßnahmen

Frühere Empfehlungen	Ergriffene Maßnahmen
Die Extrahaushalte nach und nach in den Kernhaushalt überführen, gleichzeitig aber die Fiskalregeln flexibler gestalten, um angemessene Investitionen zu ermöglichen.	Die Reform der Fiskalregeln im März 2025 gestattet eine zusätzliche Kreditaufnahme, um die Investitionen in die Verteidigung und die Infrastruktur zu erhöhen.
Den Zugriff auf Verwaltungsdaten sowie deren Verknüpfung und Analyse kommunen- und länderübergreifend gestatten, wobei die Einhaltung angemessener Datenschutz- und Vertraulichkeitsstandards gewährleistet sein muss.	Das Forschungsdatengesetz soll die Verknüpfung und Nutzung von Daten der öffentlichen Hand erleichtern, um Evaluierungen von Politikmaßnahmen zu erleichtern und eine zielgerichtetere Ausrichtung von Fördermaßnahmen zu ermöglichen. Es wurde allerdings noch nicht verabschiedet.
Die geplante zentrale und transparente e-Vergabe-Plattform für Ausschreibungen aller staatlichen Ebenen umsetzen und gemeinsame Beschaffungsinitiativen der Kommunen durch finanzielle Anreize fördern.	Auf dem inzwischen eingerichteten e-Vergabe-Portal des Bundes müssen die Vergabeverfahren aller staatlichen Ebenen, die über den EU-Schwellenwerten liegen, veröffentlicht werden. Die Veröffentlichung von Vergabeverfahren unterhalb dieser Schwellenwerte ist für die Länder und Gemeinden weiterhin freiwillig.
Hindernisse für die Portabilität der Pensionsansprüche von Beamt*innen beseitigen.	Keine
Das gesetzliche Rentenalter an die Lebenserwartung koppeln.	Keine
Die privaten Krankenkassen in das auf dem Gesundheitsfonds basierende Finanzierungssystem integrieren.	Keine
Die Freibeträge bei der Schenkung- und Erbschaftsteuer und die Befreiungen für Betriebsvermögen verringern und gleichzeitig die Möglichkeiten zur Zahlung der Steuern in Raten ausweiten.	Keine
Die Steuererhebung verbessern und Verzerrungen verringern: Steuervergünstigungen für Einkünfte aus dem Verkauf und der Vermietung von Immobilien sowie Umsatzsteuervergünstigungen abschaffen.	Keine
Ausgehend von länderspezifischen Steuerlückenschätzungen verbindliche Verwaltungsrichtlinien für die Steuervollzugskapazitäten und -leistung der Länder aufstellen und diese Richtlinien wie auch die erzielten Ergebnisse regelmäßig veröffentlichen.	Keine
Die Nutzung von elektronischen Registrierkassen und E-Rechnungen in allen Betrieben vorschreiben, was auch die Einführung eines elektronischen Clearing-Verfahrens für grenzüberschreitende Transaktionen umfassen sollte, und eine Obergrenze für Barzahlungen einführen.	Es wurde eine Obergrenze für Barzahlungen bei Immobilienkäufen eingeführt.
Öffentlichen und privaten Rentenversicherungen sowie anderen Altersvorsorgeeinrichtungen gestatten, einen größeren Teil ihres Vermögens in Wagniskapitalfonds zu investieren.	Keine
Die Überwachung der Direktzusagen der Arbeitgeber in der betrieblichen Altersvorsorge stärken.	Keine
Die Wirksamkeit der Instrumente für die Gründungs- und Wachstumsfinanzierung steigern, u. a. durch weniger Bürokratie, mehr Finanzierungsmittel für spätere Entwicklungsphasen und bessere Bedingungen für Wagniskapitalinvestitionen von institutionellen Anlegern	Mit dem Zukunftsfinanzierungsgesetz wurden die Bedingungen für Börsengänge vereinfacht. Das bislang nicht verabschiedete zweite Zukunftsfinanzierungsetz soll tragfähige Ausstiegsoptionen für innovative Start-ups fördern. Der schon länger bestehende Zukunftsfonds soll institutionelle Investoren in den Wagniskapital- und Private-Equity-Markt holen.

Tabelle 1.7. Wichtigste Feststellungen und Empfehlungen (zentrale Empfehlungen in Fettdruck)

Wichtigste Feststellungen	Empfehlungen
Die Fiskalpolitik stärken und dem steigenden Ausgabendruck begegnen	
Es bedarf Investitionen zur Verbesserung der Verteidigungskapazitäten und zum Abbau des großen Infrastrukturstaus. Die jüngsten Reformen der Fiskalregeln gestatten eine zusätzliche Kreditaufnahme, um diesen Bedarf zu decken, während zugleich der durch die Bevölkerungsalterung bedingte Ausgabendruck steigt.	**Fiskalischen Spielraum für öffentliche Investitionen schaffen: Ausgabeneffizienz steigern, Ausgaben umschichten und die Steuerbasis verbreitern, u. a. durch den Abbau von Steuervergünstigungen und eine Stärkung des Steuervollzugs.**
Extrahaushalte auf Bundes- und Länderebene verringern die Transparenz und schwächen die Glaubwürdigkeit der nationalen Fiskalregeln. Es besteht hoher Investitionsbedarf.	Die Extrahaushalte auf Bundes- und Länderebene nach und nach in die Kernhaushalte überführen, gleichzeitig aber die Fiskalregeln flexibler gestalten, um angemessene Investitionen zu ermöglichen.
Die effektive Besteuerung des Faktors Arbeit ist hoch, was die Arbeitsanreize verringert. Die Einnahmen aus der Besteuerung von Grundeigentum, Kapitalerträgen und Erbschaften sowie aus Alkohol- und Tabaksteuern sind im OECD-Vergleich niedrig.	**Die Einkommensteuer senken, die Einnahmen aus der Grundsteuer sowie aus Alkohol- und Tabaksteuern erhöhen und die Vergünstigungen bei der Besteuerung von Kapitaleinkünften, bei der Erbschaftsteuer, der Umsatzsteuer und den Umweltsteuern verringern.**
Die Haushaltsverfahren sind weiterhin stärker auf Inputs anstatt auf Wirkungen von Politikmaßnahmen ausgerichtet, was die Ausgabeneffizienz beeinträchtigt und die Ausgabenpriorisierung erschwert.	Eine Kultur der Wirkungsanalyse fördern, u. a. durch umfassendere Spending Reviews mit klaren Einsparzielen und eine Stärkung der Monitoring-, Daten- und IT-Kapazitäten.
Etwa drei Millionen Selbstständige in Deutschland verfügen aktuell über keine obligatorische Alterssicherung. Zudem sparen viele nicht genug fürs Alter, wodurch sich die Kosten für die Grundsicherung erhöhen.	Eine Versicherungspflicht in der gesetzlichen Rentenversicherung für Selbstständige einführen, die keine Altersvorsorgeversicherung abgeschlossen haben.
Fast die Hälfte der Altenpflegeleistungen wird informell erbracht, und zwar überwiegend von Frauen, wodurch sich deren Beteiligung am formellen Arbeitsmarkt verringert. Das Defizit der Pflegeversicherung hat stark zugenommen.	Die Ausgabeneffizienz durch den Ausbau der professionellen häuslichen Pflege für Personen mit geringem oder mittlerem Pflegebedarf stärken und die Mittelzuführungen zur Pflegeversicherung aus dem Kernhaushalt allmählich erhöhen.
Die kürzlich verabschiedete Krankenhausreform, welche u.a. zur Konsolidierung der stationären Versorgung beiträgt, wurde nicht mit zusätzlichen Maßnahmen zur Stärkung der ambulanten Versorgung kombiniert.	Die Krankenhausreform durch weitere Maßnahmen zur Stärkung der ambulanten Versorgung und digitaler Gesundheitsleistungen ergänzen.
Anfälligkeiten an den Finanzmärkten angehen und Kapitalmärkte vertiefen	
Die Preise für Gewerbeimmobilien sind stark zurückgegangen und die notleidenden Kredite sind in diesem Marktsegment gestiegen. Dauerhaft höhere Energiepreise könnten die Risiken im Zusammenhang mit der Verschuldung energieintensiver Unternehmen vergrößern.	Den restriktiven makroprudenziellen Kurs beibehalten und die Einführung einer positiven neutralen Quote für den antizyklischen Kapitalpuffer in Erwägung ziehen.
Etwa die Hälfte der Beschäftigten verfügt über eine betriebliche Altersvorsorge, ein erheblicher Teil dieser Betriebsrenten basiert jedoch auf Direktzusagen und ist nicht kapitalgedeckt. Dadurch stehen den Kapitalmärkten weniger Mittel zur Verfügung.	**Die Direktzusagen schrittweise abschaffen und durch eine Pflichtmitgliedschaft in kapitalgedeckten betrieblichen Altersvorsorgeplänen für neu eingestellte Mitarbeitende ersetzen.**
Bei den meisten kapitalgedeckten betrieblichen Altersvorsorgeplänen handelt es sich um leistungsbezogene Systeme. Die aufsichtsrechtlichen Grenzen für Investitionen in private Vermögenswerte sind niedrig angesetzt und die Risikoaversion ist hoch, was zu einem geringen Engagement in Aktien führt.	Die Konzentrationsgrenzen für Vermögenswerte von Einzelemittenten, Immobilien und private Investmentfonds anheben und dabei angemessene Risikomanagement- und Governance-Prozesse sicherstellen. Die Finanzbildung der Sozialpartner stärken und einen schrittweisen Übergang zu beitragsbezogenen betrieblichen Altersvorsorgeplänen in Erwägung ziehen.
Versicherungsunternehmen investieren hauptsächlich in Schuldtitel anstatt in Aktien. Das Solvency-II-Regelwerk gestattet den Versicherungsunternehmen niedrigere Risikogewichtungen für langfristige Aktienanlagen.	Prüfen, ob die Umsetzung der relevanten Solvency-II-Bestimmungen die Anlagemöglichkeiten von Versicherungsunternehmen, insbesondere in Aktien, einschränkt.
Hohe Gebühren und niedrige Renditen in der privaten kapitalgedeckten Altersvorsorge führen dazu, dass sie trotz staatlicher Zulagen wenig in Anspruch genommen wird.	Obergrenzen einführen, um die Gebühren in der privaten kapitalgedeckten Altersvorsorge zu begrenzen, und ein standardisiertes Anlageprodukt mit Opt-out-Möglichkeit einführen.

Literaturverzeichnis

Aliu, F., R. Grundke und C. von Haldenwang (2023), „Mehr Transparenz bei Steuervergünstigungen in Deutschland", *ECOSCOPE*, Blogartikel, 3. August, OECD, Paris, https://oecdecoscope.blog/2023/08/03/mehr-transparenz-bei-steuervergunstigungen-in-deutschland/. [54]

Arnold, N., G. Claveres und J. Frie (2024), „Stepping Up Venture Capital to Finance Innovation in Europe", *IMF Working Papers*, No. 24/146, Internationaler Währungsfonds, Washington, D.C., https://doi.org/10.5089/9798400280771.001. [20]

Asatryan, Z., F. Heinemann und J. Nover (2022), „The Other Government: State-Owned Enterprises in Germany and their Implications for the Core Public Sector", *ZEW-Kurzexpertise*, No. 22-8, ZEW, Mannheim, https://ftp.zew.de/pub/zew-docs/ZEWKurzexpertisen/EN/ZEW_Shortreport2208.pdf. [62]

Bachmann, R., A. Peichl und R. Riphahn (2021), „Bessere Daten – bessere Politik", *Frankfurter Allgemeine Zeitung*, 6. August, https://www.faz.net/-gqe-aehej. [38]

Bach, S. (2021), „Aktuelle Reformvorschläge zum Einkommensteuertarif", *Wirtschaftsdienst*, Vol. 101/8, S. 606–614, https://doi.org/10.1007/s10273-021-2979-1. [49]

Bach, S. und S. Eichfelder (2021), „Reform der Immobilienbesteuerung: Bodenwerte belasten und Privilegien streichen", *DIW Wochenbericht*, Vol. 27, S. 463–470, https://doi.org/10.1007/s10273-021-2979-1. [51]

Bazzazi, P. (2025), „DBO, Plan Assets und Outside Funding im DAX Ende 2024 (I): You spin me round like a Rekord", Online-Artikel, 31. Januar, LEITERbAV PENSIONS•INDUSTRIES, Berlin, https://pensions.industries/you-spin-me-round-like-a-rekord/. [23]

BDI (2024), „Standort D mit Investitionen stärken", Positionspapier, 12. Juni, Bundesverband der Deutschen Industrie, Berlin, https://bdi.eu/publikation/news/standort-d-mit-investitionen-staerken. [31]

Bellon, M. et al. (2022), „Digitalization to improve tax compliance: Evidence from VAT e-Invoicing in Peru", *Journal of Public Economics*, Vol. 210, Artikel 104661, https://doi.org/10.1016/j.jpubeco.2022.104661. [15]

Berndt, C., M. Grill und H. Schumann (2024), „Auf Wunsch der Lobbyisten", *Süddeutsche Zeitung*, 11. Oktober, https://www.sueddeutsche.de/projekte/artikel/politik/pharma-eli-lilly-mfg-lauterbach-scholz-e036761/?reduced=true. [72]

BMF (2021), *28. Subventionsbericht des Bundes*, Bundesministerium der Finanzen, Berlin, https://www.bundesfinanzministerium.de/Content/DE/Downloads/Oeffentliche-Finanzen/Subventionsberichte/28-subventionsbericht.pdf. [45]

BMF (2020), *Notwendigkeit, Potenzial und Ansatzpunkte einer Verbesserung der Dateninfrastruktur für die Steuerpolitik*, Gutachten des Wissenschaftlichen Beirats beim Bundesministerium der Finanzen, BMF, Berlin, https://www.bundesfinanzministerium.de/Content/DE/Downloads/Ministerium/Wissenschaftlicher-Beirat/Gutachten/2020-10-30-gutachten-dateninfrastruktur-steuerpolitik.pdf. [57]

BMF (2004), *Effizienz und Effektivität in der Steuerverwaltung – Positionspapier des Bundesministeriums der Finanzen*, Bundesrat, Berlin, https://www.bundesrat.de/DE/plenum/themen/foekol/bundesstaatskommission/unterlagen/AU-066.pdf. [59]

BMWK (2022), *Nachhaltige Finanzierungen von Pflegeleistungen*, Gutachten des Wissenschaftlichen Beirats beim Bundesministerium für Wirtschaft und Klimaschutz, BMWK, Berlin, https://www.bmwk.de/Redaktion/DE/Publikationen/Ministerium/Veroeffentlichung-Wissenschaftlicher-Beirat/nachhaltige-finanzierungen-von-pflegeleistungen.pdf. [67]

BMWK (2021), *Nachhaltige Finanzierungen von Pflegeleistungen*, Gutachten des Wissenschaftlichen Beirats beim Bundesministerium für Wirtschaft und Klimaschutz, BMWK, Berlin. [69]

Bontadini, F. et al. (2024), „Digitalisation of financial services, access to finance and aggregate economic performance", *OECD Economics Department Working Papers*, No. 1818, OECD Publishing, Paris, https://doi.org/10.1787/10c7e583-en. [14]

Bundesbank (2024), *Finanzstabilitätsbericht 2024*, Deutsche Bundesbank, Frankfurt a. M., https://publikationen.bundesbank.de/publikationen-de/berichte-studien/finanzstabilitaetsberichte/finanzstabilitaetsbericht-2024-943028. [8]

Bundesbank (2024), *Monatsbericht – Oktober 2024*, Deutsche Bundesbank, Frankfurt a. M., https://publikationen.bundesbank.de/publikationen-de/berichte-studien/monatsberichte/monatsbericht-oktober-2024-935528. [6]

Bundesbank (2023), *Monatsbericht – Dezember 2023*, Deutsche Bundesbank, Frankfurt a. M., https://www.bundesbank.de/de/publikationen/berichte/monatsberichte/monatsbericht-dezember-2023-920288. [4]

Bundesbank (2022), „Rentenversicherung: Langfristszenarien und Reformoptionen", *Monatsbericht*, Juni, Deutsche Bundesbank, Frankfurt a. M., https://www.bundesbank.de/resource/blob/892966/a554e194322ce1c80395cfed7f216e4c/472B63F073F071307366337C94F8C870/2022-06-rente-data.pdf. [65]

Burger, A. und W. Bretschneider (2021), *Umweltschädliche Subventionen in Deutschland*, Texte, No. 143/2021, Umweltbundesamt, Dessau-Roßlau, https://www.umweltbundesamt.de/sites/default/files/medien/479/publikationen/texte_143-2021_umweltschaedliche_subventionen.pdf. [55]

De Haan, J. (2022), *Institutional Protection Schemes in German Banking*, Europäisches Parlament, Brüssel, https://www.europarl.europa.eu/RegData/etudes/IDAN/2022/699528/IPOL_IDA(2022)699528_EN.pdf. [12]

Deloitte und ZEW (2024), *Abschlussbericht für das Bundesminsterium der Finanzen – Erstellung eines Konzepts zur Einführung einer ziel- und wirkungsorientierten Haushaltsführung*, Deloitte, Berlin, und ZEW, Mannheim, https://ftp.zew.de/pub/zew-docs/gutachten/240206_Abschlussbericht_Forschungsvorhaben_fe5-22-zwoH_Final.pdf. [36]

Dorn, F., L. Flach und I. Gourevich (2024), „Building a Stronger Single Market: Potential for Deeper Integration of the Services Sector within the EU", *EconPol Policy Report*, No. 52, https://www.ifo.de/DocDL/EconPol-PolicyReport_52_Trade%20Services.pdf. [7]

Draghi, M. (2024), *The future of European Competitiveness*. [17]

Dullien, S. et al. (2024), „Herausforderungen für die Schuldenbremse – Investitionsbedarfe für die Infrastruktur und für die Transformation", *IW-Policy Paper*, No. 2, Institut der deutschen Wirtschaft Köln, Köln, https://www.iwkoeln.de/fileadmin/user_upload/Studien/policy_papers/PDF/2024/IW-Policy-Paper_2024-Investitionsbedarfe.pdf. [30]

ESRB (2024), *EU Non-bank Financial Intermediation Risk Monitor 2024*, Europäischer Ausschuss für Systemrisiken, Frankfurt a. M., https://doi.org/10.2849/696131. [16]

Fuest, C., J. Hey und C. Spengel (2021), „Vorschläge für eine Reform der Immobilienbesteuerung", *Ifo Schnelldienst*, Vol. 74/12, S. 31–38, https://www.ifo.de/DocDL/sd-2021-12-fuest-hey-spengel-immobilienbesteuerung.pdf. [50]

Guillemette, Y. und D. Turner (2021), „The long game: Fiscal outlooks to 2060 underline need for structural reform", *OECD Economic Policy Papers*, No. 29, OECD Publishing, Paris, https://doi.org/10.1787/a112307e-en. [1]

Guvenen, F. et al. (2019), „Use It or Lose It: Efficiency Gains from Wealth Taxation", *NBER Working Paper Series*, No. 26284, National Bureau of Economic Research, Cambridge, MA, https://doi.org/10.3386/w26284. [42]

Hallerberg, M. und J. Markgraf (2018), „The Corporate Governance of Public Banks before and after the Global Financial Crisis", *Global Policy*, Vol. 9/S1, S. 43–53, https://doi.org/10.1111/1758-5899.12562. [11]

Heusel, N. und F. Mager (2023), „Pension funding and the cross section of stock returns – The case of Germany", *Journal of Banking and Finance*, Artikel 106816, https://doi.org/10.1016/j.jbankfin.2023.106816. [25]

Houben, H. und R. Maiterth (2011), „Endangering of Businesses by the German Inheritance Tax? – An Empirical Analysis", *Business Research*, Vol. 4/1, S. 32–46, https://doi.org/10.1007/bf03342725. [46]

IWF (2022), *Germany: 2022 Article IV Consultation-Press Release; Staff Report; and Statement by the Executive Director for Germany*, IMF Country Report, No. 22/229, Internationaler Währungsfonds, Washington, D.C., https://www.imf.org/en/Publications/CR/Issues/2022/07/19/Germany-2022-Article-IV-Consultation-Press-Release-Staff-Report-and-Statement-by-the-521018. [61]

Jirmann, J. (2022), *Erbschaftsteuer: Nicht für Superreiche*, 11. August, Netzwerk Steuergerechtigkeit, Berlin, https://www.netzwerk-steuergerechtigkeit.de/elementor-10684/. [44]

KfW (2024), *KfW Venture Capital Dashboard Q3 2024*, KfW Bankengruppe, Frankfurt a. M., https://www.kfw.de/PDF/Download-Center/Konzernthemen/Research/PDF-Dokumente-Dashboard/KfW-VC-Dashboard-Q3-2024.pdf. [18]

KfW (2023), *KfW-Mittelstandspanel 2023*, KfW Bankengruppe, Frankfurt a. M., https://www.kfw.de/PDF/Download-Center/Konzernthemen/Research/PDF-Dokumente-KfW-Mittelstandspanel/KfW-Mittelstandspanel-2023.pdf. [3]

Koetter, M. et al. (2018), „May the force be with you: Exit barriers, governance shocks, and profitability sclerosis in banking", *Discussion Paper*, No. 49/2018, Deutsche Bundesbank, Frankfurt a. M., https://www.bundesbank.de/resource/blob/772688/61d47d0f7d41e7e467e13c3043a0e491/mL/2019-01-14-dkp-49-data.pdf. [13]

Liebman, J. und N. Mahoney (2017), „Do Expiring Budgets Lead to Wasteful Year-End Spending? Evidence from Federal Procurement", *American Economic Review*, Vol. 107/11, S. 3510–3549, https://doi.org/10.1257/aer.20131296. [63]

Makovšek, D. und A. Bridge (2021), „Procurement Choices and Infrastructure Costs", in Poterba, J. und E. Glaeser (Hrsg.), *Economic Analysis and Infrastructure Investment*, Chicago University Press, https://www.nber.org/system/files/chapters/c14358/c14358.pdf. [32]

Moll, B., M. Schularick und G. Zachmann (2023), „The Power of Substitution: The Great German Gas Debate in Retrospect", *Brookings Papers on Economic Activity*, Vol. 2023/2, S. 395–481, https://doi.org/10.1353/eca.2023.a935431. [2]

NKR (2024), *Jahresbericht 2024: Gute Gesetze. Digitale Verwaltung. Weniger Bürokratie.*, Nationaler Normenkontrollrat, Berlin, https://www.normenkontrollrat.bund.de/Webs/NKR/SharedDocs/Downloads/DE/Jahresberichte/2024-jahresbericht.pdf. [5]

OECD (2024), *Annual Survey of Investment Regulation of Pension Providers 2024*, OECD, Paris, https://www.oecd.org/content/dam/oecd/en/topics/policy-sub-issues/asset-backed-pensions/2024-Survey-Investment-Regulation-Pension-Providers.pdf. [26]

OECD (2024), „Finanzbildung in Deutschland: Finanzielle Resilienz und finanzielles Wohlergehen verbessern", *OECD Business and Finance Policy Papers*, No. 43, OECD Publishing, Paris, https://doi.org/10.1787/c20b27ac-de. [28]

OECD (2024), *Is Care Affordable for Older People?*, OECD Health Policy Studies, OECD Publishing, Paris, https://doi.org/10.1787/450ea778-en. [68]

OECD (2024), *OECD Capital Market Review of Spain 2024: Capital Markets for a Vibrant and Sustainable Spanish Economy and Corporate Sector*, OECD Capital Market Series, OECD Publishing, Paris, https://doi.org/10.1787/478ec2f5-en. [21]

OECD (2024), *OECD Economic Outlook, Volume 2024 Issue 2*, OECD Publishing, Paris, https://doi.org/10.1787/d8814e8b-en. [10]

OECD (2024), *Pension Markets in Focus 2024*, OECD Publishing, Paris, https://doi.org/10.1787/b11473d3-en. [22]

OECD (2024), *Recommendation of the Council on Core Principles of Private Pension Regulation*, OECD, Paris, https://legalinstruments.oecd.org/en/instruments/OECD-LEGAL-0429. [27]

OECD (2023), *OECD Economic Outlook, Volume 2023 Issue 1: A long unwinding road*, OECD Publishing, Paris, https://doi.org/10.1787/ce188438-en. [9]

OECD (2023), *Pensions at a Glance 2023: OECD and G20 Indicators*, OECD Publishing, Paris, https://doi.org/10.1787/678055dd-en. [66]

OECD (2022), *OECD-Berichte zur Innovationspolitik: Deutschland 2022: Agile Ansätze für erfolgreiche Transformationen*, OECD Publishing, Paris, https://doi.org/10.1787/9d21d68b-de. [19]

OECD (2022), *Tax Administration 3.0 and Electronic Invoicing: Initial Findings*, OECD Forum on Tax Administration, OECD Publishing, Paris, https://doi.org/10.1787/2ffc88ed-en. [56]

OECD (2022), *Tax Policy Reforms 2022: OECD and Selected Partner Economies*, OECD Publishing, Paris, https://doi.org/10.1787/067c593d-en. [52]

OECD (2021), *Fiscal Federalism 2022: Making Decentralisation Work*, OECD Publishing, Paris, https://doi.org/10.1787/201c75b6-en. [60]

OECD (2021), *Inheritance Taxation in OECD Countries*, OECD Tax Policy Studies, No. 28, OECD Publishing, Paris, https://doi.org/10.1787/e2879a7d-en. [40]

OECD (2021), „Procurement Strategy in Major Infrastructure Projects: Piloting a New Approach in Norway", *OECD Public Governance Policy Papers*, No. 6, OECD Publishing, Paris, https://doi.org/10.1787/38996343-en. [33]

OECD (2016), *OECD-Wirtschaftsberichte: Deutschland 2016*, OECD Publishing, Paris, https://doi.org/10.1787/eco_surveys-deu-2016-de. [24]

OECD/Europäische Kommission (2024), *Health at a Glance: Europe 2024: State of Health in the EU Cycle*, OECD Publishing, Paris, https://doi.org/10.1787/b3704e14-en. [70]

Riphahn, R. (2023), „Die deutsche Dateninfrastruktur aus Sicht der empirischen Wirtschaftsforschung", *Wirtschaftsdienst*, Vol. 103/1, S. 24–28, https://doi.org/10.2478/wd-2023-0011. [37]

Scheuer, F. und J. Slemrod (2021), „Taxing Our Wealth", *Journal of Economic Perspectives*, Vol. 35/1, S. 207–230, https://doi.org/10.1257/jep.35.1.207. [41]

Schularick, M., C. Bartels und T. Albers (2022), „Wealth and Its Distribution in Germany, 1895–2018", *CESifo Working Papers*, No. 9739, https://www.ifo.de/sites/default/files/docbase/docs/cesifo1_wp9739.pdf. [43]

Seldesjachts, J. et al. (2024), „Übernahmen in der Pharmaindustrie: Fokus mehr auf Innovationsmärkte als auf Marktverdrängung richten", *DIW Wochenbericht*, Vol. 37, S. 579–585, https://www.diw.de/documents/publikationen/73/diw_01.c.913633.de/24-37-1.pdf. [71]

Sunel, E. (erscheint demnächst), „Growth and welfare effects of compositional shifts in public finances: A general equilibrium approach", *Working Paper Series*, OECD, Paris. [39]

SVR (2024), *Jahresgutachten 2024/25: Versäumnisse angehen, entschlossen modernisieren*, Sachverständigenrat zur Begutachtung der gesamtwirtschaftlichen Entwicklung, Wiesbaden, https://www.sachverstaendigenrat-wirtschaft.de/fileadmin/dateiablage/gutachten/jg202425/JG202425_Gesamtausgabe.pdf. [64]

SVR (2023), *Jahresgutachten 2023/24; Wachstumsschwäche überwinden – In die Zukunft investieren*, Sachverständigenrat zur Begutachtung der gesamtwirtschaftlichen Entwicklung, Wiesbaden, https://www.sachverstaendigenrat-wirtschaft.de/fileadmin/dateiablage/gutachten/jg202324/JG202324_Gesamtausgabe.pdf. [29]

Tiefensee, A. und M. Grabka (2017), „Das Erbvolumen in Deutschland dürfte um gut ein Viertel größer sein als bisher angenommen", *DIW Wochenbericht*, Vol. 27, S. 565–571, https://www.diw.de/documents/publikationen/73/diw_01.c.560982.de/17-27-3.pdf. [48]

Trautvetter, C. (2020), *Immobilienmärkte (be)steuern*, Netzwerk Steuergerechtigkeit, Berlin, https://www.netzwerk-steuergerechtigkeit.de/wp-content/uploads/2021/01/InfoSt_19_Immobilien-besteuern.pdf. [53]

Trautvetter, C. und Y. Schwarz (2021), *Jahrbuch Steuergerechtigkeit*, Netzwerk Steuergerechtigkeit, Berlin, https://www.netzwerk-steuergerechtigkeit.de/wp-content/uploads/2021/11/210922_JahrbuchSteuergerechtigkeit2021_credits.pdf. [47]

Troost, A. (2016), „Nimmt der Länderfinanzausgleich den Anreiz zum Steuervollzug?“, *Wirtschaftsdienst*, Vol. 96/9, S. 660–666, https://doi.org/10.1007/s10273-016-2031-z. [58]

Tryggvadottir, Á. (2022), „OECD Best Practices for Spending Reviews“, in OECD (Hrsg.), *OECD Journal on Budgeting, Volume 2022, Issue 1*, OECD Publishing, Paris, https://doi.org/10.1787/10bfd8e5-en. [34]

Tryggvadóttir, A., A. Park und L. van den Akker (2024), *Spending Reviews in Germany*, OECD Publishing, Paris. [35]

2 Den Wettbewerb fördern, um die Unternehmensdynamik und das Produktivitätswachstum wieder anzukurbeln

Robert Grundke

Bereits vor der Pandemie und der Energiekrise hatte sich das Wirtschaftswachstum unter dem Einfluss der schwachen Unternehmensdynamik und des geringen Produktivitätswachstums verlangsamt. Der hohe Verwaltungsaufwand und die regulatorischen Wettbewerbshemmnisse haben den Markteintritt und das Wachstum innovativer Unternehmen behindert und den Wettbewerbsdruck auf die etablierten Akteure verringert, Innovationen hervorzubringen, in neue Technologien zu investieren und ihre Produktivität zu steigern. Die Industrie- und Arbeitsmarktpolitik begünstigt generell die etablierten Unternehmen und erschwert die Reallokation von Ressourcen an junge und innovative Unternehmen, was die Allokationseffizienz beeinträchtigt und den Strukturwandel verlangsamt hat. Um die Unternehmensdynamik und das Produktivitätswachstum wieder anzukurbeln, ist es von entscheidender Bedeutung, den Bürokratieaufwand zu verringern und Regulierung und Politik wettbewerbsfreundlicher zu gestalten. Dazu müssen die Digitalisierung der öffentlichen Verwaltung beschleunigt und die Verwaltungsverfahren und Regelungen ebenenübergreifend vereinheitlicht und vereinfacht werden. Eine Lockerung der Berufszulassungsanforderungen würde dazu beitragen, die Marktzutrittsschranken für Unternehmen zu senken. Eine Stärkung der Befugnisse des Kartellamts, wettbewerbshemmende Regelungen anzufechten, und eine bessere Corporate Governance in öffentlichen Unternehmen, insbesondere auf lokaler Ebene, sind ebenfalls erforderlich.

2.1. Unternehmensdynamik und Produktivitätswachstum haben nachgelassen

Bereits vor der Pandemie und der Energiekrise hatte sich das Wirtschaftswachstum in Deutschland stärker verlangsamt als in anderen OECD-Ländern (Kapitel 1). Die Verlangsamung des Potenzialwachstums ist auf eine schwache Investitionstätigkeit, eine schrumpfende Bevölkerung im erwerbsfähigen Alter und ein rückläufiges Produktivitätswachstum zurückzuführen (Abbildung 2.1). Da die Erwerbsbevölkerung infolge der raschen Alterung der Bevölkerung weiter schrumpfen wird und die Energiepreise voraussichtlich über dem Vorkrisenniveau verharren und die Wettbewerbsfähigkeit der Unternehmen des Verarbeitenden Gewerbes belasten werden, ist es für die Sicherung des hohen Lebensstandards entscheidend, Investitionen und Produktivitätswachstum zu fördern.

Abbildung 2.1. Das Wachstum des Pro-Kopf-BIP hat sich verlangsamt

Beiträge zum Wachstum des Produktionspotenzials pro Kopf, in Prozentpunkten

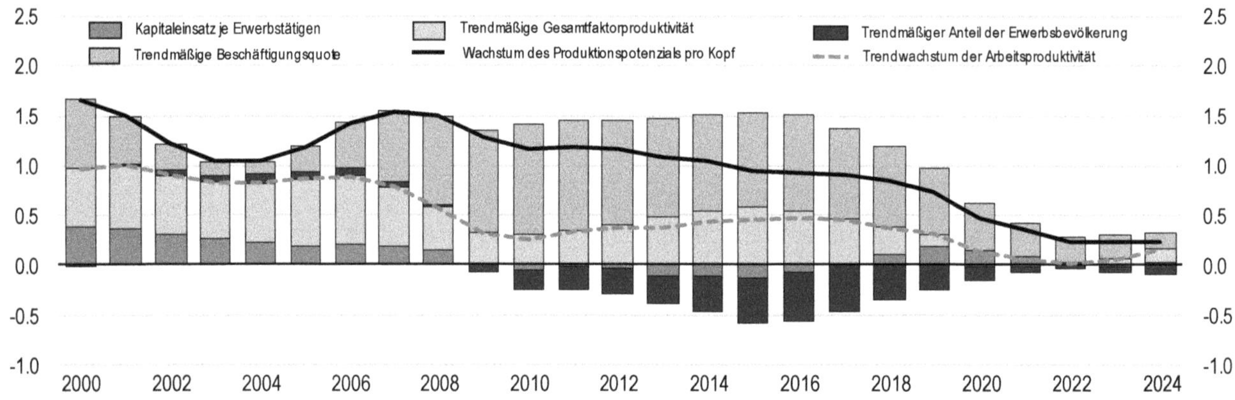

Quelle: *OECD Economic Outlook* (Datenbank).

StatLink https://stat.link/f10gyo38f2mh

Seit Mitte der 2010er Jahre ist der Rückgang des Arbeitsproduktivitätswachstums zunehmend durch das sinkende Wachstum der Gesamtfaktorproduktivität bedingt, die den technischen Fortschritt, die Kompetenzen von Arbeitskräften und Führungskräften sowie die Effizienz der Kapital- und Arbeitskräfteallokation innerhalb und zwischen den Wirtschaftssektoren erfasst (Abbildung 2.1). Jüngste Erkenntnisse zeigen, dass im Verarbeitenden Gewerbe Ressourcen vermehrt in Unternehmen mit niedrigerer Produktivität gebunden sind, was das Wachstum produktiverer und innovativerer Unternehmen hemmt und das durchschnittliche Produktivitätswachstum verringert (SVR, 2023[1]). Der Anstieg der Beschäftigung im Dienstleistungssektor hat ebenfalls zu einem Rückgang des durchschnittlichen Produktivitätswachstums beigetragen, da das Beschäftigungswachstum in Sektoren mit geringerer durchschnittlicher Produktivität, wie z. B. im öffentlichen Dienst und im Gesundheits- und Sozialwesen, am stärksten war (SVR, 2019[2]). Auch innerhalb der Unternehmen hat das Produktivitätswachstum darunter gelitten, dass der Einsatz von digitalen Technologien und Innovationen schwach ausgeprägt ist (wie im *OECD-Wirtschaftsbericht Deutschland 2020* erörtert).

Der Rückgang der Allokationseffizienz und des Produktivitätswachstums auf Unternehmensebene hängt mit den bestehenden Marktzugangs- und Wachstumshemmnissen für Unternehmen zusammen. Wenn etablierte Unternehmen von neuen Marktteilnehmern nicht so stark unter Druck gesetzt werden, haben sie geringere Anreize, innovativ tätig zu sein, ihre Managementfähigkeiten zu verbessern, in neue Technologien zu investieren und ihre Produktivität zu steigern, insbesondere in Hochtechnologiesektoren (Bloom und Van Reenen, 2007[3]; Bloom, Draca und Van Reenen, 2015[4]; Aghion et al., 2009[5]). Außerdem hat sich gezeigt, dass der Markteintritt von Jungunternehmen die Innovationstätigkeit, den Strukturwandel und das Produktivitätswachstum deutlich mit fördert (Dent et al., 2016[6]; Gourio, Messer und Siemer, 2016[7]). In Deutschland ist die Zahl der Markteintritte von Unternehmen mit mindestens zwei Beschäftigten oder

Eigentümer*innen gegenüber einer Vergleichsgruppe von Ländern sowohl im Verarbeitenden Gewerbe als auch im Dienstleistungssektor seit 2008 gesunken (Abbildung 2.2). Zudem war das Wachstum der Unternehmen nach Markteintritt deutlich geringer als in den Vergleichsländern, und dies gilt für nahezu alle Wirtschaftssektoren. Dies deutet auf erhebliche Hindernisse für den Marktzutritt und das Wachstum von Unternehmen hin, wie z. B. Verwaltungsaufwand, regulatorische Wettbewerbshemmnisse, Marktmacht und wettbewerbswidrige Praktiken etablierter Akteure oder ein schlechter Zugang zu Finanzierungen für Neugründungen (Calvino, Criscuolo und Verlhac, 2020[8]). Die rasche Alterung der Bevölkerung hat ebenfalls zu geringeren unternehmerischen Tätigkeiten und Markteintrittsraten beigetragen, kann das schwache Wachstum der Unternehmen nach Markteintritt jedoch nicht erklären.

Abbildung 2.2. Die Markteintrittsraten sind gesunken und das Unternehmenswachstum nach Markteintritt ist schwach

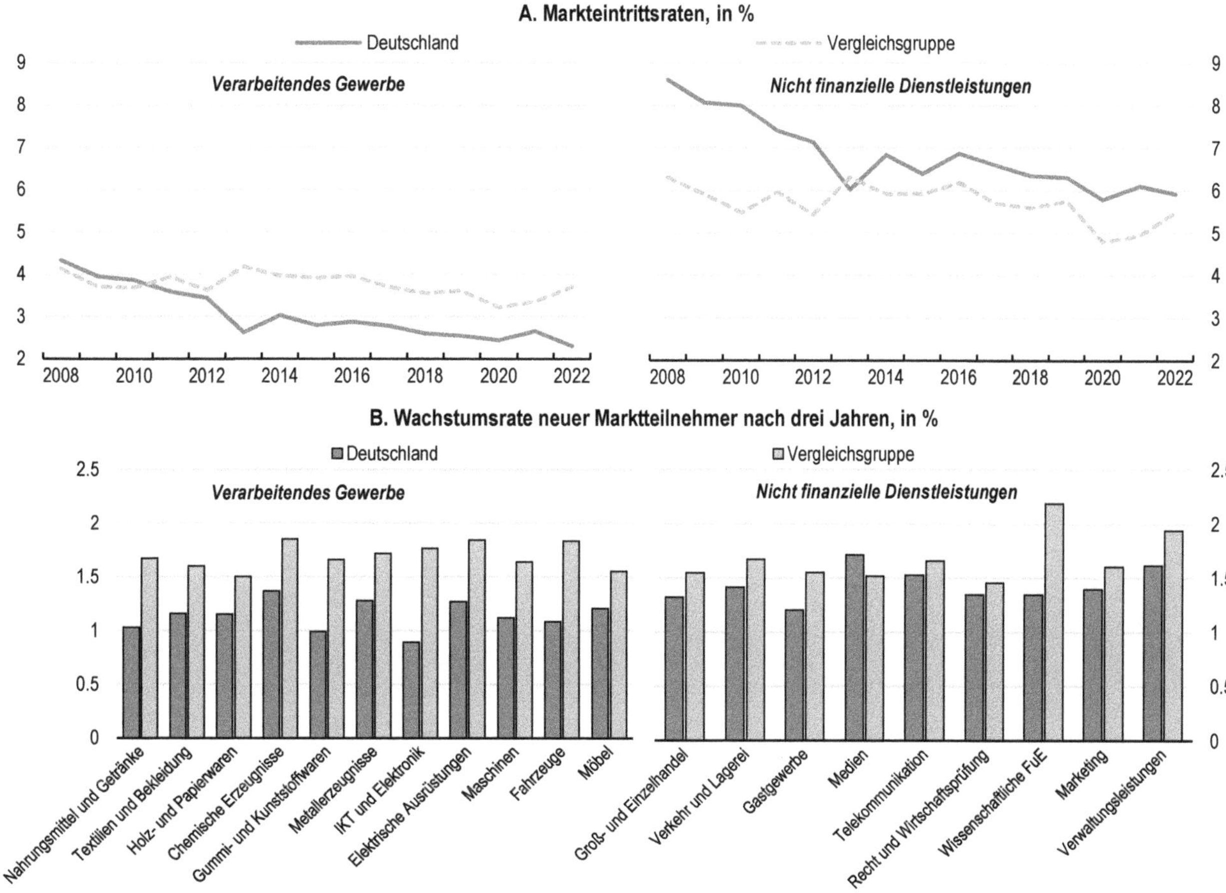

Anmerkung: Teil A veranschaulicht die Markteintrittsraten (in Prozent), berechnet als Zahl der in den Markt eintretenden Unternehmen geteilt durch die Gesamtzahl der aktiven Einheiten im selben Zeitraum (d. h. etablierte und eintretende Unternehmen), mit Fokus auf Arbeitgeberunternehmen, d. h. Unternehmen mit mindestens zwei Beschäftigten oder Eigentümer*innen. Teil B zeigt das Wachstum der überlebenden Jungunternehmen nach Markteintritt, berechnet als die Gesamtbeschäftigung aller überlebenden Jungunternehmen drei Jahre nach Markteintritt, geteilt durch die Gesamtbeschäftigung dieser Unternehmen zum Zeitpunkt ihres Markteintritts, mit Fokus auf Arbeitgeberunternehmen. Markteintritt ist definiert als das erste Jahr der Tätigkeit mit positiver Beschäftigung. Die Zahlen können aufgrund von Unterschieden in den Datenquellen und der Methodik von den amtlichen Statistiken abweichen. Die Vergleichsgruppe umfasst einen ungewichteten Durchschnitt der Daten aus folgenden Ländern: Finnland, Frankreich, Italien, Portugal, Slowenien, Spanien und Vereinigtes Königreich (für die Daten bis 2022 vorliegen).
Quelle: *OECD DynEmp (v3_2)* (Datenbank).

StatLink https://stat.link/9y4lrglit7xz

Niedrige und rückläufige Marktaustrittsraten sowie eine sinkende Arbeitsplatzreallokation unter etablierten Unternehmen deuten zudem darauf hin, dass sich die Beschäftigung zunehmend in größeren und älteren etablierten Unternehmen konzentriert (Abbildung 2.3, Abbildung 2.4). Dies hat wahrscheinlich zum Rückgang der Allokationseffizienz und des durchschnittlichen Produktivitätswachstums beigetragen, da die Ressourcen in weniger produktiven etablierten Unternehmen gebunden waren, und nicht zur Verfügung standen, um das Wachstum jüngerer und produktiverer Unternehmen anzukurbeln (Hsieh und Klenow, 2009[9]; Adalet McGowan, Andrews und Millot, 2017[10]). Darüber hinaus kann die rückläufige Reallokation von Arbeitsplätzen auch eine unzureichende Wissensverbreitung in der Wirtschaft mit sich bringen. Dies hat dazu geführt, dass viele Unternehmen digitale Technologien nur in geringem Maße einsetzen und wenig innovativ tätig sind und das durchschnittliche Produktivitätswachstum zurückgegangen ist (Akcigit und Ates, 2021[11]; Andrews, Criscuolo und Gal, 2016[12]). Die niedrige und rückläufige Zahl an Marktaustritten und Arbeitsplatzreallokationen hängt wahrscheinlich sowohl mit der Arbeitsmarktpolitik und -regulierung zusammen, die etablierte Unternehmen begünstigt und die Arbeitsplatzmobilität beeinträchtigt, als auch mit der zunehmenden Marktmacht der etablierten Unternehmen (Calvino, Criscuolo und Verlhac, 2020[8]; SVR, 2019[2]).

Abbildung 2.3. Die Marktaustrittsraten sind niedrig und die Arbeitsplatzreallokationsraten sind zurückgegangen

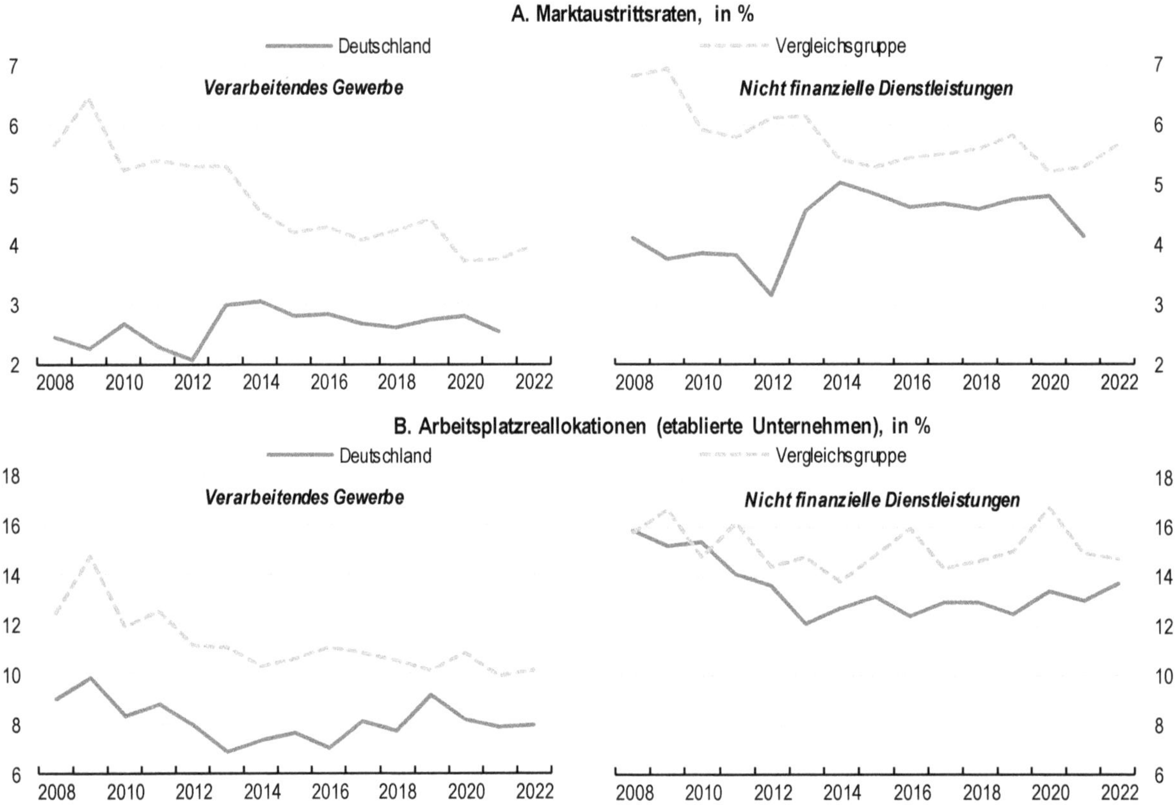

Anmerkung: Teil A veranschaulicht die Marktaustrittsraten (in Prozent), berechnet als Zahl der aus dem Markt ausscheidenden Unternehmen geteilt durch die Gesamtzahl der aktiven Einheiten im vorangegangenen Zeitraum (d. h. etablierte und ausscheidende Unternehmen), mit Fokus auf Arbeitgeberunternehmen, d. h. Unternehmen mit mindestens zwei Beschäftigten oder Eigentümer*innen. Marktaustritt ist definiert als das letzte Jahr der Tätigkeit mit positiver Beschäftigung. Teil B zeigt die Arbeitsplatzreallokationsraten der etablierten Unternehmen (in Prozent), berechnet als die Summe der neu geschaffenen und der abgebauten Stellen in aktiven Unternehmen mit positiver Beschäftigung, mit Fokus auf Arbeitgeberunternehmen und unter Ausklammerung von Unternehmenszu- und -abgängen. Die Zahlen können aufgrund von Unterschieden in den Datenquellen und der Methodik von den amtlichen Statistiken abweichen. Die Vergleichsgruppe umfasst einen ungewichteten Durchschnitt der Daten aus folgenden Ländern: Finnland, Frankreich, Italien, Portugal, Slowenien, Spanien und Vereinigtes Königreich (für die Daten bis 2022 vorliegen).
Quelle: *OECD DynEmp (v3_2)* (Datenbank).

StatLink https://stat.link/95mcf6p8agiz

Die schwache Investitionstätigkeit war ein weiterer Faktor für den Rückgang der Arbeitsproduktivität und des Wachstums des Pro-Kopf-BIP, insbesondere Anfang der 2010er Jahre (Abbildung 2.1). Dies hängt z. T. mit den seit den 2000er Jahren schwachen öffentlichen Investitionen zusammen, insbesondere auf lokaler Ebene, die durch unzureichende Kapazitäten für die Infrastrukturplanung und finanzielle Schwierigkeiten in vielen Kommunen sowie durch komplexe und langwierige Planungs- und Genehmigungsverfahren bedingt waren (vgl. Kapitel 1 und 4 sowie *OECD-Wirtschaftsbericht Deutschland 2023*). Die schwachen öffentlichen Infrastrukturinvestitionen haben sich aufgrund von Spillover-Effekten auch negativ auf die privaten Investitionen ausgewirkt. So hat beispielsweise das Fehlen einer hochwertigen digitalen Konnektivität die Anreize für Unternehmen verringert, in digitale Technologien zu investieren (Kapitel 4). Private Investitionen wurden zudem auch durch andere Faktoren behindert, die sich ebenfalls negativ auf die Unternehmensdynamik und die Innovationstätigkeit auswirkten, wie z. B. der hohe Verwaltungsaufwand oder regulatorische Hemmnisse für den Marktzutritt und das Wachstum von Unternehmen. Wie im letzten OECD-Wirtschaftsbericht über Deutschland erörtert, haben Unternehmen und private Haushalte einen erheblichen Teil ihrer Ersparnisse im Ausland und nicht in der heimischen Wirtschaft angelegt, was zu einem Rekordüberschuss in der Leistungsbilanz beigetragen hat.

Abbildung 2.4. Die Beschäftigung konzentriert sich zunehmend in größeren etablierten Unternehmen

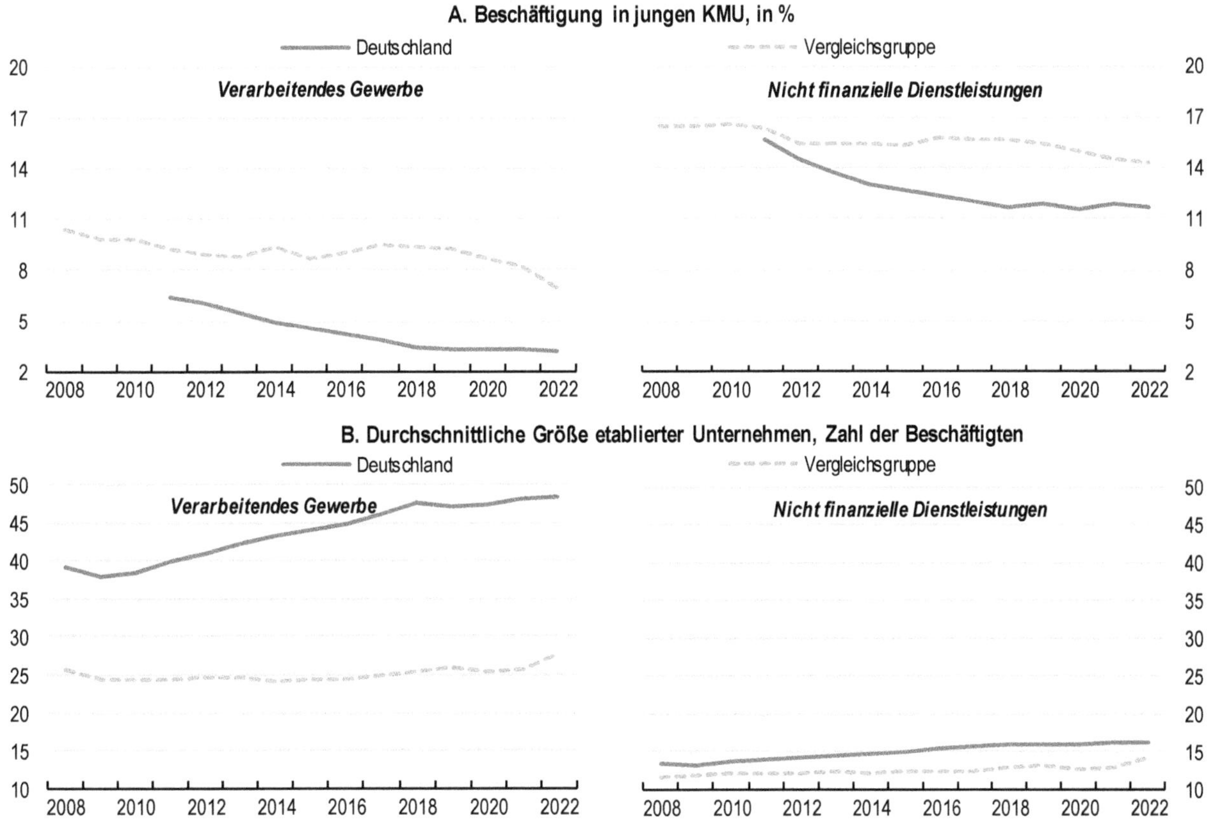

Anmerkung: Teil A veranschaulicht den Anteil der Beschäftigung in jungen kleinen und mittelständigen Unternehmen (KMU) an der Gesamtbeschäftigung. Junge KMU sind definiert als Unternehmen mit weniger als 250 Beschäftigten und einem Alter von unter 6 Jahren, mit Fokus auf Arbeitgeberunternehmen, d. h. Unternehmen mit mindestens 2 Beschäftigten oder Eigentümer*innen. Teil B zeigt die durchschnittliche Größe etablierter Unternehmen, berechnet als Gesamtbeschäftigung geteilt durch die Zahl der aktiven Unternehmen mit positiver Beschäftigung, mit Fokus auf Arbeitgeberunternehmen und unter Ausklammerung von Unternehmenszu- und -abgängen. Die Zahlen können aufgrund von Unterschieden in den Datenquellen und der Methodik von den amtlichen Statistiken abweichen. Die Vergleichsgruppe umfasst einen ungewichteten Durchschnitt der Daten aus folgenden Ländern: Finnland, Frankreich, Italien, Portugal, Slowenien, Spanien und Vereinigtes Königreich (für die Daten bis 2022 vorliegen).

Quelle: *OECD DynEmp (v3_2)* (Datenbank).

StatLink https://stat.link/ym7ghn

2.2. Regulierung und Politik wettbewerbsfreundlicher gestalten

Überbordende Bürokratie kann die Gründung und das Wachstum neuer Unternehmen behindern und die wirtschaftliche Dynamik und den Wettbewerb beeinträchtigen. Denn für junge und kleinere Unternehmen ist es schwieriger als für große etablierte Anbieter, die Fixkosten zu stemmen, die ihnen durch regulatorische Anforderungen und Verwaltungsprozesse entstehen, beispielsweise im Zusammenhang mit der Einhaltung von Steuervorschriften, Umweltauflagen oder Planungs- und Genehmigungsverfahren für Investitionen. Außerdem können Regulierung und der damit verbundene Erfüllungsaufwand den Marktzutritt und das Wachstum neuer Unternehmen unmittelbar behindern, etwa durch bürokratische Anforderungen bei der Unternehmensgründung, oder den Wettbewerb hemmen, wenn beispielsweise technische Standards, das Ausschreibungsdesign oder Subventionen bestimmte Unternehmen im Wettbewerb begünstigen (Calligaris et al., 2024[13]).

2.2.1. Die Reduzierung des Verwaltungsaufwands fortsetzen

Gemäß dem Bürokratiekostenindex des Statistischen Bundesamts, der die Bürokratiekosten für die Wirtschaft aus Informationspflichten erfasst, hat sich der Verwaltungsaufwand für Unternehmen seit 2020 verringert (Abbildung 2.5, Teil A). Dies ist auf verschiedene Maßnahmen zur Vereinfachung der Fakturierung und Rechnungslegung zurückzuführen, wie z. B. die Einführung der E-Rechnung im Geschäftsverkehr zwischen Unternehmen, die Anhebung der Schwellenwerte für Berichtspflichten und die Digitalisierung von Verwaltungsleistungen (NKR, 2024[14]). Der Bürokratiekostenindex erfasst jedoch keine anderweitigen bürokratiebezogenen Aufwände, wie etwa die Kosten aufgrund langwieriger bürokratischer Verfahren für die Erteilung von Lizenzen und Genehmigungen, die auch von den Kapazitäten der Verwaltung abhängen. Ein anderer Index, der die umfassenderen Folgekosten rechtlicher Regelungen misst, hat sich in den letzten Jahren deutlich erhöht (Abbildung 2.5, Teil B). Dieser als Erfüllungsaufwand bezeichnete Index bildet die Grundlage für die „One in, one out"-Regel, wonach der Saldo aus Be- und Entlastungen für die Wirtschaft durch neue Bundesgesetze zum Ende der jeweiligen Legislaturperiode ausgewogen oder negativ sein muss. Trotz steigenden Erfüllungsaufwands in den letzten Jahren verstieß die Bundesregierung jedoch nicht gegen die „One in, one out"-Regel, da bestimmte Regelungen in der „One in, one out"-Bilanz nicht erfasst werden, insbesondere die direkte Umsetzung von EU-Recht. So zählen beispielsweise die Belastungen, die auf die Neuregelung des Gebäudeenergiegesetzes zurückzuführen sind, zum Erfüllungsaufwand (Abbildung 2.5), bleiben jedoch bei der „One in, one out"-Bilanz unberücksichtigt, da sie aus der direkten Umsetzung von EU-Vorgaben resultieren. Zudem werden bestimmte Regelungen auch aus der Erfüllungsaufwandsbilanzierung ausgeklammert, wie z. B. die Mindestlohnerhöhung aus dem Jahr 2022. Obwohl die von den unberücksichtigten Regelungen verursachten Kosten nicht unbedingt auf Verwaltungsaufwand zurückzuführen sind, schaden Ausnahmen bei der „One in, one out"-Regel oder bei der Erfassung des Erfüllungsaufwands der Transparenz und Glaubwürdigkeit. Stattdessen wäre es besser, die „One in, one out"-Regel am Bürokratiekostenindex zu orientieren und ausschließlich auf den Verwaltungsaufwand von Regulierung abzustellen. Dabei sollten die Bürokratiekosten aus der Umsetzung von EU-Recht sowie die Bürokratiekosten, die für die Bürger*innen und die Verwaltung anfallen, mitberücksichtigt werden. Ein größeres Bewusstsein für den Erfüllungsaufwand für die Verwaltung könnte helfen, die verwaltungsinternen Bürokratielasten zu verringern. Dies ist entscheidend, um knappe Ressourcen freizusetzen und die Dauer von Verwaltungsverfahren für die Wirtschaft und die Bürger*innen zu verkürzen. Die Länder sollten ebenfalls „One in, one out"-Regeln einführen.

Ein besseres Monitoring des Verwaltungsaufwands neuer Regulierungen sollte mit einer Stärkung von qualitativen Ansätzen zur Verbesserung der Gesetze und sonstigen Vorschriften kombiniert werden. Um die Bürokratielasten bestehender Regelungen zu reduzieren, wurde das Instrument der Praxischecks eingeführt. Dabei wird in Workshops mit relevanten Stakeholdern jeweils ein konkretes behördliches Verfahren, wie z. B. die Gewerbeanmeldung, unter die Lupe genommen, um besonders belastende bürokratische Hürden und mögliche Lösungen zu identifizieren. Dieser Ansatz ist zu begrüßen und sollte ausgeweitet werden. Gesetzesfolgenabschätzungen sind zwar für alle gesetzlichen und untergesetzlichen Regelungen der Bundesregierung verbindlich, könnten jedoch verbessert werden. Obwohl jede Gesetzesfolgenabschätzung eine Evaluierung möglicher Regelungsalternativen umfassen sollte, mit denen dasselbe Politikziel erreicht werden könnte, ist dies in der Praxis oft nicht der Fall, da es an hinreichenden Kapazitäten für Kosten-Nutzen-Analysen und einer wirksamen Durchsetzung fehlt. Eine Stärkung der Befugnisse und Kapazitäten des Normenkontrollrats für die Prüfung der Gesetzesfolgenabschätzungen von Ministerien, insbesondere der Evaluierung von Regelungsalternativen, und eine bessere Sensibilisierung der in die Formulierung von Gesetzesvorschlägen involvierten Mitarbeiter*innen könnten die Qualität der Rechtsetzung steigern und die Kosten der Regulierung verringern. Flankierend dazu sollten die Kapazitäten für Datenanalysen und für die Evaluierung von Politikmaßnahmen verbessert werden, wie im *OECD-Wirtschaftsbericht Deutschland 2023* empfohlen. Das Statistische Bundesamt unterstützt die Bundesministerien bereits bei der Ermittlung des Erfüllungsaufwands von Regelungsvorhaben und führt Schulungen durch, um die Kapazitäten für Ex-post-Wirkungsevaluierungen zu steigern. Eine weitere wesentliche Priorität sollte der Ausbau von Schulungsmaßnahmen zur Stärkung der Kapazitäten für Kosten-Nutzen-Analysen sein, um die Ex-ante-Gesetzesfolgenabschätzung einschließlich der Evaluierung von Regelungsalternativen zu verbessern. Dies sollte mit anderen Maßnahmen kombiniert werden, die die Qualität der Rechtsetzung in den Frühphasen des Gesetzgebungsprozesses steigern. Die Pläne, ein Zentrum für Legistik einzurichten, das in die Formulierung von Gesetzesvorschlägen involvierten Mitarbeiter*innen Werkzeuge, Schulungsangebote und Beratung für das praktische Gesetzgebungshandwerk bietet, sollten umgesetzt werden. Ein besonderer Schwerpunkt sollte die Verbesserung der Akteursbeteiligung im Rechtsetzungsprozess sein, wobei u. U. auf den ersten Erfahrungen aus den Praxischecks aufgebaut werden kann.

Abbildung 2.5. Der Verwaltungsaufwand für die Wirtschaft ist gesunken, der Erfüllungsaufwand neuer Regulierungen insgesamt hat sich jedoch erhöht

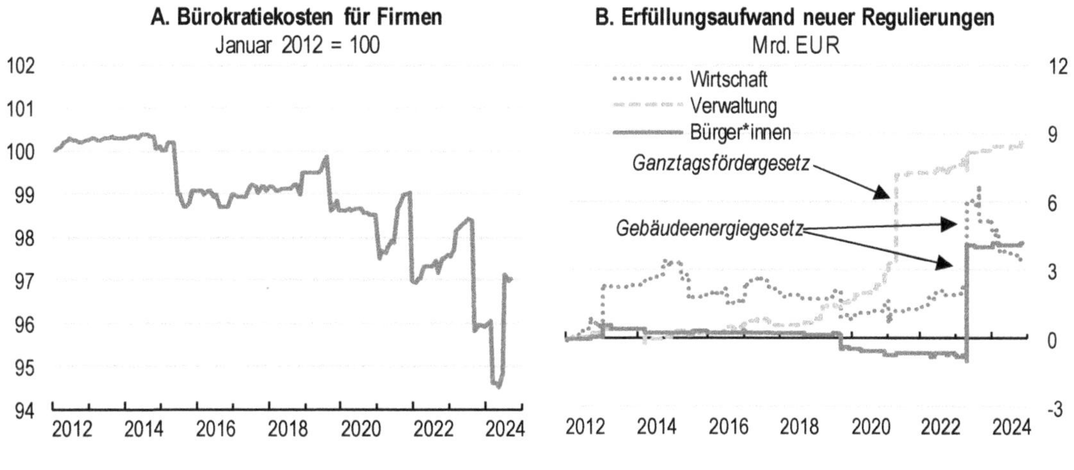

Anmerkung: Der Bürokratiekostenindex erfasst die Aufwände, die der Wirtschaft durch die Interaktion mit der Verwaltung entstehen. Dazu zählen etwa das Beantragen von Lizenzen und Genehmigungen, das Ausfüllen von Formularen, das Durchführen von Meldungen, das Bereitstellen von Statistikdaten oder das Befolgen von Berichtspflichten. Der Erfüllungsaufwand der Wirtschaft für die Befolgung neuer Rechtsvorschriften umfasst neben diesen Bürokratiekosten auch alle anderen Aufwände, die durch die Regelungen entstehen, z. B. durch Monitoring, Schulungen oder Personalgewinnung, organisatorische Anpassungen, Investitionen in Ausrüstung oder Gebäude oder die Beschaffung von Waren und Dienstleistungen. Die Anhebung des Mindestlohns wird infolge eines Beschlusses der Bundesregierung von September 2024 im Erfüllungsaufwand für die Wirtschaft in Teil B nicht berücksichtigt.

Quelle: Destatis und Normenkontrollrat.

StatLink https://stat.link/3621ou2xhq9o

Um den Verwaltungsaufwand deutlich zu verringern, sind grundlegende institutionelle Veränderungen notwendig, die parteiübergreifenden Konsens unter Einbeziehung der Länderregierungen erfordern. Die hohen Bürokratiekosten für die Wirtschaft sind vielfach auf komplizierte Regelungen und Verwaltungsverfahren zurückzuführen, die sich zwischen verschiedenen Bundesländern und Kommunen unterscheiden und somit auch lokale Marktzutrittsschranken bilden und zu Marktfragmentierung führen. So gelten beispielsweise in den einzelnen Bundesländern und z. T. sogar Kommunen unterschiedliche Bauvorschriften, etwa bei den Brandschutzbestimmungen oder Vorgaben zur Dachneigung. Die Realisierung von Skalenerträgen durch modulares Bauen werden dadurch erschwert. Ein weiteres Beispiel sind die zahlreichen unterschiedlichen IT-Standards bei der Verwaltungsdigitalisierung. Viele kleinere lokale IT-Unternehmen profitieren von dieser Fragmentierung, sie erhöht jedoch den Bürokratieaufwand der Verwaltung und verursacht erhebliche Ineffizienzen bei der Verwendung öffentlicher Mittel (siehe weiter unten). Um den Verwaltungsaufwand für alle Akteure zu verringern, ist es insbesondere wichtig, die Verteilung von Zuständigkeiten im föderalen System umzugestalten und in bestimmten Bereichen, wie z. B. bei Registern, IT-Standards und im Baurecht, mehr Zentralisierung zuzulassen (Kapitel 4). Darüber hinaus könnten eine stärkere Aufgabenbündelung und Vereinheitlichung von Verwaltungsverfahren auf allen staatlichen Ebenen den Bürokratieaufwand verringern und die Leistungsfähigkeit der öffentlichen Verwaltung erhöhen, insbesondere in Anbetracht des Fachkräftemangels (NKR, 2025[15]). Dies würde eine gemeinsame Verpflichtung aller staatlichen Ebenen zur Bündelung von Aufgaben sowie ein starkes Steuerungs- und Umsetzungsorgan im Zentrum der Bundesregierung erfordern. Außerdem wäre es notwendig, ein allgemeines Kooperationsgebot im Grundgesetz zu verankern und die Rechtsunsicherheiten aufgrund des Verbots der Mischverwaltung zu verringern (Kapitel 4).

Es wurden bereits erste Schritte ergriffen, um ebenenübergreifend bestehende Regelungen und Verwaltungsverfahren zu prüfen, zu vereinfachen und zu vereinheitlichen, insbesondere Planungs- und Genehmigungsverfahren für Infrastrukturvorhaben in den Bereichen Verkehr, Digitales und erneuerbare Energien. Diese Bemühungen sollten ausgeweitet werden. Die Definition bestimmter Infrastrukturvorhaben als Projekte von überragendem öffentlichem Interesse hat die Planungs- und Genehmigungsverfahren beschleunigt, da die Rechtsunsicherheit dadurch verringert wurde. Die Einrichtung eines gesonderten Senats für Energieinfrastrukturprojekte am Bundesverwaltungsgericht hat die rechtlichen Verfahren beschleunigt. Die Genehmigungsfiktion, die z. B. bei Windparkprojekten an Land eingeführt wurde, sollte gegebenenfalls auf andere Verwaltungsverfahren ausgeweitet werden (NKR, 2024[14]). Eine Verringerung der Berichts- und Bescheinigungspflichten und die Möglichkeit eines stärkeren Rückgriffs auf Selbsterklärungen würden zusammen mit einer wirksameren Durchsetzung durch Kontrollen und bessere Monitoringinstrumente den Verwaltungsaufwand ebenfalls schmälern. Für die Instandhaltung bestehender Infrastrukturen sollten beschleunigte Genehmigungsverfahren gelten; außerdem sollten für Neubauprojekte einheitliche Umweltstandards und der Populationsansatz im Artenschutz eingeführt werden. Die frühe Einbindung betroffener Akteure in den Planungsprozess ist entscheidend, um öffentlichen Konsens für das Vorhaben zu erzielen und die Wahrscheinlichkeit von Klagen zu verringern. Die Vereinfachung und Vereinheitlichung der Genehmigungsverfahren für Schwertransporte ist eine wesentliche Voraussetzung dafür, dass Bauprojekte nicht aufgrund fehlender Maschinen und Materialien ins Stocken geraten. Die Verpflichtung, Infrastrukturaufträge in Lose aufzuteilen, um die Teilnahme kleinerer Unternehmen an Vergabeverfahren zu fördern, sollte an EU-Vorgaben angepasst und flexibler gestaltet werden, wie in einem aktuellen Gesetzentwurf vorgesehen. Dies würde den Bürokratieaufwand verringern, die Vergabeverfahren beschleunigen und das Projektmanagement vereinfachen.

Eine schnellere Verwaltungsdigitalisierung birgt enormes Potenzial, den Bürokratieaufwand zu senken und die Kapazitäten der Verwaltung zu steigern. Die laufende Digitalisierung von Verwaltungsleistungen im Zusammenhang mit dem Onlinezugangsgesetz (OZG) hat den Bürokratieaufwand bei Unternehmensgründungen etwas verringert (Abbildung 2.6). Es gibt aber nach wie vor keinen One-Stop-Shop, der die verschiedenen Lizenzierungs- und Registrierungsverfahren für Firmengründungen in einem zentralen Onlineportal bündelt. Das hängt damit zusammen, dass die Zuständigkeiten für unterschiedliche Verwaltungsverfahren auf verschiedene staatliche Ebenen verteilt sind. Viele Register werden dezentral geführt und sind nicht miteinander verknüpft. Bei der Gründung einer GmbH beispielsweise fallen 14 unterschiedliche Verwaltungsverfahren bei 7 verschiedenen Behörden an, mehr als in anderen OECD-Ländern. Im November 2024 wurde eine bundeseinheitliche Wirtschafts-Identifikationsnummer (W-IdNr.) zur eindeutigen Identifizierung von Unternehmen in Besteuerungs- und Verwaltungsverfahren eingeführt. Dies ist angesichts des dezentralen Systems der Steuerverwaltung ein wichtiger Fortschritt (vgl. *OECD-Wirtschaftsbericht Deutschland 2023*). Das Ziel, Unternehmensdaten nur ein einziges Mal für alle Interaktionen mit öffentlichen Stellen eingeben zu müssen (Once-Only-Prinzip), ist jedoch auch mit dieser Wirtschafts-Identifikationsnummer noch nicht erreicht, da viele dezentrale Register noch nicht digitalisiert sind und ihre Verknüpfung sowohl durch rechtliche und technische Hürden als auch durch die heterogene Auslegung der EU-Datenschutz-Grundverordnung in den einzelnen Bundesländern behindert wird. Wenn Unternehmen und private Haushalte ihre Daten nur ein einziges Mal elektronisch angeben müssten, um sie dann für alle Interaktionen mit öffentlichen Stellen zu nutzen, ließen sich ihre Bürokratiekosten mehr oder weniger halbieren (NKR, 2017[16]). Die Verwaltung könnte durch die Automatisierung der Dateneingabe und -verarbeitung sogar noch größere Einsparungen erzielen, und Verbesserungen der öffentlichen Ausgabeneffizienz durch bessere Wirkungsanalysen und größere Zielgenauigkeit von Politikmaßnahmen würden die positiven Effekte weiter verstärken. Bis ein One-Stop-Shop für die Firmengründung umgesetzt wird, wäre es hilfreich, Informationen über alle Lizenzen und Genehmigungen, die für die Gründung und Führung eines Betriebs erforderlich sind, in einem zentralisierten Onlineportal bereitzustellen und regelmäßig zu aktualisieren.

Abbildung 2.6. Die Regulierung ist wettbewerbsfreundlicher geworden, könnte aber weiter verbessert werden

OECD-Indikatoren der Produktmarktregulierung (PMR), Indexskala von 0 bis 6 (geringster bis höchster Restriktionsgrad, d. h., höhere Werte stehen für weniger Wettbewerbsfreundlichkeit)

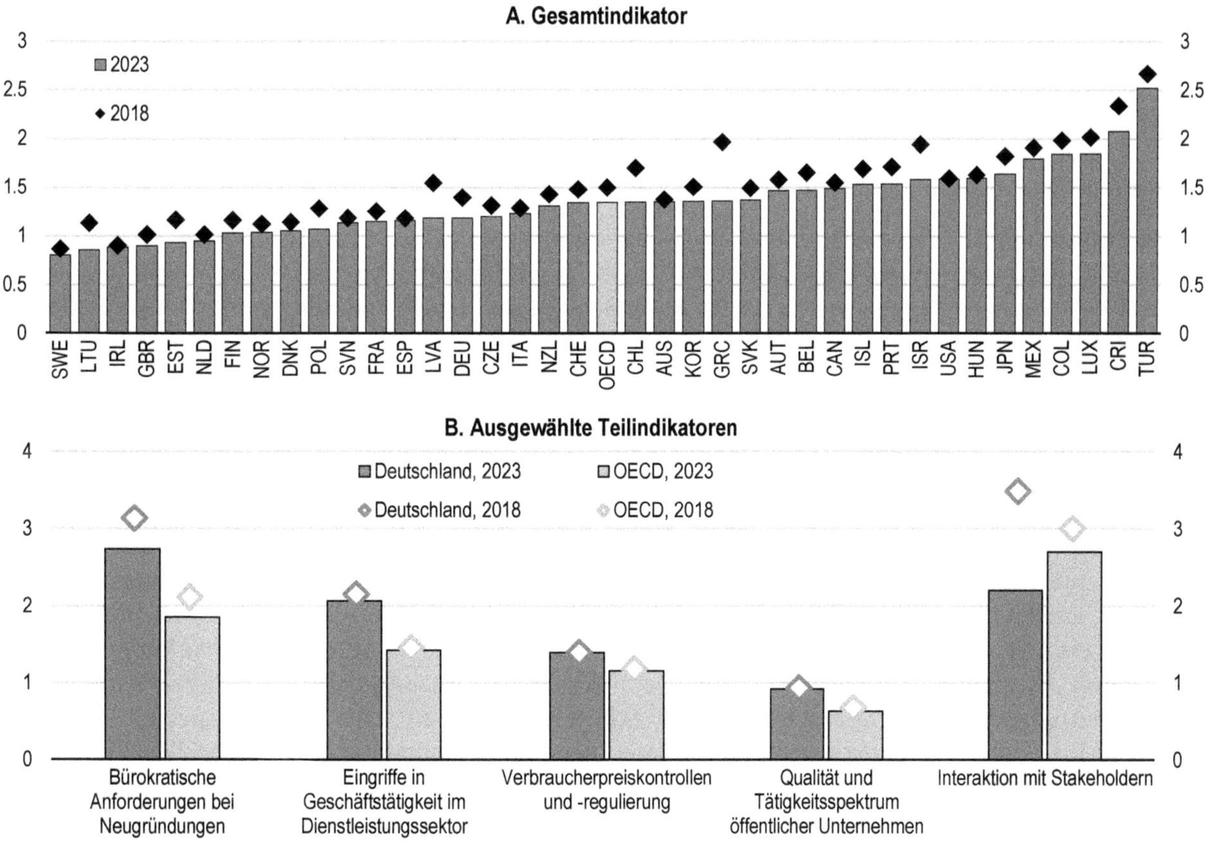

Anmerkung: Im Fall von Politikbereichen, die auf subnationaler Ebene reguliert werden, beziehen sich die PMR-Indikatoren auf Bayern als repräsentatives Bundesland.

Quelle: PMR-Datenbank der OECD, Januar 2025, https://www.oecd.org/en/topics/product-market-regulation.html.

StatLink https://stat.link/5uwybf4bw2sq

Eine schnellere Registerdigitalisierung und -verknüpfung, die Umsetzung des Once-Only-Prinzips und die Digitalisierung von Verwaltungsverfahren sollten auf der Politikagenda ganz oben stehen. Hierzu ist es erforderlich, verbindliche einheitliche Standards für das Design und die Verknüpfung von Daten und IT-Tools aufzustellen und die Harmonisierung von Verwaltungsverfahren und gemeinsame Softwareentwicklung über alle staatlichen Ebenen hinweg weiter zu fördern (wie im *OECD-Wirtschaftsbericht Deutschland 2023* erörtert). Die kürzliche Einrichtung einer Plattform zur Bereitstellung von einheitlichen IT-Standards und Codelisten für E-Government-Vorhaben ist ein wichtiger Schritt nach vorn. In anderen Bereichen, wie etwa bei der Digitalisierung von Verwaltungsleistungen, wurden jedoch bislang nur langsame Fortschritte erzielt. Außerdem haben sich die finanziellen und personellen Ressourcen für die Verwaltungsdigitalisierung verringert, weil die Mittel aus dem Corona-Konjunkturpaket nahezu aufgebraucht sind (NKR, 2024[14]). Wichtige Basisfunktionen bereits bestehender Onlinedienste, wie z. B. der PIN-Rücksetzdienst für die Onlineausweisfunktion des Personalausweises (Voraussetzung für die Nutzung vieler Onlineverwaltungsleistungen), wurden aufgrund von Finanzierungsproblemen eingestellt. Um die Registermodernisierung und die Verwaltungsdigitalisierung zu einer Top-Priorität zu machen, sollten die zuständigen Stellen im Zentrum der Bundesregierung und der Länderregierungen angesiedelt werden oder eine eigene Haushaltslinie erhalten. Die Mittel für digitale Infrastruktur und Softwareentwicklung sollten erhöht und in die mittelfristige Finanzplanung integriert werden, um die Planungssicherheit zu erhöhen. Der Fokus sollte jedoch auf einmal für alle entwickelten offenen Standards und Schnittstellendefinitionen sowie standardisierten und interoperablen IT-Tools liegen, die von allen Verwaltungsebenen genutzt werden können (NKR, 2024[14]). Elektronische Akten und Datenspeicherung sollten auf allen staatlichen Ebenen Standard werden. Die uneinheitliche Auslegung der EU-Datenschutz-Grundverordnung in den einzelnen Bundesländern sollte harmonisiert werden, um die Rechtsunsicherheit für Entscheidungsträger der öffentlichen Verwaltung im Hinblick auf die Digitalisierung von Verwaltungsleistungen und den Austausch und die Verknüpfung von Daten zu verringern. Eine gemeinsame interkommunale Beschaffung von Software und IT-Infrastruktur kann helfen, Spezialisierungsgewinne und Skalenerträge zu erzielen, da unzureichende kommunale Beschaffungskapazitäten das Ausschreibungsdesign sowie die Auswahl und das Management von IT-Anbietern beeinträchtigen und zu schwachen Ergebnissen führen.

Um die Verwaltung zu modernisieren und ihre Kapazitäten zu steigern, ist es auch wichtig, die Kompetenzentwicklung, Personalgewinnung und Anreizstrukturen zu verbessern. Durch eine Zentralisierung der Einstellungsverfahren, wie es gegenwärtig für die Bundesebene geplant ist, könnten Ressourcen gebündelt und die Einstellungsqualität gesteigert werden. Dies würde auch die Mobilität zwischen den Behörden erleichtern und damit das Peer-Learning, die Abstimmung und die Zusammenarbeit zwischen verschiedenen Bereichen der Verwaltung verbessern. Die Einbeziehung hochrangiger Verwaltungsposten in standardisierte Auswahlverfahren und die Öffnung der Personalgewinnung auf höheren Ebenen für externe und internationale Kandidaturen könnte die Managementkompetenzen und die Organisationsqualität verbessern und die Verwaltung agiler, kundenorientierter und weniger risikoavers machen, insbesondere was die Nutzung digitaler Tools betrifft. Beispielsweise könnte das Pilotprojekt „Work4Germany", über das Experten aus der Privatwirtschaft ihre Management-, Organisations- und Digitalkompetenzen in Teams der Bundesverwaltung einbringen, ausgeweitet werden. Die Kompetenzentwicklung und Motivation des Bestandspersonals ließe sich durch bessere Leistungsanreize, eine klarere Definition der jobspezifischen Kompetenzanforderungen und ausreichende Fortbildungsmöglichkeiten, vor allem für Digital-, Management- und Sprachkompetenzen, stärken. Die Digitalakademie Bund ist ein wichtiger Schritt nach vorn; sie sollte jedoch ausgebaut werden und als Vorbild für ähnliche Initiativen auf Länderebene dienen. Die Entgeltsysteme sollten flexibler gestaltet werden, um bessere Bedingungen für Fachkräfte in akuten Mangelbereichen wie IT oder Infrastrukturplanung und Beschaffung zu ermöglichen; zudem sollten die leistungsorientierte Vergütung verstärkt und Laufbahnen und Anforderungsprofile klarer definiert werden, um die Personalbeschaffung zu erleichtern und die Motivation und Qualifizierung des Bestandspersonals zu steigern (NKR, 2021[17]).

2.2.2. Regulierung wettbewerbsfördernd gestalten und Wettbewerbsneutralität staatseigener Unternehmen besser durchsetzen

Den PMR-Indikatoren der OECD zufolge sind die Wettbewerbshemmnisse im Dienstleistungssektor – gemessen an den Indikatoren „Einflussnahme auf Geschäftsaktivitäten im Dienstleistungssektor" sowie „Verbraucherpreiskontrollen und -regulierung" – nach wie vor viel größer als im OECD-Durchschnitt (Abbildung 2.6). Dies hängt mit den Zugangshürden in vielen Dienstleistungsberufen zusammen, wie z. B. Zulassungsvoraussetzungen für eine Betriebsgründung oder die Ausübung bestimmter Berufe. Zwar sind bestimmte Ausbildungs- und Qualifizierungsanforderungen notwendig, um die Qualität der Dienstleistungen zu sichern, in Deutschland ist der Anteil der Arbeitnehmer*innen und Selbstständigen, die Berufszugangsregeln unterliegen, aber deutlich höher als anderswo (von Rueden und Bambalaite, 2020[18]). In zwölf Gewerken des Handwerks wurde 2020 sogar die Meisterpflicht wieder eingeführt. Zugleich hat der große Arbeitskräftemangel starke Preissteigerungen und Angebotsengpässe in der Bauwirtschaft bewirkt. Das hat die Realisierung von Infrastruktur- und Wohnungsbauprojekten gebremst. Ein Abbau der Berufszugangsbeschränkungen, gepaart mit Anstrengungen zur Sicherung einer hohen Qualität in der beruflichen Bildung, bietet erhebliches Potenzial, um den Wettbewerb anzukurbeln, die Preise zu senken und die wirtschaftliche Dynamik und das Produktivitätswachstum zu beleben (Bambalaite, Nicoletti und von Rueden, 2020[19]; Affeldt et al., 2021[20]). Dies wäre auch eine wichtige Ergänzung zu den jüngsten Bemühungen, die Zuwanderung von Fachkräften und die Arbeitsmarktintegration von Migranten zu erleichtern (Kapitel 3). Wie im *OECD-Wirtschaftsbericht Deutschland 2020* erörtert, könnten die Regulierungsbehörden bei den Qualitätsstandards stärker auf die Dienstleistungen selbst abstellen als auf die Arbeitskräfte, die sie erbringen. Um den Wettbewerb zu stärken, sollten auch Preisregulierungen, z. B. für Anwalts- und Notargebühren, sowie Regelungen, die einschränken, wo nicht verschreibungspflichtige Medikamente verkauft werden dürfen, abgeschafft werden. Das Bewusstsein für die potenziell negativen Effekte von Regulierung auf den Wettbewerb und somit auch auf die Verbraucherwohlfahrt und die Produktivität könnte geschärft werden, indem eine Analyse dieser Effekte verpflichtend in die Evaluierung des regulatorischen Erfüllungsaufwands aufgenommen wird.

Bessere Corporate Governance in öffentlichen Unternehmen würde helfen, Wettbewerbsneutralität zu gewährleisten und Wettbewerbshemmnisse abzubauen. In Deutschland haben Staatsunternehmen einen größeren Tätigkeitsradius und eine schwächere Governance als im Durchschnitt der OECD-Länder (Abbildung 2.6). Insgesamt sind öffentliche Unternehmen der verschiedenen staatlichen Ebenen in 14 von 24 kommerziellen Tätigkeitsbereichen aktiv. Dazu zählen etwa Verkehrsdienstleistungen, Bankwesen, das Verarbeitende Gewerbe, Versorgungsbetriebe, Gastronomie und Glücksspiel. Sinn und Zweck der staatlichen Beteiligungen werden – insbesondere auf nachgeordneten staatlichen Ebenen – nicht regelmäßig evaluiert, obwohl die Best Practices der OECD eine Evaluierung alle fünf Jahre nahelegen. Um die Beweggründe für staatliche Beteiligungen transparenter zu machen und das gesellschaftliche Wohlergehen zu verbessern, ist es von wesentlicher Bedeutung, Vermögenswerte, Waren und Dienstleistungen von strategischem Interesse besser zu definieren und etwaiges Marktversagen sowie die Auswirkungen staatlicher Beteiligungen auf den Wettbewerb genau zu analysieren (IWF, 2019[21]; OECD, 2021[22]). Bei denjenigen Unternehmen, die in staatlicher Hand verbleiben, ist es zur Wahrung der Wettbewerbsneutralität wichtig, eine Trennung zwischen der staatlichen Eigentümerfunktion und den anderen Rollen des Staates als Aufsichtsorgan oder als politische Entscheidungsinstanz zu gewährleisten. Dies wird jedoch durch das dezentralisierte Eigentümermodell bei staatseigenen Unternehmen erschwert, da diese von Ministerien verwaltet werden, die auch für die Festlegung von Politikprioritäten und die Ausübung regulatorischer Befugnisse in Bereichen zuständig sind, die sich auf die Geschäftstätigkeit dieser öffentlichen Unternehmen auswirken. Die Ministerien sind an der Auswahl der Vorstandsvorsitzenden beteiligt und amtierende Politiker*innen können Positionen in Leitungsgremien öffentlicher Unternehmen bekleiden, was zu Interessenkonflikten führt (Akcigit, Baslandze und Lotti, 2023[23]; Diegmann, Pohlan und Weber, 2024[24]). Zudem haben wirtschaftlich tätige Staatsunternehmen keine formellen Renditeziele. Den *OECD-Leitsätzen zu Corporate Governance in staatseigenen Unternehmen* von 2024 zufolge könnte eine Zentralisierung der Eigentumsrechte an allen staatseigenen Unternehmen in einer einzigen Holding helfen, ihre Zielsetzungen klarzustellen, Transparenz-, Rechnungslegungs- und Leistungsstandards zu vereinheitlichen und Wettbewerbsneutralität in stärkerem Maße zu gewährleisten (OECD, 2025[25]). Diese Holding sollte auch Leistungsstandards für kommunale Unternehmen festlegen und deren Leistung überwachen (OECD, 2021[26]).

Mehr Transparenz bei den Finanzabschlüssen und im Hinblick auf die interne Verwendung staatlicher Subventionen, insbesondere bei kommunalen Unternehmen, aber auch bei einigen Unternehmen des Bundes, wie z. B. der Deutschen Bahn, würde die Überwachung fairer Wettbewerbsbedingungen auf Märkten stärken, auf denen öffentliche mit privatwirtschaftlichen Unternehmen konkurrieren (Monopolkommission, 2023[27]). Nach Maßgabe der OECD-Ministerratsempfehlung für Wettbewerbsneutralität sollten alle staatlichen Unternehmen für ihre öffentlichen Tätigkeiten, einschließlich im Rahmen rechtlicher Monopole, und für ihre kommerziellen Tätigkeiten, bei denen sie mit privatwirtschaftlichen Akteuren konkurrieren, zu hohen Transparenzstandards, getrennter Buchführung und umfassender Offenlegung verpflichtet werden (OECD, 2021[28]). Die Kartellbehörde sollte die notwendigen Befugnisse und Ressourcen erhalten, um diese buchhalterische Trennung regelmäßig zu überprüfen und zu beurteilen, ob die Staatsunternehmen ihre kommerziellen Tätigkeiten quersubventionieren. Hierfür ist vollumfänglicher Zugang zu den von der zuständigen Aufsichtsbehörde erfassten Daten erforderlich. Die australische Wettbewerbs- und Verbraucherschutzbehörde beispielsweise gibt umfassende Leitlinien zur Evaluierung der Quersubventionierung staatseigener Unternehmen heraus und überwacht deren Umsetzung. In Deutschland haben die örtlichen Sparkassen in vielen Regionen einen hohen Marktanteil und oft sitzen kommunale Mandatsträger in den Aufsichtsgremien. Angesichts empirischer Evidenz für politisch motivierte Kreditvergaben, die auch vergünstigte Kredite an kommunale Unternehmen umfassen könnten, ist es zur Sicherung der Wettbewerbsneutralität wichtig, die Transparenz der Kreditkonditionen und der Kreditvergabepraktiken zu verbessern (Véron und Markgraf, 2018[29]; Asatryan und Havlik, 2020[30]; Kropp und Saadi, 2015[31]). Den *OECD-Leitsätzen zu Corporate Governance in staatseigenen Unternehmen* von 2024 zufolge sollte es Mandatsträgern untersagt sein, den Leitungs- und Aufsichtsgremien von Sparkassen und anderen öffentlichen Unternehmen anzugehören.

Um die Durchsetzung der Wettbewerbsneutralität zu stärken, sollte das Kartellamt die Befugnis erhalten, Entscheidungen öffentlicher Organe anzufechten, falls bestimmte Verwaltungsbeschlüsse, Regelungen oder institutionelle Strukturen den Wettbewerb behindern (Motta und Peitz, 2020[32]; OECD, 2021[33]). Das neue Eingriffsinstrument der Sektoruntersuchung konzentriert sich lediglich auf Maßnahmen gegen Unternehmen und erfordert Konsens mit der Regulierungsbehörde, um Störungen des Wettbewerbs an regulierten Märkten zu beheben. In vielen Fällen ist jedoch für die Beteiligungsführung der Staatsunternehmen dasselbe Ministerium zuständig, das auch für die Festlegung von Politikzielen und die Regulierung der Märkte, an denen die betreffenden Staatsunternehmen tätig sind, verantwortlich ist. Dadurch entstehen Interessenkonflikte (Monopolkommission, 2024[34]). Das Bundeskartellamt hat festgestellt, dass auf kommunaler Ebene bei der Vergabe von Konzessionen für die Bereitstellung von Infrastruktur vielfach die eigenen Stadtwerke bevorzugt werden und privatwirtschaftlichen Unternehmen folglich keine fairen Wettbewerbsbedingungen geboten werden, wie z. B. bei der Ladeinfrastruktur für Elektrofahrzeuge (Bundeskartellamt, 2024[35]). In spezifischen Fällen könnte die Vergabe von Konzessionen durch Kommunen zwar als wirtschaftliche Tätigkeit betrachtet werden und dementsprechend dem Wettbewerbsrecht unterliegen, es wäre jedoch hilfreich, die Befugnisse des Bundeskartellamts zur Anfechtung von Entscheidungen öffentlicher Organe und Regulierungsbehörden im Zusammenhang mit dem neuen Instrumentarium der Sektoruntersuchung zu stärken. In anderen OECD-Ländern, wie z. B. Italien oder Spanien, oder etwa in Rumänien, kann die Wettbewerbsbehörde Verwaltungsbeschlüsse und Regelungen öffentlicher Organe, einschließlich Vergabeverfahren, anfechten, wenn sie diese als wettbewerbshemmend beurteilt (OECD, 2016[36]; Motta und Peitz, 2020[32]; OECD, 2021[33]).

Uneinheitliche Regeln und Verfahren für öffentliche Auftragsvergaben auf nachgeordneten staatlichen Ebenen bewirken erhebliche Bürokratielasten und Informationsasymmetrien, die den Wettbewerb bei Vergabeverfahren behindern. Ein kürzlich vorgelegter Gesetzentwurf sieht vor, Hürden für die Teilnahme jüngerer und kleinerer Unternehmen an öffentlichen Auftragsvergaben abzubauen, u. a. durch eine

Vereinfachung der Berichtspflichten und eine Anhebung der Schwellenwerte für die Direktvergabe. Dies ist zwar zu begrüßen, sollte jedoch mit der Verpflichtung kombiniert werden, Informationen zu geplanten Ausschreibungen im Voraus zu veröffentlichen. Gegenwärtig müssen Gebote in vielen Fällen innerhalb von 30 Tagen nach Veröffentlichung der Ausschreibung eingereicht werden. Diese Frist reicht für jüngere und kleinere Unternehmen oft nicht aus, um ihre Gebote zu erstellen, insbesondere wenn dafür eine Kooperation mit anderen Unternehmen erforderlich ist. Um Informationsasymmetrien zu reduzieren und die Teilnahmehürden für Bieter weiter zu senken, sollte zudem die Veröffentlichung aller Ausschreibungen auf der neuen e-Vergabe-Website des Bundes für alle staatlichen Ebenen verpflichtend werden, auch bei Ausschreibungen unterhalb der EU-Schwellenwerte (Fazekas und Blum, 2021[37]). Weitere Anreize für Länder und Kommunen, die neue zentralisierte e-Vergabe-Plattform des Bundes ebenfalls für Vergabeverfahren zu nutzen und ihre heterogenen Vergaberegeln und -verfahren zu vereinheitlichen, könnten den Bürokratieaufwand für Unternehmen, die sich um öffentliche Aufträge bewerben, erheblich verringern. Dies würde auch die öffentliche Ausgabeneffizienz steigern, da es die gemeinsame Beschaffung im öffentlichen Sektor erleichtern und die Realisierung von Skaleneffekten sowie Spezialisierungsgewinne bewirken würde (Allain-Dupré, Hulbert und Vincent, 2017[38]). Darüber hinaus könnten Daten aus dieser e-Vergabe-Plattform für die Entwicklung eines Warnsystems genutzt werden, das bei der Identifizierung von Bieterabsprachen hilft. Viele Länder, z. B. das Vereinigte Königreich, haben Datenbanken für öffentliche Auftragsvergaben eingerichtet, die die Transparenz verbessern und Datenanalysen zur Aufdeckung von Unregelmäßigkeiten und Bieterabsprachen erleichtern. Das Bundeskartellamt könnte mit der Zuständigkeit für ein derartiges zentralisiertes Warnsystem betraut werden, da die Aufsicht über Vergabeverfahren gegenwärtig dezentral auf Länderebene erfolgt. Auf jeden Fall sollte das Bundeskartellamt Zugang zu diesen Daten erhalten, um sie auf mögliche Bieterabsprachen prüfen zu können.

2.2.3. Durch kluge Regulierung und Politikgestaltung den Strukturwandel erleichtern

Die nachlassende wirtschaftliche Dynamik hängt auch mit der Arbeitsmarktpolitik und -regulierung zusammen, die das Unternehmenswachstum hemmen und den Strukturwandel behindern kann. Start-ups in technologieintensiven Wirtschaftsbereichen haben wenig Gewissheit über ihre zukünftige Einnahmeentwicklung. Daher halten sie sich beim Beschäftigungsaufbau zurück, wenn ihnen bei Entlassungen hohe Kosten entstehen könnten. Dies gilt auch für andere Unternehmen in Sektoren mit hohen Nachfrageschwankungen, wie z. B. Handwerksbetriebe im Bausektor. Obwohl Deutschland beim OECD-Gesamtindex der Beschäftigungsschutzbestimmungen nur leicht über dem Durchschnitt liegt (Abbildung 2.7), ist hervorzuheben, dass es Kleinbetrieben besonders große Ausnahmen gewährt. Dadurch besteht für die Unternehmen ein Anreiz, klein zu bleiben. Betriebe mit höchstens 10 Beschäftigten müssen bei Kündigungen keine Abfindungen zahlen und keine Sozialauswahl durchführen. Für Betriebe mit höchstens 20 Beschäftigten gelten bei Entlassungen in größerem Umfang ebenfalls Ausnahmeregelungen. Eine Verringerung der Ausnahmen für Kleinbetriebe bei gleichzeitiger Flexibilisierung der Kündigungsschutzvorschriften könnte den Beschäftigungsaufbau in Start-ups und anderen Kleinbetrieben fördern und den Strukturwandel erleichtern. Die Möglichkeit für Start-ups, innerhalb der ersten vier Jahre nach Gründung Arbeitsverträge für eine Dauer von bis zu vier Jahren zu befristen, sollte beibehalten werden. Dies bietet jungen Unternehmen Flexibilität, um ihre Geschäftsmodelle zu erproben, und schafft Anreize für Unternehmensgründungen.

Abbildung 2.7. Die Beschäftigungsschutzbestimmungen sind relativ strikt

Strenge des Beschäftigungsschutzes bei Einzel- und Massenentlassungen unbefristet Beschäftigter, Skala von 0 bis 6, 2019

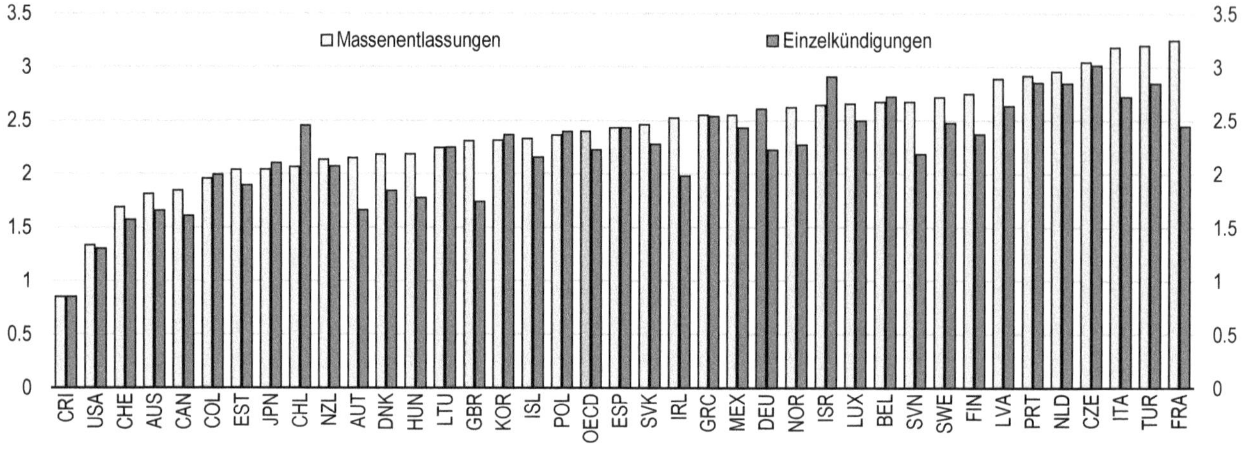

Quelle: *OECD Indicators for Employment Protection*, https://www.oecd.org/en/data/datasets/oecd-indicators-of-employment-protection.html.

StatLink https://stat.link/pg38udnbyik8

Zwar hat das Kurzarbeitergeld während der Pandemie und der Energiekrise dazu beigetragen, produktive Beschäftigungsverhältnisse zu erhalten, es hat aber auch die Reallokation von Arbeitskräften auf boomende Sektoren und Unternehmen mit erheblichem Fachkräftemangel verhindert (Kapitel 3). Während der Pandemie war Deutschland das einzige EU-Land, in dem die Lohnersatzrate bei Kurzarbeit im Zeitverlauf anstieg. Dies reduzierte zusammen mit der verlängerten Bezugsdauer von 24 Monaten die Anreize zur Arbeitsuche und die Arbeitskräftereallokation (Heinemann, 2022[39]; Calligaris et al., 2023[40]; Bundesbank, 2022[41]; Brinkmann et al., 2024[42]). Die Möglichkeit der Weiterbildung während Kurzarbeit wurde nur wenig genutzt, da eine pandemiebedingte Sonderregelung, aufgrund derer den Arbeitgebern die Sozialversicherungsbeiträge in voller Höhe erstattet wurden, die Weiterbildungsanreize des regulären Kurzarbeitergelds konterkarierte. Diese sehen für die Dauer von Qualifizierungsmaßnahmen eine hälftige Erstattung der Sozialversicherungsbeiträge vor. Insgesamt beliefen sich die fiskalischen Kosten des Kurzarbeitergelds für 2020 und 2021 auf rd. 42 Mrd. EUR (ungefähr 1,2 % des BIP). Um den Strukturwandel zu erleichtern und Arbeitskräfteengpässe in boomenden Sektoren und Unternehmen abzubauen, sollte die Kurzarbeitergeldregelung geändert werden, damit die Anreize zur Arbeitsuche, Mobilität und Weiterbildung im Zeitverlauf steigen. Zudem sollte die maximale Bezugsdauer des Kurzarbeitergelds verkürzt werden. Dies würde auch die Kosten der Kurzarbeit senken und knappe öffentliche Mittel für die Umschulung von Arbeitskräften freisetzen, um ihnen die Kompetenzen zu vermitteln, die in expandierenden Sektoren und Unternehmen benötigt werden (Kapitel 3).

Ein weiteres Hemmnis für die Arbeitskräftemobilität zwischen verschiedenen Unternehmen und Sektoren ist die geringe Portabilität betrieblicher Altersvorsorge, über die mehr als die Hälfte der Erwerbsbevölkerung verfügt. Bei einem Großteil der Betriebsrenten handelt es sich um Direktzusagen, bei denen die Beiträge der Beschäftigten für die Innenfinanzierung des Unternehmens genutzt werden. Dies behindert die Portabilität von Rentenansprüchen beim Arbeitgeberwechsel (Kapitel 1). In einigen Sektoren, wie z. B. der Bau-, Metall-, Elektro- und Chemieindustrie, haben sich die Unternehmen zwar auf ein sektorweites System geeinigt, die Portabilität beim Wechsel in andere Sektoren stellt jedoch immer noch ein Problem dar. Ein obligatorischer Übergang zu kapitalgedeckten beitragsbezogenen Betriebsrenten könnte dazu beitragen, die Portabilität der Betriebsrenten zu verbessern und die Kapitalmärkte zu vertiefen (Kapitel 1).

Die jüngste Erhöhung der Subventionen für Unternehmen in bestimmten Branchen wurde mit geopolitischen Erwägungen und Lieferkettenrisiken gerechtfertigt, z. B. bei der Halbleiterproduktion. Es besteht jedoch die

Gefahr, dass dadurch ungleiche Wettbewerbsbedingungen geschaffen werden und Wettbewerb und Innovation gehemmt werden. Eine Wirkungsanalyse der großzügigen Hilfsmaßnahmen für Unternehmen während der Pandemie und Energiekrise steht noch aus. Das Projekt wurde durch rechtliche Hürden für den Zugang zu sowie die Verknüpfung und Analyse von administrativen Mikrodaten verzögert. Die großzügige Unterstützung für Unternehmen in Form von Zuschüssen könnte die wirtschaftliche Dynamik geschwächt und den Strukturwandel gebremst haben (Bundesbank, 2022[41]). Der befristete Krisen- und Übergangsrahmen, mit dem die EU-Beihilfevorschriften während der Pandemie und der Energiekrise gelockert wurden, gilt nach wie vor. Deutschland ist zusammen mit Frankreich für den Großteil der genehmigten Beihilfen verantwortlich. Dazu zählen Subventionen für bestimmte Unternehmen im Bereich der ökologischen Transformation sowie zur Förderung der Halbleiterproduktion. Um die Unternehmensdynamik, die Innovationstätigkeit und das Produktivitätswachstum anzukurbeln, ist es entscheidend, die Wettbewerbseffekte von Subventionen und Steuervergünstigungen gründlich zu evaluieren und diese Maßnahmen so auszugestalten, dass Wettbewerbsverzerrungen verhindert werden. Das Bundesministerium der Finanzen veröffentlicht alle zwei Jahre einen Subventionsbericht. Der Bericht baut jedoch auf einer spezifischen Definition des Subventionsbegriffs auf und enthält einfache Evaluierungen für die Hälfte der Maßnahmen, obwohl viele Subventionen und Steuervergünstigungen marktverzerrend wirken (Laaser und Rosenschon, 2020[43]). Eine wesentliche politische Priorität sollte sein, das geplante Forschungsdatengesetz zu verabschieden und umzusetzen, um die Evaluierung von Politikmaßnahmen zu erleichtern und zukünftige Fördermaßnahmen zielgenauer auszurichten.

Ineffiziente Insolvenzverfahren könnten die wirtschaftliche Dynamik und das Produktivitätswachstum ebenfalls belasten. Sie halten Unternehmer*innen davon ab, Insolvenz anzumelden, und behindern dadurch den Strukturwandel und die Reallokation von Ressourcen hin zu innovativeren und produktiveren Unternehmen (Adalet McGowan, Andrews und Millot, 2017[44]). Allerdings hat sich laut OECD Insolvency Indicator die Effizienz der Insolvenzverfahren zwischen 2016 und 2022 verbessert, sodass Deutschland nun in dieser Hinsicht geringfügig über dem OECD-Durchschnitt rangiert (André und Demmou, 2022[45]). Dies ist vor allem einer Reform aus dem Jahr 2020 zu verdanken, mit der die Wohlverhaltensperiode für Restschuldbefreiungen von sechs auf drei Jahre verkürzt wurde. Dadurch wird gescheiterten Unternehmer*innen der Neustart erleichtert. Es gibt jedoch immer noch Verbesserungspotenzial. Vereinfachte Insolvenzordnungen und Beratungsangebote für kleinere Unternehmen könnten die Sanierung von Unternehmen erleichtern. Diese gestaltet sich in kleineren Unternehmen wegen der hohen Kosten von Insolvenzverfahren, unzureichender Buchführung und engen Verflechtungen zwischen Unternehmensfinanzen und Privatvermögen oft kompliziert (André und Demmou, 2022[45]). Die Sanierung kleinerer Unternehmen könnte auch durch eine Befreiung weiterer privater Vermögensgegenstände von der Pfändung bei Insolvenz erleichtert werden. Gegenwärtig sind nur private Vermögensgegenstände, die für eine bescheidene Lebensführung benötigt werden, unpfändbar.

Wie im *Wirtschaftsbericht Deutschland 2023* erörtert, ist es außerdem wichtig, das Steuersystem zu vereinfachen und den Steuervollzug zu stärken, um gleiche Wettbewerbsbedingungen für alle Unternehmen zu schaffen und den Wettbewerb und das Produktivitätswachstum zu fördern. Multinationale Unternehmen machen häufiger als inländische Unternehmen Gebrauch von Steuervermeidungsmöglichkeiten, um ihre effektiven Steuersätze zu senken. Sie können Schlupflöcher nutzen, die sich aus Unterschieden zwischen den komplexen Steuersystemen verschiedener Länder ergeben, und sie können sich die hohen Fixkosten spezialisierter Dienstleistungen zur Steueroptimierung leisten (Sarin und Summers, 2019[46]; Tørsløv, Wier und Zucman, 2022[47]). Voraussetzung für einen effektiveren Steuervollzug sind größere Anreize für die Steuerverwaltungen der Länder, ihre Steuervollzugskapazitäten auszubauen, ihre IT- und Dateninfrastruktur zu verbessern und vermehrt mit anderen Bundesländern zusammenzuarbeiten, um Doppelarbeit zu vermeiden und eine stärkere Bündelung und Spezialisierung ihrer Aktivitäten im Bereich des Steuervollzugs zu ermöglichen. Die länderübergreifende Verknüpfung und Analyse von Steuer- und anderen Daten ist entscheidend, um Verdachtsfälle besser aufzuspüren, knappe Ermittlungskapazitäten gezielter einzusetzen und die internationale Zusammenarbeit bei der Bekämpfung grenzüberschreitender Steuervermeidungs- und Steuerbetrugsmodelle zu stärken (Spengel, 2017[48]).

2.3. Die Wettbewerbsdurchsetzung weiter stärken

Der Rückgang der Unternehmensdynamik, -investitionen und -produktivität ist mit einer Zunahme der Preisaufschläge und Unternehmenskonzentration in vielen Wirtschaftssektoren einhergegangen. Dies zeigt, wie wichtig es ist, die Wettbewerbsdurchsetzung zu stärken, um Innovation und Produktivitätswachstum zu fördern (Weche und Wagner, 2021[49]; De Loecker und Eeckhout, 2018[50]; Monopolkommission, 2024[34]). Eine steigende Unternehmenskonzentration könnte sich positiv auf das Produktivitätswachstum auswirken, wenn sich die Beschäftigung zunehmend in hochproduktiven Unternehmen konzentriert, Skaleneffekte bei der Produktion realisiert werden können und der Wettbewerbsdruck auf die etablierten Unternehmen stark bleibt, z. B. durch internationale Konkurrenz oder Marktintegration (Bighelli et al., 2022[51]; Draghi, 2024[52]; Calligaris et al., 2024[13]). Höhere Preisaufschläge können ebenfalls mit wettbewerblichen und innovativen Märkten kompatibel sein, wenn sie Renditen auf Innovationen und Anlageinvestitionen, wie z. B. immaterielle Vermögenswerte, darstellen und den Markteintritt neuer und innovativer Unternehmen fördern, die den Wettbewerbsdruck auf die etablierten Akteure aufrechterhalten. Allerdings ist in Deutschland zwischen den steigenden Preisaufschlägen und den Investitionen in immaterielle Vermögenswerte sowie der Forschungs- und Softwareintensität eine negative Korrelation zu beobachten. Zudem sind die Markteintritte auch in Sektoren mit steigenden Preisaufschlägen zurückgegangen (Weche und Wagner, 2021[49]). Dies lässt darauf schließen, dass die zunehmende Marktmacht der etablierten Akteure den Markteintritt und das Wachstum von Unternehmen behindern und Wissensverbreitung, Investitionstätigkeit, Innovationen und Produktivitätswachstum hemmen könnte (De Loecker, Eeckhout und Unger, 2020[53]; Akcigit und Ates, 2021[11]).

Die Wettbewerbsdurchsetzung wurde vor Kurzem durch die Einführung eines neuen Instruments gestärkt, das Eingriffe nach Sektoruntersuchungen erlaubt. Vor dieser Reform konnte das Bundeskartellamt Marktverzerrungen nur korrigieren, wenn es explizite Absprachen zwischen Unternehmen oder den Missbrauch einer marktbeherrschenden Stellung nachweisen konnte. Es verfügte über keinerlei rechtliche Instrumente, um gegen stillschweigende Absprachen vorzugehen. Schwierig war die Wettbewerbsdurchsetzung auch in Fällen von vertikaler Integration oder anderen wettbewerbshemmenden Marktstrukturen. Die neuen Eingriffsbefugnisse ermöglichen es dem Bundeskartellamt, nach einer Sektoruntersuchung, bei der Störungen des Wettbewerbs festgestellt wurden, gegenüber den betreffenden Unternehmen Abhilfemaßnahmen zur Beseitigung der Marktstörungen anzuordnen. Sektoruntersuchungen umfassen Informationsanfragen, Untersuchungen von Amts wegen und Datenanalysen und müssen innerhalb von 18 Monaten abgeschlossen sein. Zu den möglichen Abhilfemaßnahmen gehören u. a. die Verpflichtung, Produkte so zu gestalten, dass sie mit Komplementärprodukten anderer Hersteller kompatibel sind, sowie das Verbot, Kunden in überlangen Verträgen zu binden, und als Ultima Ratio sogar der Zwangsverkauf von Unternehmensteilen. Im Vereinigten Königreich beispielsweise konnte die Wettbewerbsbehörde dank solcher Eingriffsinstrumente im Anschluss an Sektoruntersuchungen ein Monopol im Luftverkehrssektor aufbrechen. Die Kunden haben davon erheblich profitiert (Whish, 2020[54]).

Eine weitere Verbesserung der IT- und Personalkapazitäten des Kartellamts ist entscheidend, um die Wettbewerbsdurchsetzung zu stärken und eine effektive Anwendung des neuen Eingriffsinstruments und des EU-Gesetzes über digitale Märkte (Digital Markets Act – DMA) zu ermöglichen. Zwar wurden die personellen und finanziellen Ressourcen seit 2020 aufgestockt (Abbildung 2.8), die Dateninfrastruktur und die IT-Kapazitäten müssen jedoch weiter verbessert werden. Die Einrichtung von Datenbanken, die alle Fusionskontroll- und Kartellverfahren sowie die zugehörigen Entscheidungen erfassen, würde es in Verbindung mit besseren Digitalkompetenzen der Beschäftigten ermöglichen, risikobasierte Ex-ante-Ansätze zu nutzen, wie z. B. automatisierte Kartellscreening-Tools. So könnten knappe Ressourcen zielgenauer eingesetzt werden. Regelmäßige Ex-post-Evaluierungen von Entscheidungen würden helfen, die Wirksamkeit zukünftiger wettbewerbsbehördlicher Verfahren zu verbessern (Monopolkommission, 2024[34]). Darüber hinaus sollten die Ermittlungskapazitäten der Kartellbehörde ausgeweitet werden, damit abgestimmte Verhaltensweisen untersucht werden können, die auf dem Austausch sensibler Geschäftsdaten beruhen. Dazu wären auch rechtliche Anpassungen erforderlich (OECD, 2017[55]). Durch eine Anhebung der Umsatzschwelle, ab der angemeldete Unternehmenszusammenschlüsse geprüft werden müssen, könnten zusätzliche Ressourcen für den Ausbau der IT-Kapazitäten freigesetzt werden. Zugleich sollten die Kriterien für die Anmeldepflicht von Zusammenschlüssen erweitert werden und auch technologische Aspekte oder den Kaufpreis einbeziehen. Dies könnte vor allem auf digitalen Märkten zweckmäßig sein. Hier wird der Wettbewerb oft durch Übernahmen von innovativen Start-ups behindert, die niedrige Umsätze, aber großes Innovationspotenzial aufweisen.

Attraktivere Kronzeugenregelungen und ein stärkerer Schutz von Whistleblower*innen und Amtsträger*innen könnten die Aufdeckung von Fehlverhalten und die Wettbewerbsdurchsetzung verbessern. Seit 2014 sind die Kronzeugenanträge in Kartellfällen deutlich zurückgegangen (Abbildung 2.8). Dies hängt mit einer 2017 in deutsches Recht umgesetzten EU-Richtlinie zusammen, die die Möglichkeiten zur Geltendmachung von Kartellschadensersatzansprüchen Dritter erweitert, und dies auch gegen Kronzeugen (Monopolkommission, 2022[56]). Der Schutz von Kronzeugen vor Schadensersatzforderungen Dritter würde die Attraktivität von Kronzeugenregelungen und damit auch die Aufdeckung und Verfolgung von Kartellen steigern. Ein Gesetz aus dem Jahr 2023 hat den Schutz von Whistleblower*innen vor Repressalien durch Arbeitgeber deutlich verbessert. Dies erhöht die Bereitschaft von Unternehmensinsidern, Informationen zu liefern. Allerdings könnte die Entschädigung von Hinweisgebenden für ihnen entstehende nicht finanzielle Schäden, wie z. B. psychische Gesundheitsprobleme aufgrund von Mobbing, sowie der Schutz von Compliance-Beauftragten, die gemeldete Missstände innerhalb der Unternehmen untersuchen, verbessert werden. Zudem könnten öffentlich Bedienstete besser darüber aufgeklärt werden, inwiefern sie rechtlich vor Schadensersatzansprüchen der von ihnen geprüften Unternehmen geschützt sind; dies könnte die Risikoaversion verringern und die Wettbewerbsdurchsetzung stärken. Jüngsten Gerichtsurteilen zufolge sind die Mitarbeitenden der Kartellbehörde nur dann für Schadensersatzansprüche eines geprüften Unternehmens haftbar, wenn sie unredlich gehandelt haben, um dem Unternehmen zu schaden. Dies hat den Rechtsschutz für öffentlich Bedienstete gestärkt (Bundeskartellamt, 2022[57]; Oberlandesgericht Düsseldorf, 2014[58]).

Abbildung 2.8. Die Ressourcen des Bundeskartellamts wurden aufgestockt, die Kronzeugenanträge sind zurückgegangen

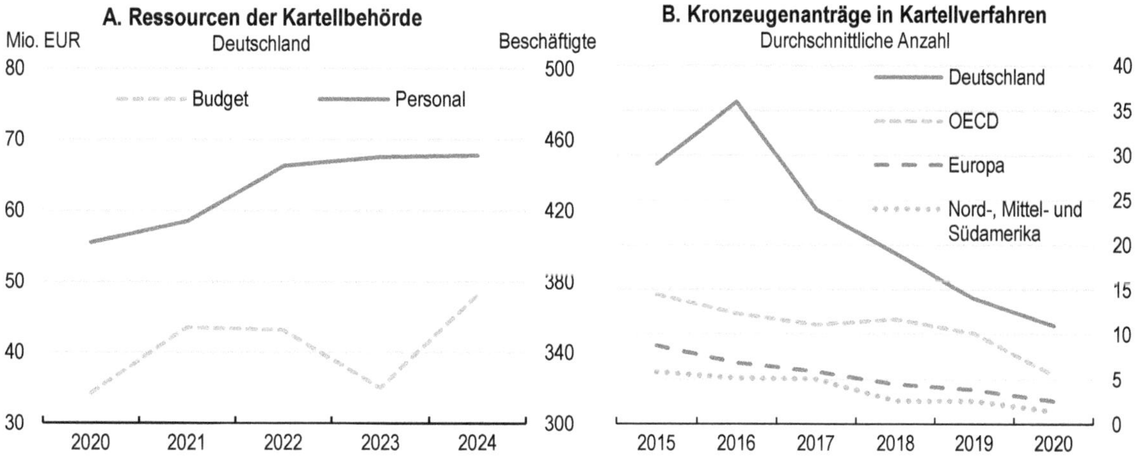

Anmerkung: Zu den Ressourcen der Wettbewerbsbehörden waren keine Vergleichsdaten für andere große EU- oder OECD-Volkswirtschaften verfügbar.
Quelle: *OECD Competition Trends 2024*; Bundeskartellamt; Monopolkommission (2022[56]).

StatLink https://stat.link/arvqfucnsbe0

Im Interesse einer besseren Durchsetzung der Fusionskontrolle sollte die Ministererlaubnis reformiert werden, um die Möglichkeiten einer politisch motivierten oder durch Partikularinteressen geleiteten Einflussnahme zu verringern. Die Ministererlaubnis ermöglicht es der Regierung, eine vom Bundeskartellamt ausgesprochene Untersagung eines Zusammenschlusses aufzuheben, wenn der Zusammenschluss durch ein überragendes Interesse der Allgemeinheit gerechtfertigt ist. Beispielsweise genehmigte die Bundesregierung 2002 den vom Bundeskartellamt untersagten Zusammenschluss der Energieversorger E.ON und Ruhrgas mit der Begründung, dass dadurch die Energieversorgungssicherheit in Deutschland gestärkt würde. Dies verringerte jedoch zusammen mit weiteren Folgeentscheidungen die Anreize, die Gasversorgung über LNG-Terminals auszubauen, und erhöhte die Abhängigkeit von russischen Gaslieferungen über Pipelines (Budzinski und Stöhr, 2023[59]). 2016 wurde ein vom Bundeskartellamt untersagter Zusammenschluss im Lebensmitteleinzelhandel durch Ministererlaubnis genehmigt. Als Begründung wurde angeführt, dass der voraussichtliche Verlust von Arbeitsplätzen dem Gemeinwohlinteresse geschadet hätte. Pläne zur Wiedereinführung von Klagemöglichkeiten gegen die Ministererlaubnis durch Dritte, wie z. B. Konkurrenzunternehmen und Verbraucher*innen, sollten umgesetzt werden. Außerdem ist es wichtig, das Konzept des Gemeinwohls als Rechtfertigung für eine Ministererlaubnis besser zu definieren, um die Einflussmöglichkeiten von Lobbyist*innen zu verringern (Budzinski und Stöhr, 2023[59]).

2.4. Das Risiko einer regulatorischen Vereinnahmung durch Lobbyismus verringern und den Kampf gegen Korruption fortsetzen, um faire Wettbewerbsbedingungen zu gewährleisten

Angesichts der hohen Regelungsdichte ist die Gefahr groß, dass etablierte Unternehmen durch politische Lobbyarbeit die Gestaltung und Durchsetzung von Gesetzen und Vorschriften beeinflussen, um sich Vorteile gegenüber potenziellen Konkurrenten zu verschaffen. Um dieses Risiko zu verringern und das Vertrauen in die Institutionen wieder zu stärken, wurde ein zentrales Lobbyregister auf Bundesebene eingeführt, das die Transparenz der Lobbyarbeit erhöht hat. Dadurch ist die Regulierung gemessen an den PMR-Indikatoren der OECD wettbewerbsfreundlicher geworden (Abbildung 2.6). Nach einer Verschärfung 2024 erfasst das Lobbyregister nun auch niedrigere ministeriale Ebenen, auf denen viel Lobbyarbeit stattfindet, um Gesetzentwürfe zu beeinflussen (OECD, 2022[60]). Allerdings wurde die Schwelle, ab der die Interessenvertretung registrierungspflichtig ist, nur auf 30 Kontakte zu Mitgliedern der Bundesregierung oder des Bundestags innerhalb der jeweils letzten 3 Monate gesenkt und ist damit immer noch zu hoch. Zwar erfasst das Lobbyregister nun auch, auf welche Regelungsvorhaben sich die Interessenvertretung bezieht, es enthält aber noch kein Monitoring der regulatorischen Auswirkungen der Lobbytätigkeiten. 2024 wurde ein verpflichtender exekutiver Fußabdruck eingeführt, der für jeden Gesetz- oder Verordnungsentwurf angibt, welche Interessenvertretungen bei der Arbeit an dem Regelungsvorhaben konsultiert wurden und welche Beiträge in dem Entwurf berücksichtigt wurden. Dies ist ein erheblicher Fortschritt. Die Bereitstellung technischer Informationen ist jedoch von dieser Pflicht nach wie vor ausgenommen. Dies sollte korrigiert werden, um potenzielle Schlupflöcher zu schließen. Die Informationen zu den Ergebnissen der Lobbytätigkeit sollten in das Lobbyregister aufgenommen werden. Die Um- und Durchsetzung des verbesserten Lobbyregisters setzt voraus, dass die registerführende Stelle der Bundestagsverwaltung mit hinreichenden Personal- und IT-Kapazitäten ausgestattet wird, ihre Ermittlungsbefugnisse verbessert werden und ihre Unabhängigkeit sichergestellt wird (Lobby Control, 2021[61]). Darüber hinaus sollte das Register auch auf nachgeordnete staatliche Ebenen ausgeweitet werden, da die Länder für die Ausführung von Bundesgesetzen verantwortlich sind und über Hoheitsrechte in vielen wichtigen Politikbereichen verfügen. Die Regelungen zur Sicherung der Integrität öffentlich Bediensteter sollten besser an die besonderen Risiken im Zusammenhang mit Lobbyaktivitäten angepasst werden. Dazu sollten genaue Standards und Leitlinien für Kontakte mit Lobbyist*innen und anderen Interessenträger*innen auf allen staatlichen Ebenen aufgestellt werden (OECD, 2021[62]).

Die Fortsetzung der Korruptions- und Geldwäschebekämpfung ist entscheidend, um faire Wettbewerbsbedingungen zu gewährleisten und die wirtschaftliche Dynamik und das Produktivitätswachstum zu fördern. Außerdem ist dies auch wichtig, um das Vertrauen in die Institutionen zu stärken. Zwar liegt es in Deutschland nach wie vor über dem OECD-Durchschnitt, hat aber in jüngster Zeit nachgelassen (Abbildung 2.9) (OECD, 2024[63]). Wie im *OECD-Wirtschaftsbericht Deutschland 2023* empfohlen, wurde die Definition der Bestechlichkeit von Abgeordneten ausgeweitet und erfasst nun auch Nebentätigkeiten, bei denen Abgeordnete ihren Status nutzen könnten, um in unredlicher Weise Einfluss auf den Verwaltungsapparat auszuüben, beispielsweise bei Beschaffungsentscheidungen. Informationen zu Nebentätigkeiten und weiteren Einkünften von Abgeordneten werden nun auf der Website des Bundestags veröffentlicht. Darüber hinaus wurde die Transparenz der Wahlkampf- und Parteienfinanzierung deutlich gestärkt: Die Schwelle für die unverzügliche Anzeige von Einzelspenden wurde auf 35 000 EUR gesenkt, Schlupflöcher bei Sponsoring und Wahlkampffinanzierung wurden gestopft und Angaben zu Spenden werden zeitnah in einer zentralen und allgemein zugänglichen Datenbank veröffentlicht. Es gibt jedoch nach wie vor keine Obergrenzen für Parteispenden und Wahlkampffinanzierung, wie sie in 19 EU-Ländern existieren (OECD, 2016[64]). Um das Risiko zu verringern, dass Politiker und andere Amtsträger ihre im Amt erworbenen Kontakte und Insiderinformationen nach dem Ende ihres Mandats direkt für bestimmte Unternehmen und Interessen einsetzen, sollten die Überwachung und Durchsetzung von Karenzzeiten gestärkt werden. Es sollten transparente Regeln für die Auswahl der drei Mitglieder des zuständigen beratenden Gremiums (die von der Bundesregierung nominiert und vom Bundespräsidenten berufen werden) sowie verbindliche Sanktionen für Verstöße gegen die Karenzvorschriften eingeführt werden (Europäische Kommission, 2022[65]; GRECO, 2019[66]). Darüber hinaus sollten auch für Amtsträger der mittleren Führungsebene von Ministerien und Behörden Karenzzeiten gelten und alle Tätigkeiten außerhalb des öffentlichen Diensts nach dem Ausscheiden aus dem Amt sollten anzeigepflichtig sein. Angaben zu Seitenwechseln in die Wirtschaft und den entsprechenden Karenzzeiten sollten öffentlich zugänglich gemacht werden. Da die Vorschriften zu Interessenkonflikten auf Länderebene nach wie vor deutlich schwächer sind als auf Bundesebene, sollten sich die Bemühungen insbesondere darauf konzentrieren, die Integritätsregeln für öffentlich Bedienstete auf allen staatlichen Ebenen zu verbessern.

Trotz der jüngsten Fortschritte bei der Geldwäschebekämpfung bleiben noch erhebliche Herausforderungen zu bewältigen. Ein Gesetzentwurf der Vorgängerregierung zur Errichtung eines neuen Bundesamts zur Bekämpfung von Finanzkriminalität (BBF) ist zu begrüßen. Die neue Regierung sollte diese Reform fortführen und verbessern, indem die Ermittlungskapazitäten der neuen Behörde gestärkt werden und eine Duplizierung von Zuständigkeiten zwischen dem BBF, dem Bundeskriminalamt (BKA) und den Strafverfolgungsbehörden der Länder vermieden wird, wie im *OECD-Wirtschaftsbericht Deutschland 2023* empfohlen. Außerdem sollte die Aufsicht über die rd. 300 dezentralen Einrichtungen für die Geldwäschebekämpfung im Nichtfinanzsektor unter dem Dach der neuen Behörde zentralisiert werden. Mit der Zusammenführung von Datenanalyse, Ermittlungskapazitäten und Aufsicht im Bereich der Geldwäschebekämpfung und Sanktionsdurchsetzung in einer einzigen Bundesbehörde könnten Skalenerträge gegenüber den fragmentierten Behörden und staatlichen Ebenen erzielt, die internationale Zusammenarbeit verbessert und die Durchsetzungskapazitäten gestärkt werden (FATF, 2022[67]). Damit einhergehend sollten die Digitalisierung und Verknüpfung von Gewerberegistern, Grundbüchern, Unternehmensregistern und anderen Registern beschleunigt und deren Verknüpfung mit anderen Daten, etwa zu Bankkonten und Finanzvermögen zugelassen werden – soweit dies mit der EU-Datenschutz-Grundverordnung im Einklang steht –, um die Qualität des Transparenzregisters wirtschaftlich 4014Berechtigter zu verbessern (vgl. *OECD-Wirtschaftsbericht Deutschland 2023*). Ein weiterer Gesetzentwurf zur Verbesserung der Ermittlungskapazitäten bei fehlenden Angaben zu wirtschaftlich Berechtigten ist zu begrüßen und sollte ebenfalls von der neuen Regierung übernommen werden. Wenn dieser Gesetzentwurf durch ein staatliches Auskunfts- und Einziehungsrecht für verdächtige Vermögen („Suspicious Wealth Order") ergänzt würde, das die Einziehung von illegal erworbenem Vermögen innerhalb der verfassungsrechtlich zulässigen Grenzen erleichtert, und die Zusammenarbeit zwischen den Steuerbehörden und dem geplanten Bundesamt zur Bekämpfung von Finanzkriminalität gestärkt würde, könnten dadurch die Geldwäschebekämpfung und die Sanktionsdurchsetzung weiter verbessert werden. Eine bessere Erfassung von Daten zu Einziehungen und fallbezogenen Informationen würde helfen, ein besseres Verständnis der Strukturen und des Umfangs der Geldwäsche zu erlangen (Transparency International Deutschland, 2021[68]). Darüber hinaus sollte ein internationaler automatischer Austausch von steuerrelevanten Informationen zu Kryptowerten, die zur Geldwäsche eingesetzt werden können, eingeführt werden, wie im OECD-Melderahmen für Kryptowerte (Crypto-Asset Reporting Framework) vorgesehen. Mit dem jüngst verabschiedeten Bargeldverbot bei Immobilienkäufen verringern sich die Möglichkeiten zur Geldwäsche; es sollten aber auch Obergrenzen für Barzahlungen beim Kauf anderer Vermögenswerte eingeführt werden, indem die einschlägigen EU-Bestimmungen zur Bekämpfung der Geldwäsche umgesetzt werden (FATF, 2022[67]).

Abbildung 2.9. Der Kampf gegen Korruption und Geldwäsche muss fortgesetzt werden

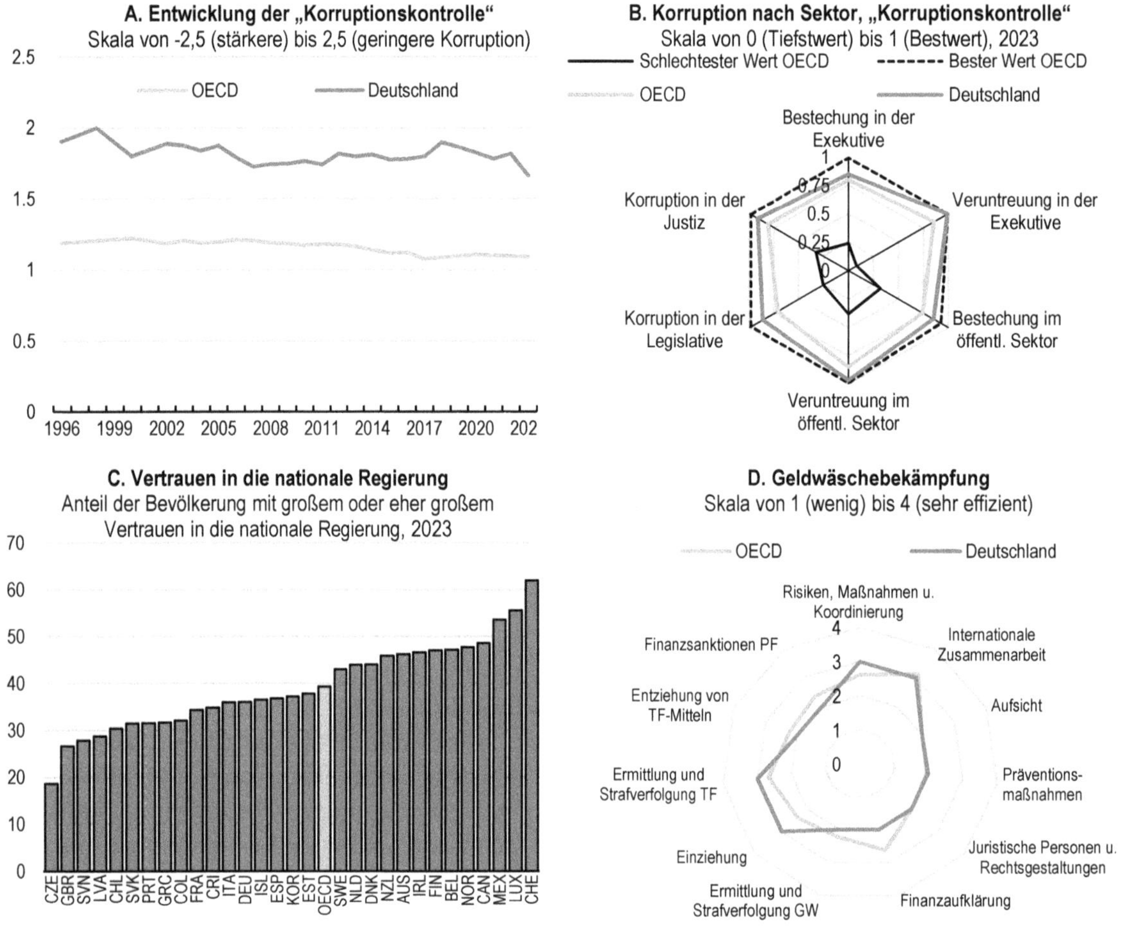

Anmerkung: Teil D zeigt die Bewertungen des Grads der Umsetzung der FATF-Empfehlungen aus den FATF-Berichten über die einzelnen Länder. Gemessen wird dabei die Effizienz der von den Ländern ergriffenen Maßnahmen nach elf Ergebnisindikatoren. GW bezieht sich auf Geldwäsche, TF auf Terrorismusfinanzierung und PF auf Proliferationsfinanzierung.

Quelle: Teil A: Weltbank, Worldwide Governance Indicators; Teil B: Varieties of Democracy Project, V-Dem Dataset v12; Teil C: OECD (2024[63]); Teil D: OECD, Financial Action Task Force (FATF).

StatLink https://stat.link/yhsi17z9upks

Tabelle 2.1. Frühere Empfehlungen und ergriffene Maßnahmen

Frühere Empfehlungen	Ergriffene Maßnahmen
Verbindliche einheitliche IT-Standards aufstellen und kommunen- und länderübergreifend die Harmonisierung der Verwaltungsverfahren und gemeinsame Softwareentwicklung fördern.	Keine
Die Planungs- und Genehmigungsverfahren für Infrastrukturinvestitionen straffen.	Die Planungs- und Genehmigungsverfahren für erneuerbare Energien, den Netzausbau, Industrieanlagen und die Verkehrsinfrastruktur wurden vereinfacht. Bund und Länder haben mit der Harmonisierung und Vereinfachung von Bauvorschriften und Planungs- und Genehmigungsverfahren begonnen, um Infrastrukturvorhaben weiter zu beschleunigen (Beschleunigungspakt).
Die Digitalisierung und Vernetzung der auf Gemeindeebene geführten Gewerberegister, Grundbücher und Unternehmensregister beschleunigen und ihre Verknüpfung mit anderen Daten, etwa zu Bankkonten und Finanzvermögen, gestatten.	Keine
Die Verknüpfung von Registern zu verschiedenen Steuerarten und deren Verzahnung mit anderen Datenquellen gestatten, u. a. durch die Einführung einer bundeseinheitlichen elektronischen Identifikationsnummer für Unternehmen.	Im November 2024 wurde eine bundeseinheitliche Wirtschafts-Identifikationsnummer für Besteuerungs- und Verwaltungsverfahren eingeführt.
Die geplante zentrale und transparente e-Vergabe-Plattform für Ausschreibungen aller staatlichen Ebenen umsetzen und gemeinsame Beschaffungsinitiativen der Kommunen durch finanzielle Anreize fördern.	Auf dem inzwischen eingerichteten e-Vergabe-Portal des Bundes können Vergabeverfahren aller staatlichen Ebenen, die unter den EU-Schwellenwerten liegen, veröffentlicht werden. Die Veröffentlichung von Vergabeverfahren oberhalb der EU-Schwellenwerte ist verpflichtend.
Die Berufszulassungsbedingungen lockern, allen voran in Branchen mit Angebotsengpässen (wie im Baugewerbe), und dabei die Stärken des dualen Berufsbildungssystems wahren.	Keine
Eine vertikale Trennung von Netz und Betrieb der Deutschen Bahn prüfen.	Keine
Die Pläne zur Einrichtung eines Bundesfinanzkriminalamts umsetzen und die ebenenübergreifende Zusammenarbeit und Datenanalyse sowie die Durchsetzung der Meldepflichten verbessern.	Ein Gesetzentwurf, der die Einrichtung eines Bundesamts zur Bekämpfung von Finanzkriminalität vorsah, wurde 2023 in den Bundestag eingebracht, aber noch nicht verabschiedet.
Eine ausreichende Personal- und IT-Ausstattung für die Um- und Durchsetzung des neuen Lobbyregisters gewährleisten, dessen Geltungsbereich ausdehnen und auch Kontakte zu Mitarbeitenden auf niedrigeren Ebenen aufzeichnungspflichtig machen und eine legislative und regulative Fußspur einführen.	Das Lobbyregister wurde 2024 verschärft und bezieht nun auch Kontakte bis hinunter zur Referatsleitung ein. Außerdem wurde 2024 ein verpflichtender exekutiver Fußabdruck eingeführt, der für jeden Gesetz- oder Verordnungsentwurf angibt, welche Interessenvertretungen bei der Arbeit an dem Regelungsvorhaben konsultiert wurden und welche Beiträge in dem Entwurf berücksichtigt wurden. Das Lobbyregister erfasst nun zwar auch, auf welche Regelungsvorhaben sich die Interessenvertretung richtet, es enthält jedoch noch keine Angaben zu den regulatorischen Auswirkungen der Lobbytätigkeiten.

Tabelle 2.2 Feststellungen und Empfehlungen (zentrale Empfehlungen in Fettdruck)

Wichtigste Feststellungen	Empfehlungen
Bürokratie abbauen	
Die „One in, one out"-Regel beruht auf dem Erfüllungsaufwand, der neben den reinen Bürokratiekosten auch die umfassenderen Folgekosten gesetzlicher Vorgaben miteinbezieht. Sie berücksichtigt jedoch keine Kosten, die durch EU-Regulierung entstehen, und erfasst lediglich den Erfüllungsaufwand für die Wirtschaft.	Die „One in, one out"-Regel auf die Bürokratiekosten von Regulierung fokussieren, dabei aber auch die Bürokratiekosten für Bürger*innen und die Verwaltung sowie die Kosten infolge von EU-Regulierung berücksichtigen.
Zwar ist eine Gesetzesfolgenabschätzung für jedes Regelungsvorhaben verpflichtend, Regelungsalternativen zum Erreichen desselben Politikziels werden jedoch mangels Kapazitäten und Durchsetzung der Vorgaben nicht hinreichend evaluiert.	Die Befugnisse des Normenkontrollrats für die Prüfung der Gesetzesfolgenabschätzungen der Ministerien stärken, die Kapazitäten für Kosten-Nutzen-Analysen in den Ministerien verbessern und die Akteursbeteiligung ausbauen.
Die hohen Bürokratiekosten sind auf komplizierte Regelungen und Verwaltungsverfahren zurückzuführen, die sich zwischen verschiedenen Bundesländern und Kommunen unterscheiden. Sie hemmen den Marktzugang und das Wachstum von Unternehmen in vielen Wirtschaftsbereichen, wie z. B. im Baugewerbe.	**Größere Anstrengungen unternehmen, um bestehende Regelungen und Verwaltungsverfahren ebenenübergreifend zu überarbeiten, zu vereinfachen und zu vereinheitlichen.**
Die Gründung eines Unternehmens ist mit erheblichem Bürokratieaufwand verbunden. Es gibt keinen One-Stop-Shop für die Unternehmensgründung, weil viele dezentrale Register und Verwaltungsverfahren noch immer nicht digitalisiert und/oder miteinander verknüpft sind.	**Verbindliche einheitliche Standards für das Design und die Verknüpfung von Daten und IT-Tools aufstellen und rechtliche Hürden für die Verknüpfung dezentraler Register beseitigen. Einen One-Stop-Shop für alle bei einer Unternehmensgründung erforderlichen Verwaltungsverfahren einrichten.**
Um den öffentlichen Sektor zu modernisieren und seine Kapazitäten zu steigern, müssen die Kompetenzen der öffentlich Bediensteten auf den neuesten Stand gebracht werden. Der Fachkräftemangel ist erheblich.	Die Einstellungsverfahren und Leistungsanreize im öffentlichen Sektor verbessern und das Fortbildungsangebot ausbauen, insbesondere für Digital-, Management- und Sprachkompetenzen.
Durch kluge Regulierung und Politikgestaltung den Wettbewerb fördern und Strukturwandel erleichtern	
Die Wettbewerbshemmnisse im Dienstleistungssektor sind nach wie vor höher als im OECD-Durchschnitt. Für viele Berufe gelten Zulassungs- und Qualifikationsanforderungen, zugleich aber sorgt der Arbeitskräftemangel für erhebliche Angebotsengpässe.	**Berufszugangsbeschränkungen abbauen, insbesondere im Handwerk.**
Das Tätigkeitsspektrum öffentlicher Unternehmen ist sehr breit und die Governance dieser Unternehmen ist schwächer als im OECD-Durchschnitt. Die Ministerien, denen öffentliche Unternehmen unterstehen, sind auch für die Festlegung der Politikziele verantwortlich und beaufsichtigen die zuständige Regulierungsbehörde.	Eine einzige Holding-Gesellschaft für alle Beteiligungen des Bundes einrichten, einheitliche Leistungsstandards für alle öffentlichen Unternehmen (der Länder- und Kommunalebene) festlegen, zentralisiertes Leistungsmonitoring einführen und die Transparenz verbessern.
Die öffentliche Beschaffung ist auf den nachgeordneten staatlichen Ebenen stark dezentralisiert. Der Wettbewerb bei Ausschreibungen ist aufgrund von Informationsasymmetrien begrenzt.	Die Veröffentlichung aller Vergabeverfahren auf der neuen e-Vergabe-Website des Bundes für alle staatlichen Ebenen vorschreiben und die Vergabevorschriften und -verfahren länderübergreifend vereinheitlichen.
Da Kleinbetriebe von den strengen Kündigungsschutzbestimmungen ausgenommen sind, haben technologieintensive Start-ups und andere Unternehmen mit ungewissen Ertragsperspektiven einen Anreiz, klein zu bleiben.	Kündigungsschutz flexibler gestalten und Ausnahmen für Kleinbetriebe verringern, um Wachstumshemmnisse abzubauen.
Die Ausgestaltung der Kurzarbeit dürfte während der Pandemie und der Energiekrise die Reallokation von Produktionsfaktoren hin zu boomenden Branchen und Unternehmen behindert und den Fachkräftemangel verschärft haben.	Die Kurzarbeitsregelungen ändern, um die Anreize für Weiterbildung und Arbeitsuche zu erhöhen. Die maximale Bezugsdauer des Kurzarbeitergelds verkürzen.
Wettbewerbsdurchsetzung weiter stärken	
Die Ressourcen der Wettbewerbsbehörde wurden zwar aufgestockt, die Kapazitäten für Ex-ante- und Ex-post-Evaluierungen und die digitalen Ermittlungsinstrumente sind jedoch nach wie vor unzureichend.	Die IT-Kapazitäten und die Dateninfrastruktur des Bundeskartellamts verbessern und seine Ermittlungskapazitäten weiter stärken.
Die Kronzeugenanträge in Kartellfällen sind deutlich zurückgegangen, was die Kartellrechtsdurchsetzung schwächt.	Kronzeugen in Kartellverfahren vor Schadensersatzforderungen Dritter schützen.
Die Wettbewerbsdurchsetzung auf Märkten, auf denen öffentliche und privatwirtschaftliche Unternehmen konkurrieren, wird durch die intransparente Datenlage zur Nutzung öffentlicher Subventionen beeinträchtigt.	Die Kartellbehörde mit dem nötigen Datenzugang und hinreichenden Ressourcen ausstatten, um ein regelmäßiges Monitoring der buchhalterischen Trennung zwischen hoheitlichen und kommerziellen Tätigkeiten aller öffentlichen Unternehmen des Bundes, der Länder und der Kommunen durchzuführen.
Die neuen Eingriffsbefugnisse im Rahmen von Sektoruntersuchungen erfordern Einvernehmen mit der Regulierungsbehörde, um Störungen des Wettbewerbs zu beseitigen. Bei der Konzessionsvergabe für lokale Infrastrukturen wurden in jüngerer Zeit häufig kommunale Unternehmen bevorzugt.	**Die Befugnisse des Bundeskartellamts stärken, wettbewerbshemmende Entscheidungen von öffentlichen Organen oder Regulierungsbehörden anzufechten.**

Korruption und Geldwäsche bekämpfen	
Die Gefahr ist groß, dass etablierte Unternehmen durch politische Lobbyarbeit die Entwicklung und Umsetzung von Gesetzen und Vorschriften beeinflussen, um den Wettbewerb zu behindern.	Die regulatorischen Auswirkungen von Lobbyaktivitäten im Lobbyregister erfassen und das Register um Lobbytätigkeiten auf Länderebene erweitern.
Kapazitätsengpässe, die Duplizierung von Zuständigkeiten sowie unzureichende Zusammenarbeit zwischen Strafverfolgungs- und Finanzbehörden auf Länder- und Bundesebene erschweren die Bekämpfung von Geldwäsche und Steuerkriminalität.	**Die Pläne zur Einrichtung eines Bundesfinanzkriminalamts umsetzen und dessen Ermittlungskapazitäten, Datenzugang und Zusammenarbeit mit den Strafverfolgungs- und Finanzbehörden der Länder verbessern.**

Literaturverzeichnis

Adalet McGowan, M., D. Andrews und V. Millot (2017), „Insolvency regimes, zombie firms and capital reallocation", *OECD Economics Department Working Papers*, No. 1399, OECD Publishing, Paris, https://doi.org/10.1787/5a16beda-en. [44]

Adalet McGowan, M., D. Andrews und V. Millot (2017), „The Walking Dead?: Zombie Firms and Productivity Performance in OECD Countries", *OECD Economics Department Working Papers*, No. 1372, OECD Publishing, Paris, https://doi.org/10.1787/180d80ad-en. [10]

Affeldt, P. et al. (2021), „Marktkonzentrationstrend steigt in Dienstleistungsmärkten deutlich", *DIW Wochenbericht*, Vol. 88/20, S. 339–347, https://www.diw.de/documents/publikationen/73/diw_01.c.818266.de/21-20-1.pdf. [20]

Aghion, P. et al. (2009), „The Effects of Entry on Incumbent Innovation and Productivity", *Review of Economics and Statistics*, Vol. 91/1, S. 20–32, https://doi.org/10.1162/rest.91.1.20. [5]

Akcigit, U. und S. Ates (2021), „Ten Facts on Declining Business Dynamism and Lessons from Endogenous Growth Theory", *American Economic Journal: Macroeconomics*, Vol. 13/1, S. 257–298, https://doi.org/10.1257/mac.20180449. [11]

Akcigit, U., S. Baslandze und F. Lotti (2023), „Connecting to Power: Political Connections, Innovation, and Firm Dynamics", *Econometrica*, Vol. 91/2, S. 529–564, https://doi.org/10.3982/ecta18338. [23]

Allain-Dupré, D., C. Hulbert und M. Vincent (2017), „Subnational Infrastructure Investment in OECD Countries: Trends and Key Governance Levers", *OECD Regional Development Working Papers*, No. 2017/05, OECD Publishing, Paris, https://doi.org/10.1787/e9077df7-en. [38]

André, C. und L. Demmou (2022), „Enhancing insolvency frameworks to support economic renewal", *OECD Economics Department Working Papers*, No. 1738, OECD Publishing, Paris, https://doi.org/10.1787/8ef45b50-en. [45]

Andrews, D., C. Criscuolo und P. Gal (2016), „The Best versus the Rest: The Global Productivity Slowdown, Divergence across Firms and the Role of Public Policy", *OECD Productivity Working Papers*, No. 5, OECD Publishing, Paris, https://doi.org/10.1787/63629cc9-en. [12]

Asatryan, Z. und A. Havlik (2020), „The political economy of multilateral lending to European regions", *The Review of International Organizations*, Vol. 15/3, S. 707–740, https://doi.org/10.1007/s11558-020-09385-y. [30]

Bambalaite, I., G. Nicoletti und C. von Rueden (2020), „Occupational entry regulations and their effects on productivity in services: Firm-level evidence", *OECD Economics Department Working Papers*, No. 1605, OECD Publishing, Paris, https://doi.org/10.1787/c8b88d8b-en. [19]

Bighelli, T. et al. (2022), „European Firm Concentration and Aggregate Productivity", *Journal of the European Economic Association*, Vol. 21/2, S. 455–483, https://doi.org/10.1093/jeea/jvac040. [51]

Bloom, N., M. Draca und J. Van Reenen (2015), „Trade Induced Technical Change? The Impact of Chinese Imports on Innovation, IT and Productivity", *The Review of Economic Studies*, Vol. 83/1, S. 87–117, https://doi.org/10.1093/restud/rdv039. [4]

Bloom, N. und J. Van Reenen (2007), „Measuring and Explaining Management Practices Across Firms and Countries", *The Quarterly Journal of Economics*, Vol. 122/4, S. 1351–1408, https://doi.org/10.1162/qjec.2007.122.4.1351. [3]

Brinkmann, C. et al. (2024), „Short-Time Work Extensions", *NBER Working Paper Series*, No. 33112, National Bureau of Economic Research, Cambridge, MA, https://doi.org/10.3386/w33112. [42]

Budzinski, O. und A. Stöhr (2023), „Energieversorgungssicherheit als Gemeinwohl: Auswirkungen des Instrumentes Ministererlaubnis", *Ilmenau Economics Discussion Papers*, No. 28/177, TU Ilmenau, Institut für Volkswirtschaftslehre, Ilmenau, https://www.tu-ilmenau.de/fileadmin/Bereiche/WM/wth/Diskussionspapier_Nr_177.pdf. [59]

Bundesbank (2022), *Produktivitätswirkungen der Reallokation im Unternehmenssektor während der Coronavirus-Krise*, September, Deutsche Bundesbank, Frankfurt a. M., https://www.bundesbank.de/resource/blob/897186/19f2a92a56f480b545e3a2718bfa483e/472B63F073F071307366337C94F8C870/2022-09-reallokation-corona-data.pdf. [41]

Bundeskartellamt (2024), *Sektoruntersuchung zur Bereitstellung und Vermarktung öffentlich zugänglicher Ladeinfrastruktur für Elektrofahrzeuge*, Abschlussbericht, Bundeskartellamt, Bonn, https://www.bundeskartellamt.de/SharedDocs/Publikation/DE/Sektoruntersuchungen/Sektoruntersuchung_Ladesaeulen_Abschlussbericht.pdf. [35]

Bundeskartellamt (2022), „Amtshaftungsklage der BayWa gegen das Bundeskartellamt rechtskräftig abgewiesen", Pressemitteilung, 11. Juli, Bundeskartellamt, Bonn, https://www.bundeskartellamt.de/SharedDocs/Meldung/DE/Pressemitteilungen/2022/11_07_2022_BayWa.html. [57]

Calligaris, S. et al. (2024), *Exploring the evolution and the state of competition in the EU*, OECD, Paris, https://competition-policy.ec.europa.eu/system/files/2024-06/Exploring_the_evolution_and_the_state_of_competition_in_the_EU_launch.pdf. [13]

Calligaris, S. et al. (2023), „Employment dynamics across firms during COVID-19: The role of job retention schemes", *OECD Economics Department Working Papers*, No. 1788, OECD Publishing, Paris, https://doi.org/10.1787/33388537-en. [40]

Calvino, F., C. Criscuolo und R. Verlhac (2020), „Declining business dynamism: Structural and policy determinants", *OECD Science, Technology and Industry Policy Papers*, No. 94, OECD Publishing, Paris, https://doi.org/10.1787/77b92072-en. [8]

De Loecker, J. und J. Eeckhout (2018), „Global Market Power", *NBER Working Paper Series*, No. 24768, National Bureau of Economic Research, Cambridge, MA, https://doi.org/10.3386/w24768. [50]

De Loecker, J., J. Eeckhout und G. Unger (2020), „The Rise of Market Power and the Macroeconomic Implications", *The Quarterly Journal of Economics*, Vol. 135/2, S. 561–644, https://doi.org/10.1093/qje/qjz041. [53]

Dent, R. et al. (2016), „The Role of Startups in Structural Transformation", *American Economic Review*, Vol. 106/5, S. 219–223, https://doi.org/10.1257/aer.p20161053. [6]

Diegmann, A., L. Pohlan und A. Weber (2024), „Do Politicians Affect Firm Outcomes? Evidence from Connections to the German Federal Parliament", *ZEW Discussion Paper*, No. 24-035, ZEW, Mannheim, https://doi.org/10.2139/ssrn.4856167. [24]

Draghi, M. (2024), *The future of European Competitiveness*. [52]

Europäische Kommission (2022), *Bericht über die Rechtsstaatlichkeit 2022 – Länderkapitel zur Lage der Rechtsstaatlichkeit in Deutschland*, Arbeitsunterlage der Kommissionsdienststelle, SWD/2022/505 final, https://eur-lex.europa.eu/legal-content/DE/TXT/PDF/?uri=CELEX:52022SC0505&qid=1738146572698. [65]

FATF (2022), *Anti-money laundering and counter-terrorist financing measures – Germany, Fourth Round Mutual Evaluation Report*, Financial Action Task Force, Paris, https://www.fatf-gafi.org/en/publications/mutualevaluations/documents/mer-germany-2022.html. [67]

Fazekas, M. und J. Blum (2021), „Improving Public Procurement Outcomes - Review of Tools and the State of the Evidence Base", *Policy Research Working Paper*, No. WPS 9690, Weltbank, Washington, D.C., http://documents.worldbank.org/curated/en/656521623167062285/Improving-Public-Procurement-Outcomes-Review-of-Tools-and-the-State-of-the-Evidence-Base. [37]

Gourio, F., T. Messer und M. Siemer (2016), „Firm Entry and Macroeconomic Dynamics: A State-Level Analysis", *American Economic Review*, Vol. 106/5, S. 214–218, https://doi.org/10.1257/aer.p20161052. [7]

GRECO (2019), *Fünfte Evaluierungsrunde: Korruptionsprävention und Integritätsförderung in Zentralregierungen (hochrangige Entscheidungsträgerinnen und -träger der Exekutive) und Strafverfolgungsbehörden – Evaluierungsbericht: Deutschland*, GrecoEval5Rep(2019)6, GRECO, Straßburg, https://rm.coe.int/funfte-evaluierungsrunde-korruptionspravention-und-integritatsforderun/1680a0b8d9. [66]

Heinemann, F. (2022), „Moving from Broad to Targeted Pandemic Fiscal Support", *EconPol Policy Report*, No. 37, ifo Institut, München, https://www.cesifo.org/DocDL/EconPol_Policy_Report-37-Targeted_Support-Heinemann.pd. [39]

Hsieh, C. und P. Klenow (2009), „Misallocation and Manufacturing TFP in China and India", *Quarterly Journal of Economics*, Vol. 124/4, S. 1403–1448, https://doi.org/10.1162/qjec.2009.124.4.1403. [9]

IWF (2019), *Reassessing the Role of State-Owned Enterprises in Central, Eastern, and Southeastern Europe*, Internationaler Währungsfonds, Washington, D.C., https://www.imf.org/en/Publications/Departmental-Papers-Policy-Papers/Issues/2019/06/17/Reassessing-the-Role-of-State-Owned-Enterprises-in-Central-Eastern-and-Southeastern-Europe-46859. [21]

Kropp, R. und V. Saadi (2015), „Electoral Credit Supply Cycles Among German Savings Banks", *IWH Online*, No. 11, Leibniz-Institut für Wirtschaftsforschung, Halle, https://www.iwh-halle.de/publikationen/detail/electoral-credit-supply-cycles-among-german-savings-banks. [31]

Laaser, C. und A. Rosenschon (2020), „Kieler Subventionsbericht 2020: Subventionen auf dem Vormarsch", *Kieler Beiträge zur Wirtschaftspolitik*, No. 29, Institut für Weltwirtschaft, Kiel, https://www.ifw-kiel.de/de/publikationen/kieler-subventionsbericht-2020-subventionen-auf-dem-vormarsch-27079/. [43]

Lobby Control (2021), *Lobbyreport 2021: Beispiellose Skandale – strengere Lobbyregeln: Eine Bilanz von vier Jahren Schwarz-Rot*, Lobby Control, Köln, https://www.lobbycontrol.de/wp-content/uploads/Lobbyreport-2021_Beispiellose-Skandale-strengere-Lobbyregeln.pdf. [61]

Monopolkommission (2024), *Wettbwewerb 2024*, XXV. Hauptgutachten, Monopolkommission, Bonn, https://www.monopolkommission.de/images/HG25/HG25-Gesamt.pdf. [34]

Monopolkommission (2023), *Bahn 2023: Time to GO: Endlich qualitätswirksam in den Wettbewerb*, 9. Sektorgutachten, Monopolkommission, Bonn, https://www.monopolkommission.de/images/PDF/SG/9sg_bahn_volltext.pdf. [27]

Monopolkommission (2022), *Wettbewerb 2022*, XIV. Hauptgutachten, Monopolkommission, Bonn, https://www.monopolkommission.de/images/HG24/HGXXIV_Gesamt.pdf. [56]

Motta, M. und M. Peitz (2020), *Intervention triggers and underlying theories of harm: Expert advice for the Impact Assessment of a New Competition Tool – Expert Study*, Amt für Veröffentlichungen der Europäischen Union, Luxemburg, https://doi.org/10.2763/487824. [32]

NKR (2025), *Bündelung im Föderalstaat*, Gutachten, Nationaler Normenkontrollrat, Berlin, https://www.normenkontrollrat.bund.de/Webs/NKR/SharedDocs/Downloads/DE/Gutachten/2025-b%C3%BCndelung-im-f%C3%B6deralstaat.pdf. [15]

NKR (2024), *Jahresbericht 2024: Gute Gesetze. Digitale Verwaltung. Weniger Bürokratie.*, Nationaler Normenkontrollrat, Berlin, https://www.normenkontrollrat.bund.de/Webs/NKR/SharedDocs/Downloads/DE/Jahresberichte/2024-jahresbericht.pdf. [14]

NKR (2021), *Leistungsfähige Verwaltung– Zukunftsfester Staat. Empfehlungen für eine nachhaltige Modernisierung – in der Krise, wie im Alltag*, Positionspapier, 1. Juni, Nationaler Normenkontrollrat, Berlin, https://www.normenkontrollrat.bund.de/Webs/NKR/SharedDocs/Downloads/DE/Positionspapiere/zukunftsfester-staat.pd. [17]

NKR (Hrsg.) (2017), *Mehr Leistung für Bürger und Unternehmen: Verwaltung digialisieren, Register modernisieren*, Gutachten, Nationaler Normenkontrollrat, Berlin, https://www.normenkontrollrat.bund.de/Webs/NKR/SharedDocs/Downloads/DE/Gutachten/2017-nkr-gutachten-registermodernisierung.pdf. [16]

Oberlandesgericht Düsseldorf (2014), „Revisionsentscheidung VI - U (Kart) 43/13", https://nrwe.justiz.nrw.de/olgs/duesseldorf/j2014/VI_U_Kart_43_13_Urteil_20140326.html. [58]

OECD (2025), *OECD-Leitsätze zu Corporate Governance in staatseigenen Unternehmen 2024*, OECD Publishing, Paris. [25]

OECD (2024), *OECD Survey on Drivers of Trust in Public Institutions – 2024 Results: Building Trust in a Complex Policy Environment*, OECD Publishing, Paris, https://doi.org/10.1787/9a20554b-en. [63]

OECD (2022), „Regulating corporate political engagement: Trends, challenges and the role for investors", *OECD Public Governance Policy Papers*, No. 13, OECD Publishing, Paris, https://doi.org/10.1787/8c5615fe-en. [60]

OECD (2021), *Lobbying in the 21st Century: Transparency, Integrity and Access*, OECD Publishing, Paris, https://doi.org/10.1787/c6d8eff8-en. [62]

OECD (2021), *OECD Competitive Neutrality Reviews: Small-Package Delivery Services in ASEAN*, Competition Law and Policy Reviews, OECD Publishing, Paris, https://doi.org/10.1787/77fb3159-en. [28]

OECD (2021), *Ownership and Governance of State-Owned Enterprises: A Compendium of National Practices*, OECD Publishing Paris, https://doi.org/10.1787/581de09d-en. [26]

OECD (2021), *Recommendation of the Council on Competitive Neutrality*, OECD Publishig Paris, https://legalinstruments.oecd.org/en/instruments/OECD-LEGAL-0462. [22]

OECD (2021), „The Promotion of Competitive Neutrality by Competition Authorities", *OECD Roundtables on Competition Policy Papers*, No. 267, OECD Publishing, Paris, https://doi.org/10.1787/8383be43-en. [33]

OECD (2017), *Algorithms and Collusion – Note from the European Union*, DAF/COMP/WD(2017)12, https://one.oecd.org/document/DAF/COMP/WD(2017)12/en/pdf. [55]

OECD (2016), *Financing Democracy: Funding of Political Parties and Election Campaigns and the Risk of Policy Capture*, OECD Public Governance Reviews, OECD Publishing, Paris, https://doi.org/10.1787/9789264249455-en. [64]

OECD (2016), *OECD Competition Assessment Reviews: Romania*, OECD Competition Assessment Reviews, OECD Publishing, Paris, https://doi.org/10.1787/9789264257450-en. [36]

Sarin, N. und L. Summers (2019), „Shrinking the Tax Gap: Approaches and Revenue Potential", *NBER Working Paper Series*, No. 26475, National Bureau of Economic Research, Cambridge, MA, https://doi.org/10.3386/W26475. [46]

Spengel, C. (2017), „Kollektivversagen: Cum/Cum, Cum/Ex und Hopp!", *Wirtschaftsdienst*, Vol. 97/7, S. 454–455, https://doi.org/10.1007/s10273-017-2161-y. [48]

SVR (2023), *Jahresgutachten 2023/24: Wachstumsschwäche übrwinden – In die Zukunft investieren*, Sachverständigenrat zur Begutachtung der gesamtwirtschaftlichen Entwicklung, Wiesbaden, https://www.sachverstaendigenrat-wirtschaft.de/fileadmin/dateiablage/gutachten/jg201920/JG201920_Gesamtausgabe.pdf. [1]

SVR (2019), *Jahresgutachten 2019/20: Den Strukurwandel meistern*, Sachverständigenrat zur Begutachtung der gesamtwirtschaftlichen Entwicklung, Wiesbaden, https://www.sachverstaendigenrat-wirtschaft.de/fileadmin/dateiablage/gutachten/jg201920/JG201920_Gesamtausgabe.pdf. [2]

Tørsløv, T., L. Wier und G. Zucman (2022), „The Missing Profits of Nations", *Review of Economic Studies*, Vol. 90/3, S. 1499–1534, https://doi.org/10.1093/restud/rdac049. [47]

Transparency International Deutschland (2021), *Geldwäschebekämpfung in Deutschland*, Transparency International Deutschland, Berlin, https://www.transparency.de/fileadmin/Redaktion/Publikationen/2021/Studie_Geldwa__sche-in-Deutschland_210826.pdf. [68]

Véron, N. und J. Markgraf (2018), „Germany's savings banks: uniquely intertwined with local politics", *Blog post*, 18. Juli, Bruegel, Brüssel, https://www.bruegel.org/blog-post/germanys-savings-banks-uniquely-intertwined-local-politics. [29]

von Rueden, C. und I. Bambalaite (2020), „Measuring occupational entry regulations: A new OECD approach", *OECD Economics Department Working Papers*, No. 1606, OECD Publishing, Paris, https://doi.org/10.1787/296dae6b-en. [18]

Weche, J. und J. Wagner (2021), „Markups and Concentration in the Context of Digitization: Evidence from German Manufacturing Industries", *Jahrbücher für Nationalökonomie und Statistik*, Vol. 241/5–6, S. 667–699, https://doi.org/10.1515/jbnst-2020-0046. [49]

Whish, R. (2020), *New Competition Tool: Legal comparative study of existing competition tools aimed at addressing structural competition problems with a particular focus on the UK's market investigation tool – Expert study*, Amt für Veröffentlichungen der Europäischen Union, Luxemburg, https://doi.org/10.2763/52817. [54]

3 Den Fachkräftemangel beheben

Christian Wittneben

Robert Grundke

*Der Fachkräftemangel droht zu einem wesentlichen Hemmnis für das Wirtschaftswachstum wie auch die ökologische und digitale Transformation zu werden. Die Arbeitsanreize für Frauen, Geringverdienende und Familien mit Kindern sollten durch eine Senkung der effektiven Steuersätze bei Aufnahme einer Beschäftigung oder beim Übergang von einer Teilzeit- in eine Vollzeitbeschäftigung wie auch einen Ausbau des Kinderbetreuungsangebots und bessere Elternzeitregelungen gestärkt werden. Dies würde nicht nur das Arbeitsangebot erhöhen, sondern auch die geschlechtsspezifischen Ungleichheiten bei den Karriereaussichten, beim Verdienst und bei der sozialen Absicherung mindern helfen, da die meisten Teilzeitbeschäftigten Frauen sind. Um das effektive Renteneintrittsalter zu erhöhen, kommt es entscheidend darauf an, die Frühverrentungsanreize zu verringern und die Arbeitsbedingungen sowie Weiterbildungsmöglichkeiten älterer Arbeitskräfte zu verbessern. Eine Erleichterung der qualifizierten Zuwanderung und der Arbeitsmarktintegration von Migrant*innen würde ebenfalls zur Behebung des Fachkräftemangels beitragen. Da viele junge Erwachsene aufgrund von unzureichenden Grundkompetenzen, wie z. B. Sprachkenntnissen, über keinen Berufsabschluss verfügen, sollte die qualitative Verbesserung der Erwachsenenbildung, des Übergangsbereichs in der beruflichen Bildung und der Grundbildung oberste Priorität erhalten. Eine Standardisierung der Qualitätszertifizierung für Fort- und Weiterbildungskurse und eine bessere Governance des Erwachsenenbildungssystems würden dazu beitragen, die Inanspruchnahme und die Qualität der Fort- und Weiterbildung zu erhöhen.*

3.1. Der Fachkräftemangel droht zu einem großen Hemmnis für das Wirtschaftswachstum zu werden

Der deutsche Arbeitsmarkt hat sich in den letzten Jahren als recht widerstandsfähig erwiesen. Trotz einer schrumpfenden Erwerbsbevölkerung und der durch die Coronapandemie und die Energiekrise beeinträchtigten Wirtschaftsentwicklung hat die Erwerbstätigkeit mit über 46,1 Millionen Personen 2024 ein Rekordhoch erreicht. Der Beschäftigungszuwachs seit 2010 ist durch Zuwanderung und höhere Beschäftigungsquoten bedingt. Während Mitte der 2010er Jahre Staatsangehörige des Europäischen Wirtschaftsraums den größten Beitrag zum Beschäftigungsaufbau leisteten, kommen mittlerweile die größten Zuwächse von Personen aus Drittstaaten, darunter Flüchtlinge aus der Ukraine und den nicht europäischen Asylherkunftsländern (Holtemöller et al., 2023[1]). Trotz des starken Beschäftigungszuwachses ist der Anteil der Unternehmen, die erhebliche Schwierigkeiten bei der Besetzung offener Stellen haben, in Deutschland höher als in allen anderen OECD-Ländern (Abbildung 3.1).

Abbildung 3.1. Unternehmen haben erhebliche Schwierigkeiten bei der Stellenbesetzung

Schwierigkeiten bei der Personalgewinnung, 2022–2023, in % der Unternehmen

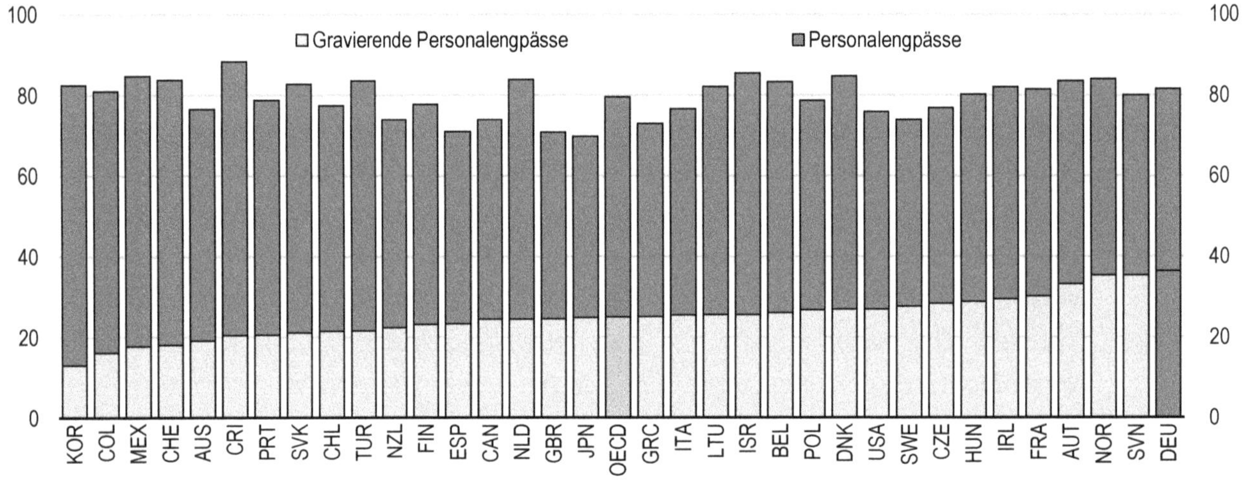

Anmerkung: Die Befragten sollten angeben, ob ihr Unternehmen in den letzten 24 Monaten Schwierigkeiten bei der Personalgewinnung hatte. Gravierende Personalengpässe liegen vor, wenn alle oder die meisten (anstatt einige, wenige oder keine) offenen Stellen im Unternehmen schwer zu besetzen waren. Der OECD-Gesamtwert errechnet sich aus dem ungewichteten Durchschnitt der in dieser Abbildung aufgeführten Mitgliedsländer.
Quelle: Filippucci, Laengle und Maorcolin (erscheint demnächst[2]) auf der Basis von Daten aus dem GFP Employer Survey.

StatLink https://stat.link/6om2vpvnmpzc

Der wachsende Fachkräftemangel hängt mit einem säkularen Rückgang der geleisteten Arbeitsstunden und zunehmenden Mismatches am Arbeitsmarkt zusammen (Abbildung 3.2). Der Rückgang der geleisteten Arbeitsstunden ist hauptsächlich darauf zurückzuführen, dass Zahl und Anteil der Teilzeitbeschäftigten gestiegen sind, Letzterer von 19 % im Jahr 2000 auf 29 % im Jahr 2023. Zwar hat die Teilzeitbeschäftigung sowohl bei Männern als auch bei Frauen sowie in allen Altersgruppen zugenommen, besonders groß war der Anstieg jedoch bei Frauen, Eltern und älteren Arbeitskräften, die verstärkt ins Erwerbsleben eingetreten sind (Bick, Blandin und Fuchs-Schündeln, 2022[3]). Die hohen Vakanzquoten und die niedrige Arbeitslosigkeit deuten darauf hin, dass es auch immer schwieriger wird, Arbeitsuchende in offene Stellen zu vermitteln. Dies ist mit zunehmenden Kompetenzdiskrepanzen am Arbeitsmarkt oder einer sinkenden Arbeitskräftemobilität zu erklären (Abbildung 3.2). Arbeitskräftehortung und sinkende Arbeitsplatzreallokationsraten während und nach der Pandemie dürften die Matchingeffizienz verringert und den Fachkräftemangel verschärft haben (Kapitel 2) (Bundesbank, 2022[4]). Die Nachfrage nach Fachkräften übersteigt das Angebot insbesondere bei erneuerbaren Energien und Heiztechnik, in Pflege- und Gesundheitsberufen, im Hoch- und Tiefbau, in der

Gastronomie und im Berufskraftverkehr (BA, 2024[5]). Der Mangel an qualifizierten Arbeitskräften im Baugewerbe und bei den erneuerbaren Energien droht zu einem großen Hemmnis für Infrastrukturinvestitionen zu werden, was die ökologische und digitale Transformation bremsen könnte. Der Fachkräftemangel in einigen Sektoren und Berufen hängt auch mit den Arbeitsbedingungen und dem niedrigen Verdienstniveau zusammen. Eine bessere Vergütung könnte diese Arbeitsplätze attraktiver machen, insbesondere für junge Auszubildende.

Abbildung 3.2. Die geleisteten Arbeitsstunden haben abgenommen, die Mismatches am Arbeitsmarkt zugenommen

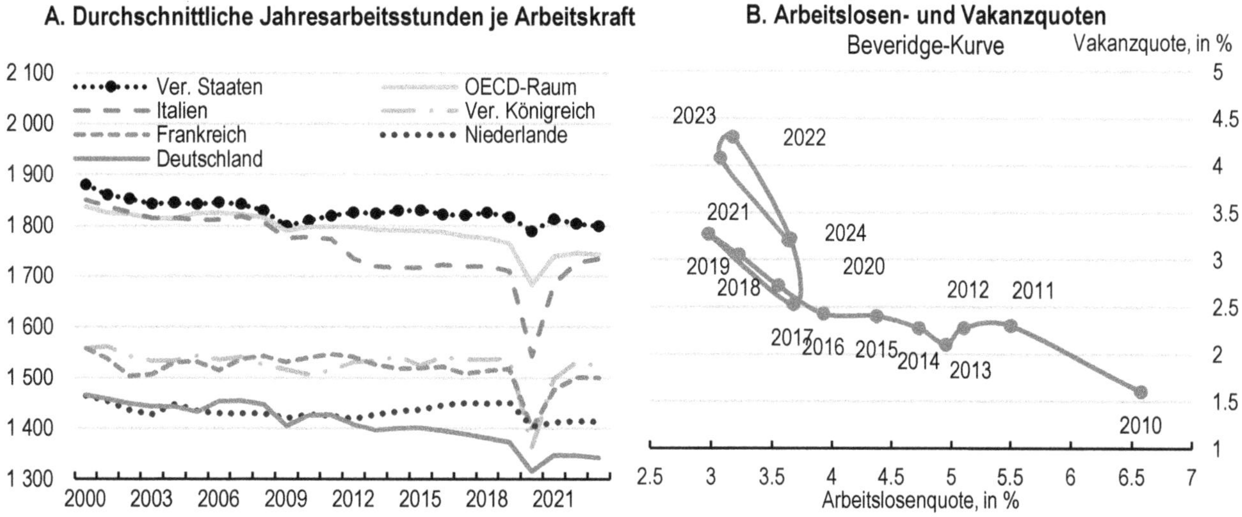

Anmerkung: Die Vakanzquote ist die Zahl der offenen Stellen in Prozent der Summe aus besetzten und offenen Stellen.
Quelle: Eurostat; *OECD Employment and Labour Market Statistics* (Datenbank).

StatLink https://stat.link/6uwigknsmeho

Der bestehende Arbeitskräftemangel wird sich durch die rasche Bevölkerungsalterung weiter verschärfen, da die Bevölkerung im erwerbsfähigen Alter in den kommenden zehn Jahren voraussichtlich um rd. 9 % schrumpfen wird (BMWK, 2024[6]). Der Anteil der über 55-Jährigen ist in vielen Berufen, die bereits jetzt gravierende Personalengpässe aufweisen, besonders hoch, so beispielsweise bei Ärzt*innen, aber auch in geringer qualifizierten Berufen in Bereichen wie Logistik, Baugewerbe und Einzelhandel. Die Geburtenrate tendiert ebenfalls nach unten. Dadurch sinkt das künftige Arbeitsangebotspotenzial. Um dem Rückgang der Erwerbsbevölkerung entgegenzuwirken, kommt es entscheidend darauf an, die Arbeitsanreize im Steuer- und Transfersystem zu verbessern, das Kinderbetreuungsangebot weiter auszubauen, längere Lebensarbeitszeiten zu fördern und die qualifizierte Zuwanderung und die Arbeitsmarktintegration von Migrant*innen weiter zu erleichtern. Weiterbildungs- und Erwachsenenbildungsmaßnahmen müssen verstärkt werden, um Arbeitskräfte mit den auf dem Arbeitsmarkt benötigten Kompetenzen auszustatten, zumal sich die Kompetenzanforderungen im Zusammenhang mit der ökologischen und digitalen Transformation verändern werden (OECD, 2024[7]). Die Verbesserung der Bildungsqualität ist entscheidend, um den Fachkräftemangel zu mindern und das Wirtschaftswachstum langfristig zu steigern.

3.2. Arbeitsanreize stärken und längere Erwerbsbiografien fördern

3.2.1. Die effektiven Grenzsteuersätze senken, um die Arbeitsanreize zu erhöhen

Die hohe Teilzeitquote von Frauen ist einer der Hauptgründe für die niedrige durchschnittliche Arbeitszeit je Beschäftigten (Abbildung 3.3). Dies ist z. T. durch gesellschaftliche Normen und Präferenzen sowie die Verfügbarkeit von Kinderbetreuung bedingt, doch im Steuer- und Transfersystem verankerte wirtschaftliche

Anreize spielen eine entscheidende Rolle bei Arbeitsangebotsentscheidungen und können auch Präferenzen beeinflussen (Bick und Fuchs-Schündeln, 2018[8]). In Ländern mit gemeinsamer oder teilweise gemeinsamer Steuerveranlagung von Ehepaaren und progressiven Steuersätzen ist die Teilzeitquote von Frauen höher als in Ländern mit Individualbesteuerung (Lembcke, Nöh und Schwarz, 2021[9]). Obwohl auch das Kinderbetreuungsangebot und die Gestaltung des Kindergelds Einfluss auf die Arbeitsangebotsentscheidungen von Frauen mit Kindern haben, erklären sie nicht die hohe Teilzeitquote von verheirateten Frauen ohne Kinder, die bei rd. 45 % liegt (Abbildung 3.3) (Lembcke, Nöh und Schwarz, 2021[9]).

Abbildung 3.3. Viele Frauen arbeiten in Teilzeit

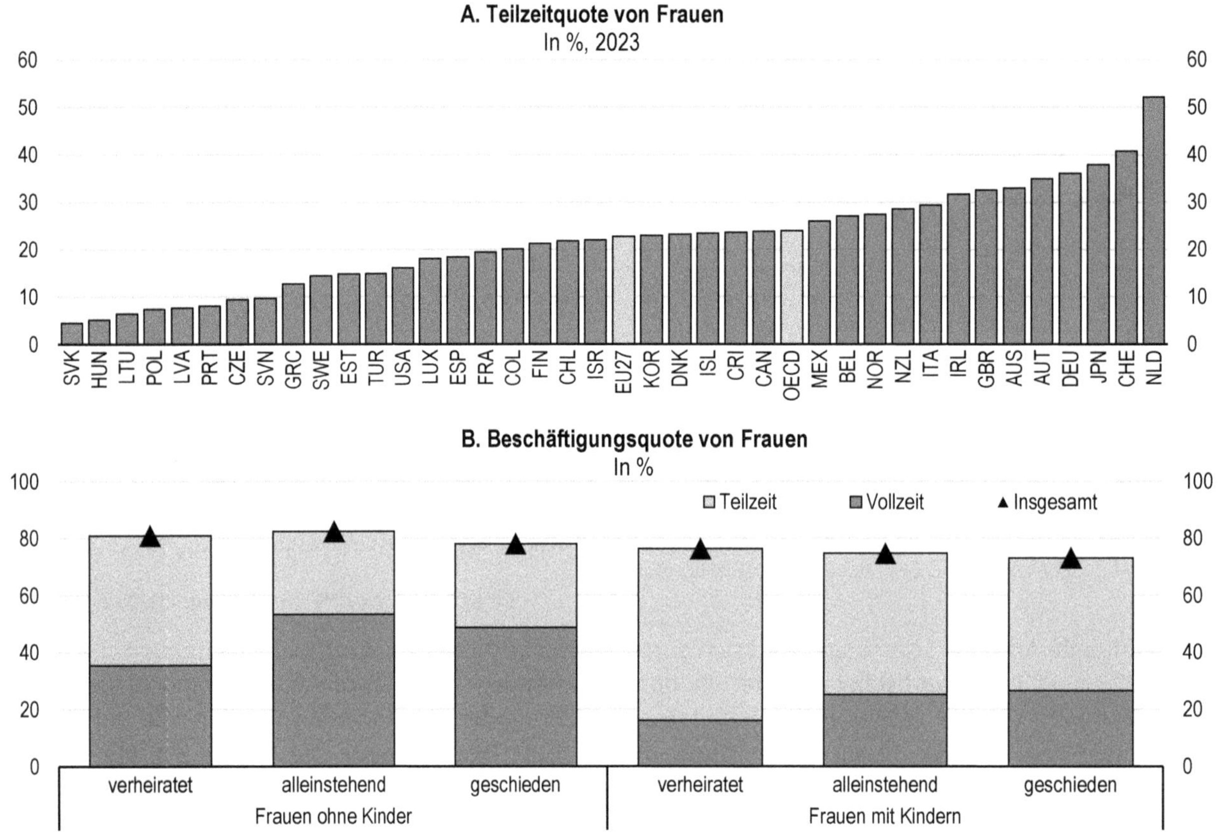

Anmerkung: Teilzeitbeschäftigung wird als Wochenarbeitszeit von weniger als 30 Stunden am Hauptarbeitsplatz definiert. Als Kinder gelten Kinder unter 14 Jahren, die mit im Haushalt leben.

Quelle: *OECD Employment and Labour Market Statistics* (Datenbank); SVR (2023[10]) basierend auf SOEP v37.

StatLink https://stat.link/lwtdx0tcu9b3

Die gegenwärtige Zusammenveranlagung von Ehe- oder eingetragenen Lebenspartner*innen bietet Haushalten mit ungleicher Einkommensaufteilung auf die Partner*innen einen starken Steuervorteil. Sie führt zu hohen effektiven Steuersätzen für Zweitverdienende, bei denen es sich überwiegend um Frauen handelt (Blömer, Fischer und Peichl, 2023[11]). Die Partizipationsbelastung, die für Zweitverdienende bei Aufnahme einer Beschäftigung anfällt, wenn ihr*e Ehepartner*in in Vollzeit arbeitet, ist in Deutschland höher als in den meisten anderen OECD-Ländern (Abbildung 3.4). Durch die Progressivität des Einkommensteuertarifs steigt der Vorteil für Ehepaare gegenüber der Individualbesteuerung mit dem Einkommen: Bei einem Alleinverdienerpaar mit durchschnittlichem Haushaltseinkommen lag der Splittingvorteil im Jahr 2021 bei 5 500 EUR pro Jahr, bei Spitzenverdienern kann er aber bis zu 17 000 EUR betragen (Becker, 2022[12]). Der Wechsel vom Ehegattensplitting zur Individualbesteuerung würde zwar stärkere Arbeitsanreize für Zweitverdienende schaffen, gleichzeitig aber zu deutlich höheren Steuern für Haushalte führen, in denen ein*e Partner*in merklich weniger verdient. Dies würde die Arbeitsanreize für Erstverdienende verringern und das Steueraufkommen um rd. 30 Mrd. EUR jährlich erhöhen (Bach et al., 2020[13]). Jede Reform der aktuellen

Zusammenveranlagung von Paaren sollte daher mit einer Senkung der Einkommensteuersätze oder Sozialversicherungsbeiträge kombiniert werden, die zusammengenommen zu den höchsten im OECD-Raum zählen (siehe weiter unten).

Außerdem würde ein Wechsel vom Ehegattensplitting zur Individualbesteuerung nicht der verfassungsrechtlichen Anforderung genügen, die Unterhaltspflichten zwischen den Partner*innen bei der Besteuerung zu berücksichtigen. Eine verfassungskonforme Option wäre ein Realsplittingsystem, bei dem die Ehepartner*innen einzeln veranlagt werden, aber ein partieller Einkommenstransfer in Form eines festen Freibetrags ermöglicht wird, der frei zwischen den Partner*innen aufgeteilt werden kann, um gegenseitigen finanziellen Verpflichtungen Rechnung zu tragen. Zwar hätten grundlegendere Änderungen im Steuersystem größere Arbeitsangebotswirkungen, dieser Vorschlag würde jedoch die Balance zwischen Arbeitsanreizen und rechtlichen Anforderungen am besten wahren (Bach et al., 2020[13]). Eine Kombination aus Realsplitting und höheren Kinderfreibeträgen, die nicht zwischen den Partner*innen aufgeteilt werden können, würde den Grenzsteuersatz für Zweitverdienende weiter senken und Familien mit Kindern begünstigen. Simulationen zeigen, dass ein Wechsel vom aktuellen System des Ehegattensplittings zu einem Realsplittingsystem in Kombination mit zusätzlichen Kinderfreibeträgen und niedrigeren Einkommensteuersätzen aufkommensneutral zu erreichen ist, Ungleichheiten reduzieren kann und die geleisteten Arbeitsstunden um 0,16 % bzw. 59 000 Vollzeitäquivalente (VZÄ) erhöhen kann, vornehmlich durch eine Steigerung des Arbeitsangebots von Frauen (Blömer, Fischer und Peichl, 2023[11]).

Abbildung 3.4. Die Partizipationsbelastungen für Zweitverdienende sind hoch

Negativanreize für die Aufnahme einer Beschäftigung bei Vollzeitbeschäftigung des*der Partner*in (Partizipationsbelastung), in %, 2024

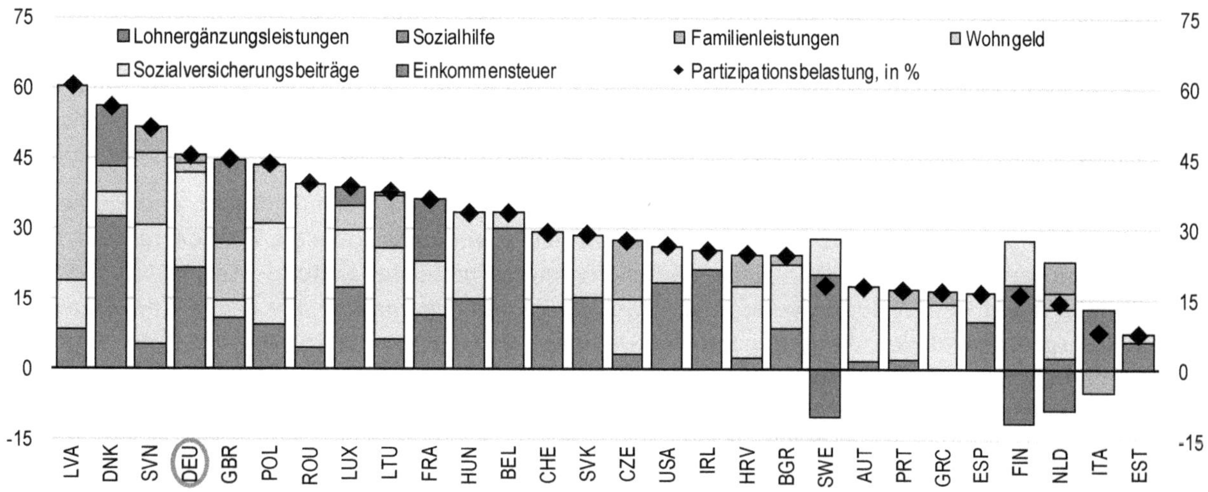

Anmerkung: Die Partizipationsbelastung ist der prozentuale Anteil des zusätzlichen Bruttoeinkommens, der bei Aufnahme einer Beschäftigung als Steuern, Sozialversicherungsbeiträge sowie durch den Transferentzug vom Staat einbehalten wird, wenn der*die Partner*in bereits in Vollzeit arbeitet. Die Abbildung zeigt die Partizipationsbelastung für ein Ehepaar mit zwei Kindern, wenn der*die Hauptverdienende in Vollzeit für 90 % des Durchschnittsverdiensts arbeitet und der*die andere Partner*in eine 60 %-Teilzeitbeschäftigung auf demselben Lohnniveau aufnimmt. Bei den Berechnungen wird von zwei Kindern im Alter von vier und sechs Jahren und einer Jahresmiete in Höhe von 20 % des Durchschnittsverdiensts ausgegangen.

Quelle: OECD-Berechnungen anhand von Daten aus dem OECD-Steuer- und Transfermodell (Version 2.7.1).

StatLink https://stat.link/jpkulcj8nqgy

Ein weiterer wichtiger Faktor, der eine hohe effektive Grenzbelastung für Zweitverdienende bewirkt, ist die Familienversicherung in der gesetzlichen Krankenversicherung (Blömer und Peichl, 2020[14]). Ehe- oder eingetragene Lebenspartner*innen können in der gesetzlichen Krankenversicherung beitragsfrei mitversichert werden, wenn sie kein eigenes Einkommen haben oder ihr Einkommen die Minijob-Einkommensgrenze von

556 EUR nicht übersteigt. Wenn Zweitverdienende diese Grenze überschreiten, steigt die effektive Grenzbelastung stark an – nicht nur wegen der Zusammenveranlagung, sondern auch, weil sie dann sozialversicherungspflichtig werden (Abbildung 3.4). Wie bereits in früheren OECD-Wirtschaftsberichten Deutschland dargelegt, würde ein ausgewogenerer Ansatz darin bestehen, die Krankenkassenbeiträge an der Zahl der erwachsenen Haushaltsmitglieder auszurichten, unabhängig vom Beschäftigungsstatus. Dies würde die Beschäftigungsanreize für Zweitverdienende erhöhen und zugleich eine gerechtere Verteilung der Krankenversicherungskosten gewährleisten.

Die Reform der gemeinsamen steuerlichen Veranlagung und Krankenversicherung von Paarhaushalten sollte mit einer Reform der Minijob-Regelungen kombiniert werden. Die Subventionierung der Beschäftigung durch die Befreiung der Minijobs von der Einkommensteuer und den arbeitnehmerseitigen Sozialversicherungsbeiträgen hat die Beschäftigung von Geringqualifizierten angekurbelt. Sie hat aber in Kombination mit anderen Bestandteilen des Steuer- und Transfersystems, wie z. B. der Zusammenveranlagung, auch dazu geführt, dass zahlreiche Arbeitskräfte in eine Teilzeitfalle mit schwacher sozialer Absicherung und geringen Weiterbildungs- und Karrierechancen geraten sind (Bruckmeier et al., 2022[15]). Etwa 7,9 Millionen Arbeitskräfte oder rund ein Sechstel der Beschäftigten arbeiten in Minijobs; 4,5 Millionen von ihnen gehen keiner anderen regulären Beschäftigung nach und 56 % sind Frauen. Häufig üben sie Tätigkeiten aus, für die sie überqualifiziert sind (Blömer und Consiglio, 2022[16]). Am weitesten verbreitet sind solche geringfügigen Beschäftigungen im Gastgewerbe, im Einzelhandel und im Bereich der haushaltsnahen Dienste. Im Rahmen einer Reform von 2022 wurde zwar ein gleitender Anstieg der Sozialversicherungsbeiträge für Beschäftigte oberhalb der Minijob-Verdienstgrenze eingeführt, Zweitverdienende in einem Minijob sehen sich aufgrund der Zusammenveranlagung von Paarhaushalten aber nach wie vor mit einem steil steigenden effektiven Grenzsteuersatz konfrontiert (Blömer und Consiglio, 2022[16]). Um die Senkung der Arbeitnehmerbeiträge oberhalb der Geringfügigkeitsgrenze teilzufinanzieren, wurden die Arbeitgeberbeiträge im Übergangsbereich (oberhalb der Minijob-Schwelle) angehoben. Für die Unternehmen schafft dies Anreize zur Umschichtung von sozialversicherungspflichtigen Beschäftigungen in Minijobs (Bruckmeier et al., 2022[15]). Die Verdienstgrenze, bis zu der die Arbeitnehmerbeiträge gleitend steigen (Midijobs), wurde von 1 600 EUR auf 2 000 EUR angehoben; dadurch erhöhen sich die Arbeitsanreize und die Nettoeinkommen von Geringverdienenden, für Arbeitskräfte oberhalb dieser Grenze entsteht aber zugleich ein Anreiz, weniger zu arbeiten (Blömer und Consiglio, 2022[16]).

Um die reguläre Beschäftigung attraktiver zu machen, sollten Minijobs auf Schüler*innen und Studierende begrenzt werden, die nicht nebenbei Vollzeit arbeiten können. Gleichzeitig sollte die Verdienstgrenze, ab der die Sozialversicherungsbeiträge für reguläre Beschäftigungsverhältnisse gleitend steigen (Midijobs), in Richtung null gesenkt werden (Bruckmeier et al., 2022[15]). Zu den Argumenten, die gegen eine Begrenzung der Minijobs sprechen, zählen die geringeren Verwaltungs- und Entlassungskosten, die Unternehmen in Branchen mit hohen Nachfrageschwankungen mehr Flexibilität bieten (Sperrmann, 2022[17]). Allerdings ist der Markt für Zeitarbeit in Deutschland gut entwickelt. Damit steht den Unternehmen ein flexibler Pool von etwa einer Million Arbeitskräften zur Verfügung (Spermann, 2013[18]). Zusätzlich haben die Unternehmen auch die Möglichkeit, Arbeitskräfte bis zu zwei Jahre befristet zu beschäftigen (Feld, Iglesias und Weigert, 2015[19]). Minijobs können u. U. zwar dazu beitragen, die informelle Beschäftigung in Sektoren wie dem Gastgewerbe einzudämmen; neuere Studien zeigen aber, dass die Schattenwirtschaft seit der Einführung der Minijobs Anfang der 2000er Jahre im Durchschnitt nicht zurückgegangen ist, sondern bei rd. 16–17 % des BIP verharrte (Elgin et al., 2021[20]; Kelmanson et al., 2019[21]). Die informelle Beschäftigung ließe sich auch durch einen Ausbau der Kapazitäten zur Durchsetzung der arbeitsrechtlichen Bestimmungen und eine Pflicht zur Dokumentation der geleisteten Arbeitsstunden der Beschäftigten bekämpfen.

Da der Rückgang der durchschnittlich geleisteten Arbeitsstunden auch damit zusammenhängt, dass Beschäftigte im Durchschnitt weniger Stunden arbeiten, ist es wichtig, die Arbeitsanreize zu erhöhen, indem die effektiven Steuern und Abgaben auf Arbeit gesenkt werden, die zu den höchsten im OECD-Raum gehören (Abbildung 3.5). Obwohl die Zahlung von Sozialversicherungsbeiträgen Rentenansprüche begründet, deutet eine um diese Ansprüche bereinigte Messgröße gleichwohl auf eine relativ hohe Abgabenlast auf Arbeitseinkommen in Deutschland hin (Bundesbank, 2024[22]). Da die Schwellenwerte im progressiven Einkommensteuertarif nicht inflationsindexiert sind, steigen zudem bei Lohnerhöhungen in einem Hochinflationsumfeld die effektiven Einkommensteuersätze. Dies gilt insbesondere für Haushalte mit geringem und mittlerem Einkommen. Die Bundesregierung hat den Einkommensteuertarif und die Freibeträge zwar regelmäßig angepasst, diese Anpassungen gleichen die Inflation aber nicht immer vollständig aus (Dziadkowski, 2022[23]). Eine direkte Inflationsindexierung der Freibeträge und der Tarifeckwerte würde ein automatisches Ansteigen der effektiven Steuersätze verhindern. Dies sollte mit einer Reform des Einkommensteuertarifs kombiniert werden, die die Arbeitsanreize verbessert, indem die Einkommensteuersätze gesenkt und Knickstellen am unteren Ende des linearen progressiven Einkommensteuertarifs geglättet werden (Bach, 2021[24]). Die fiskalischen Gesamtkosten einer umfassenden Reform der Besteuerung des Faktors Arbeit sind von der genauen Ausgestaltung der Reformen abhängig, müssen aber wahrscheinlich durch höhere Einnahmen aus der Besteuerung von Grundeigentum und gesundheitsschädlichen Produkten sowie eine Verringerung der Vergünstigungen bei der Kapitalertragsteuer, der Erbschaftsteuer, der Umsatzsteuer und den Umweltsteuern finanziert werden (Kapitel 1).

Ein weiterer Grund für die niedrigen durchschnittlichen Arbeitszeiten ist der relativ hohe Krankenstand. Bereits vor der Pandemie wies Deutschland unter den fortgeschrittenen Volkswirtschaften eine der höchsten Krankenstandsquoten auf. Arbeitnehmende haben im Krankheitsfall bis zu einer Dauer von sechs Wochen Anspruch auf 100%ige Entgeltfortzahlung durch den Arbeitgeber (OECD, 2024[25]). Mögliche Erklärungen für den Anstieg der krankheitsbedingten Fehlzeiten seit 2022 sind eine verbesserte elektronische Erfassung der Fehlzeiten durch die Krankenkassen und eine größere Vorsicht im Umgang mit Infektionskrankheiten, die kranke Arbeitnehmende veranlasst, nicht zur Arbeit zu gehen (Ziebarth und Pichler, 2024[26]). Trotz der jüngsten Fortschritte bei der Erfassung von Krankheitsfällen fehlt es in Deutschland nach wie vor an einer einheitlichen, administrativen und repräsentativen Datenbasis, die Fehlzeiten nach Ursache und Dauer akkurat und vollständig erfasst. Wenn beispielsweise eine Arbeitskraft früher an ihren Arbeitsplatz zurückkehrt als in der Krankmeldung vorgesehen, wird dies nirgendwo festgehalten. Längere Fehlzeiten können sich zwar auf kurze Sicht negativ auf die Arbeitskosten auswirken, doch könnte es sich für die Produktivität und die Erwerbsbeteiligung letztendlich als vorteilhaft erweisen, wenn sich erkrankte Arbeitnehmende vor der Rückkehr an den Arbeitsplatz vollständig auskurieren können (Saint-Martin, Inanc und Prinz, 2018[27]). Gleichzeitig könnten aber Krankschreibungen flexibler gestaltet werden, z. B. durch einen stärkeren Einsatz von Instrumenten wie der schrittweisen Wiedereingliederung. Die derzeitige Möglichkeit der telefonischen Krankschreibung sollte nicht abgeschafft werden, da ihr potenzieller Nutzen, die Übertragung von Infektionen einzudämmen, die potenziellen Kosten überwiegt (Ziebarth und Pichler, 2024[26]).

Bis zu einem gewissen Grad hängt der Rückgang der Arbeitszeiten, insbesondere unter höher qualifizierten Arbeitskräften, auch mit den sich wandelnden Präferenzen und dem mit steigendem Einkommen zunehmenden Konsum von Freizeit zusammen (Bick, Blandin und Fuchs-Schündeln, 2022[3]). Der Anteil der Arbeitskräfte im obersten Quintil der Lohnverteilung, die ihre tatsächlichen Arbeitsstunden gerne um mindestens vier Stunden reduzieren würden, wuchs zwischen 1993 und 2018 von 44 % auf 51 % (Beckmannshagen und Schröder, 2022[28]). Auch die Frühverrentung hängt teilweise mit diesen geänderten Präferenzen und steigenden Einkommen zusammen, da es sich bei einem erheblichen Teil der Arbeitskräfte, die vorzeitig in Rente gehen, um hoch bezahlte Arbeitnehmende handelt (siehe weiter unten). Da steigende Löhne in Mangelberufen zu einem noch stärkeren Rückgang des Arbeitsangebots unter hochqualifizierten Kräften führen könnten, sollte eine Reform der Arbeitsbesteuerung mit Maßnahmen kombiniert werden, die die wirtschaftliche Dynamik und Innovationstätigkeit stärken, um die Produktivität zu steigern und den arbeitssparenden technologischen Wandel voranzutreiben (Kapitel 2).

Abbildung 3.5. Die Steuern und Abgaben auf Arbeit sind hoch

Aufschlüsselung der durchschnittlichen Steuer- und Abgabenbelastung, in % der Arbeitskosten, 2024

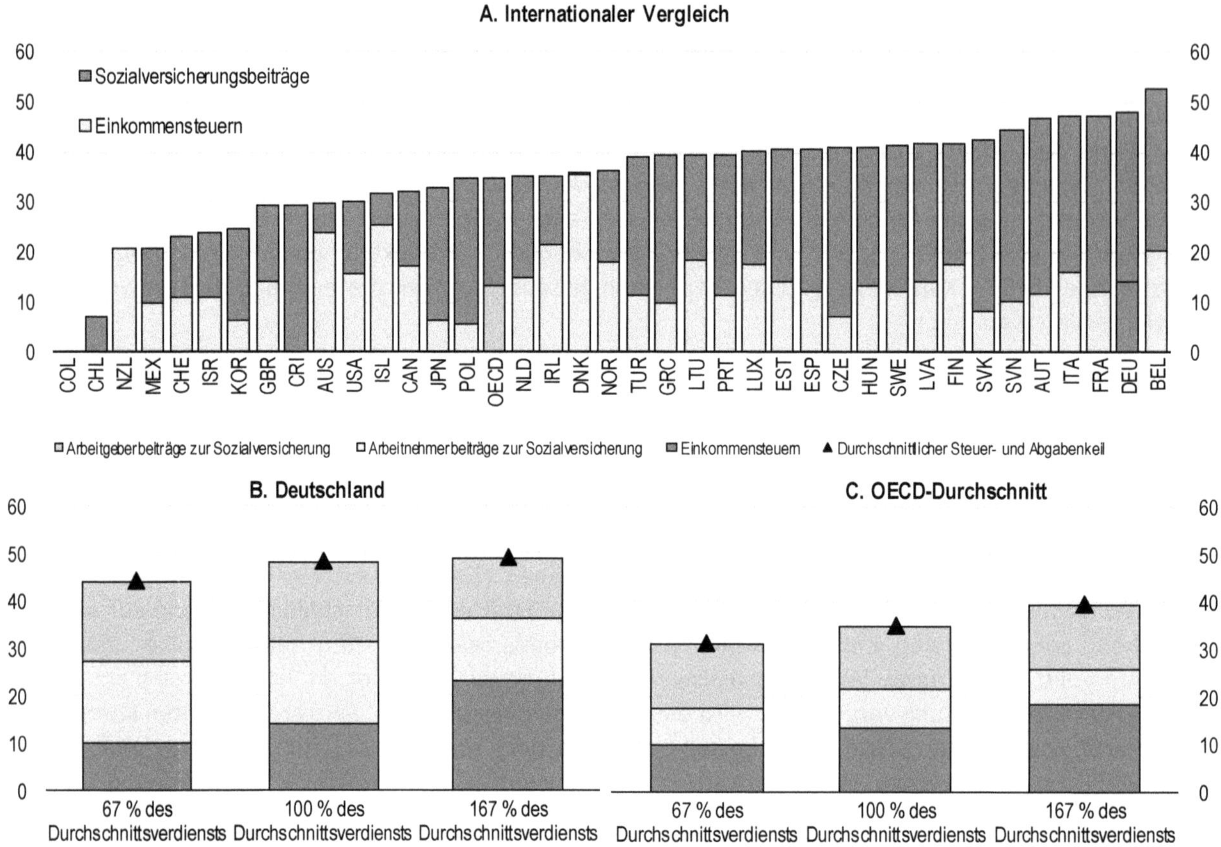

Anmerkung: Der Steuer- und Abgabenkeil ist die Summe aus Einkommensteuer und Arbeitnehmer- und Arbeitgeberbeiträgen zur Sozialversicherung abzüglich Sozialleistungen, in Prozent der Arbeitskosten. Teil A zeigt den Steuer- und Abgabenkeil für kinderlose Alleinstehende mit 100 % des Durchschnittsverdiensts. Teil B und C zeigen den Steuer- und Abgabenkeil für kinderlose Alleinstehende mit unterschiedlichen Verdienstniveaus.
Quelle: *OECD Taxing Wages* (Datenbank).

StatLink https://stat.link/park956pnlxh

3.2.2. Die Gestaltung von Sozialtransfers verbessern, um die Arbeitsanreize für Geringverdienende und Haushalte mit Kindern zu erhöhen

Für Geringverdienende bietet das Steuer- und Transfersystem besonders schwache Anreize, ihre Arbeitszeiten zu erhöhen. Der Anteil der Arbeitskräfte im untersten Quintil der Lohnverteilung, die ihre aktuellen Arbeitszeiten gerne um mindestens vier Stunden erhöhen würden, stieg zwischen 1993 und 2018 deutlich von 8 % auf 23 % (Beckmannshagen und Schröder, 2022[28]). Trotz der jüngsten Reformen zur Glättung der Steuern und Abgaben auf die Erwerbseinkommen Geringverdienender durch die Einführung gleitend ansteigender Sozialversicherungsbeiträge oberhalb der Minijob-Grenze lag die effektive Grenzbelastung für geringere Einkommen 2023 immer noch bei nahezu 100 % oder darüber (Abbildung 3.6, Teil A und C). Die Ausgestaltung und die Entzugsraten verschiedener Transferleistungen, wie insbesondere Bürgergeld, Kinderzuschlag und Wohngeld, bewirken, dass das Nettoeinkommen bei einem Anstieg des Bruttoeinkommens konstant bleibt oder sogar schrumpft (Blömer et al., 2021[29]; SVR, 2023[10]). Bei Haushalten mit Kindern, die ein niedriges bis mittleres Einkommen haben und kinderbezogene Leistungen erhalten, ist dieser Effekt sogar noch ausgeprägter (Abbildung 3.6, Teil B und D). Aufgrund der fehlenden Abstimmung zwischen dem Wohngeld und diversen kinderbezogenen Leistungen erreicht die effektive Grenzbelastung für diese Haushalte in manchen Fällen bis zu 100 %.

Abbildung 3.6. Die effektive Grenzbelastung der Erwerbseinkommen von Geringverdienenden und Haushalten mit Kindern ist hoch

Effektive Grenzbelastung (in %) je nach Bruttoerwerbseinkommen (in % des Durchschnittsverdiensts), 2024

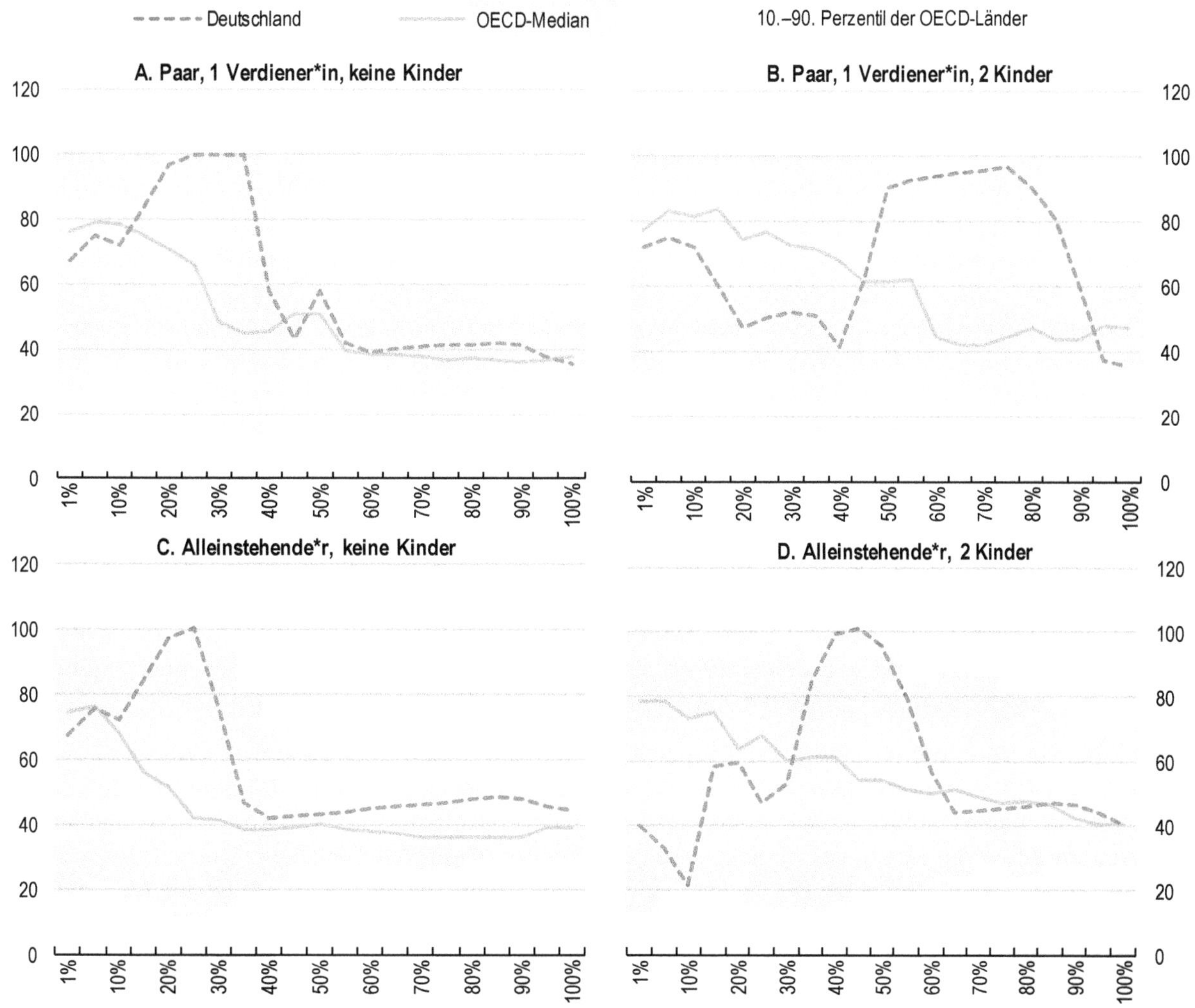

Anmerkung: Die vertikale Achse zeigt die effektive Grenzbelastung für einen Verdienstanstieg um 10 Prozentpunkte bei ausgewählten Bruttoeinkommensniveaus (in Prozent des Durchschnittsverdiensts auf der horizontalen Achse angegeben) in Vollzeitbeschäftigung. Die Szenarien mit Kindern beruhen auf der Annahme von zwei Kindern im Alter von vier und sechs Jahren. Es werden jährliche Wohnkosten von 20 % des Durchschnittsverdiensts unterstellt. Für den OECD-Median und die OECD-Perzentilwerte wurden alle OECD-Länder mit Ausnahme von Deutschland und Chile berücksichtigt. Für Deutschland wurden die Werte ausgehend von den Bestimmungen errechnet, die am 1. Januar 2024 in Kraft waren, für den OECD-Durchschnitt ausgehend von denen, die am 1. Januar 2023 in Kraft waren.

Quelle: OECD-Berechnungen anhand von Daten aus dem OECD-Steuer- und Transfermodell (Version 2.7.0).

StatLink https://stat.link/3o02bltn9wk1

Um die Arbeitsanreize für Geringverdienende und Haushalte mit Kindern zu erhöhen, ist es entscheidend, die verschiedenen Sozialtransfers besser auszugestalten und aufeinander abzustimmen, damit die effektiven Grenzbelastungen nicht aufgrund des Transferentzugs mit den Erwerbseinkommen steigen. Dies erfordert aber eine bessere Abstimmung der Sozialleistungen, die derzeit dadurch erschwert wird, dass diese von unterschiedlichen Ministerien verwaltet werden. Die Bündelung der Zuständigkeiten für verschiedene Sozialtransfers in einem Ministerium könnte die Abstimmung und somit eine Verringerung der effektiven Grenzbelastung für Geringverdienende erleichtern. Beispielsweise könnte die Integration des Wohngelds in die Kosten der Unterkunft (KdU) im Bürgergeld und parallele Senkung der Transferentzugsraten und Einführung von Freibeträgen zu einer Steigerung des Arbeitsangebots um schätzungsweise 144 000 Vollzeitäquivalente führen (Blömer, Hansen und Peichl, 2024[30]). Bei niedrigeren Transferentzugsraten dürfte aber auch die Zahl der Anspruchsberechtigten steigen, da auch Haushalte mit mittlerem Einkommen transferberechtigt würden, was höhere fiskalische Kosten zur Folge hätte. Umfassende Reformoptionen können jedoch fiskalisch neutral gestaltet werden und dazu führen, dass das Arbeitsangebot um rd. 100 000 Vollzeitäquivalente erhöht wird, vornehmlich durch höhere Erwerbsquoten unter zuvor nichterwerbstätigen Personen. Hierdurch könnte die Armutsgefährdungsquote um 0,9 Prozentpunkte gesenkt werden (SVR, 2023[10]).

Erhöhungen der Grundsicherungsleistungen hatten begrenzte Auswirkungen auf die Arbeitsanreize für Geringverdienende. Trotz der deutlichen Anhebung der Regelsätze im Bürgergeld um 26 % zwischen 2021 und 2024 erzielen Arbeitslose durch die Aufnahme einer Beschäftigung nach wie vor ein höheres Nettoeinkommen (Blömer et al., 2024[31]). Grund dafür ist, dass die Löhne am unteren Ende der Lohnverteilung aufgrund der Erhöhungen des Mindestlohns um etwa 30 % seit 2021 stark gestiegen sind. Angaben des Statistischen Bundesamts zufolge haben die Nominallöhne von Vollzeitbeschäftigten im ersten Quintil zwischen Januar 2022 und Oktober 2024 um 36 % zugelegt. Zudem hat der reale Wert der Sozialleistungen nicht wesentlich zugenommen, da die Kosten für Nahrungsmittel, die einen großen Teil des Warenkorbs ärmerer Haushalte ausmachen, um etwa 30 % gestiegen sind. Für arbeitslose Alleinstehende ergeben sich bei Aufnahme eines Vollzeitjobs Partizipationsbelastungen in Höhe von etwa 75–80 %. Für andere Haushaltstypen betragen die Partizipationsbelastungen nie mehr als 100 % (Blömer et al., 2024[31]). Nur eine Minderheit der 5,5 Millionen Bürgergeldberechtigten ist tatsächlich erwerbsfähig, bezieht aber stattdessen Sozialleistungen. 1,5 Millionen Bürgergeldempfänger*innen sind Kinder und etwa 2 Millionen sind Erwachsene, die arbeiten, aber zusätzliche Unterstützung vom Staat brauchen (sog. Aufstocker), weil sie nicht genug verdienen, um den Lebensunterhalt des Haushalts bestreiten zu können. Andere Bürgergeldempfänger*innen können keine bezahlte Arbeit annehmen, weil sie in Aus- oder Weiterbildung sind, Kinder erziehen oder Angehörige pflegen, oder vorübergehend krank oder arbeitsunfähig sind, wobei die meisten Empfänger*innen mehreren Schwierigkeiten zugleich ausgesetzt sind (Fitzenberger, 2024[32]).

Seit 2022 sind die Vermittlungsquoten für Bürgergeldempfänger*innen aber gesunken (Weber, 2024[33]). Zurückzuführen ist dies in erster Linie auf die hohe Zahl an Geflüchteten aus der Ukraine, die Bürgergeld erhalten. Für sie war es aufgrund von begrenzten Deutschkenntnissen und Kapazitätsengpässen in der Kinderbetreuung sowie des konjunkturbedingt geringeren Stellenangebots schwieriger, einen Arbeitsplatz zu finden. Eine Rolle spielte aber auch die Lockerung der Sanktionen bei Nichteinhaltung der Mitwirkungspflichten von Bürgergeldempfänger*innen. Die jüngste Verschärfung der Sanktionen bei Ablehnung einer Berufsberatung, Weiterbildung oder eines Stellenangebots ist zu begrüßen. Der mit der Reform von 2022 abgeschaffte Vermittlungsvorrang, der eine Vermittlung in Beschäftigung gegenüber der Teilnahme an Aus- und Weiterbildung oder Erwachsenenbildung priorisiert, sollte jedoch nicht wieder eingeführt werden. Etwa 55 % der Arbeitslosen haben keine abgeschlossene Berufsausbildung, was ihre langfristige Beschäftigungsfähigkeit erheblich beeinträchtigt (BA, 2022[34]). Um dem Fachkräftemangel zu begegnen und entlassenen Arbeitskräften zu helfen, sich an die neuen Kompetenzanforderungen der digitalen und ökologischen Transformation anzupassen, ist es entscheidend, Umschulungen und Höherqualifizierungen von Arbeitslosen zu fördern. Es ist ein bedeutender Schritt nach vorne, dass die Bundesagentur für Arbeit die volle Finanzierung von Berufsausbildungen wie auch Kursen in Grundkompetenzen (wie Lesekompetenz oder Computerkenntnisse) übernehmen und ihren Kund*innen für Weiterbildungen, die zu einem Berufsabschluss führen, ein monatliches Weiterbildungsgeld in Höhe von 150 EUR zahlen kann.

3.2.3. Familienpolitik verbessern, um das Arbeitsangebot von Frauen zu erhöhen: Kindererziehung und Langzeitpflege

Zwar hat der Anteil der Väter, die Elternzeit nehmen, seit den 2000er Jahren erheblich zugenommen, doch bei der in Anspruch genommenen bezahlten Elternzeit bestehen nach wie vor erhebliche Ungleichheiten zwischen den Geschlechtern. Deutschland ist eines der OECD-Länder, die Frauen die längste bezahlte berufliche Auszeit bei Geburt eines Kindes gewähren (Abbildung 3.7). Dies verstärkt die Geschlechterrollen in der Kinderbetreuung, reduziert die Erwerbsbeteiligung von Frauen und wirkt sich negativ auf ihre künftigen Erwerbseinkommen aus. Es ist einer der Gründe, warum das Verdienstgefälle zwischen Männern und Frauen nach wie vor über dem OECD-Durchschnitt liegt. Derzeit können die Eltern die 12 Monate bezahlte Elternzeit frei untereinander aufteilen, allerdings muss jeder Elternteil mindestens 2 Monate beantragen. Eltern haben auch Anspruch auf 2 weitere Monate Elternzeit, was die Gesamtdauer auf 14 Monate erhöht. Seit April 2024 ist ein gleichzeitiger Bezug von Basiselterngeld durch beide Elternteile grundsätzlich nur noch maximal für 1 Monat und nur innerhalb der ersten 12 Lebensmonate des Kindes möglich, was zu begrüßen ist. Eine weitere Erhöhung der Mindestelternzeit für jeden Elternteil bei gleichzeitiger Begrenzung der Überschneidung von Elternzeiträumen könnte die Rolle der Väter in der Kinderbetreuung weiter stärken. Dies könnte dazu beitragen, die Opportunitätskosten der Mutterschaft weiter zu senken, insbesondere für Frauen mit höherem Bildungsniveau, deren Geburtenziffern in Deutschland besonders niedrig sind (Raute, 2019[35]; OECD, 2024[36]). Vor diesem Hintergrund sollte eine Neuregelung beim Elterngeld aus dem Jahr 2023, durch die der Anspruch auf Elterngeld für Paare mit einem zu versteuernden Einkommen über 175 000 EUR entfällt, überdacht werden. Eine Reduzierung der im internationalen Vergleich hohen Gesamtdauer der bezahlten Elternzeit könnte die fiskalischen Kosten senken, die sich 2024 auf rd. 8 Mrd. EUR beliefen.

Abbildung 3.7. Die Inanspruchnahme bezahlter Elternzeit ist ungleich auf beide Elternteile verteilt

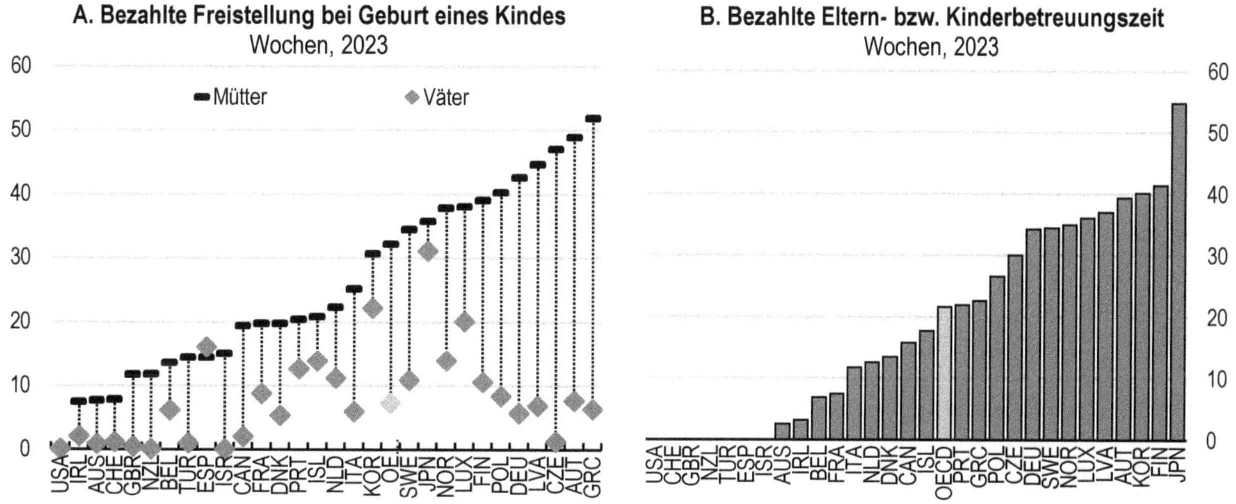

Anmerkung: Teil A und B zeigen die Inanspruchnahme bezahlter Freistellung in Vollzeitäquivalenten. Erhalten die Anspruchsberechtigten während der bezahlten Freistellung beispielsweise nur 50 % ihres früheren Erwerbseinkommens, entspricht die in der Abbildung angegebene Dauer der Hälfte der bezahlten Auszeit.
Quelle: *OECD Family Database* (Datenbank), https://www.oecd.org/en/data/datasets/oecd-family-database.html.

StatLink https://stat.link/71h2ipmoqnep

Um die Erwerbsbeteiligung von Frauen zu steigern und die Kompetenzentwicklung von Kindern zu fördern, ist es entscheidend, den Zugang zu erschwinglicher, qualitativ hochwertiger Kindertagesbetreuung weiter auszubauen. Ein großer Schritt in diese Richtung erfolgte in Deutschland 2013 mit der Einführung eines Rechtsanspruchs auf Kindertagesbetreuung für Ein- bis Dreijährige. Durch umfangreiche Investitionen wurde das Angebot an Kinderbetreuungseinrichtungen ausgeweitet. Die Kinderbetreuungskosten sind den OECD Social and Welfare Statistics zufolge im internationalen Vergleich verhältnismäßig niedrig. Dennoch war der Anteil der Kinder unter drei Jahren in Kindertagesbetreuung 2019 mit etwa 34 % noch immer gering, trotz eines deutlichen Anstiegs gegenüber der Quote von 12 % im Jahr 2006. Gravierende Personalengpässe erschweren nach wie vor den Zugang zu Kinderbetreuungsangeboten. Schätzungen zufolge werden 400 000 zusätzliche Betreuungsplätze benötigt (Bock-Famulla et al., 2023[37]). Um diesen Engpässen entgegenzuwirken, müssen die Personalgewinnung und Ausbildung verbessert, die Anerkennung ausländischer Qualifikationen erleichtert, der Verwaltungsaufwand für die Erzieher*innen reduziert und die Gehälter erhöht werden (Bock-Famulla et al., 2022[38]). Darüber hinaus könnte ein Ausbau des Angebots an reglementierter, qualitativ hochwertiger privater häuslicher Betreuung (Kindertagespflege) dazu beitragen, dem Personalmangel zu begegnen und erwerbstätigen Eltern mehr Flexibilität zu bieten (Kasten 3.1). Die Zahl der Betreuungsplätze in Kindertagespflege lag 2024 bei etwa 150 000 und ist in den vergangenen vier Jahren zurückgegangen. Die Qualifizierungsanforderungen an Tagespflegepersonen sind mit einem Standardcurriculum von nur 160 Unterrichtsstunden gering. Beim Ausbau der Kindertagespflege ist es entscheidend, die Qualität der Ausbildung zur Tagespflegeperson zu verbessern, damit den Kindern die Grundkompetenzen vermittelt werden, die für den späteren Erfolg im Leben erforderlich sind (siehe weiter unten).

Kasten 3.1. Kinderbetreuungsangebot in Dänemark

Das dänische System der frühkindlichen Bildung, Betreuung und Erziehung (FBBE) umfasst Kindertagesstätten (altersübergreifend oder getrennte Krippen/Kindergärten) und eine reglementierte private häusliche Betreuung (Kindertagespflege). Die Kommunen bieten frühkindliche Bildung, Betreuung und Erziehung für Kinder ab der 26. Lebenswoche bis zum Grundschulalter an. Dabei übernehmen sie mindestens 75 % der Kosten, für Niedrigeinkommenshaushalte ist die Kinderbetreuung kostenfrei. In der Regel nehmen die Kinder ab einem Alter von etwa 10 Monaten an FBBE teil. Die Teilnahmequoten in Dänemark zählen zu den höchsten in der EU (2017 waren es 72 % bei den unter Dreijährigen und 97,5 % bei den über Dreijährigen). FBBE-Einrichtungen bzw. -Anbieter*innen halten sich an verbindliche pädagogische Leitlinien, und die Kommunen garantieren für jedes Kind einen Rechtsanspruch auf einen Betreuungsplatz. Wenn kein lokales FBBE-Angebot vorhanden ist, werden die Eltern durch Zuschüsse für private Kinderbetreuung entschädigt. Die Teilnahme ist in der Regel freiwillig, in sozialen Brennpunkten ist der Kita-Besuch für Kinder ab einem Jahr aber Pflicht. Das System untersteht der Aufsicht des Ministeriums für Kinder und Bildung.

Quelle: Europäische Kommission (2024[39]); Destatis (2024[40]).

Eine Verbesserung der Langzeitpflege für ältere Menschen könnte ebenfalls dazu beitragen, das Arbeitsangebot von Frauen zu erhöhen. In Deutschland wird ein Großteil der Altenpflege informell und überwiegend von weiblichen Familienangehörigen geleistet, die Ehegatten oder Eltern versorgen. Dadurch sinkt die formelle Erwerbsbeteiligung der Frauen, was ihren Verdienst und ihre Rentenansprüche schmälert und eine deutliche Verringerung des Gesamtsteueraufkommens und der Sozialversicherungsbeiträge um rd. 1 % des BIP bewirkt (Rocard und Llena-Noza, 2022[41]). Da der Anteil älterer Menschen, die tägliche Hilfe benötigen, weiter zunehmen wird, was Frauen unter Druck setzt, ihre formelle Erwerbstätigkeit zu reduzieren, sollte die Verbesserung des Angebots an und der Finanzierung von Langzeitpflegediensten eine wesentliche politische Priorität sein. Zwar wurde 1995 eine aus Sozialversicherungsbeiträgen finanzierte verpflichtende gesetzliche Pflegeversicherung eingeführt, das Defizit im derzeitigen System hat sich jedoch in den letzten Jahren stark vergrößert und nur ein Teil der individuellen Pflegekosten kann finanziert werden (Kapitel 1). Ein erheblicher Teil der Kosten für die Altenpflege wird aus privaten Mitteln bestritten, und etwa ein Drittel der Pflegeheimbewohner*innen ist auf bedürftigkeitsabhängige Sozialhilfeleistungen angewiesen (Geyer et al., erscheint demnächst[42]). Um das Angebot an Altenpflegeleistungen zu verbessern und es Frauen zu ermöglichen, ihre Erwerbsbeteiligung zu steigern, sollte dem wachsenden Defizit der gesetzlichen Pflegeversicherung begegnet werden. Hierzu sollten der Anstieg der Pflegeversicherungsleistungen begrenzt, die Ausgabeneffizienz in der stationären Pflege erhöht und die Menschen dazu angespornt werden, privat für die Pflege vorzusorgen (Kapitel 1). Zur Steigerung der Ausgabeneffizienz sollte die professionelle häusliche Pflege gestärkt werden, da der Anteil der Menschen mit leichtem oder mittlerem Pflegebedarf, die stationär in Pflegeeinrichtungen untergebracht sind, wesentlich höher ist als in anderen OECD-Ländern (OECD, 2024[43]). Darüber hinaus würde eine allmähliche Anhebung der Mittelzuführungen aus dem Kernhaushalt zur Stärkung des Pflegevorsorgefonds helfen, einen starken Anstieg der Beitragssätze zu verhindern, der den Steuer- und Abgabenkeil auf Arbeit noch weiter in die Höhe treiben würde (siehe weiter oben). Eine Verlagerung von privater hin zu professioneller Pflege setzt auch voraus, dass dem Fachkräftemangel begegnet wird, indem beispielsweise die Anerkennung ausländischer Qualifikationen für Pflegefachkräfte erleichtert wird (siehe weiter unten) und die Arbeitsbedingungen verbessert werden.

3.2.4. Längere Erwerbsbiografien fördern

Um dem Fachkräftemangel zu begegnen, müssen Bedingungen geschaffen werden, die es älteren und erfahreneren Arbeitskräften ermöglichen, länger am Erwerbsleben teilzunehmen. Deutschland hat bemerkenswerte Fortschritte bei der Förderung der Beschäftigung älterer Arbeitskräfte erzielt. Die Beschäftigungsquote der 60- bis 64-Jährigen ist kontinuierlich von 20 % im Jahr 2000 auf 65 % im Jahr 2023 gestiegen. Besonders stark wuchs die Beschäftigung in dieser Altersgruppe unter den Frauen. Das durchschnittliche Rentenzugangsalter ist in den 2000er Jahren stetig angestiegen, hat sich jedoch seit 2012 kaum verändert (BMAS, 2022[44]). Dies hängt mit der umfangreichen Nutzung von Frühverrentungsmöglichkeiten zusammen, weshalb das effektive Renteneintrittsalter deutlich unter dem gesetzlichen Renteneintrittsalter von gegenwärtig 66 Jahren liegt, das bis 2031 auf 67 Jahre steigen wird. Das durchschnittliche effektive Erwerbsaustrittsalter liegt für Männer und Frauen bei unter 64 Jahren, womit es für Männer um nahezu 1 Jahr niedriger ist als im OECD-Durchschnitt, für Frauen beläuft sich die Differenz auf rd. 0,2 Jahre (OECD, 2023[45]).

Die Reduzierung der Anreize für ein frühzeitiges Ausscheiden aus dem Erwerbsleben ist entscheidend, um die Lebensarbeitszeit zu verlängern. Wer mindestens 35 Jahre gearbeitet hat, kann mit deutlich geringeren Abschlägen als in anderen OECD-Ländern eine Frührente beantragen, was den relativ hohen Anteil der Arbeitskräfte erklärt, die vorzeitig aus dem Erwerbsleben ausscheiden und dafür Rentenabschläge in Kauf nehmen (Kapitel 1) (OECD, 2021[46]). Darüber hinaus können seit 2012 Personen mit mindestens 45 Beitragsjahren abschlagsfrei in Rente gehen. Eigentlich sollte diese Regelung Personen in physisch belastenden Berufen zugutekommen, die sehr früh ins Erwerbsleben eintraten, keinen Hochschulabschluss haben und im Durchschnitt weniger verdienen, doch ist sie wenig treffsicher (SVR, 2023[10]; Buslei et al., 2024[47]). Viele Arbeitskräfte in körperlich anstrengenden Berufen scheiden aus gesundheitlichen Gründen frühzeitig aus der Erwerbsbevölkerung aus und erfüllen das Beitragsjahrekriterium nicht, um in den Genuss der Regelung zu kommen. Bei den meisten Nutznießenden der vorgezogenen Altersrente handelt es sich um Arbeitskräfte mit höheren Löhnen und Rentenansprüchen und einem besseren Gesundheitszustand als die Nichtberechtigten. Dadurch erhöht sich die Regressivität des deutschen Rentensystems insgesamt weiter (Buslei et al., 2024[47]). Diese finanziellen Anreize zur Frühverrentung sollten abgeschafft werden, damit die Abschläge zumindest versicherungsmathematisch neutral sind (Pimpertz, 2022[48]). Zugleich ist Spielraum vorhanden, um die Grundsicherung im Alter und die Erwerbsminderungsrente zu erhöhen oder eine garantierte Mindestrente einzuführen, da das Risiko der Altersarmut in Deutschland im Vergleich zu anderen Ländern, wie Dänemark oder die Niederlande, relativ hoch ist (OECD, 2021[46]).

Eine andere Regelung ermöglicht Arbeitnehmenden ab dem 55. Lebensjahr den Übergang in Altersteilzeit. Das reduzierte Gehalt wird vom Arbeitgeber aufgestockt. Der Aufstockungsbetrag ist steuer- und abgabenfrei. Die bilaterale Vereinbarung zwischen Arbeitnehmenden und Arbeitgebenden gilt für höchstens fünf Jahre. Voraussetzung ist eine Reduzierung der wöchentlichen Arbeitszeit um die Hälfte, dabei ist es aber möglich, die Teilzeit im Block zu nehmen, d. h. in der ersten Phase Vollzeit zu arbeiten und in der zweiten Phase gar nicht mehr zu arbeiten, also aus dem Arbeitsmarkt auszutreten, was die mit Abstand am häufigsten gewählte Option ist (das sogenannte Blockmodell) (BMWK, 2024[6]). Um die Anreize für erfahrene und gesunde Arbeitskräfte zu erhöhen, länger zu arbeiten, sollten Frühverrentungsoptionen mit subventionierter Block-Teilzeit abgeschafft werden. Außerdem sollte das gesetzliche Rentenalter nach 2031 an den Anstieg der Lebenserwartung gekoppelt werden (Kapitel 1). Vor Kurzem wurden die Grenzen für den Hinzuverdienst, der nicht von den vor dem gesetzlichen Rentenalter empfangenen Rentenleistungen abgezogen wird, abgeschafft. Dieser Wegfall sollte sorgfältig geprüft werden, da er die Anreize zur Frühverrentung weiter erhöhen könnte.

Dies sollte mit besseren Umschulungs- und Weiterbildungsmöglichkeiten für Erwachsene kombiniert werden, um älteren Arbeitskräften den Übergang zu physisch weniger anstrengenden Tätigkeiten zu erleichtern und längere Erwerbsbiografien zu fördern. Ältere Arbeitskräfte mit höheren Digitalkompetenzen haben bessere Beschäftigungsaussichten, erhalten höhere Löhne und werden mit geringerer Wahrscheinlichkeit durch

Maschinen ersetzt (Falck, Lindlacher und Wiederhold, 2022[49]). Allerdings nehmen ältere Beschäftigte deutlich seltener an Erwachsenenbildung teil, was mit den geringeren Erträgen aus der Teilnahme an Fortbildungen angesichts der kürzeren verbleibenden Lebensarbeitszeit, der Haltung der Arbeitgeber gegenüber älteren Arbeitskräften und den begrenzten oder unzureichenden Weiterbildungsmöglichkeiten zusammenhängt, aber auch mit den geringeren Grundkompetenzen und der niedrigeren Motivation älterer Arbeitskräfte (OECD, 2021[50]; van Dalen und Henkens, 2019[51]). Ein vielversprechender Schritt zur Beseitigung der Weiterbildungslücke älterer Arbeitskräfte wurde mit dem Qualifizierungschancengesetz und dem Arbeit-von-morgen-Gesetz getan. Diese gesetzlichen Neuregelungen ermöglichen kleinen und mittleren Unternehmen eine Erstattung von Weiterbildungskosten für Beschäftigte ab 45 Jahren. Allerdings müssen berufliche Fort- und Weiterbildungsangebote zielgenauer gestaltet und auf ältere Arbeitskräfte ausgerichtet werden, indem z. B. mehr Unterstützung geboten wird, wenn digitale Lernmittel eingesetzt werden. Zudem sollten sie mit gezielter Bildungs- und Berufsberatung kombiniert werden (KOFA, 2022[52]; OECD, 2019[53]). Darüber hinaus sollten die Arbeitsbedingungen und die Gesundheitsvorsorge verbessert werden, um längere Erwerbsbiografien zu fördern. Die Anhebung des Renteneintrittsalters der Frauen von 60 auf 63 Jahre hat zu einem Anstieg von psychischen Erkrankungen und sonstigen Gesundheitsproblemen geführt, da viele Arbeitgeber die Arbeitsbedingungen nicht angepasst haben (Barschkett, Geyer und Haan, 2022[54]). Um die Arbeitsbedingungen besser an die Bedürfnisse und Kapazitäten älterer Arbeitskräfte anzupassen, sollten Unternehmen flexiblere Arbeitszeiten und mehr Urlaub anbieten und die Möglichkeiten zur Arbeit im Homeoffice ausweiten (KOFA, 2022[52]). Auch im öffentlichen Dienst ist es entscheidend, einen längeren Verbleib im Erwerbsleben zu fördern. 2018 beabsichtigten im Schnitt nur 20 % der öffentlichen Arbeitgeber, ihre Arbeitskräfte im rentenfähigen Alter weiterzubeschäftigen – deutlich weniger als im privaten Sektor (Westermeier und Wolf, 2020[55]).

Zudem sollten die Anreize, über das gesetzliche Rentenalter hinaus erwerbstätig zu bleiben, verbessert werden. Während 2015 nur 26 % der Betriebe rentenberechtigte Mitarbeitende halten wollten, waren es 2018 mit 58 % deutlich mehr. Allerdings stieg über die Hälfte der Arbeitskräfte, die nach dem Erreichen des gesetzlichen Renteneintrittsalters weiterbeschäftigt wurden, auf Teilzeit um, zumeist in sozialabgabenfreien geringfügigen Beschäftigungen (Westermeier und Wolf, 2020[55]). Dies ist in erster Linie auf die strengen Kündigungsschutzbestimmungen zurückzuführen, die es für Unternehmen sehr kostspielig macht, reguläre Beschäftigungsverhältnisse zu beenden (Kapitel 2). Die Pläne zur Abschaffung der Beschränkungen für wiederholte befristete Verträge für Arbeitskräfte über dem Rentenalter sollten umgesetzt werden, während Mini-Jobs auf Studierende beschränkt werden sollten. Mit der 2017 eingeführten Flexirente werden außerdem Anreize geboten, über das gesetzliche Renteneintrittsalter hinaus zu arbeiten, da sie die Option enthält, die Rentenleistungen durch einen längeren Verbleib im Erwerbsleben zu steigern. Die Umsetzung eines Maßnahmenpakets, das u. a. auch eine Direktauszahlung dieser entgangenen zusätzlichen Rentenleistungen ermöglicht (Rentenaufschubprämie), würde die Anreize, länger zu arbeiten, für Personen mit geringerer Lebenserwartung erhöhen. Eine weitere Option wäre in diesem Kontext, für noch mehr Flexibilität zu sorgen, indem zugelassen würde, anstelle der Rentenaufschubprämie Sozialversicherungsbeiträge zur Renten- und Arbeitslosenversicherung auszuzahlen.

3.3. Hindernisse für die qualifizierte Zuwanderung und die Arbeitsmarktintegration von Migrant*innen weiter abbauen

Seit Anfang der 2010er Jahre gleicht die hohe Nettozuwanderung aus anderen EU-Ländern die Bevölkerungsalterung aus und ist ein wichtiger Wachstumsmotor. Da der wachsende Arbeitskräftemangel in diesen Ländern durch die Bevölkerungsalterung noch verschärft wird, muss die Zuwanderung von Fachkräften zunehmend aus Nicht-EU-Ländern gesichert werden (Adunts et al., 2022[56]; SVR, 2022[57]). Für den letzten *OECD-Wirtschaftsbericht Deutschland* durchgeführte Simulationsrechnungen ergaben, dass eine Nettozuwanderung von etwa 600 000 Arbeitskräften pro Jahr – was in etwa der durchschnittlichen jährlichen Nettozuwanderung der 2010er Jahre entspricht – erforderlich wäre, um den Lebensstandard auf dem derzeitigen Niveau zu halten. Um die Wettbewerbsfähigkeit der exportorientierten Sektoren des Verarbeitenden Gewerbes zu sichern, ist die Integration von Arbeitskräften mit Berufsausbildung besonders wichtig (Bickmann, Grundke und Smith, erscheint demnächst[58]).

Die jüngsten Veränderungen in der Migrationspolitik sind ein wichtiger Schritt, um die Hindernisse für die Zuwanderung von Fachkräften aus Nicht-EU-Ländern abzubauen und die Erwerbsbeteiligung zu erhöhen. Die Wirtschaftsmigration gering- und mittelqualifizierter Arbeitskräfte aus Nicht-EU-Ländern nach Deutschland wurde in der Vergangenheit durch komplexe und langwierige Anerkennungsverfahren für ausländische Qualifikationen erschwert, die Arbeitsmigrant*innen selbst in nicht reglementierten Berufen häufig durchlaufen mussten. Das neue Fachkräfteeinwanderungsgesetz ermöglicht es Personen mit einer mindestens zweijährigen Berufserfahrung und einem von ihrem Herkunftsland staatlich anerkannten Berufs- oder Hochschulabschluss, eine vorübergehende Aufenthaltserlaubnis zu erhalten und nach Deutschland zu kommen, wenn sie ein Stellenangebot in einem nicht reglementierten Beruf haben. Dabei muss die potenzielle Stelle ein Bruttojahresgehalt von mindestens 43 470 EUR sichern oder der Arbeitgeber muss tarifgebunden sein. Für reglementierte Berufe, z. B. im Gesundheits- und Bildungswesen oder bei gewissen freien Berufen, ist die Anerkennung ausländischer Qualifikationen erforderlich. Darüber hinaus wurde die Chancenkarte eingeführt – ein auf einem Punktesystem basierendes Visum für Arbeitsuchende. Voraussetzungen für die Bewerber*innen sind u. a. eine (mindestens) zweijährige Berufsausbildung oder ein Hochschulabschluss, Sprachkenntnisse (in Deutsch und Englisch), Berufserfahrung sowie andere Faktoren, wie finanzielle Unabhängigkeit und familiäre Bindungen zu Deutschland. Die Chancenkarte ermöglicht ausgewählten Personen die Einreise nach Deutschland für ein Jahr zur Jobsuche. Des Weiteren wurde die Blaue Karte EU, die die Zuwanderung von Hochschulabsolvent*innen mit konkretem Jobangebot in IT-Sektoren und einem bestimmten Mindestjahresbruttogehalt erheblich erleichtert, auf andere Sektoren und Berufe ausgeweitet. Gleichzeitig wurden mit mehreren Herkunftsländern Vereinbarungen geschlossen, um Migrant*innen, die keinen Flüchtlingsstatus erhalten haben, wieder zurückführen zu können, die irreguläre Zuwanderung einzudämmen und die neu eingerichteten Zuwanderungsmöglichkeiten für Fachkräfte zu stärken, beispielsweise mit Ländern des westlichen Balkans.

Trotz dieser bedeutsamen Fortschritte verursachen komplexe und langwierige Verwaltungsabläufe für die Erteilung eines Visums und einer befristeten Aufenthaltserlaubnis sowie die unzureichende Digitalisierung Unsicherheit und hohe Kosten für Migrant*innen und potenzielle Arbeitgeber. Es ist von entscheidender Bedeutung, die Digitalisierung und Beschleunigung bürokratischer Verfahren, insbesondere der Visumanträge, fortzusetzen und die Koordinierung der verschiedenen Verfahren in zentralisierten Migrationsämtern auf Länderebene zu verbessern. Außerdem stellen langwierige Verwaltungsabläufe für die erforderliche Anerkennung im Ausland erworbener Qualifikationen in reglementierten Berufen nach wie vor ein großes Hindernis für die qualifizierte Zuwanderung dar, obwohl der Arbeitskräftemangel im Gesundheitswesen, in der Kinderbetreuung und der Langzeitpflege sowie in der Bildung groß ist. Die Anerkennungsverfahren erfolgen dezentralisiert auf der Ebene der Bundesländer und Regierungsbezirke, wobei die Koordinierung zwischen den verschiedenen Kammern oder staatlichen Einrichtungen schwach bleibt. Die Einrichtung einer zentralen bundesweiten Datenbank, in der alle erfolgreichen Anerkennungen ausländischer Qualifikationen erfasst werden, würde die Anerkennung ausländischer Qualifikationen erheblich erleichtern und die Effizienz der öffentlichen Verwaltung steigern. Eine solche Datenbank existiert bereits für die Anerkennung ausländischer Hochschulabschlüsse. Sie sollte auf alle Berufsabschlüsse in reglementierten Berufen ausgeweitet werden.

Die Reduzierung des Verwaltungsaufwands sollte mit einer verstärkten Politik zur Anwerbung potenzieller Arbeitsmigrant*innen kombiniert werden. Zuwanderungskandidat*innen aus Nicht-EU-Ländern schätzen die Berufs- und Beschäftigungschancen, die hohe Lebensqualität und die Sicherheit in Deutschland und sind bereit, Deutsch zu lernen, wenn sich dadurch ihre Arbeitschancen in Deutschland verbessern (OECD, 2022[59]). Da die Migration innerhalb der EU wahrscheinlich weiter zurückgehen wird, ist es wichtig, die aktuellen Ausschreibungs- und Anwerbungsmaßnahmen auszuweiten, um die Zuwanderung von Fachkräften aus Nicht-EU-Ländern zu erleichtern, die Arbeitsuche besser zu unterstützen und Deutschkurse im Ausland zu fördern, damit dieses Migrationspotenzial ausgeschöpft werden kann. Deutschland ist im Bereich der internationalen Zusammenarbeit in der Berufsausbildung bereits aktiv und könnte diese Initiativen auch nutzen, um künftige qualifizierte Migrant*innen anzuwerben (Azahaf, 2020[60]). Die Visaverfahren für internationale Studierende sollten beschleunigt werden, bei ihnen handelt es sich nämlich um eine Reserve an hochbegabten Kräften (Talentpool), die wahrscheinlich im Land bleiben werden (OECD, 2024[61]).

Abbildung 3.8. Eine bessere Arbeitsmarktintegration von Migrant*innen kann dazu beitragen, Arbeitskräfteengpässen entgegenzuwirken

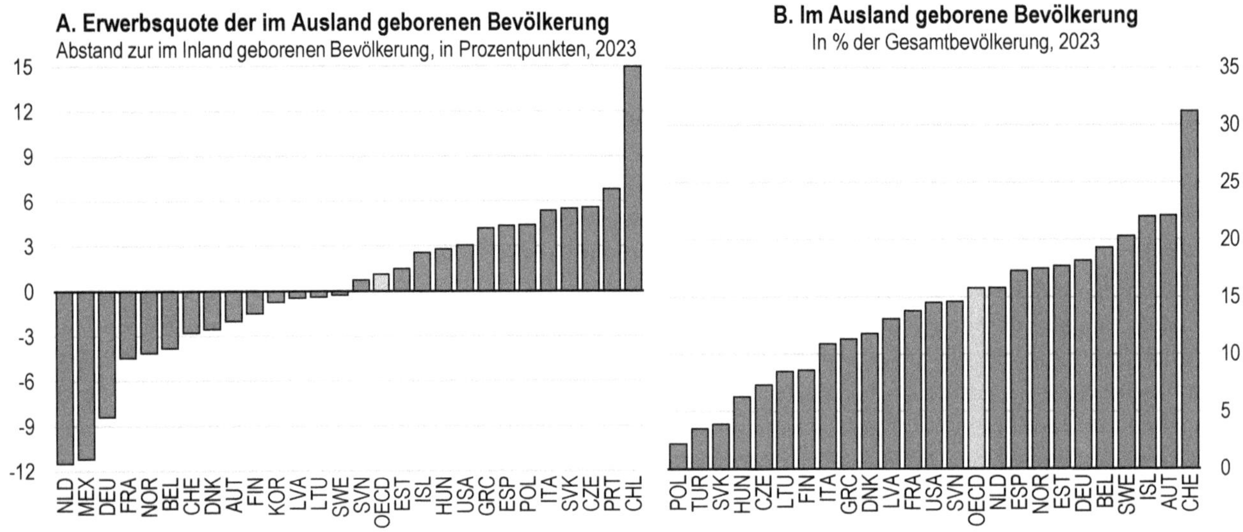

Anmerkung: Der OECD-Wert ist ein ungewichteter Durchschnitt von OECD-Ländern, für die Daten vorliegen.
Quelle: *OECD Migration Statistics* (Datenbank); OECD (2024[61]).

StatLink https://stat.link/2icz4j5o4u0x

Ein weiteres wichtiges Politikinstrument zur Behebung des Fachkräftemangels ist die Verbesserung der Arbeitsmarktintegration von Eingewanderten, die sich bereits in Deutschland befinden. Die Differenz bei den Erwerbsbeteiligungsquoten zwischen im Ausland und im Inland Geborenen gehört zu den größten im OECD-Raum (Abbildung 3.8). Allerdings erreichen die Erwerbstätigenquoten der Geflüchteten in Deutschland, die im ersten Jahr nach ihrer Ankunft mit weniger als 10 % zwar sehr niedrig sind, sieben Jahre nach dem Zuzug 63 % (Brücker et al., 2024[62]). Langwierige Asylverfahren und Arbeits- und Aufenthaltsbeschränkungen behindern die Arbeitsmarktintegration von humanitären Migrant*innen in den ersten Jahren, während die besonders niedrigen Erwerbsquoten weiblicher Geflüchteter z. T. auf das begrenzte Angebot an Kinderbetreuungsmöglichkeiten zurückzuführen sind. Die Zeit, die Asylsuchende warten müssen, bis sie am Arbeitsmarkt teilnehmen dürfen, wurde vor Kurzem auf maximal sechs Monate verkürzt, was zu begrüßen ist. Diese Maßnahme sollte mit einer Beschleunigung der Asylverfahren, einer Zuweisung der Asylbewerber*innen entsprechend den lokalen Arbeitsmarktmöglichkeiten und einem besseren Zugang zu Kinderbetreuungsdiensten kombiniert werden. Maßnahmen wie das Chancen-Aufenthaltsrecht, das Migrant*innen mit Duldungsstatus bzw. befristetem Aufenthaltsstatus (d. h. Personen, denen der Asylstatus versagt wurde, die aber nicht in ihr Herkunftsland zurückgeführt werden können) ein dauerhaftes Bleiberecht bietet, können ebenfalls zur Verbesserung der Arbeitsmarktintegration beitragen. Da viele Geflüchtete erhebliche Defizite im Bereich der Grundkompetenzen aufweisen, ist es von entscheidender Bedeutung, die Grundbildung und die berufliche Bildung der Migrant*innen zu verbessern (OECD, 2024[61]).

3.4. Berufsbildung und Erwachsenenbildung stärken und Qualität der Grundbildung verbessern

3.4.1. Berufsbildung verbessern

Deutschlands duales System der Berufsausbildung im Betrieb und in der Schule erweist sich als sehr erfolgreich, wenn es darum geht, junge Menschen mit den am Arbeitsmarkt benötigten Kompetenzen auszustatten. Trotz der Klagen seitens der Unternehmen über den Fachkräftemangel erhielten rd. 16 % der Bewerber*innen um einen Ausbildungsplatz jedoch kein passendes Angebot, während die Zahl der unbesetzten Ausbildungsplätze weiter zunimmt (Abbildung 3.9). Zurückzuführen ist dieser Mismatch auf regionale Diskrepanzen zwischen Bewerber*innen und offenen Ausbildungsstellen, Informationsasymmetrien bezüglich Arbeitsmarktchancen und Ausbildungsinhalten, unattraktive Löhne und Arbeitsbedingungen sowie mangelnde Grundkompetenzen unter den Bewerber*innen, insbesondere in Bezug auf Sprach- und Sozialkompetenzen. Bemühungen, Schüler*innen im Sekundarbereich I besser über die Inhalte von Berufsbildungsgängen und den Kompetenzbedarf am Arbeitsmarkt zu informieren, sollten verstärkt werden. Der vor Kurzem eingeführte Mobilitätszuschuss für Auszubildende und der Zuschuss zu den Unterkunftskosten im Rahmen der Berufsausbildungsbeihilfe (BAB) sollten derart ausgeweitet werden, dass sie das Unterstützungsniveau für Studierende erreichen, wobei die Unternehmen einen Teil der Finanzierung übernehmen sollten. Umzugszuschüsse könnten die regionale Mobilität weiter verbessern.

Abbildung 3.9. Immer mehr Ausbildungsplätze bleiben unbesetzt, und dennoch erhalten viele Bewerber*innen kein passendes Angebot

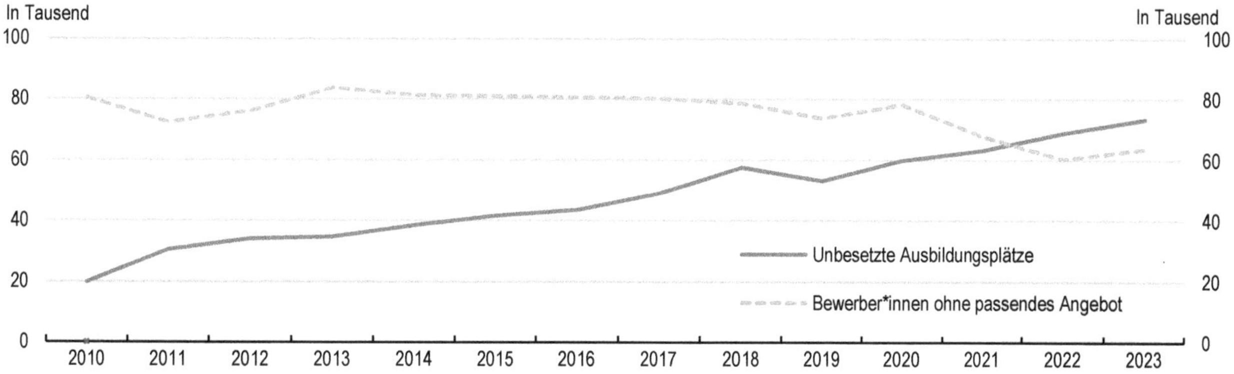

Anmerkung: In der Abbildung ist die Zahl der unbesetzten Ausbildungsplätze und der Bewerber*innen ohne passendes Angebot am Ende des Bewerbungszyklus im jeweiligen Jahr (30. September) dargestellt.
Quelle: BIBB (2024[63]).

StatLink https://stat.link/a7iuywbc2glq

Den Sozialpartnern kommt ebenfalls eine wichtige Rolle zu, die Attraktivität der Berufsbildung für junge Menschen zu steigern. Am höchsten sind die Vakanzquoten in vielen Berufen des Baugewerbes und des Gesundheitssektors, wo Löhne und Arbeitsbedingungen häufig weniger attraktiv sind als in anderen Berufen. Obwohl die Löhne in einigen Berufen mit dem größten Mangel an Auszubildenden in den vergangenen Jahren gestiegen sind, sollten die Tarifverträge stärker auf die Löhne und Arbeitsbedingungen von Auszubildenden ausgerichtet sein, einschließlich einer besseren Regelung der Arbeitszeiten. Regelmäßige Audits könnten dazu beitragen, in allen Ausbildungsbetrieben ein sicheres und lernförderndes Umfeld zu gewährleisten. Verstärkte Outreach-Aktivitäten von Unternehmen in Sekundarschulen, wie z. B. die Veranstaltung von Ausbildungsmessen, können dazu dienen, Informationsasymmetrien zu reduzieren und das Image der Berufsbildung unter Schüler*innen des Sekundarbereichs II zu verbessern. Um die Qualität der Berufsbildung aufrechtzuerhalten, müssen die Investitionen in Berufsschulen, technische Ausstattung und Lehreraus- und -weiterbildung gesteigert werden (Hippach-Schneider und Huismann, 2024[64]). Da die Qualifikationsanforderungen infolge der digitalen und ökologischen Transformation einem raschen Wandel unterliegen, sollte der Erwerb allgemeiner Querschnittskompetenzen wie Lesekompetenz, alltagsmathematische Kompetenz, kreatives Denken, soziale und sprachliche Kompetenzen ebenso wie digitale Kompetenzen zu einem wesentlichen Bestandteil der Ausbildungsgänge werden, wodurch sich auch ihre Attraktivität für Sekundarschulabsolventen erhöhen würde (Hampf und Woessmann, 2017[65]).

Eine Verbesserung der Grundkompetenzen der Schüler*innen, insbesondere ihrer sprachlichen und sozialen Kompetenzen, ist ebenfalls von entscheidender Bedeutung, um die Diskrepanz zwischen offenen Stellen und potenziellen Auszubildenden zu verringern. Im Jahr 2022 ist die Zahl junger Erwachsener im Alter von 20 bis 34 Jahren ohne Berufsabschluss auf 2,9 Millionen angestiegen (BIBB, 2024[63]). Angesichts des zunehmenden Fachkräftemangels sollte es für Politikverantwortliche und Ausbildungsbetriebe eine Kernpriorität sein, das Angebot der beruflichen Aus- und Weiterbildung um Qualifizierungsmöglichkeiten für junge Erwachsene ohne Berufsabschluss zu erweitern. Die vor Kurzem eingeführte Ausbildungsgarantie für Bewerber*innen, die keinen Ausbildungsplatz gefunden haben, umfasst personalisierte Beratungsdienste und ist damit ein wichtiger Schritt nach vorn, sollte aber mit einer Stärkung der Grundkompetenzen potenzieller Auszubildender kombiniert werden. Maßnahmen, wie die Zulassung der englischen Sprache und die Ausweitung und bessere Ausrichtung von Sprachkursen auf den Arbeitsplatz, können dazu beitragen, die Teilnahme von Bewerber*innen mit mangelnden Sprachkenntnissen an der beruflichen Bildung zu erhöhen. Diese Bemühungen können auf den positiven Erfahrungen aufbauen, die während der Flüchtlingskrise in den Jahren 2015 und 2016 gemacht wurden. Im derzeitigen System der Berufsbildung sollte die Stärkung der Grundkompetenzen ebenfalls ein Schwerpunkt der Reform des Übergangsbereichs sein. Der Übergangsbereich in der Berufsbildung unterstützt junge Erwachsene, die selbst keine betriebliche Ausbildungsstelle gefunden haben, mit beruflichen Bildungsangeboten. Bislang existieren auf Bundes- und Länderebene mehrere Programme, die jedoch nicht koordiniert sind und keine systematischen Informationen und Beratungsdienste bieten. Der Erwerb von Grundkompetenzen steht in vielen Bundesländern nicht im Mittelpunkt (Bundestag, 2021[66]). Im Übergangsbereich muss auch die Ausbildung am Arbeitsplatz gestärkt werden. Die von der Bundesagentur für Arbeit geförderte betriebliche Einstiegsqualifizierung hat sich bei der Vermittlung von Ausbildungssuchenden an Arbeitgeber bewährt und sollte ausgeweitet werden (BIBB, 2022[67]).

3.4.2. Erwachsenenbildung verbessern

Etwa 15 % aller Beschäftigten in Deutschland verfügen nur über geringe Grundkompetenzen, da sie weder den Sekundarbereich II noch eine Berufsausbildung abgeschlossen haben. Dies erschwert ihre Anpassung an die sich verändernden Kompetenzanforderungen im Zuge der ökologischen und digitalen Transformation (OECD, 2022[68]). Sie beteiligen sich seltener als andere an beruflicher Weiterbildung, was die Notwendigkeit verdeutlicht, dass die Angebote der Erwachsenenbildung zum Erwerb von Grundkompetenzen ausgebaut, besser beworben und gezielter ausgerichtet werden müssen. Die Arbeitgeber und ihre Verbände sollten die Erwachsenenbildung stärker unterstützen, indem sie ihren Beschäftigten ausreichend Freiräume für Weiterbildung bieten und dazu beitragen, dass Geringqualifizierten die entsprechenden Möglichkeiten besser bekannt und bewusst sind. Die jüngste Einführung des Qualifizierungsgeldes zur Verbesserung der Weiterbildungsmöglichkeiten für Arbeitskräfte, die aufgrund des Strukturwandels stark vom Arbeitsplatzverlust bedroht sind, ist zu begrüßen. Darüber hinaus könnten die bestehenden Förderprogramme für Erwachsene zum Erwerb eines allgemeinen oder beruflichen Bildungsabschlusses auf nicht formales Lernen und Umschulungen ausgeweitet werden. Pläne zur Einführung individueller Lernkonten, auf denen Weiterbildungsansprüche für verfügbare Erwachsenenbildungskurse kumuliert werden können, sind ebenfalls zu begrüßen. Entscheidend für eine erfolgreiche Umsetzung ist jedoch der Abbau von Informationsasymmetrien durch die Festlegung harmonisierter Qualitätsstandards und Zertifizierungen für Weiterbildungskurse (siehe weiter unten). Zusätzliche Förderprogramme auf Länderebene sollten mit der geplanten Plattform für individuelle Lernkonten verknüpft werden, möglichst als Ergänzung zur Bundesförderung.

Ein weiterer wichtiger politischer Hebel zur Förderung der Teilnahme an beruflicher Bildung, insbesondere für geringqualifizierte Arbeitskräfte ohne Berufsabschluss, besteht darin, stärker auf Teilqualifikationen zu setzen.

Dies sollte mit einer besseren Anerkennung bereits erworbener Kompetenzen, insbesondere am Arbeitsplatz, kombiniert werden. Teilqualifikationen ermöglichen es dem Einzelnen, Ausbildungsmodule Schritt für Schritt abzuschließen, was Arbeitskräften und Unternehmen mehr Flexibilität bietet. In Verbindung mit der Anerkennung bereits erworbener Kompetenzen könnte dies die Aktivierungskosten erheblich senken, die Ausbildungszeit verkürzen und die Bereitschaft der Geringqualifizierten steigern, an beruflicher Weiterbildung teilzunehmen und auf einen Berufsabschluss hinzuarbeiten (OECD, 2021[50]). Bisher werden Teilqualifikationen allerdings nur für bestimmte Berufe angeboten, außerdem fehlt es an der nötigen Standardisierung zwischen den Ausbildungseinrichtungen sowie an einer angemessenen Einbindung in die Berufsberatung und die bestehende Kompetenzvalidierung. Mit bundeseinheitlichen Qualitätsstandards für Beratung, Validierung und Teilqualifikationen könnten die Arbeitsmarkt- und Ausbildungsdienstleistungen für Geringqualifizierte deutlich verbessert werden. Dazu gehört auch, dass die Qualifikationsanforderungen für Berufsberater*innen in Ausschreibungen klar und einheitlich festgelegt sind (OECD, 2022[68]). Im Januar 2025 ist ein neuer Gesetzesrahmen in Kraft getreten, der die Validierung und Zertifizierung von Kompetenzen durch Handwerkskammern erleichtern und die Ausweitung des Systems zur Kompetenzvalidierung unterstützen soll. Wichtig ist, dass Teilqualifikationen auch geringqualifizierten Erwachsenen unter 25 Jahren offenstehen, da dies jungen Erwachsenen ohne Berufsabschluss den Erwerb eines Berufsabschlusses erleichtern würde. Parallel zur Ausweitung der Teilqualifikationen ist die kürzlich eingeführte Möglichkeit, eine volle dreijährige Berufsausbildung zu absolvieren und gleichzeitig Bürgergeld zu erhalten, ein wichtiger Schritt nach vorn und sollte beibehalten werden.

Der fragmentierte Charakter des Weiterbildungssystems und das Fehlen harmonisierter Qualitätsstandards und Zertifizierungen führen zu Informationsasymmetrien, die die Teilnahme an Weiterbildungen erschweren und deren Qualität beeinträchtigen. Die Fragmentierung hängt mit den komplexen Governancestrukturen und Zuständigkeitsüberschneidungen zwischen verschiedenen Ministerien und staatlichen Ebenen zusammen, die die Koordination behindern. Während der Bund für die aktive Arbeitsmarktpolitik und berufsabschlussbezogene Weiterbildungen außerhalb der Schulen zuständig ist, sind die Länder für die schulische Weiterbildung und lokale Initiativen der Erwachsenenbildung verantwortlich. Die Sozialpartner spielen bei der Beratung von Bund und Ländern ebenfalls eine wichtige Rolle und sind für bestimmte Regulierungsaspekte zuständig. Seit 2019 verbessert die Nationale Weiterbildungsstrategie die Zusammenarbeit zwischen den wichtigsten Akteuren. Ein standardisiertes Qualitätszertifizierungssystem, das klare Benchmarks für Kursinhalte, Unterrichtsqualität und Lernergebnisse setzt, gibt es jedoch noch immer nicht. Die Ausarbeitung eines einheitlichen Weiterbildungsgesetzes könnte dazu beitragen, den Regulierungsrahmen zu konsolidieren, klare Zuständigkeiten festzulegen und Mindestqualitätsstandards vorzugeben. Das Bundesministerium für Arbeit und Soziales hat vor Kurzem eine zentrale Informationsplattform (mein NOW) eingerichtet, um lokale Kursanbieter und Arbeitskräfte, die eine Weiterbildung suchen, besser zusammenzubringen. Dieses nationale Onlineportal bietet Informationen über Kursinhalte, veränderte Kompetenzanforderungen am Arbeitsmarkt sowie Förderoptionen. Da es jedoch noch keine standardisierten Qualitätszertifizierungen für die berufliche Weiterbildung gibt, deren Zuständigkeit beim Bildungsministerium liegt, ist die Vergleichbarkeit der Kurse nach wie vor begrenzt. Eine bessere Koordinierung zwischen Maßnahmen der aktiven Arbeitsmarktpolitik und der Erwachsenenbildung sollte sowohl auf Bundes- als auch auf Länderebene eine politische Priorität sein. In diesem Zusammenhang könnte auf den bundesweiten Bildungs- und Berufsberatungsdiensten der Bundesagentur für Arbeit sowie deren bestehenden Qualitätszertifizierungen für öffentlich geförderte Kurse aufgebaut werden, um die Weiterbildungsbeteiligung von Arbeitskräften zu steigern, die Ausbildungsqualität zu verbessern und das Weiterbildungsangebot besser an lokale Gegebenheiten anzupassen (SVR, 2022[57]).

3.4.3. Die Qualität der frühkindlichen Bildung und der Grundbildung verbessern

Die Verbesserung der Bildungsergebnisse ist von besonderer Bedeutung, um dem Fachkräftemangel zu begegnen und das Wirtschaftswachstum auf längere Sicht zu steigern, u. a. auf regionaler Ebene (Hanushek, Ruhose und Woessmann, 2017[69]). Laut der PISA-Studie der OECD haben sich die durchschnittlichen Lernergebnisse von 15-jährigen Schüler*innen in Deutschland zwischen 2018 und 2022 stark verschlechtert, und die Bildungsungleichheit bleibt hoch (Abbildung 3.10). Geringe Grundkompetenzen sind einer der Hauptgründe dafür, dass etwa drei Millionen junge Erwachsene keinen Berufsabschluss haben, während gleichzeitig hoher Fachkräftemangel herrscht (siehe oben). Um die Lernergebnisse zu verbessern, kommt es entscheidend darauf an, die Qualität der frühkindlichen Bildung zu steigern (Heckman und Mosso, 2014[70]) . Eine hochwertige frühkindliche Bildung fördert den Erwerb sprachlicher, kognitiver, sozialer und emotionaler Kompetenzen und stärkt die Selbstregulierung und das Selbstvertrauen für einen reibungslosen Übergang in die Grundschule (OECD, 2024[71]). Die positiven Effekte erstrecken sich auf den langfristigen Bildungserfolg, die Lebensqualität und das Erwerbseinkommen, vor allem bei Kindern aus sozial benachteiligten Verhältnissen.

Abbildung 3.10. Die Bildungsergebnisse haben sich verschlechtert, und die Bildungsungleichheit ist nach wie vor hoch

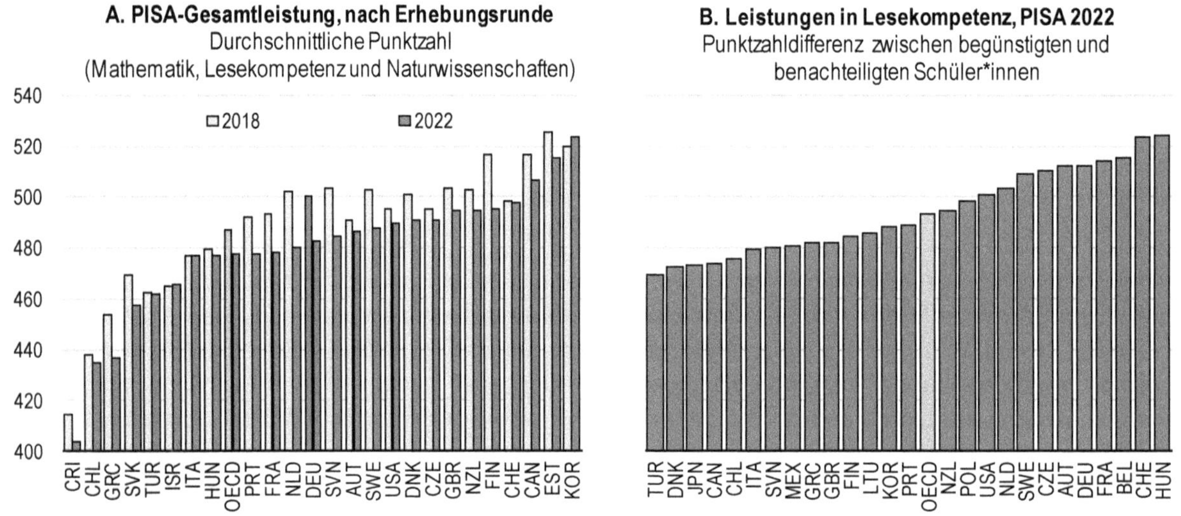

Anmerkung: Die Internationale Schulleistungsstudie der OECD (PISA) evaluiert die Kenntnisse und Fähigkeiten 15-jähriger Schüler*innen in Mathematik, Lesekompetenz und Naturwissenschaften. Anhand von Tests wird untersucht, wie gut die Schüler*innen komplexe Probleme lösen, kritisch denken und effektiv kommunizieren können. Dies gibt Aufschluss darüber, wie gut die Bildungssysteme die Schüler*innen darauf vorbereiten, Alltagsprobleme zu bewältigen und künftige Erfolge zu erzielen. Sozioökonomisch begünstigte Schüler*innen sind Schüler*innen aus Haushalten, die im oberen Quartil des PISA-Index des wirtschaftlichen, sozialen und kulturellen Status liegen, während sozioökonomisch benachteiligte Schüler*innen aus Haushalten im untersten Quartil stammen.

Quelle: OECD (2023), *PISA 2022 Ergebnisse (Band I): Lernstände und Bildungsgerechtigkeit*, PISA, OECD Publishing, Paris, https://doi.org/10.3278/6004956w.

StatLink https://stat.link/6v7eux2xpo8r

Die Teilnahme an frühkindlicher Bildung von Kindern im Alter von drei bis sechs Jahren ist mit rd. 90 % verhältnismäßig hoch. Allerdings gibt es keine obligatorische, qualitativ hochwertige Vorschulbildung, bei der der Fokus auf der Entwicklung kognitiver, sozialer und emotionaler Grundkompetenzen liegt, was insbesondere für Kinder aus sozial benachteiligten Haushalten Anlass zur Sorge ist. Hamburg hat gute Erfahrungen damit gesammelt, dass für Kinder, bei denen im Rahmen des Vorstellungsverfahrens für Viereinhalbjährige ein „ausgeprägter" oder „besonders ausgeprägter" Sprachförderbedarf ermittelt wurde, der Besuch einer Vorschulklasse (VSK) vor der Einschulung verpflichtend ist. Außerdem muss der Zugang zu frühkindlicher Bildung für Kinder aus benachteiligten Haushalten weiter verbessert werden. Da Informationen und Anträge nicht zentral innerhalb der Kommunen verwaltet werden, die Auswahl auf Aufnahmegesprächen basiert und die Betreuungskosten in einigen Bundesländern hoch sind, ist der Zugang zu Kinderbetreuungseinrichtungen für viele benachteiligte Haushalte besonders schwierig (Jessen, Schmitz und Waights, 2020[72]; Hermes et al., 2021[73]). Daher sollte eine Erhöhung der Fördermittel für vulnerable Haushalte mit einer Zentralisierung der Anmeldeverfahren innerhalb der Kommunen und einer Verbesserung der Beratungsdienste kombiniert werden (Kasten 3.1).

Eine Verlängerung des Grundschultags über den frühen Nachmittag hinaus, damit mehr Stunden für die Vermittlung von Grundkompetenzen zur Verfügung stehen, könnte dazu beitragen, die Lernergebnisse zu verbessern und den Bedarf an Kinderbetreuung während dieser Zeit zu reduzieren. In Hamburg liegt der Schwerpunkt nun stärker auf der Vermittlung von Grundkompetenzen in der Grundschule. Gleichzeitig wurde der Schultag verlängert und es werden häufiger Lernstandserhebungen eingesetzt, um leistungsschwache Klassen zusätzlich zu fördern. Dies hat in Kombination mit der Einführung des verpflichtenden VSK-Besuchs für Kinder mit geringen Sprachkenntnissen die Lernergebnisse von Kindern aus sozial benachteiligten Haushalten verbessert und die durchschnittlichen Schülerleistungen gesteigert (Stanat et al., 2023[74]). Eine enge Zusammenarbeit mit den Lehrer- und Elternverbänden war ebenfalls von entscheidender Bedeutung, um einen Konsens über die Reformen zu erzielen. Infolge des 2021 eingeführten Rechtsanspruchs stellt die Bundesregierung den Ländern bis 2027 3 Mrd. EUR für den Ausbau von Ganztagsbetreuung in der Grundschule zur Verfügung. Diese Initiative ist zwar zu begrüßen, die insgesamt bereitgestellten Mittel sind jedoch unzureichend und müssen durch zusätzliche Mittel der Länder ergänzt werden, insbesondere um mehr Lehrkräfte zu gewinnen und einzustellen und um sicherzustellen, dass der längere Schultag für zusätzliche Lernaktivitäten genutzt wird. Der gravierende Arbeitskräftemangel im Bereich der frühkindlichen Bildung und Grundbildung sollte angegangen werden, indem die Anwerbung und Ausbildung verbessert und die Gehälter erhöht werden (Bock-Famulla et al., 2022[38]). Die Erleichterung der Anerkennung ausländischer Qualifikationen kann dazu beitragen, verstärkt im Ausland ausgebildetes Lehrpersonal einzustellen (siehe oben).

Die Stärkung des Peer-Learning zwischen den Bundesländern ist von entscheidender Bedeutung für die Verbesserung der Bildungspolitik. Der Bund und die Länder haben für die kommenden 10 Jahre 20 Mrd. EUR bereitgestellt, um die Bildungsqualität in rd. 4 000 sozioökonomisch benachteiligten Schulen zu verbessern. Diese Initiative ist zwar zu begrüßen, sollte aber durch eine umfassende Evaluierung der Lernrückstände und bildungspolitischen Instrumente in den Bundesländern ergänzt werden, um das Peer- Learning zu fördern und die Bildungsqualität zu steigern. Die Bildungspolitik liegt im Zuständigkeitsbereich der Länder, was zu einer großen Heterogenität in ihrer Gestaltung und bei den Lernergebnissen führt. Die länderübergreifende Verknüpfung und Analyse von Daten zu den Lernergebnissen der Schüler*innen würde dazu beitragen, das Peer-Learning zu fördern und die Vorteile des dezentralisierten Bildungssystems besser zu nutzen. Darüber hinaus muss die Koordinierung mit den Kommunen verbessert werden. Während die Länder für die Besoldung der Lehrkräfte zuständig sind, sind die Kommunen für die Vergütung der pädagogischen Assistent*innen und der psychologisch geschulten Kräfte sowie für die Bereitstellung und Instandhaltung der Bildungsinfrastruktur verantwortlich (Kapitel 4).

Tabelle 3.1. Frühere Empfehlungen und ergriffene Maßnahmen

Frühere Empfehlungen	Ergriffene Maßnahmen
Die Arbeitsanreize für Zweit- und Geringverdienende erhöhen: Die steuerliche Zusammenveranlagung von Ehepaaren und eingetragenen Lebenspartnerschaften reformieren und zugleich die Geringfügigkeitsgrenze absenken, ab der die Sozialversicherungsbeiträge gleitend steigen.	Keine
Die Einkommensteuern durch Anhebung der Steuerfreibeträge und Senkung der Steuersätze verringern.	Der Einkommensteuertarif wurde für die Jahre 2023 bis 2026 an die Inflationsentwicklung angepasst.
Die effektive Grenzbelastung für Geringverdienende durch einen langsameren und besser koordinierten Entzug verschiedener Transferleistungen senken.	Die Transferentzugsraten beim Bürgergeld wurden gesenkt, die unkoordinierte Anhebung des Wohngelds hat das Problem jedoch verschärft. Die geplante Reform zur Zusammenlegung von kinderbezogenen Leistungen kam nicht zustande.
Frühverrentungsanreize verringern	Keine
Den Zugang zu frühkindlicher Bildung ausweiten und die Anmeldeverfahren in den Kommunen zentralisieren.	Das Angebot an Kinderbetreuungsplätzen wurde weiter ausgebaut. Zentrale Anmeldeverfahren gibt es nur in manchen Kommunen.
Die Qualität der Grundbildung erhöhen: Lernstandserhebungen einsetzen, um Kinder mit schwächeren Lernergebnissen gezielter zu fördern.	Keine
Die Digitalisierung der Verwaltungsverfahren für Migrant*innen, insbesondere in Bezug auf die Visumerteilung, beschleunigen und die Koordinierung der verschiedenen Verfahren durch zentralisierte Migrationsämter auf Länderebene verbessern.	Digitale Visaverfahren für Migrant*innen wurden eingeführt.
Die Zielgruppe für Instrumente der aktiven Arbeitsmarktpolitik vergrößern und vor allem Umschulungen anbieten sowie Grundkompetenzen vermitteln; die Erwachsenenbildung durch bundeseinheitliche Qualitätsstandards verbessern und die Angebote über die Regionen hinweg besser koordinieren und vermarkten.	Mit der Reform des Bürgergelds im Jahr 2022 fällt der Vermittlungsvorrang zugunsten der Priorisierung von Weiterbildung und Qualifizierung Erwachsener weg. Die Bundesagentur für Arbeit fördert Kurse zur beruflichen Bildung und Grundbildung auf flexiblere Weise. Das Online-Portal „mein NOW“ wurde eingerichtet, das Kursanbieter und Arbeitskräfte zusammenbringt, die Qualität der Kurse muss aber noch verbessert werden.
Standardisierte Teilqualifikationen bundesweit einführen und besser mit der Anerkennung bereits erworbener Kompetenzen sowie mit Berufsberatungsdiensten verknüpfen.	Im Januar 2025 trat ein neuer Gesetzesrahmen in Kraft, der die Kompetenzvalidierung durch Handwerkskammern erleichtern soll. Dieser dürfte den Ausbau des Systems der Kompetenzvalidierung stärken.

Tabelle 3.2. Feststellungen und Empfehlungen (zentrale Empfehlungen in Fettdruck)

Wichtigste Feststellungen	Empfehlungen
Anreize im Steuer- und Transfersystem zur Erhöhung des Arbeitsangebots stärken	
Die Zusammenveranlagung von Ehepaaren und eingetragenen Lebenspartnerschaften führt zu hohen Grenzsteuersätzen bei der Einkommensteuer für Zweitverdienende. Über 50 % der Frauen gehen einer Teilzeitbeschäftigung nach, für die sie überqualifiziert sind.	**Den Grenzsteuersatz für Zweitverdienende durch eine Reform des Ehegattensplittings senken.**
Mehr als ein Sechstel der Erwerbsbevölkerung arbeitet in Teilzeitjobs, in denen keine arbeitnehmerseitigen Sozialversicherungsbeiträge entrichtet werden müssen (Minijobs). Minijobber verfügen nur über eine schwache soziale Absicherung sowie geringe Weiterbildungs- und Karrieremöglichkeiten.	**Minijobs auf Schüler*innen und Studierende beschränken und die Sozialversicherungsbeiträge für Verdienste unterhalb der derzeitigen Minijob-Grenze gleitend ansteigen lassen.**
Eine unzureichende Abstimmung verschiedener Sozialtransfers und hohe Transferentzugsraten bewirken eine hohe effektive Grenzsteuerbelastung, was die Arbeitsanreize verringert.	Die effektive Grenzsteuerbelastung für Geringverdienende durch eine Senkung der Transferentzugsraten von Sozialleistungen verringern.
Bei der Inanspruchnahme von bezahlter Elternzeit bestehen erhebliche Ungleichheiten zwischen den Geschlechtern, die die Erwerbsbeteiligung und das künftige Erwerbseinkommen von Frauen reduzieren.	Die Mindestelternzeit, die jeder Elternteil nehmen muss, erhöhen und die Überschneidung der Elternzeiträume begrenzt halten.
Das effektive Erwerbsaustrittsalter liegt deutlich unter dem gesetzlichen Rentenalter. Frühverrentungsprogramme werden hauptsächlich von Arbeitskräften mit höherem Bildungsniveau und Einkommen sowie einem überdurchschnittlichen Gesundheitszustand genutzt.	**Finanzielle Frühverrentungsanreize abschaffen, damit die Abschläge bei vorgezogenem Renteneintritt zumindest versicherungsmathematisch neutral sind, und das gesetzliche Rentenalter an die Lebenserwartung koppeln.** Frühverrentungsmöglichkeiten bei subventionierter Altersteilzeit im Blockmodell abschaffen.
Hindernisse für die qualifizierte Zuwanderung und die Arbeitsmarktintegration von Migrant*innen weiter abbauen	
Komplexe und langwierige Verwaltungsabläufe für die Erteilung einer Arbeitserlaubnis sowie eine unzureichende Digitalisierung, die die Erteilung eines Visums verzögert, verursachen Unsicherheit und hohe Kosten für Migrant*innen und potenzielle Arbeitgeber.	Die Verwaltungsverfahren für Migrant*innen, insbesondere in Bezug auf die Visumerteilung, beschleunigen und die Koordinierung der verschiedenen Verfahren durch zentralisierte Migrationsämter auf Länderebene verbessern.
Im Gesundheitswesen, in der Kinderbetreuung und der Langzeitpflege sowie in der Bildung herrscht erheblicher Arbeitskräftemangel. Die Anerkennungsverfahren für ausländische Qualifikationen in reglementierten Berufen sind dezentralisiert und mit langen Wartezeiten verbunden.	Die existierende zentrale Datenbank für die Anerkennung ausländischer Hochschulabschlüsse auf alle Qualifikationen in reglementierten Berufen ausweiten und die Informationen öffentlich zugänglich machen.
Die Differenz bei den Erwerbsbeteiligungsquoten zwischen im Ausland und im Inland Geborenen ist groß, was auf langwierige Asylverfahren, Aufenthaltsbeschränkungen und unzureichende Grundkompetenzen zurückzuführen ist.	Asylverfahren beschleunigen, Asylbewerber*innen entsprechend den lokalen Arbeitsmarktmöglichkeiten zuweisen und den Zugang zu Kinderbetreuungsdiensten ausweiten und zugleich Grundbildung und berufliche Bildung der Migrant*innen verbessern.
Berufsausbildung und Erwachsenenbildung stärken und Qualität der Grundbildung verbessern	
Geringe Grundkompetenzen, insbesondere sprachliche und soziale Kompetenzen, sind ein wesentlicher Grund dafür, dass viele junge Erwachsene keinen Berufsabschluss haben. Der Übergangsbereich der Berufsbildung ist in den einzelnen Bundesländern stark fragmentiert.	Den Übergangsbereich in der Berufsbildung verbessern und harmonisieren, indem die Ausbildung am Arbeitsplatz und der Erwerb von Grundkompetenzen, einschließlich sprachlicher Kompetenzen, gestärkt und personalisierte Beratungsdienste angeboten werden.
Teilqualifikationen in Verbindung mit der Anerkennung informell erworbener Kompetenzen können geringqualifizierten Erwachsenen die Teilnahme an Weiterbildungen erleichtern. Sie sind jedoch nur für wenige Berufe verfügbar und schließen Erwachsene unter 25 Jahren aus.	Standardisierte Teilqualifikationen bundesweit einführen, auch für Erwachsene unter 25 Jahren, und besser mit der Anerkennung bereits erworbener Kompetenzen sowie mit Berufsberatungsdiensten kombinieren.
Das Fehlen harmonisierter Qualitätsstandards und Zertifizierungen im fragmentierten Weiterbildungssystem führt zu Informationsasymmetrien, die die Teilnahme an Weiterbildungen erschweren und deren Qualität beeinträchtigen.	**Standardisierte Qualitätszertifizierungen schaffen, die klare Benchmarks für Kursinhalte, Unterrichtsqualität und Lernergebnisse von Weiterbildungen setzen.**
Die Bildungsergebnisse haben sich stark verschlechtert, und die Bildungsungleichheit bleibt hoch. Die Qualität der frühkindlichen Bildung ist entscheidend für die Kompetenzentwicklung im späteren Leben.	**Ein obligatorisches, qualitativ hochwertiges Vorschuljahr einführen und die Dauer des Grundschultags verlängern, damit mehr Stunden für die Vermittlung von Grundkompetenzen zur Verfügung stehen.**
Der Zugang zu frühkindlicher Bildung und Kinderbetreuung wird durch informelle und dezentrale Anmeldeverfahren beschränkt, die eine Hürde für sozial benachteiligte Haushalte darstellen.	Den Zugang zu frühkindlicher Bildung und Kinderbetreuung durch zentralisierte Anmeldeverfahren in den Kommunen weiter ausbauen und die Kosten für vulnerable Haushalte senken.

Literaturverzeichnis

Adunts, D. et al. (2022), „Gesteuerte Erwerbsmigration nach Deutschland“, *IAB-Forschungsbericht*, No. 23/2022, IAB, Nürnberg, https://doi.org/10.48720/IAB.FB.2223. [56]

Azahaf, N. (2020), „Wie transnationale Ausbildungspartnerschaften in Deutschland vorangebracht werden können“, *Policy Brief Migration*, Mai, Bertelsmann Stiftung, Gütersloh, https://www.bertelsmann-stiftung.de/fileadmin/files/Projekte/Migration_fair_gestalten/IB_Policy_Brief_2020_Transnationale_Partnerschaften.pdf. [60]

BA (2024), *Berichte: Blickpunkt Arbeitsmarkt – Fachkräfteengpassanalyse 2023*, Statistik der Bundesagentur für Arbeit, Nürnberg, https://statistik.arbeitsagentur.de/Statistikdaten/Detail/202312/arbeitsmarktberichte/fachkraefte-engpassanalyse/fachkraefte-engpassanalyse-dl-0-202312-zip.zip?__blob=publicationFile&v=1. [5]

BA (2022), *Berichte: Blickpunkt Arbeitsmarkt – Die Arbeitsmarktsituation von Frauen und Männern 2021*, Juni, Statistik der Bundesagentur für Arbeit, Nürnberg. [34]

Bach, S. (2021), „Aktuelle Reformvorschläge zum Einkommensteuertarif“, *Wirtschaftsdienst*, Vol. 101/8, S. 606-614, https://doi.org/10.1007/s10273-021-2979-1. [24]

Bach, S. et al. (2020), „Reform des Ehegattensplittings: Realsplitting mit niedrigem Übertragungsbetrag ist ein guter Kompromiss“, *DIW Wochenbericht*, Vol. 87/41, S. 785–794, https://doi.org/10.18723/diw_wb:2020-41-1. [13]

Barschkett, M., J. Geyer und P. Haan (2022), „Anhebung des Renteneintrittsalters hat negative“, *DIW Wochenbericht*, Vol. 89/41, S. 527–533, https://doi.org/10.18723/diw_wb:2022-41-1. [54]

Becker, J. (2022), *Ehegattenbesteuerung in Deutschland*, Bertelsmann Stifung, Gütersloh, https://doi.org/10.11586/2021078. [12]

Beckmannshagen, M. und C. Schröder (2022), „Entwicklung der Arbeitszeiten treibt die Ungleichheit der Erwerbseinkommen“, *DIW Wochenbericht*, Vol. 89/33+34, S. 427–434, https://doi.org/10.18723/diw_wb:2022-33-1. [28]

BIBB (2024), *Datenreport zum Berufsbildungsbericht 2024*, Bundesinstitut für Berufsbildung, Bonn, https://www.bibb.de/datenreport/de/189191.php. [63]

BIBB (2022), *Datenreport zum Berufsbildungsbericht 2022*, Bundesinstitut für Berufsbildung, Bonn, https://www.bibb.de/datenreport/de/datenreport_2022.php. [67]

Bick, A., A. Blandin und N. Fuchs-Schündeln (2022), „Reassessing economic constraints: Maximum employment or maximum hours?“, *Proceedings of the 2022 Jackson Hole Economic Policy Symposium*, https://www.kansascityfed.org/documents/9673/Fuchs_Schundeln.pdf. [3]

Bick, A. und N. Fuchs-Schündeln (2018), „Taxation and Labour Supply of Married Couples across Countries: A Macroeconomic Analysis“, *The Review of Economic Studies*, Vol. 85/3, S. 1543–1576, https://doi.org/10.1093/restud/rdx057. [8]

Bickmann, M., R. Grundke und D. Smith (erscheint demnächst), „Saving the German growth model – the importance of migration for maintaining competitiveness“. [58]

Blömer, M. et al. (2021), „Für mehr Beschäftigung und mehr steuerliche Entlastung für Familien: Ein Reformvorschlag zur Einkommensbesteuerung“, *ifo Schnelldienst*, Vol. 74/10, S. 37–49, https://www.ifo.de/DocDL/sd-2021-10-bloemer-brandt-dorn-fuest-peichl-reeformvorschlag-einkommensbesteuerung.pdf. [29]

Blömer, M. und V. Consiglio (2022), „Reform der Mini- und Midijobs: Verschärft die Ampel-Koalition die Teilzeitfalle?“, *ifo Schnelldienst*, Vol. 75/4, S. 12–18, https://www.ifo.de/DocDL/sd-2022-04-100-tage-bilanz-ampel-regierung.pdf. [16]

Blömer, M. et al. (2024), „'Lohnt' sich Arbeit noch? Lohnabstand und Arbeitsanreize im Jahr 2024“, *ifo Schnelldienst*, Vol. 77/1, S. 35–38, https://www.ifo.de/DocDL/sd-2024-01-bloemer-etal-lohnabstand.pdf. [31]

Blömer, M., L. Fischer und A. Peichl (2023), „Ein aktualisierter Reformvorschlag für mehr Beschäftigung und steuerliche Entlastung“, *ifo Schnelldienst*, Vol. 76/9, S. 25–36, https://www.ifo.de/DocDL/sd-2023-09-umverteilung-familienpolitik_0.pdf. [11]

Blömer, M., E. Hansen und A. Peichl (2024), *Die Ausgestaltung des Transferentzugs in der Interdependenz mit dem Bürgergeld, der Kindergrundsicherung und dem Wohngeld*, Studie im Auftrag des Bundesministeriums für Wirtschaft und Klimaschutz, ifo Forschungsberichte, Nr. 145, ifo Institut, München,, https://www.ifo.de/DocDL/ifo_Forschungsbericht_145_Transferentzug.pdf. [30]

Blömer, M. und A. Peichl (2020), *Für wen lohnt sich Arbeit? Partizipationsbelastungen im deutschen Steuer-, Abgaben- und Transfersystem*, Bertelsmann Stiftung, Berlin, https://www.bertelsmann-stiftung.de/fileadmin/files/BSt/Publikationen/GrauePublikationen/Studie_Partizipationsbelastung_final.pdf. [14]

BMAS (2022), *Rentenversicherungsbericht 2022*, Bundesministerium für Arbeit und Soziales, Berlin, https://www.bmas.de/SharedDocs/Downloads/DE/Rente/rentenversicherungsbericht-2022.pdf. [44]

BMWK (2024), *Gesamtwirtschaftliche Herausforderungen durch den demographischen Wandel*, Gutachten des Wissenschaftlichen Beirats beim Bundesministerium für Wirtschaft und Klimaschutz, BMWK, Berlin, https://www.bmwk.de/Redaktion/DE/Publikationen/Ministerium/Veroeffentlichung-Wissenschaftlicher-Beirat/gutachten-wissenschaftlicher-beirat-gesamtwirtschaftliche-herausforderungen-demographischer-wandel.pdf. [6]

Bock-Famulla, K. et al. (2023), *Fachkräfte-Radar für KiTa und Grundschule 2023*, Bertelsmann Stiftung, Gütersloh, https://doi.org/10.11586/2023041. [37]

Bock-Famulla, K. et al. (2022), *Fachkräfte-Radar für KiTa und Grundschule 2022*, Bertelsmann Stiftung, Gütersloh, https://doi.org/10.11586/2022066. [38]

Brücker, M. et al. (2024), „Institutionelle Hürden beeinflussen Umfang und Qualität der Erwerbstätigkeit von Geflüchteten“, *IAB-Forschungsbericht*, No. 12/2024, IAB, Nürnberg, https://doi.org/10.48720/IAB.FB.2412. [62]

Bruckmeier, K. et al. (2022), „Reform der geringfügigen Beschäftigung“, *IAB Stellungnahme*, No. 2/2022, IAB, Nürnberg, https://doku.iab.de/stellungnahme/2022/sn0222.pdf. [15]

Bundesbank (2024), „Abgabenlast auf Arbeitseinkommen im internationalen Vergleich: zum Unterschied von Rentenbeitrag und Steuerzahlung“, Juni, Deutsche Bundesbank, Frankfurt a. M., https://publikationen.bundesbank.de/publikationen-de/berichte-studien/monatsberichte/monatsbericht-juni-2024-932980?article=abgabenlast-auf-arbeitseinkommen-im-internationalen-vergleich-zum-unterschied-von-rentenbeitrag-und-steuerzahlung-932986. [22]

Bundesbank (2022), „Produktivitätswirkungen der Reallokation im Unternehmenssektor während der Coronavirus-Krise“, *Monatsbericht*, September, Deutsche Bundesbank, Frankfurt a. M., https://www.bundesbank.de/resource/blob/897186/19f2a92a56f480b545e3a2718bfa483e/472B63F073F071307366337C94F8C870/2022-09-reallokation-corona-data.pdf. [4]

Bundestag (2021), *Bericht der Enquete-Kommission Berufliche Bildung in der digitalen Arbeitswelt*, Drucksache 19/30950, Deutscher Bundestag, Berlin, https://dserver.bundestag.de/btd/19/309/1930950.pdf. [66]

Buslei, H. et al. (2024), „Rente nach 45 Jahren: Auch Personen mit geringer Arbeitsbelastung gehen frühzeitig abschlagsfrei in Ruhestand“, *DIW Wochenbericht*, Vol. 91/48, S. 759–765, https://doi.org/10.18723/diw_wb:2024-48-1. [47]

Destatis (2024), „Zahl der unter Dreijährigen in Kindertagesbetreuung um 1 % gesunken“, Pressemitteilung, Nr. 369, 26. September, Statistisches Bundesamt, Wiesbaden, https://www.destatis.de/DE/Presse/Pressemitteilungen/2024/09/PD24_369_225.html. [40]

Dziadkowski, D. (2022), „Die Einkommensteuer im Lichte von Progression und Inflation“, *ifo Schnelldienst*, Vol. 75/6, S. 55–58, https://www.ifo.de/DocDL/sd-2022-06-dziadkowki-einkommensteuer-progression-inflation.pdf. [23]

Elgin, C. et al. (2021), „Understanding Informality“, *SSRN Electronic Journal*, https://doi.org/10.2139/ssrn.3914265. [20]

Europäische Kommission (2024), „National Education Systems: Denmark“, *Eurydice*, https://eurydice.eacea.ec.europa.eu/national-education-systems/denmark/overview. [39]

Falck, O., V. Lindlacher und S. Wiederhold (2022), „Elderly Left Behind? How Older Workers Can Participate in the Modern Labor Market“, *EconPol Forum*, Vol. 23/05, S. 16–19, https://www.econstor.eu/bitstream/10419/272127/1/1819073866.pdf. [49]

Feld, L., M. Iglesias und B. Weigert (2015), „Putting Germany's 'mini-jobs' in their context“, *El Pais*, 15. Oktober, https://english.elpais.com/elpais/2015/10/15/inenglish/1444918067_940829.h. [19]

Filippucci, F., K. Laengle und L. Marcolin (erscheint demnächst), „The firm side of labour shortages: 5 facts from the GFP Employer Survey“, *OECD Productivity Working Paper*, OECD Publishing, Paris. [2]

Fitzenberger, B. (2024), „Warum eine Abschaffung des Bürgergelds nicht helfen würde", *Spiegel Wirtschaft*, 15. Mai, https://www.spiegel.de/wirtschaft/soziales/arbeitsanreize-warum-eine-abschaffung-des-buergergelds-nicht-helfen-wuerde-a-a8464404-71e4-42a9-aa25-0273dda1415e. [32]

Geyer, J. et al. (erscheint demnächst), „Long-term Care in Germany", in Gruber, J. und K. McGarry (Hrsg.), *Long-Term Care around the World*, University of Chicago Press, https://www.nber.org/books-and-chapters/long-term-care-around-world/long-term-care-germany. [42]

Hampf, F. und L. Woessmann (2017), „Vocational vs. General Education and Employment over the Life Cycle: New Evidence from PIAAC", *CESifo Economic Studies*, Vol. 63/3, S. 255–269, https://doi.org/10.1093/cesifo/ifx012. [65]

Hanushek, E., J. Ruhose und L. Woessmann (2017), „Knowledge Capital and Aggregate Income Differences: Development Accounting for US States", *American Economic Journal: Macroeconomics*, Vol. 9/4, S. 184–224, https://doi.org/10.1257/mac.20160255. [69]

Heckman, J. und S. Mosso (2014), „The Economics of Human Development and Social Mobility", *Annual Review of Economics*, Vol. 6/1, S. 689–733, https://doi.org/10.1146/annurev-economics-080213-040753. [70]

Hermes, H. et al. (2021), „Behavioral Barriers and the Socioeconomic Gap in Child Care Enrollment", *CESifo Working Paper*, No. 9282, CESifo, München, https://www.cesifo.org/DocDL/cesifo1_wp9282.pdf. [73]

Hippach-Schneider, U. und A. Huismann (2024), *Implementing European priorities in VET: making national VET agile, flexible, innovative, attractive, inclusive and quality-assured: Germany*, https://www.cedefop.europa.eu/en/country-reports/implementing-eu-priorities. [64]

Holtemöller, O. et al. (2023), *Gemeinschaftsdiagnose Herbst 2023: Kaufkraft kehrt zurück – Politische Unsicherheit hoch*, Projektgruppe Gemeinschaftsdiagnose, https://gemeinschaftsdiagnose.de/wp-content/uploads/2023/10/IfW_Kiel_GD_2_2023_RZ_3_web.pdf. [1]

Jessen, J., S. Schmitz und S. Waights (2020), „Understanding day care enrolment gaps", *Journal of Public Economics*, Vol. 190, Artikel 104252, https://doi.org/10.1016/j.jpubeco.2020.104252. [72]

Kelmanson, B. et al. (2019), „Explaining the Shadow Economy in Europe: Size, Causes and Policy Options", *IMF Working Paper Series*, No. 19/278, IWF, Washington, D.C., https://www.imf.org/en/Publications/WP/Issues/2019/12/13/Explaining-the-Shadow-Economy-in-Europe-Size-Causes-and-Policy-Options-48821. [21]

KOFA (2022), *Ältere am Arbeitsmarkt*, KOFA-Studie, Nr. 1/2022, Kompetenzzentrum Fachkräftesicherung, https://www.kofa.de/media/Publikationen/Studien/Engpassstudie-Aeltere.pdf. [52]

Lembcke, F., L. Nöh und M. Schwarz (2021), „Anreizwirkungen des deutschen Steuer- und Transfersystems auf das Erwerbsangebot von Zweitverdienenden", *Arbeitspapier*, No. 06/2021, Sachverständigenrat zur Begutachtung der Gesamtwirtschaftlichen Entwicklung, Wiesbaden, https://www.sachverstaendigenrat-wirtschaft.de/fileadmin/dateiablage/Arbeitspapiere/Arbeitspapier_06_2021.pdf. [9]

OECD (2024), *Bildung auf einen Blick 2024: OECD-Indikatoren*, wbv Media, Bielefeld, https://doi.org/10.1787/e7565ada-de. [71]

OECD (2024), *Health Statistics*. [25]

OECD (2024), *International Migration Outlook 2024*, OECD Publishing, Paris, https://doi.org/10.1787/50b0353e-en. [61]

OECD (2024), *Is Care Affordable for Older People?*, OECD Health Policy Studies, OECD Publishing, Paris, https://doi.org/10.1787/450ea778-en. [43]

OECD (2024), *OECD Employment Outlook 2024: The Net-Zero Transition and the Labour Market*, OECD Publishing, Paris, https://doi.org/10.1787/ac8b3538-en. [7]

OECD (2024), *Society at a Glance 2024: OECD Social Indicators*, OECD Publishing, Paris, https://doi.org/10.1787/918d8db3-en. [36]

OECD (2023), *Pensions at a Glance 2023: OECD and G20 Indicators*, OECD Publishing, Paris, https://doi.org/10.1787/678055dd-en. [45]

OECD (2022), *Career Guidance for Low-Qualified Workers in Germany*, Getting Skills Right, OECD Publishing, Paris, https://doi.org/10.1787/5e6af8da-en. [68]

OECD (2022), „Wer will nach Deutschland? Eine Umfrage unter Fachkräften im Ausland", *Mitgeschnitten: Debatten, Daten, Dokumente*, 2. Dezember, https://blog.oecd-berlin.de/wer-will-nach-deutschland (Abruf: 23. Januar 2023). [59]

OECD (2021), *Continuing Education and Training in Germany*, Getting Skills Right, OECD Publishing, Paris, https://doi.org/10.1787/1f552468-en. [50]

OECD (2021), *Pensions at a Glance 2021: OECD and G20 Indicators*, OECD Publishing, Paris, https://doi.org/10.1787/ca401ebd-en. [46]

OECD (2019), *OECD Employment Outlook 2019: The Future of Work*, OECD Publishing, Paris, https://doi.org/10.1787/9ee00155-en. [53]

Pimpertz, J. (2022), „‚Versicherungsmathematisch faire' Abschläge bei vorgezogenem Rentenbezug – eine systematische Betrachtung der Budget-, Belastungs- und Anreizneutralität", *IW Trends*, No. 4/2022, Institut der deutschen Wirtschaft, Köln, https://doi.org/10.2373/1864-810X.22-04-05. [48]

Raute, A. (2019), „Can financial incentives reduce the baby gap? Evidence from a reform in maternity leave benefits", *Journal of Public Economics*, Vol. 169, S. 203–222, https://doi.org/10.1016/j.jpubeco.2018.07.010. [35]

Rocard, E. und A. Llena-Noza (2022), „Supporting informal carers of older people: Policies to leave no carer behind", *OECD Health Working Paper*, No. 140, OECD Publishing, Paris, https://doi.org/10.1787/0f0c0d52-en. [41]

Saint-Martin, A., H. Inanc und C. Prinz (2018), „Job Quality, Health and Productivity: An evidence-based framework for analysis", *OECD Social, Employment and Migration Working Papers*, No. 221, OECD Publishing Paris, https://doi.org/10.1787/a8c84d91-en. [27]

Spermann, A. (2013), „How Does Temporary Agency Work Impact German Agency Workers?", *IZA Policy Paper*, No. 70, Forschungsinstitut zur Zukunft der Arbeit, Bonn, https://docs.iza.org/pp70.pdf. [18]

Sperrmann, A. (2022), „Minijobs: Unverzichtbare Flexibilität", *Wirtschaftsdienst*, Vol. 102/1, S. 4, https://doi.org/10.1007/s10273-022-3080-0. [17]

Stanat, P. et al. (Hrsg.) (2023), *IQB-Bildungstrend 2022 – Sprachliche Kompetenzen am Ende der 9. Jahrgangsstufe im dritten Ländervergleich*, Waxmann, Münster, https://doi.org/10.31244/9783830997771. [74]

SVR (2023), *Jahresgutachten 2023/24: Wachstumsschwäche überwinden – In die Zukunft investieren*, Sachverständigenrat zur Begutachtung der gesamtwirtschaftlichen Entwicklung, Wiesbaden, https://www.sachverstaendigenrat-wirtschaft.de/fileadmin/dateiablage/gutachten/jg202324/JG202324_Gesamtausgabe.pdf. [10]

SVR (2022), *Jahresgutachten 2022/23: Energiekrise solidarisch bewältigen, neue Realität gestalten*, Sachverständigenrat zur Begutachtung der gesamtwirtschaftlichen Entwicklung, Wiesbaden, https://www.sachverstaendigenrat-wirtschaft.de/fileadmin/dateiablage/gutachten/jg202223/JG202223_Gesamtausgabe.pdf. [57]

van Dalen, H. und K. Henkens (2019), „Do stereotypes about older workers change? A panel study on changing attitudes of managers", *International Journal of Manpower*, Vol. 41/5, S. 535–550, https://doi.org/10.1108/ijm-09-2018-0300. [51]

Weber, E. (2024), „The dovish turnaround: Germany's social benefit reform and job findings", *Journal of Policy Analysis and Management*, S. 1–17, https://doi.org/10.1002/pam.22648. [33]

Westermeier, C. und M. Wolf (2020), „Betriebe wollten 2018 deutlich mehr rentenberechtigte Mitarbeiter halten als 2015", *IAB-Kurzbericht*, No. 18/2020, IAB, Nürnberg, https://doku.iab.de/kurzber/2020/kb1820.pdf. [55]

Ziebarth, N. und S. Pichler (2024), „Einordnung des deutlichen Anstiegs der krankheitsbedingten Fehlzeiten seit 2022", *ZEW policy brief*, No. 18, ZEW, Mannheim, https://ftp.zew.de/pub/zew-docs/policybrief/de/pb18-24.pdf. [26]

4 Die regionale Entwicklung in Zeiten des Strukturwandels fördern

Enes Sunel
Robert Grundke

Die regionalen Disparitäten haben zwar abgenommen, sind aber nach wie vor erheblich, und sie könnten sich im Zuge der ökologischen und digitalen Transformation vergrößern. Um die Effektivität der regionalen Wirtschaftsförderung zu erhöhen, sollte diese besser mit den wesentlich umfangreicheren zweckgebundenen Mittelzuweisungen des Bundes und industriepolitischen Maßnahmen koordiniert werden; dies würde sich auch positiv auf die Ausgabeneffizienz auswirken. Zudem bedarf es stärker zukunftsorientierter Kriterien für die Verteilung der Mittel, weshalb auch die voraussichtlichen Kosten der grünen Transformation sowie für Klimaanpassung berücksichtigt werden sollten. Schwache finanzielle und administrative Kapazitäten in vielen Gemeinden haben zu einem erheblichen Infrastrukturstau geführt und belasten die Qualität der örtlichen Daseinsvorsorge. Zusätzlich zur Steigerung der Grundsteuereinnahmen sollten die Gemeinden einen Ausgleich erhalten, wenn sich Gesetzesänderungen auf Bundesebene auf ihre Haushaltslage auswirken. Eine stärkere Zusammenarbeit zwischen den Gemeinden, z. B. durch die Bündelung von Aufgaben, etwa in den Bereichen Beschaffung oder Infrastrukturplanung, kann die Ausgabeneffizienz und die Verwaltungskapazität erhöhen, was insbesondere im Kontext zunehmender Personalengpässe wichtig ist. Für die regionale Entwicklung ist es entscheidend, die Digital-, Energie-, Innovations- und Verkehrsinfrastruktur zu verbessern. Um die Anpassungskosten während der ökologischen und digitalen Transformation zu verringern, gilt es, die Umschulungs- und Weiterbildungsmöglichkeiten der Arbeitskräfte auszubauen und die Einnahmen aus der CO_2-Besteuerung zu nutzen, um vulnerable Haushalte zu unterstützen.

4.1. Die regionalen Unterschiede beim Lebensstandard haben abgenommen, im Zuge des Strukturwandels könnten sie aber wieder wachsen

Deutschland ist ein stark dezentralisierter Föderalstaat mit relativ großen wirtschaftlichen und sozialen Unterschieden (Abbildung 4.1). Mit der Wiedervereinigung im Jahr 1990 nahmen die regionalen Ungleichgewichte beträchtlich zu, da die Umstellung von Plan- auf Marktwirtschaft mit erheblichen strukturellen Veränderungen und hohen wirtschaftlichen und sozialen Anpassungskosten in den östlichen Bundesländern einherging. Hinzu kam der durch die Globalisierung, den technologischen Fortschritt und die ökologische Transformation ausgelöste Strukturwandel, der erhebliche Auswirkungen auf einige Regionen in Westdeutschland hatte, wie etwa das Ruhrgebiet oder andere Regionen mit viel Bergbau und einer hohen Konzentration an CO_2-intensiven Branchen des Verarbeitenden Gewerbes (Dauth, Findeisen und Suedekum, 2014[1]) (vgl. *OECD-Wirtschaftsbericht Deutschland 2023*).

Abbildung 4.1. Es bestehen erhebliche regionale Unterschiede

Pro-Kopf-BIP auf Ebene der TL3-Regionen, in tausend USD zu konstanten Preisen von 2015, kaufkraftbereinigt, 2021

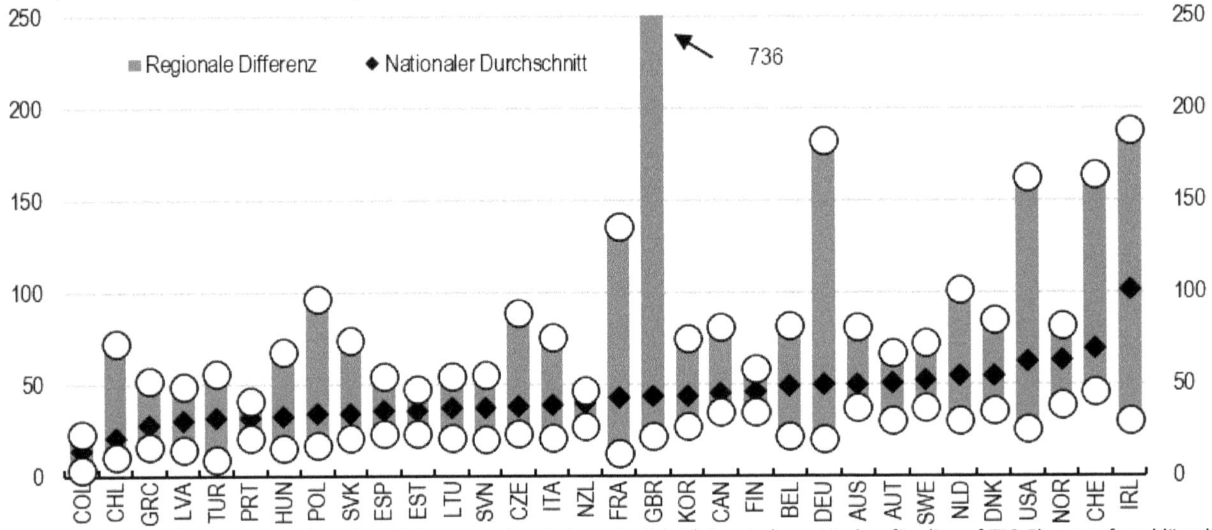

Anmerkung: In Deutschland entsprechen die TL3-Regionen den Kreisen. Berücksichtigt sind nur Länder, für die auf TL3-Ebene aufgeschlüsselte regionale Daten vorliegen. Die nationalen Durchschnittswerte sind nach Einwohnerzahl der TL3-Regionen gewichtet.
Quelle: *OECD Regional Statistics* (Datenbank).

StatLink https://stat.link/47a9uvsih7qb

Im Verlauf der letzten zwei Jahrzehnte haben die regionalen wirtschaftlichen Unterschiede auf Kreisebene, vor allem zwischen den östlichen und westlichen Bundesländern, allerdings deutlich abgenommen (Abbildung 4.2). Die ostdeutschen Bundesländer profitierten von erheblichen öffentlichen und privaten Investitionen, Verbesserungen der institutionellen Qualität sowie einem guten Bildungs- und Berufsbildungsangebot. Dadurch war es vielen freigesetzten Arbeitskräften möglich, sich an eine veränderte Kompetenznachfrage anzupassen (Gagliardi, Moretti und Serafinelli, 2023[2]; von Hagen, Strauch und Wolff, 2002[3]). Dank der guten Kompetenzausstattung der Bevölkerung und der hohen Forschungsqualität konnten gezielt Innovationscluster entwickelt werden, die sich sehr positiv auf einige Regionen auswirkten, so z. B. der Halbleiter-Cluster in Dresden. Die niedrige Geburtenrate ist gestiegen und bei der Nettoabwanderung in den Westen kam es zu einer Wende. Dadurch verlangsamte sich der Bevölkerungsrückgang, während rückläufige Arbeitslosenquoten und längere Arbeitszeiten als im Westen die Verdienste der Beschäftigten mit mittlerem Einkommen steigen ließen (BBSR, o. J.[4]). Aufgrund des höheren Wertschöpfungsanteils des Dienstleistungssektors beeinträchtigte der Energiepreisanstieg der letzten Jahre die Wirtschaftstätigkeit im Osten weniger stark als in vielen westdeutschen Bundesländern (BMWK, 2024[5]). Regionalfördermaßnahmen des Bundes und der EU erleichterten eine Erhöhung der öffentlichen und privaten Investitionen, was die wirtschaftliche Integration der neuen Bundesländer in die Weltmärkte begünstigte. Daher sind die Pro-Kopf-Exporte der ostdeutschen Bundesländer seit den 2000er Jahren stark gestiegen (Abbildung 4.2, Teil B).

Abbildung 4.2. Die regionalen Unterschiede beim Pro-Kopf-BIP haben in den letzten zwei Jahrzehnten abgenommen

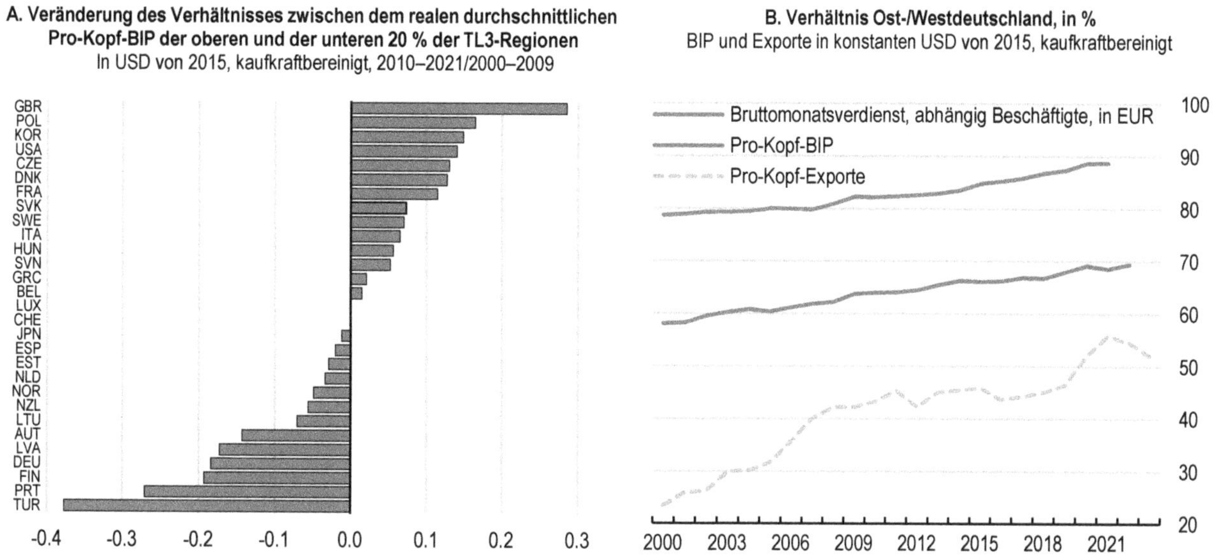

Anmerkung: In Deutschland entsprechen die TL3-Regionen den Kreisen. Teil B: Ostdeutschland ohne Berlin.
Quelle: *OECD Regional Statistics* (Datenbank); *OECD Economic Outlook* (Datenbank); Statistisches Bundesamt und Statistikämter der Länder; BBSR (o. J.[4]).

StatLink https://stat.link/8gjk5w7rlsji

In den letzten zwei Jahrzehnten war zwar eine Angleichung der wirtschaftlichen Verhältnisse zwischen den Bundesländern festzustellen, die regionalen Unterschiede beim Pro-Kopf-BIP der verschiedenen Kreise und kreisfreien Städte sind aber weiterhin erheblich (Abbildung 4.3). Agglomerationseffekte, städtische Infrastrukturvorteile und kulturelle Faktoren führten zu einer zunehmenden Wirtschafts- und Bevölkerungskonzentration in den größeren Metropolräumen, was auch in vielen anderen OECD-Ländern zu beobachten war (OECD, 2023[6]). Die Einkommens- und Vermögensungleichheit zwischen den Kreisen hat infolge des Rückgangs der Erwerbseinkommen im Vergleich zu anderen Einkommensarten, stark steigender Immobilienpreise in wirtschaftlichen Zentren sowie der geringen Progression der Grundsteuer und ihrer veralteten Einheitswerte für Grundstücke und Gebäude sogar zugenommen (siehe weiter unten).

Der andauernde Strukturwandel droht die regionalen Unterschiede innerhalb der Bundesländer weiter zu vergrößern (OECD, 2023[7]). Wie bereits im *OECD-Wirtschaftsausblick Deutschland 2023* erörtert, sind Regionen, in denen CO_2- oder energieintensive Branchen eine große Rolle für die Wirtschaftstätigkeit spielen, stärker von Klimaschutzmaßnahmen betroffen. Zudem wird die Umstellung von Verbrennern auf E-Antriebe große Auswirkungen auf Regionen mit automobilen Wertschöpfungsclustern haben, wie etwa den Stuttgarter Raum oder einige Regionen in Bayern (Abbildung 4.4, Teil A). Die ökologische Transformation wird einigen aktuell eher strukturschwachen Regionen im Norden und Osten aber auch Chancen eröffnen, weil sie aufgrund wetterbedingter Faktoren und einer geringeren Bevölkerungsdichte, dank der Solar- und Windparks leichter Akzeptanz finden, komparative Vorteile im Bereich der erneuerbaren Energien haben (Abbildung 4.4, Panel B). Dies könnte Unternehmen aus anderen Regionen anlocken, die ihre Produktion dekarbonisieren möchten. Das setzt allerdings voraus, dass das Übertragungsnetz und die im Netzentgeltsystem eingebauten Anreize verbessert werden (siehe weiter unten).

Abbildung 4.3. Die regionalen Unterschiede zwischen den Kreisen und kreisfreien Städten sind nach wie vor groß

Theil-Index des realen Pro-Kopf-BIP in konstanten USD von 2015, kaufkraftbereinigt, Kreisebene

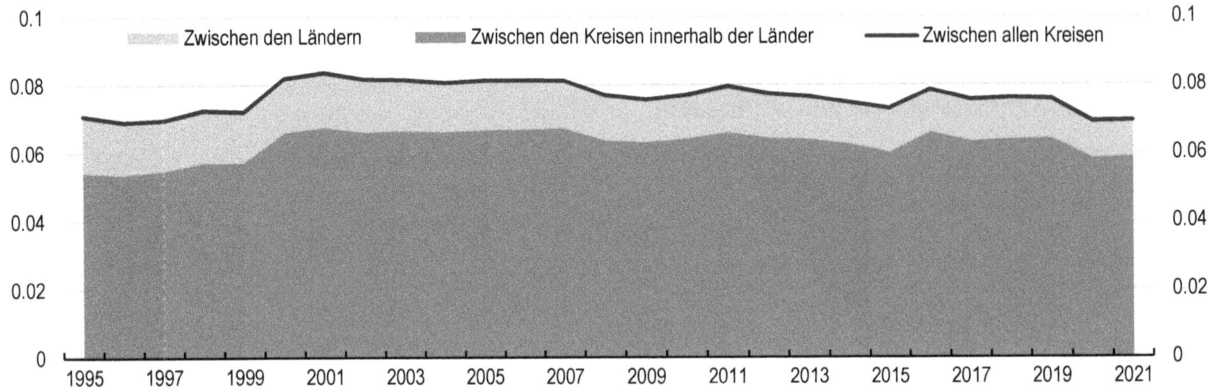

Anmerkung: Reales Pro-Kopf-BIP auf Kreisebene (TL 3-Regionen)
Quelle: BBSR (o. J.[4]); *OECD Economic Outlook* (Datenbank); OECD-Berechnungen.

StatLink https://stat.link/ibadp2

Abbildung 4.4. Die ökologische Transformation schafft Chancen und Risiken für die Regionen

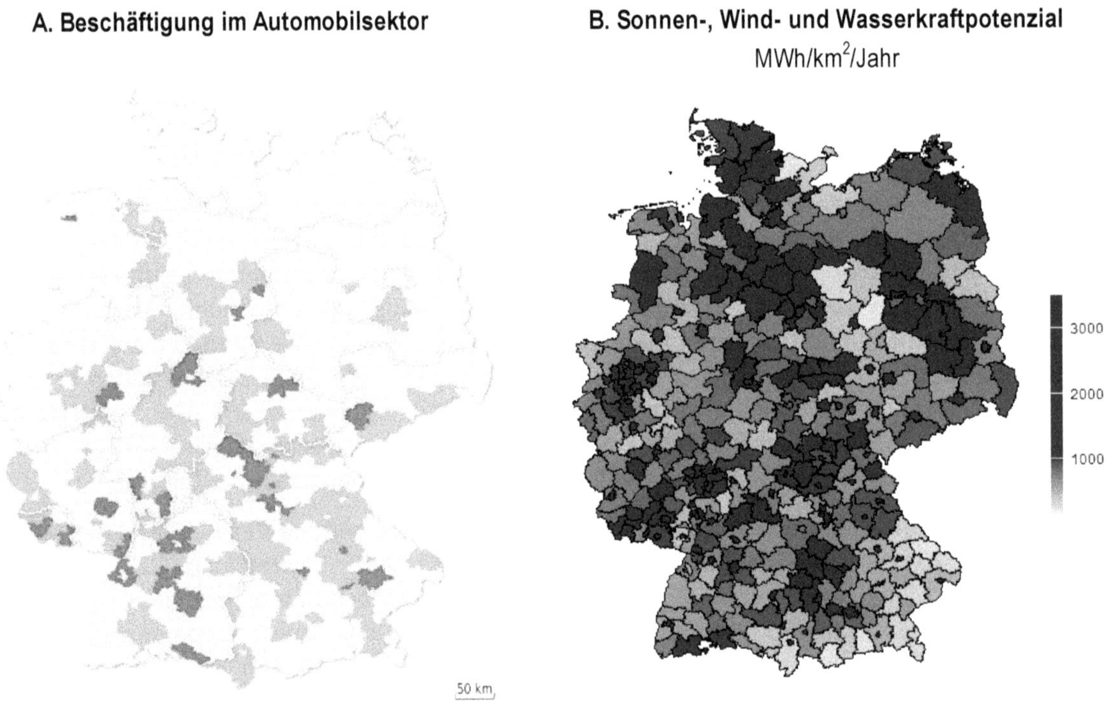

Anmerkung: In Teil A steht der dunklere Farbton für Regionen, in denen der auf die Automobilindustrie entfallende Beschäftigungsanteil mehr als 10 % beträgt; der hellere steht für Regionen, in denen dieser Anteil unter 10 % liegt. In den übrigen Regionen ist der Beschäftigungsanteil der Automobilindustrie unerheblich. In Teil B sind die Regionen auf Kreisebene aufgeschlüsselt.
Quelle: Heider et al. (2023[8]); Europäische Kommission (2024[9]).

StatLink https://stat.link/pli81o0nozmv

Auch die Digitalisierung wird die Produktionsprozesse und die Arbeitswelt weiterhin erheblich verändern, was sich auf verschiedene Regionen unterschiedlich auswirkt. In den städtischen Räumen Deutschlands gibt es starke Innovatoren im Bereich traditioneller Technologien, die Verbreitung digitaler Technologien wird jedoch immer noch durch fehlende digitale und unternehmerische Kompetenzen und einen schlechten Zugang zu schnellem Breitbandinternet behindert, vor allem in kleineren Unternehmen (OECD, 2024[10]; BBSR, o. J.[4]). Für eine erfolgreiche digitale Transformation muss mehr in Wissenskapital, Kompetenzen und Innovation investiert werden. In Deutschland investieren die Unternehmen weniger in Wissenskapital als im Vereinigten Königreich, in Frankreich und in den Vereinigten Staaten, und im Vergleich zu den in diesem Bereich führenden OECD-Ländern sind digitale Technologien in Deutschland nicht stark verbreitet. Automatisierung und KI-Lösungen werden die Aufgabenbeschreibungen und Kompetenzanforderungen der Arbeitsplätze erheblich verändern; Beschäftigte werden in andere Branchen oder Unternehmen überwechseln müssen (OECD, 2024[11]). Daher sollten Maßnahmen zur Förderung der digitalen Transformation durch zielgerichtete Weiterbildungs- und Erwachsenenbildungsmaßnahmen ergänzt werden, damit sich die Arbeitskräfte an veränderte Kompetenzanforderungen anpassen können (Kapitel 3).

Die sehr heterogenen demografischen Trends drohen die regionalen Ungleichheiten ebenfalls zu vergrößern (Abbildung 4.5). Der Altenquotient ist in den Flächenländern im Osten, im Rheinland und in ländlichen Gebieten deutlich höher als im EU-Durchschnitt, was den Fachkräftemangel verschärfen und die unternehmerische Tätigkeit bremsen könnte (Durán Laguna, 2024[9]). In den letzten beiden Jahrzehnten ist die Einwohnerzahl von Regionen, die nicht in der Nähe eines mittelgroßen oder großen funktionalen städtischen Gebiets liegen, gesunken, während die Einwohnerzahl in Metropolräumen gestiegen ist. Dabei kommt erschwerend hinzu, dass junge Menschen zum Studium oder aus Beschäftigungsgründen in Metropolräume ziehen. Dies hat zur Folge, dass in den ostdeutschen Ländern und in ländlichen Räumen sowohl der Anteil der Fachkräfte unter den Arbeitslosen als auch der Anteil der offenen Stellen, für die hochqualifizierte Kräfte erforderlich sind, gestiegen ist. Dies lässt auf wachsende Diskrepanzen zwischen Kompetenzangebot und -nachfrage im Fachkräftebereich schließen (BBSR, o. J.[4]). Zusätzlich verstärkt wurden die Personalengpässe durch die vergleichsweise niedrigen Geburtenraten im Osten sowie dadurch, dass seit der Wiedervereinigung und noch bis ins letzte Jahrzehnt eine Nettoabwanderung nach Westdeutschland festzustellen war, vor allem bei jüngeren Menschen. Die Einwanderung aus dem Ausland betraf vor allem Westdeutschland sowie städtische Räume. Dies erklärt sich aus Netzwerkeffekten im Zusammenhang mit der bereits ansässigen Migrantenbevölkerung, ist aber auch eine Folge der wachsenden politischen Repräsentation migrationsfeindlicher Strömungen im Osten. Da Wissensspillover und Verbindungen zu anderen Ländern für die internationale Integration und die Innovationstätigkeit wichtig sind, droht dies ein großes Hindernis für eine weitere Angleichung der wirtschaftlichen Verhältnisse zu werden. In einigen wirtschaftsschwachen Regionen wird die Bevölkerung Prognosen zufolge in den nächsten zwanzig Jahren nochmals um mehr als 10 % zurückgehen, was die Kosten der Daseinsvorsorge erheblich erhöhen und den Bedarf an öffentlichen Dienstleistungen alterungsbedingt verändern dürfte (BMWK, 2024[5]).

Zur Bewältigung dieser Herausforderungen müssen für die regionale Entwicklung ausschlaggebende Maßnahmen aus verschiedenen Bereichen verbessert und besser koordiniert werden. Die Länder und Gemeinden müssen in Anbetracht des Strukturwandels mit den nötigen finanziellen und administrativen Kapazitäten ausgestattet werden, um den großen Bedarf an Investitionen in Infrastruktur und Humankapital zu stemmen. Ergänzend dazu sollte der regelbasierte regionale Fokus der Maßnahmen der regionalen Wirtschaftsförderung des Bundes und der EU zunehmend auch in industrie-, energie- und verkehrsinfrastrukturpolitische Maßnahmen einfließen. Maßnahmen zur Förderung regionaler Innovationscluster und unternehmerischer Tätigkeit, u. a. im Bereich grüner Technologien, sollten die Wissensverbreitung, die Kommerzialisierung und das Up-Scaling neuer Ideen, Produkte und Dienstleistungen erleichtern. Aktive Arbeitsmarktmaßnahmen und sozialpolitische Maßnahmen können Arbeitskräften helfen, die aufgrund struktureller Veränderungen mit Realeinkommensverlusten konfrontiert sind und neuen Arbeitsmarktanforderungen gerecht werden müssen. Auch bildungspolitische Maßnahmen sind ein wichtiger Hebel für die regionale Entwicklung, da sie dafür sorgen, dass das zur Steigerung des Wirtschaftswachstums nötige Humankapital vorhanden ist (Hanushek, Ruhose und Woessmann, 2017[12]). Sie werden in Kapitel 3 behandelt, weshalb auf sie in diesem Kapitel nicht näher eingegangen wird.

Abbildung 4.5. Viele Regionen weisen einen hohen Altenquotienten auf

Altenquotient, ab 65-Jährige im Verhältnis zur Bevölkerung zwischen 15 und 64 Jahren, 2023 oder letztverfügbares Jahr

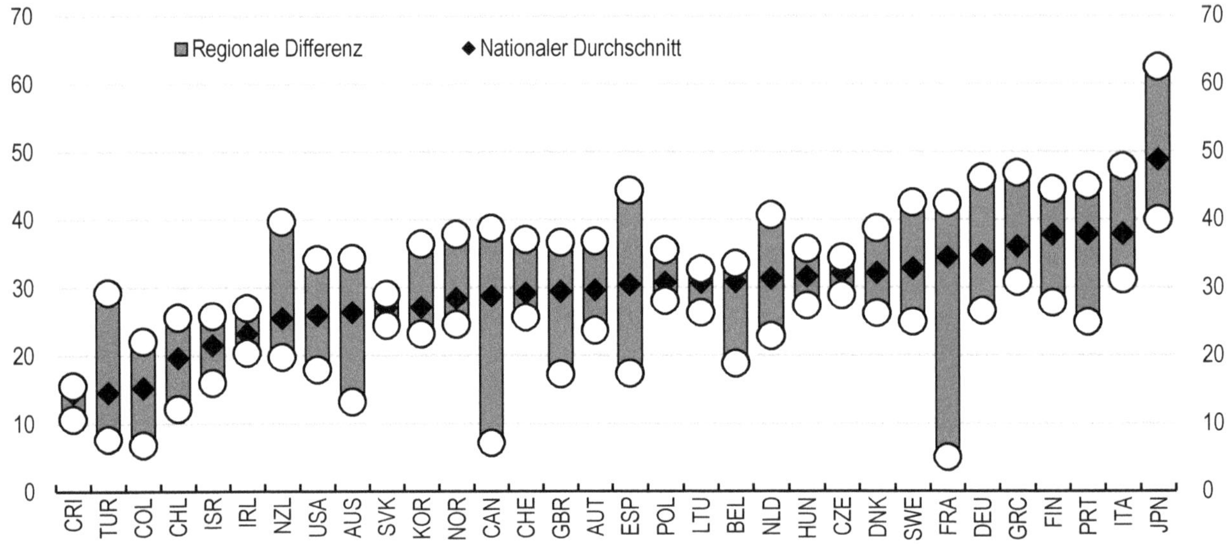

Anmerkung: Die Rauten markieren den nationalen Durchschnitt. Die regionale Differenz bezieht sich auf die Ebene der TL2-Regionen (die in Deutschland den Ländern entsprechen).

Quelle: *OECD Regional Statistics* (Datenbank).

StatLink https://stat.link/g1ymi2l5wr2t

4.2. Regionalfördermaßnahmen und andere Maßnahmen mit regionaler Wirkung besser miteinander koordinieren

4.2.1. Die Mittel für die regionale Wirtschaftsförderung sind deutlich geringer als andere Finanztransfers mit regionalen Auswirkungen

Um trotz großer Unterschiede bei Wirtschaftstätigkeit und Finanzkraft gleichwertige Lebensverhältnisse in allen Teilen Deutschlands zu sichern, gibt es umfangreiche Finanztransfers, die aber nicht als Regionalfördermaßnahmen definiert sind. Dazu gehören der Länderfinanzausgleich, die Finanzhilfen des Bundes an die Länder sowie weitere Transfers zwischen den verschiedenen staatlichen Ebenen zur Sicherung der Finanzierung und Bereitstellung öffentlicher Dienstleistungen und Infrastruktur (Kasten 4.1) (Abbildung 4.6). Der Länderfinanzausgleich sieht einen Finanzkraftausgleich durch Umverteilung der Umsatzsteuereinnahmen vor. Des Weiteren gibt es die allgemeinen Bundesergänzungszuweisungen (BEZ) an bestimmte Länder, die die Unterschiede bei der Finanzkraft weiter verringern. Wesentlich umfangreicher als diese Transfers sind die Finanztransfers innerhalb der Länder, die die Länder zu Nettozahlern gegenüber den Gemeinden machen. Bei den Transfers innerhalb der Länder handelt es sich um Zuweisungen der Länder an die Kommunen für die Finanzierung von öffentlichen Dienstleistungen, Investitionen und Verwaltungsstrukturen, die großenteils über die kommunalen Finanzausgleiche finanziert werden (Thöne und Bullerjahn, 2020[13]). Darüber hinaus gibt es zweckgebundene Finanzhilfen des Bundes für von den Ländern oder Gemeinden mitfinanzierte Vorhaben zur Sicherung kommunaler Investitionen in Bereichen wie Forschung, Digital- und Verkehrsinfrastruktur, öffentlicher Verkehr, Stadtentwicklung, Bildung, Kinderbetreuung und Wohnungsbau. Alle diese Transfers zwischen den verschiedenen staatlichen Ebenen haben erhebliche Verteilungseffekte auf die Länder und ihre Kommunen und verbessern die Rahmenbedingungen für die lokale Wirtschaftsentwicklung, sie gelten allerdings nicht als Regionalfördermaßnahmen (BMF, 2023[14]). Außerdem kommt es zu erheblichen impliziten Transfers zwischen den Regionen im Rahmen des Gesundheits- und Rentensystems, der Arbeitslosenversicherung sowie von durch Bundesgesetze gewährten Geldleistungen wie BAföG, Elterngeld oder Grundsicherung (BMF, 2023[14]).

Abbildung 4.6. Die Kommunen erhalten erhebliche Mittel von Bund und Ländern

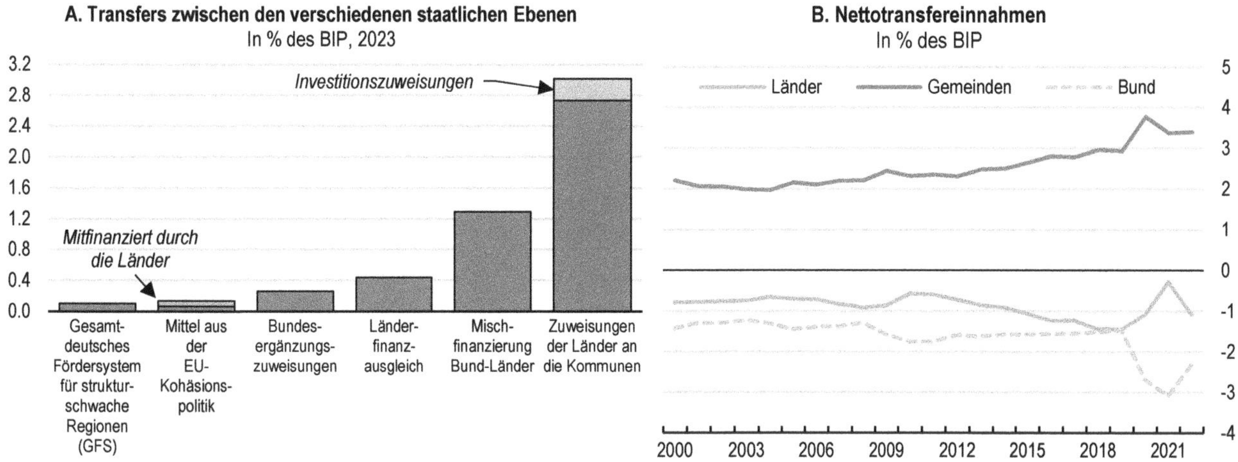

Anmerkung: Teil A berücksichtigt Daten von 2022 zum Gesamtdeutschen Fördersystem für strukturschwache Regionen. Teil B berücksichtigt Daten bis 2022. Die Nettotransfereinnahmen entsprechen der Differenz zwischen den nicht konsolidierten Transfereinnahmen und den nicht konsolidierten Transferausgaben.

Quelle: (BMWK, 2024[5]); *OECD Fiscal Decentralisation* (Datenbank); Bundesministerium der Finanzen; Europäische Kommission; *OECD Economic Outlook* (Datenbank); Berechnungen der OECD.

StatLink https://stat.link/emw1vk

Ziele der regionalen Wirtschaftsförderung werden direkt über das Gesamtdeutsche Fördersystem für strukturschwache Regionen (GFS) angegangen. Die Mittel aus dem GFS sind deutlich weniger umfangreich, und eine Koordination mit den anderen Finanztransfers findet nicht statt (Abbildung 4.6). Das GFS soll die Wirtschaftstätigkeit und Beschäftigung in strukturschwachen Regionen fördern und sie bei der Bewältigung der ökologischen und digitalen Transformation unterstützen. Die Mittel werden von 7 Bundesministerien über 16 Förderprogramme bereitgestellt und hauptsächlich nach dem sogenannten Regionalindikatorenmodell auf strukturschwache Regionen verteilt. Dieses Indikatorenmodell misst die Produktivität und die Beschäftigungsergebnisse, die Qualität der Infrastruktur und die demografischen Aussichten (BMWK, 2024[15]). Über die GFS-Programme werden Investitionszuschüsse, lohnkostenbezogene Zuschüsse, zinsverbilligte Kredite sowie Fördermittel für Forschung und Entwicklung, Weiterbildungsmaßnahmen und Digitalisierung für Unternehmen sowie Mittel für die öffentliche Infrastruktur gewährt. Dieser inländische Rahmen für die Regionalförderung wird durch Mittel für Regionen im Strukturwandel aus der europäischen Kohäsionspolitik ergänzt, die mehrheitlich von den Ländern verwaltet werden und an Kommunen, Forschungseinrichtungen und kleine und mittlere Unternehmen (KMU) gehen.

Die Transfers zwischen den verschiedenen staatlichen Ebenen, die sich auf die regionale Entwicklung auswirken, sind fragmentiert und müssen besser koordiniert werden, um ihre Wirksamkeit sowie die Ausgabeneffizienz zu erhöhen. Die zweckgebundenen Zuweisungen des Bundes an die Länder sind wesentlich umfangreicher als die Mittel aus dem GFS und den EU-Kohäsionsfonds und zielen häufig auf die gleichen Bereiche ab wie die Regionalförderung, z. B. was die Stadtentwicklung, die Verkehrs- und Digitalinfrastruktur, die Bildungs- und Forschungsinfrastruktur sowie den sozialen Wohnungsbau betrifft (Abbildung 4.6). Sie werden jedoch nicht nach dem Regionalindikatorenmodell vergeben, das für die Verteilung des Großteils der GFS-Mittel maßgeblich ist. Stattdessen basieren sie auf bilateralen Vereinbarungen zwischen Bund und Ländern, die der Zustimmung der Mehrheit der im Bundesrat vertretenen Länderregierungen bedürfen. Für die Aufteilung zwischen den Ländern kommt dabei vielfach der sogenannte Königsteiner Schlüssel zur Anwendung, der auf dem Steueraufkommen und der Bevölkerungszahl der Länder beruht. Da die Vorhaben von den Ländern bzw. Kommunen mitfinanziert werden müssen, ist ein gewisses Maß an Eigenverantwortung gewährleistet und bestehen Anreize für eine effiziente Nutzung der Mittel. Durch eine bessere Abstimmung dieser zweckgebundenen Mittel mit den Mitteln aus dem GFS und der EU-Kohäsionspolitik ließen sich die Ausgabeneffizienz und die Wirksamkeit der Regionalentwicklungsmaßnahmen jedoch steigern. Dies ist umso wichtiger, als über das jüngst geschaffene Sondervermögen Infrastruktur in den kommenden zwölf Jahren 100 Mrd. EUR an die Länder und Kommunen fließen werden, um deren Investitionstätigkeit zu unterstützen (Kapitel 1). Zur Sicherung der Effizienz der öffentlichen Ausgaben ist es entscheidend, dass diese Mittel vorrangig an die Regionen mit dem größten öffentlichen Investitionsbedarf gehen und dass sie besser mit anderen Förderprogrammen koordiniert werden. Diesem Ziel wäre auch gedient, wenn die Mittelverteilung innerhalb des GFS ebenfalls stärker nach dem Regionalindikatorenmodell erfolgen würde. Ausschließlich genutzt wird dieses Modell bislang nämlich nur für die Mittelverteilung in 3 der 16 Programme. Wichtig ist auch eine bessere Koordinierung der Maßnahmen der Regionalförderung auf nationaler und EU-Ebene, insbesondere, weil beide aktuell im Hinblick auf die Festlegung von Finanzierungszielen für die Zeit ab 2028 geprüft werden.

Kasten 4.1. Das föderale System Deutschlands

Deutschland gehört zu den 9 OECD-Ländern, die föderal aufgebaut sind. Es ist in 16 Bundesländer und 400 Kreise und kreisfreie Städte – die nach der Typologie der Regionen der OECD und der EU den TL2- (NUTS2-) bzw. den TL3- (NUTS3)-Regionen entsprechen – sowie 10 775 Gemeinden gegliedert. In den Stadtstaaten Berlin, Bremen und Hamburg ist die durchschnittliche Bevölkerungsdichte mehr als zwölfmal so hoch wie der bundesweite Durchschnitt. In den Flächenländern im Osten – Brandenburg, Mecklenburg-Vorpommern, Sachsen-Anhalt, Sachsen und Thüringen – beträgt sie hingegen nur die Hälfte des bundesweiten Durchschnitts.

Wie in föderalen Systemen üblich, sind viele staatliche Funktionen auf den nachgeordneten Ebenen angesiedelt. Die Verteidigungs- und Außenpolitik liegt im Zuständigkeitsbereich des Bundes, in anderen Bereichen ist die Gesetzgebung und die Politikumsetzung Ländersache. Die Länder sind mehrheitlich zuständig für Bildung, Forschung, Verkehr, Umweltschutz, Wohnungsbau und kommunale Einrichtungen sowie für Soziales und Kultur. Einen Teil dieser Funktionen delegieren sie an die Kommunen, die sie auf lokaler Ebene wahrnehmen. Der Grad der Dezentralisierung staatlicher Aufgaben auf die kommunale Ebene unterscheidet sich stark zwischen den Ländern (Thöne und Bullerjahn, 2020[13]). Im Gesundheitsbereich gibt es Zuständigkeitsüberschneidungen zwischen Bund und Ländern. Die Steuererhebung fällt in den Zuständigkeitsbereich der Länder, außer was die Einfuhrumsatzsteuer sowie bestimmte Verbrauchsteuern betrifft, für deren Erhebung die Bundeszollverwaltung zuständig ist.

Damit diese Aufgaben finanziert werden können, werden die Einnahmen aus der Einkommensteuer, der Kapitalertragsteuer, der Umsatzsteuer und der Körperschaftsteuer nach festen Sätzen zwischen Bund, Ländern und Gemeinden aufgeteilt. Welcher Anteil dieser Gemeinschaftsteuern auf die einzelnen Länder und Gemeinden entfällt, hängt direkt von der Wirtschaftstätigkeit auf ihrem Gebiet ab. Die Verteilung der Umsatzsteuereinnahmen zwischen den Ländern erfolgt hingegen grundsätzlich nach den Einwohnerverhältnissen. Die Länder erzielen zudem Einnahmen aus der Erbschaftsteuer und der Grunderwerbsteuer, der Biersteuer sowie aus Steuern und Abgaben auf Glücksspielgewinne. Die Gemeinden erzielen direkte Einnahmen aus der Gewerbe- und der Grundsteuer sowie anderen Gemeindesteuern. Da die Wirtschaftstätigkeit in den Ländern unterschiedlich stark ist und die Gemeinschaftsteuern nach dem Grundsatz des örtlichen Aufkommens verteilt werden, unterscheidet sich die Finanzkraft der einzelnen Regionen erheblich. Die im Grundgesetz verankerte Schuldenbremse sieht eine Obergrenze für das strukturelle Gesamtdefizit der Länder von jährlich 0,35 % des BIP vor. Die Aufteilung dieses Verschuldungsspielraums auf die einzelnen Länder wird durch Bundesrecht geregelt und erfordert die Zustimmung des Bundesrats. Die für die Kommunen geltenden Anforderungen des Haushaltsausgleichs begrenzen ihre Kreditaufnahme demgegenüber auf Ausgaben für die Bildungsinfrastruktur sowie sonstige Infrastrukturinvestitionen.

Mehr Transparenz und eine bessere Koordinierung der verschiedenen Förderprogramme würden auch die Verwaltungskosten und Informationsasymmetrien verringern, die durch die fragmentierten Antragsverfahren entstehen, vor allem für Kommunen mit begrenzten Verwaltungskapazitäten (siehe weiter unten). Mit der 2019 erfolgten Einbeziehung der Gemeinschaftsaufgabe „Verbesserung der regionalen Wirtschaftsstruktur" (GRW) in das GFS konnte beispielsweise die Koordinierung verbessert und die Effizienz gesteigert werden, indem Antragsverfahren harmonisiert wurden und eine bedingte Übertragbarkeit der Mittel zwischen den verschiedenen Programmen eingeführt wurde. Dadurch erhöhte sich die Flexibilität und die Planungssicherheit der Empfänger (Suedekum, 2023[16]). Die geplante zentrale Anlaufstelle für die Beantragung von Fördermitteln, insbesondere für an die Kommunen gerichtete Förderprogramme – die Förderzentrale Deutschland – sollte dahin gehend erweitert werden, dass sie Zugriff auf eine größere Zahl von Förderprogrammen des Bundes sowie auf Programme der EU-Kohäsionspolitik und der Länder gibt. Zudem sollte sie genutzt werden, um die Antragsverfahren zu harmonisieren und zu vereinfachen. Um den Verwaltungsaufwand im Zusammenhang mit der Beantragung zweckgebundener Investitionszuschüsse und -zuweisungen und den entsprechenden Dokumentationspflichten weiter zu verringern, könnten diese zweckgebundenen Mittel teilweise durch kostenbasierte Pauschalzahlungen ersetzt werden (Blesse, Hoegner; Leon und Necker, 2024[17]; OECD, 2021[18]).

4.2.2. Die Maßnahmen der regionalen Wirtschaftsförderung wirkungsvoller und zukunftsgerichteter gestalten

Trotz der umfangreichen Transfers an wirtschaftlich schwächere Regionen bestehen zwischen den verschiedenen Kreisen und kreisfreien Städten erhebliche Unterschiede bei der Arbeitsproduktivität (Abbildung 4.1; Abbildung 4.3). Dies erklärt sich aus Agglomerationseffekten, den fortbestehenden regionalen Unterschieden in Bezug auf Industriestruktur und Innovationstätigkeit, einer unterschiedlich starken Handelsintegration sowie Binnenwanderungsbewegungen. Aus den Erfahrungen mit früheren Regionalfördermaßnahmen und Finanztransfers, insbesondere im Zusammenhang mit dem Strukturwandel in Ostdeutschland, können Lehren gezogen werden, um die Gestaltung künftiger Politikmaßnahmen zu verbessern (Kasten 4.2). Obwohl die beträchtlichen Finanztransfers die Einkommensungleichheit deutlich verringert und die Infrastruktur erheblich verbessert haben, liegt die Arbeitsproduktivität in den ostdeutschen Bundesländern weiterhin nur bei rd. 80 % des westdeutschen Durchschnitts. Einer der Hauptgründe hierfür ist, dass umfangreiche Subventionen für private Investitionen zu einer Kapitalfehlallokation zugunsten von Branchen mit geringerer Kompetenzintensität geführt haben und vor allem reiferen, größeren Unternehmen zugutegekommen sind. Dies hat die Unternehmensdynamik und die Innovationstätigkeit gehemmt und in einer räumlichen Verdrängung von Wirtschaftstätigkeit resultiert. Strenge Beschäftigungsschutzbestimmungen und von westdeutschen Gewerkschaften dominierte Tarifstrukturen gaben jungen Unternehmen Anreize, klein zu bleiben, und haben so das Produktivitätswachstum gebremst. Der Privatisierungsprozess hat zu einer Fragmentierung der Industriestrukturen geführt und so die Agglomerationseffekte und die Innovationstätigkeit innerhalb der Cluster geschwächt, über die die Unternehmen zuvor mit örtlichen Forschungseinrichtungen verbunden waren. Vor diesem Hintergrund kommt erschwerend hinzu, dass Ostdeutsche in Führungspositionen in Wirtschaft, Politik und Kultur stark unterrepräsentiert sind und dass das Vertrauen in die Institutionen in den ostdeutschen Ländern gering ist (Vogel, 2022[19]).

Kasten 4.2. Strukturwandel und Wirtschaftspolitik in Ostdeutschland

In der Zeit zwischen dem Ende des Zweiten Weltkriegs und dem Bau der Berliner Mauer im Jahr 1961 entwickelten sich zunehmende wirtschaftliche Ungleichgewichte zwischen Ost- und Westdeutschland. Die Hauptgründe dafür waren eine starke selektive Migration und Unternehmensabwanderung von der DDR in die BRD sowie die höheren Reparationszahlungen der DDR (Becker, Mergele und Woessmann, 2020[20]). In den folgenden Jahrzehnten vergrößerte sich dieses wirtschaftliche Gefälle, vor allem während der 1970er Jahre, als die Enteignung unternehmerisch aktiverer Klein- und Mittelbetriebe in einer immer stärkeren Zentralisierung der ostdeutschen Wirtschaft mündete (Blum, 2019[21]). Die Wiedervereinigung im Jahr 1990, die mit der Umstellung von Plan- auf Marktwirtschaft, umfangreichen und raschen Unternehmens- und Liegenschaftsprivatisierungen, einer erheblichen realen Währungsaufwertung im Kontext der deutsch-deutschen Währungsunion sowie dem Zusammenbruch der Exportmärkte in anderen ehemaligen Ostblockländern einherging, verschärfte die Ungleichgewichte zunächst (Abbildung 4.7). Das reale BIP der neuen Länder sank zwischen 1989 und 1991 um 35 %, und die Industrieproduktion und die Beschäftigung gingen bis 1993 um ein Drittel zurück.

Abbildung 4.7. Zwischen Ost- und Westdeutschland bestehen immer noch große Unterschiede

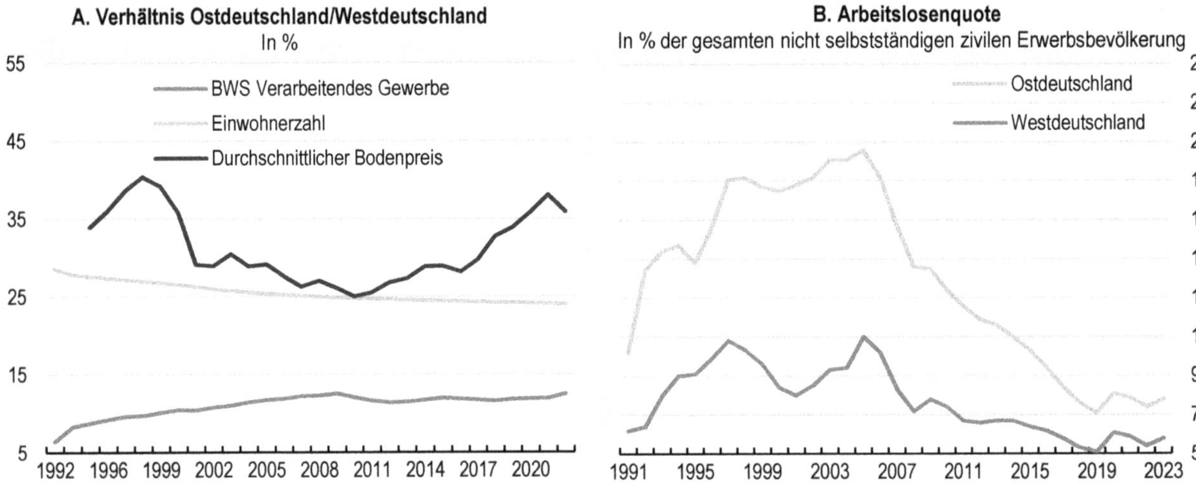

Anmerkung: Ostdeutschland einschließlich Berlin. In Teil A steht „BWS" für Bruttowertschöpfung in Milliarden Euro und „durchschnittlicher Bodenpreis" für den durchschnittlichen Kaufpreis pro Quadratmeter in Euro.
Quelle: Statistisches Bundesamt, Regionaldatenbank Deutschland; BBSR; Bundesagentur für Arbeit; Berechnungen der OECD.

StatLink https://stat.link/jeusrtxvmikg

1996 erreichte das reale BIP jedoch wieder das Niveau der Zeit vor der Einheit, vor allem dank einer boomenden Bauwirtschaft, die von umfangreichen Finanztransfers und zinsvergünstigten Darlehen für Infrastrukturprojekte sowie erheblichen fiskalischen Anreizen für private Investitionen profitierte (von Hagen, Strauch und Wolff, 2002[3]). Zudem flossen auch im Rahmen des Länderfinanzausgleichs sowie der Arbeitslosen- und Rentenversicherung beträchtliche Mittel in den Osten. Doch trotz der umfangreichen Finanzhilfen und Investitionen verlangsamte sich das reale BIP-Wachstum in der zweiten Hälfte der 1990er Jahre, und die Arbeitslosigkeit verharrte auf hohem Niveau. 2005 betrug sie durchschnittlich 20 % (Abbildung 4.7). Bei Einrechnung von Personen, die an Programmen der aktiven Arbeitsmarktpolitik teilnahmen, lag sie sogar eher in der Nähe von 30 %. Zusätzlich zum anfänglichen Effekt der realen Währungsaufwertung bewirkte die Ausdehnung der westdeutschen Arbeitsmarktinstitutionen auf die neuen Länder, dass die Löhne in Ostdeutschland in den 1990er Jahren stärker stiegen als die Produktivität. Dies führte zu einer weiteren Zunahme der Lohnstückkosten und beeinträchtigte die

Wettbewerbsfähigkeit der ostdeutschen Unternehmen. Heute liegen die Arbeitsproduktivität und die Löhne in Ostdeutschland bei etwa 80 % des westdeutschen Niveaus. Die Einwohnerzahl der neuen Länder (ohne Berlin) ist seit 1989 um 15 % gesunken, hauptsächlich aufgrund von Abwanderung und stark sinkenden Geburtenraten. In Westdeutschland stieg sie hingegen um ungefähr 10 %.

Die Verlangsamung des Angleichungsprozesses kann verschiedenen Faktoren zugeschrieben werden. Dazu gehören die selektive Abwanderung hochqualifizierter, stärker unternehmerisch orientierter junger Menschen, die starke Subventionierung der Investitionen, mit der die hohen Lohnstückkosten ausgeglichen werden sollten und die zu Kapitalfehlallokationen führte, sowie die geringere Kompetenzintensität der Industriestruktur. Eine Rolle spielte auch der Ablauf des Privatisierungsprozesses selbst, der zu einer Vielzahl geografisch verstreuter Kleinunternehmen und einem Mangel an Unternehmenszentralen und Innovationsaktivitäten im Osten führte (Akcigit et al., 2023[22]; Blum, 2019[21]). Die umfangreichen Steuerabzüge für Investitionen kamen vor allem größeren, älteren Unternehmen zugute und ließen Anreize für die Übernahme ostdeutscher Betriebe durch westdeutsche Unternehmen entstehen, ohne dass dies notwendigerweise zu neuer Produktion, Unternehmensgründungen oder Innovationstätigkeit in den neuen Bundesländern geführt hätte (Sinn, 1995[23]).

Bei der Privatisierung wurden die großen staatseigenen Kombinate zunächst in etwa 11 000 kleinere Unternehmen aufgespalten, die im Zeitraum von 1990 bis 1994 privatisiert wurden. Angesichts des Tempos des Privatisierungsprozesses waren westdeutsche Investoren im Vorteil, vor allem was die produktiveren Unternehmen betraf, weil es ausländischen oder ostdeutschen Investoren an Marktkenntnissen und politischen Beziehungen fehlte. Weniger als 7 % aller privatisierten Unternehmen wurden von internationalen Investoren übernommen. 45 % gingen an westdeutsche Investoren, wodurch der Wettbewerbsdruck auf westdeutsche Unternehmen eingedämmt wurde (Estrin et al., 2009[24]). Etwa 45 % der Unternehmen – es handelte sich im Allgemeinen um die weniger produktiven Betriebe – wurden von ostdeutschen Investoren übernommen, teilweise durch Angehörige der Belegschaft. Diese negative Selektion, eine fehlende Vertrautheit mit Marktmechanismen, unzureichende Kenntnisse im Bereich der Unternehmensführung sowie die Tatsache, dass ostdeutsche Investoren aufgrund mangelnden Vermögens einen schlechteren Zugang zu Finanzierungen hatten, sind Gründe für die deutlich niedrigeren Überlebensraten der Unternehmen, die von Ostdeutschen übernommen wurden. Eine Rolle dürfte dabei aber auch die Entscheidung gespielt haben, Altschulden nicht zu erlassen, was im Fall vieler Unternehmen, die an westdeutsche Investoren verkauft wurden, geschehen war (Mergele, Hennicke und Lubczyk, 2022[25]). 1994 war ein Drittel aller Unternehmen abgewickelt worden, und 2010 war die Hälfte der verbliebenen privatisierten Unternehmen vom Markt verschwunden. Dies schwächte die Industriestruktur in Ostdeutschland erheblich und verringerte Agglomerationseffekte sowie Innovationstätigkeit (Blum, 2019[21]). Zudem schufen die Arbeitsmarktinstitutionen Anreize für die Unternehmen in Ostdeutschland, klein zu bleiben, um Tarifbindung und hohe Entlassungskosten zu vermeiden, was das Produktivitätswachstum insgesamt drückte (Bachmann et al., 2024[26]).

Frühere Evaluierungen der im Rahmen der GRW angebotenen Investitionszuschüsse, die rd. 30 % der gesamten evaluierten Fördermittel ausmachen, ergaben ein uneinheitliches Bild (BMWK, 2024). Sie zeigten, dass die GRW-Programme zu einem Investitions-, Beschäftigungs- und Umsatzanstieg in den geförderten Regionen geführt hatten, vor allem für kleinere Unternehmen und Dienstleistungsbetriebe; der Effekt auf Arbeitsproduktivität und Löhne war jedoch gering, und der Anteil der hochqualifiziert Beschäftigten sank im Vergleich zu nicht geförderten Betrieben. Dies könnte sich daraus erklären, dass an die Betriebsgröße geknüpfte Förderkriterien die Unternehmen dazu bewegten, klein zu bleiben, und dass die lohnkostenbezogenen Zuschüsse nicht vom Qualifikationsprofil der Beschäftigten abhängig waren (Garicano, Lelarge und Van Reenen, 2016[27]). Unternehmen, die unter einem bestimmten Betriebsgrößenschwellenwert liegen, können einen höheren Teil ihrer Investitionskosten geltend machen als größere Unternehmen. Zudem war die Förderung davon abhängig, dass Produkte und Dienstleistungen überregional abgesetzt wurden, was die Handelskosten der geförderten Unternehmen erhöht haben könnte (Siegloch, Wehrhöfer und Etzel, 2021[28]). Die 2022 vorgenommene Reform ist somit zu begrüßen, da die lohnkostenbezogenen Zuschüsse an hochqualifizierte Beschäftigung geknüpft wurden und das Entfernungskriterium für den Absatz der Waren und Dienstleistungen aufgehoben wurde. Dies ist entscheidend, um regionale Wertschöpfungsketten und Spillover zu fördern (Atalay et al., 2023[29]). Neben einer besseren Evaluierung der Investitionszuschüsse wäre es hilfreich, eine Aufhebung der an den Betriebsgrößenklassen orientierten Förderkriterien und die Einführung höherer Fördersätze für die Beschäftigung höher qualifizierter, angemessen geschulter Mitarbeitender in Betracht zu ziehen. Dadurch entstünden für die geförderten Unternehmen Anreize zu wachsen und könnte die Innovationstätigkeit und das Produktivitätswachstum in den Regionen unterstützt werden. Wenn zudem die Angabe der Wirtschafts-Identifikationsnummer bei der Beantragung aller GFS-Fördermittel – nicht nur wie bislang bei der Beantragung von GRW-Mitteln – vorgeschrieben würde, ließe sich die Wirkung der GFS-Programme leichter evaluieren. Würde dieses Prinzip auch auf industriepolitische Maßnahmen und sonstige Förderprogramme angewandt, würde die Evaluierung der Politikmaßnahmen zusätzlich erleichtert.

Die Einbeziehung einer Zukunftsperspektive in sämtliche GFS-Programme könnte den Regionen helfen, die ökologische und digitale Transformation zu bewältigen. Das GFS bleibt großenteils ein Mechanismus zur Angleichung der Lebensverhältnisse in ganz Deutschland. Die ökologische und die digitale Transformation stellen jedoch auch Regionen, die derzeit keine Fördermittel erhalten, vor Herausforderungen. Diesen Herausforderungen sollte Rechnung getragen werden, um die Regionen besser auf bevorstehende strukturelle Veränderungen vorzubereiten, bevor ihre Bewältigung deutlich kostspieliger wird (Suedekum, 2023[16]). Die Dekarbonisierung energieintensiver Branchen und die strukturelle Transformation der Automobilindustrie erfordern beispielsweise umfangreiche Weiterbildungsinvestitionen, um den Beschäftigten den Wechsel in expandierende Branchen und Unternehmen zu ermöglichen; davon sind auch Regionen stark betroffen, die derzeit keine Mittel aus der regionalen Wirtschaftsförderung erhalten (OECD, 2023[7]). Außerdem dürfte der Klimawandel hohe Anpassungskosten in fast 90 % aller Kommunen verursachen (Friedrich et al., 2023[30]). Bislang sind die demografischen Prognosen die einzigen zukunftsgerichteten Indikatoren, die in dem Mechanismus zur Fördermittelverteilung berücksichtigt werden, der für die meisten GFS-Programme genutzt wird. Es wäre sinnvoll, auch andere zukunftsgerichtete Kriterien einzubeziehen, z. B. höhere Risiken infolge des Klimawandels oder Kosten für die Dekarbonisierung der Industrie. Dabei könnten beispielsweise die mittelfristigen regionalen Temperatur- und Dürreprognosen des Deutschen Wetterdiensts und langfristige wissenschaftliche Projektionen des Umweltbundesamts zum Klimawandel zugrunde gelegt werden. Wie stark sich geplante Klimaschutzmaßnahmen auf verschiedene Regionen auswirken, könnte mithilfe eines zusammengesetzten regionalen Indikators, der auf den Beschäftigungs- und Emissionsanteilen beruht, berücksichtigt werden (Rodríguez-Pose und Bartalucci, 2023[31]). Die erleichterten Fördervoraussetzungen für klimafreundliche Investitionen und forschungsintensive Unternehmen, die mit der Reform der GRW im Jahr 2022 eingeführt wurden, sind zu begrüßen (BMWK, 2024[15]). Neue Initiativen zur Unterstützung der Regionen im ökologischen, digitalen und demografischen Wandel sollten mit dem GFS zusammengeführt werden, um die Koordination zu verbessern und eine proaktivere Gestaltung der Regionalfördermaßnahmen zu ermöglichen.

4.3. Die finanziellen und administrativen Kapazitäten der Kommunen verbessern, um die regionale Entwicklung zu fördern

Der große Investitionsstau im Infrastrukturbereich auf kommunaler Ebene belastet die wirtschaftliche Entwicklung und die Qualität der öffentlichen Dienstleistungen. Dadurch wird es für die Regionen schwierig, den andauernden Strukturwandel zu bewältigen (Abbildung 4.8). Auf die Kommunen entfallen rd. 40 % der gesamtstaatlichen Investitionsausgaben, darunter die Hälfte aller klimarelevanten Investitionen. Der Investitionsstau hat 2022 ein Niveau von 4,2 % des BIP erreicht (BMF, 2023[14]). Die Kommunen sind für Investitionen in Schulen und sonstige Bildungsinfrastruktur, Kinderbetreuungseinrichtungen, Wasserstraßen, Energieversorgungsunternehmen, Gemeindestraßen, öffentliche Verkehrsinfrastruktur, Verwaltungsgebäude und Abwasserinfrastruktur zuständig. Für die ökologische und digitale Transformation sind Investitionen in diesen Bereichen erforderlich. Die Kommunen sind außerdem für eine Reihe öffentlicher und sozialer Dienstleistungen zuständig, z. B. für Gesundheitsversorgung und Pflege, Jugendhilfe, für die Verwaltung von Grundsicherung und Wohngeld sowie für die Unterbringung von Geflüchteten. All dies ist entscheidend, um einen hohen Lebensstandard und das Wohlergehen der Menschen zu sichern und das Vertrauen der Bürger*innen in die Institutionen zu stärken.

Abbildung 4.8. Der Kapitalstock der Kommunen geht seit zwanzig Jahren zurück

Bruttoanlageinvestitionen abzüglich Abschreibungen, in % des BIP

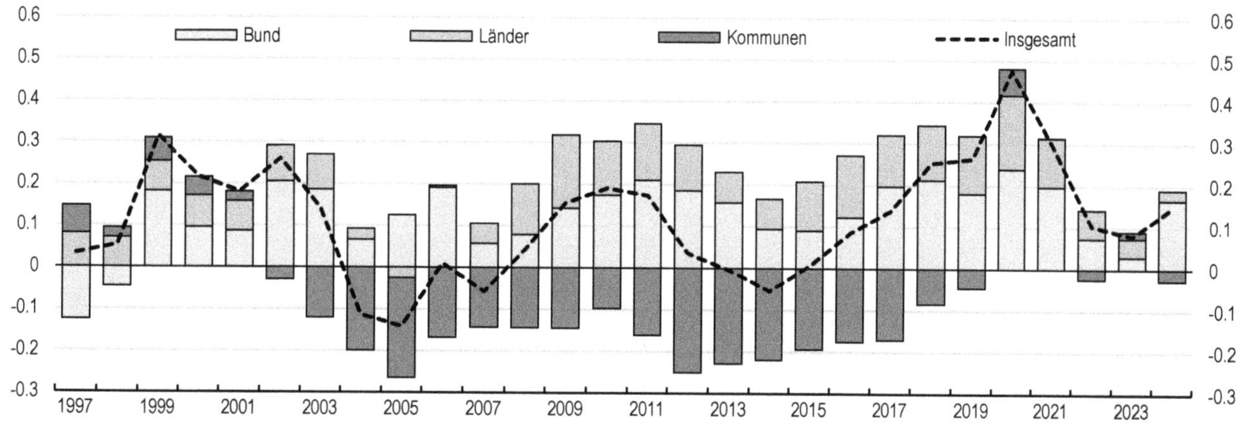

Quelle: *OECD National Accounts* (Datenbank).

StatLink https://stat.link/v1ruetryeif2

Die Gründe für den Infrastrukturstau reichen von schwachen Planungskapazitäten, wie im *OECD-Wirtschaftsbericht Deutschland 2020* erörtert, über langwierige Planungs- und Genehmigungsverfahren – ein Problem, das inzwischen angegangen wird (Kapitel 2) – bis hin zu einer Verschlechterung der Finanzlage der Kommunen in den letzten Jahren. Höhere Transferleistungen infolge der Pandemie und der Energiekrise, auf Bundesebene beschlossene Sozialleistungserhöhungen, ein starker Zustrom von Geflüchteten, steigende Energiepreise, Lohnerhöhungen im öffentlichen Sektor, steigende Baukosten und hohe Zinsen haben den Ausgabendruck erhöht, während die Steuereinnahmen stagnierten. Aufgrund von Unterschieden bei der Wirtschaftsleistung ist die Lage in den verschiedenen Kreisen und kreisfreien Städten jedoch nach wie vor sehr unterschiedlich (Abbildung 4.3): In Bayern beispielsweise waren die kommunalen Investitionsausgaben pro Kopf 2022 um 50 % höher als im Durchschnitt aller Flächenländer und rd. 2,5-mal so hoch wie im Saarland (Freier, Geißler und Gnädinger, 2023[32]). Die großen Unterschiede bei der Finanzlage der Kommunen, den öffentlichen Investitionen und der Daseinsvorsorge korrelieren auch stark mit dem Vertrauen in die Institutionen (siehe weiter unten). Um die Finanzlage ärmerer Kommunen zu verbessern, gilt es, die lokale Steuerbasis zu verbreitern, den Kommunen einen größeren Teil der Gemeinschaftsteuern zuzuweisen, den kommunalen Finanzausgleich zu verbessern und die Ausgabeneffizienz zu steigern. Letzteres kann durch Anreize für die Zusammenarbeit und Bündelung von Aufgaben zwischen den Kommunen und die Übertragung einiger ihrer Aufgaben auf andere Verwaltungsebenen erreicht werden.

4.3.1. Die Finanzlage der Kommunen verbessern

Die Kommunen haben ein breites Spektrum an Funktionen, zur Finanzierung sind sie jedoch auf Finanzzuweisungen der Länder angewiesen. Die Steuereinnahmen der Kommunen, einschließlich ihres Anteils an den Gemeinschaftsteuern, machen nur rd. 16 % des bundesweiten Steueraufkommens aus, während nahezu ein Fünftel der öffentlichen Ausgaben auf die Kommunen entfällt (Tabelle 4.1). Die Finanzierungslücke wird durch Zuweisungen der Länder an die Kommunen geschlossen. Dabei handelt es sich zu rd. 90 % um laufende

Zuweisungen – überwiegend allgemeine Zuweisungen über die kommunalen Finanzausgleichssysteme der Länder – und zu 10 % um zweckgebundene Investitionszuweisungen, die nur etwa ein Drittel der kommunalen Investitionsausgaben decken (Abbildung 4.6) (Deutscher Städtetag, 2023[33]). Um dem Investitionsstau der Kommunen in bestimmten Bereichen wie der Schul- und Kinderbetreuungsinfrastruktur entgegenzuwirken, hat der Bund im Einvernehmen mit den Ländern Extrahaushalte eingeführt, um das im Grundgesetz verankerte Verbot der direkten Finanzierung der Kommunen durch den Bund zu umgehen.

Tabelle 4.1. Die Kommunen erhalten einen relativ geringen Anteil des bundesweiten Steueraufkommens

Verteilung der Gemeinschaftsteuern zwischen den verschiedenen staatlichen Ebenen und eigene Steuereinnahmen der verschiedenen staatlichen Ebenen

	Verteilung der Gemeinschaftsteuern (in %)				
	Einkommensteuer	Kapitalertragsteuer	Körperschaftsteuer	Umsatzsteuer	Anteil am gesamtstaatlichen Steueraufkommen
Bund	42.5	44	50	46.6	**33.7**
Länder	42.5	44	50	50.5	**34.9**
Gemeinden	15	12	-	2.8	**6.6**
Anteil am gesamtstaatlichen Steueraufkommen	**37.6**	**0.7**	**5.2**	**31.8**	**75.3**
	Eigene Steuereinnahmen (in % des gesamtstaatlichen Steueraufkommens)				
	Verbrauchsteuern, Versicherungsteuer, Ergänzungsabgaben	**Erbschaftsteuer, Grunderwerbsteuer, Bier- und Glücksspielsteuer**	**Gewerbesteuer**	**Grundsteuer und andere Abgaben**	**Anteil am gesamtstaatlichen Steueraufkommen**
Bund	10.8	-	0.2	-	**11**
Länder	-	3.4	0.5	-	**3.9**
Gemeinden	-	-	7.1	1.9	**9**
Anteil am gesamtstaatlichen Steueraufkommen	**10.8**	**3.4**	**7.8**	**1.9**	**23.9**

Anmerkung: „Einkommensteuer" beinhaltet die Lohnsteuer. „Kapitalertragsteuer" beinhaltet die Abgeltungssteuer. „Körperschaftsteuer" umfasst nicht die Gewerbesteuer. 0,7 % des Gesamtsteueraufkommens entfallen als Zölle auf die EU. Die anderen von den Kommunen erhobenen Abgaben machen 0,2 % des gesamten bundesweiten Steueraufkommens aus. Die Gewerbesteuer fällt nicht unter die Gemeinschaftsteuern, seit 1970 führen die Kommunen jedoch einen Teil ihrer Einnahmen an den Bund und die Länder ab und erhalten dafür als Gegenleistung 15 % der Einkommensteuereinnahmen ihres Bundeslandes.
Quelle: Bundesministerium für Finanzen (2023[14]).

Die meisten kommunalen Finanzausgleichssysteme sind nicht kostenbasiert, und die Zuweisungen an die Kommunen schwanken stark mit den Einnahmen der Bundesländer, was die finanziellen Schwierigkeiten der Kommunen in konjunkturellen Abschwungphasen verstärkt. Da die Kommunen für einen Teil der Grundsicherung, insbesondere die Kosten der Unterkunft, zuständig sind, nimmt ihr Ausgabendruck in wirtschaftlichen Abschwungphasen zu, während ihre Haupteinnahmequelle, d. h. die Gewerbesteuer, stark prozyklisch ist. Die Zuweisungen der Länder im Rahmen des kommunalen Finanzausgleichs verschärfen dieses Problem. Viele Bundesländer nutzen ein reines Verbundquotensystem, bei dem ein konstanter Anteil der Einnahmen der Länder dem kommunalen Finanzausgleich zufließt. Da die Einkommen- und Körperschaftsteuer neben der Umsatzsteuer die Haupteinnahmequelle der Bundesländer ist, sinken die Zuweisungen an die Kommunen in konjunkturellen Abschwungphasen. Hessen und Rheinland-Pfalz verwenden zur Lösung dieses Problems ein Verstetigungsmodell, bei dem das reine Verbundquotensystem mit einem Stabilitätsfonds kombiniert wird, der in Jahren hoher Staatseinnahmen gefüllt und in Jahren niedriger Staatseinnahmen in Anspruch genommen wird. Brandenburg und Schleswig-Holstein berücksichtigen in ihrem kommunalen Finanzausgleich dagegen zusätzlich die Belastungen aus der Aufgabenerfüllung, und Sachsen-Anhalt verwendet ein Bedarfsmodell. Es sollte erwogen werden, verstärkt kostenbasierte Ausgleichssysteme einzuführen, wie es sie beispielsweise in Norwegen und Schweden gibt, wo der Finanzausgleich effektiver auf externe Kostenschocks wie steigende Geflüchtetenzahlen, zunehmende Energiepreise oder demografische Veränderungen reagiert. Um die Umstellung von der Einnahmenumverteilung auf einen stärker kostenbasierten Finanzausgleich zu erleichtern, könnten horizontale Beiträge von Regionen mit niedrigen Kosten eingeführt werden, wie dies in Schweden praktiziert wird. Da es schwierig ist, die Kosten unabhängig von den Einnahmen zu schätzen, könnte dies dazu beitragen, die Ausgabeneffizienz durch Peer-Pressure zwischen den Kommunen zu steigern (Thöne und Bullerjahn, 2020[13]; OECD, 2021[18]).

Die Finanzlage der Kommunen wird durch den hohen Anteil fester Ausgaben, die auf anderen staatlichen Ebenen festgelegt werden, zusätzlich belastet. Entscheidungen des Bundes, die zu höheren Sozialleistungen, u. a. für Geflüchtete, führen, belasten beispielsweise die Haushalte der Kommunen erheblich und reduzieren deren Mittel für produktive Investitionen (Thöne und Bullerjahn, 2020[13]). Der Bund stellt den Ländern vorübergehend zweckgebundene Zuweisungen oder zusätzliche Umsatzsteueranteile zur Verfügung, um die Kommunen bei der Wahrnehmung dieser Aufgaben zu unterstützen. In vielen Fällen sind diese Mittel jedoch nicht ausreichend. Zusätzliche Bundeszuweisungen für die Grundsicherung im Alter und die Wohnkosten haben den Druck verringert, vor dem die Kommunen angesichts einer schneller alternden Bevölkerung und einer höheren Zahl von Arbeitslosen stehen. Schätzungen zufolge decken diese Erstattungen jedoch nur rd. 40 % der sozialen Ausgaben der Kommunen, und die Erstattungen an die Länder werden nicht in allen Fällen vollständig an die Gemeinden weitergegeben (Freier, Geißler und Gnädinger, 2023[32]). Zur Entlastung der Kommunen bei der Versorgung der Geflüchteten wurde 2024 eine kostenbasierte Erhöhung des Umsatzsteueranteils der Länder eingeführt, um die gestiegenen Kosten auszugleichen (Deutscher Städtetag, 2023[33]).

Eine ausreichende und stabile Finanzierung der Kommunen sicherstellen

Eine wichtige politische Priorität sollte darin bestehen, eine ausreichende und stabile Finanzierung zu gewährleisten, damit die Kommunen ihre Kernfunktionen erfüllen können. Gemäß dem Grundgesetz fällt dies in den Zuständigkeitsbereich der Länder. Wenn die Erfüllung der kommunalen Aufgaben aufgrund von Gesetzesänderungen auf Bundesebene kostspieliger wird, sollten die Kommunen einen höheren Anteil an der Umsatzsteuer oder anderen Gemeinschaftsteuern erhalten (Tabelle 4.1). Zugleich sollte sichergestellt werden, dass die Zuweisungen der Länder im Rahmen der kommunalen Finanzausgleiche oder die Bundesergänzungszuweisungen nicht im Gegenzug gekürzt werden. Dies ist von entscheidender Bedeutung, um bei steigendem Ausgabendruck ein regional ausgewogenes öffentliches Dienstleistungsangebot zu sichern. Eine zu starke Abhängigkeit von Zuweisungen führt zu Finanzierungsunsicherheit, was auch mit dem politischen Zyklus zusammenhängt. Auf Infrastrukturinvestitionen, die Ausgabenverpflichtungen über längere Planungshorizonte voraussetzen, wirkt sich dies besonders nachteilig aus. Eine Kapazitätssteigerung im Baugewerbe, sei es innerhalb bestehender Unternehmen oder durch Neugründungen, ist nur möglich, wenn die Infrastrukturplanung mit einer stabilen langfristigen Finanzierung einhergeht. Das kürzlich eingerichtete Sondervermögen für Infrastrukturinvestitionen, aus dem die Länder und Kommunen in den nächsten zwölf Jahren 100 Mrd. EUR für öffentliche Investitionen erhalten sollen, könnte die für kommunale Investitionen verfügbaren Mittel deutlich erhöhen (Kapitel 1). Allerdings verringern sich die Anreize zur Erhöhung der Ausgabeneffizienz, wenn ein großer Anteil der kommunalen Ausgaben durch Zuweisungen finanziert wird, da die Ausgabenentscheidungen der Kommunen von der lokalen Bevölkerung dann möglicherweise weniger kritisch unter die Lupe genommen werden (Herrmann, 2022[34]; Blöchliger und Kim, 2016[35]). Dies gilt besonders für Zweckzuweisungen, vor allem wenn sich die Empfängerkommunen nicht an der Finanzierung beteiligen müssen (Bergvall et al., 2006[36]). Da die Einnahmen aus der Einkommen- und der Kapitalertragsteuer mit dem Konjunkturzyklus stark schwanken, wäre es zur Sicherung einer stabilen Finanzierung der Kernfunktionen der Kommunen hilfreich, wenn ihnen ein höherer Anteil an den Umsatzsteuereinnahmen zukäme. Zugleich sollte jede Steuerreform auf Bundesebene im Hinblick auf ihre Auswirkungen auf die kommunalen Steuereinnahmen evaluiert und mit ausreichenden Ausgleichsmaßnahmen kombiniert werden, um eine stabile Finanzierung der Kommunen sicherzustellen.

Eine weitere Priorität sollte darin bestehen, die kommunale Steuerbasis, etwa durch höhere Einnahmen aus laufenden Steuern auf unbewegliches Vermögen oder aus der Einkommensteuer, zu verbreitern (Tabelle 4.1). Dies würde die Rechenschaftspflicht erhöhen, Anreize für eine effektivere Haushaltsführung setzen und die Abhängigkeit von Finanztransfers verringern. Die Stärkung der Steuerautonomie der Kommunen sollte mit Initiativen zur Kapazitätsentwicklung und Aufsichtsmaßnahmen kombiniert werden, um eine verantwortungsvolle Verwaltung der kommunalen Einnahmen sicherzustellen (OECD, 2021[18]). Wenn ein größerer Teil der kommunalen Einnahmen aus der lokalen Steuerbasis stammt und die Qualität der Institutionen hoch ist – womit das Risiko einer *local capture* bzw. Vereinnahmung durch lokale Partikularinteressen minimiert wird –, ist die Wahrscheinlichkeit größer, dass die lokale Bevölkerung die Kommunen für ihre Ausgabenentscheidungen zur Rechenschaft zieht. Das wiederum motiviert die Kommunen, die Qualität der öffentlichen Dienstleistungen und die Ausgabeneffizienz zu verbessern (OECD, 2016[37]). Da ein höherer Steueranteil an den Einnahmen der Kommunen mit einer Verringerung der Wachstumsunterschiede zwischen den Regionen assoziiert ist, sinkt dadurch auch der Finanzausgleichsbedarf (Blöchliger, Bartolini und Stossberg, 2016[38]).

Die Einkommensteuer wird in Deutschland nach dem Grundsatz des örtlichen Aufkommens zwischen den verschiedenen staatlichen Ebenen aufgeteilt, der auf die Kommunen entfallende Anteil ist jedoch gering (Tabelle 4.1). Würde man diesen Anteil erhöhen oder es den Bundesländern oder Kommunen gestatten, eine über dem nationalen Steuersatz liegende Zusatzsteuer zu erheben, wie dies beispielsweise in den Vereinigten Staaten geschieht, könnten die Anreize zur Verbesserung der Qualität der öffentlichen Dienstleistungen und der Ausgabeneffizienz gestärkt werden (Blöchliger und Kim, 2016[35]). Die Gewerbesteuer, die größte lokale Einnahmequelle der Kommunen, bietet bereits starke Anreize zur Verbesserung der lokalen Governance und zur Stärkung der eigenen Steuerbasis, da die Kommunen ihren Hebesatz oberhalb des gesetzlich festgelegten Mindesthebesatzes frei festlegen können. Sie ist jedoch stark prozyklisch und anfällig für Steuervermeidungsstrategien (Dinauer, Kammerer und Ott, 2022[39]). Viele ärmere Gemeinden müssen aufgrund ihrer prekären Finanzlage höhere Sätze festlegen, was eine Abwanderung von wirtschaftlicher Tätigkeit und Gewinnen in andere Regionen zur Folge haben kann (Beznoska und Hentze, 2019[40]). Eine Anhebung des gesetzlich festgelegten Mindestsatzes der Gewerbesteuer von 7 % auf 10 % würde die Kapitalallokation zwischen den Regionen verbessern und den Spielraum zur Gewinnverlagerung verringern; in Kombination mit dem Körperschaftsteuersatz von 15 % ergäbe sich daraus ein Mindeststeuersatz für Unternehmen von 25 %, der damit leicht über dem OECD-Durchschnitt von 23,3 % im Jahr 2021 läge (OECD, 2022[41]). Als Ausgleich für den höheren Mindestsatz bei der Gewerbesteuer könnte der Körperschaftsteuersatz gesenkt werden, was wiederum durch eine Anhebung der Verbrauchsteuern finanziert werden könnte (Kapitel 1). Dies sollte mit einer Verbesserung des Datenaustauschs und der Zusammenarbeit zwischen den Finanzbehörden der Länder kombiniert werden, um die Möglichkeiten der Steuerhinterziehung zu verringern (vgl. *OECD-Wirtschaftsbericht Deutschland 2023*).

Da laufende Steuern auf unbewegliches Vermögen relativ stabile Einnahmen bringen, würde eine Anhebung der effektiven Steuersätze auf Basis regelmäßig aktualisierter Verkehrswerte der Grundstücke und Gebäude helfen, die starken Schwankungen des Steueraufkommens der Gemeinden zu verringern (OECD, 2021[18]). Die Einnahmen aus Steuern auf unbewegliches Vermögen wie Grundstücke oder Gebäude sind im Vergleich zu anderen Ländern niedrig und stagnieren gemessen am BIP seit den 1990er Jahren, obwohl sich die Grundstückspreise in den letzten zehn Jahren mehr als verdoppelt haben und die Immobilienpreise um rd. 80 % gestiegen sind (Abbildung 4.9) (Fuest, Hey und Spengel, 2021[42]; Bach und Eichfelder, 2021[43]). In anderen OECD-Ländern, wie z. B. den Vereinigten Staaten oder der Schweiz, machen die Steuern auf Grundeigentum einen wesentlich höheren Anteil am kommunalen Steueraufkommen aus als in Deutschland; in 13 Bundesstaaten der USA beläuft er sich auf über 90 % (OECD, 2021[18]).

Die vor Kurzem durchgeführte Grundsteuerreform ist ein wichtiger Schritt in die richtige Richtung, da damit eine regelmäßige Aktualisierung der Grundstücks- und Gebäudewerte anhand der Verkehrswerte eingeführt wurde. Bisher beruhte die Bemessungsgrundlage für die Grundsteuer auf Werten aus den 1960er Jahren

(Westdeutschland) bzw. 1930er Jahren (Ostdeutschland) (Bach und Eichfelder, 2021[43]). Viele Bundesländer haben sich allerdings eine aufkommensneutrale Umsetzung der Grundsteuerreform zum Ziel gesetzt, was eine Senkung der Hebesätze impliziert, wenn die Grundstücks- und Gebäudewerte an höhere Verkehrswerte angepasst werden. Die Hebesätze können von den Kommunen grundsätzlich frei festgelegt werden. Die Einführung eines bundesweiten Mindesthebesatzes könnte indessen helfen, schädlichem Steuerwettbewerb entgegenzuwirken und die regelmäßig aktualisierten Grundstücks- und Gebäudewerte zur Steigerung der kommunalen Steuereinnahmen zu nutzen (Bach und Eichfelder, 2021[43]; OECD, 2021[44]). Da die Verteilung von beweglichem wie unbeweglichem Vermögen im Vergleich zu anderen OECD-Ländern relativ ungleich ist, würde dies auch zur Verringerung der Einkommensungleichheit beitragen (vgl. *OECD-Wirtschaftsbericht Deutschland 2023*). Um zahlungsschwache, aber vermögensreiche Haushalte zu entlasten, könnten Steuerstundungen eingeführt werden – wie dies in Dänemark, Irland, Kanada und einigen US-Bundesstaaten der Fall ist. Dabei muss nur sichergestellt sein, dass die noch nicht entrichteten Steuern bei Verkauf oder Vererbung von Grundstücken und Gebäuden bezahlt werden. Die Bundesländer könnten solche Steuerstundungssysteme dann finanzieren, um die Grundsteuereinnahmen der Gemeinden zu garantieren, wie dies in neun US-Bundesstaaten geschieht (Dougherty und Kim, 2023[45]).

Abbildung 4.9. Die Einnahmen aus laufenden Steuern auf unbewegliches Vermögen sind gering

Laufende Steuern auf unbewegliches Vermögen, in % des BIP, 2023 oder letztverfügbares Jahr

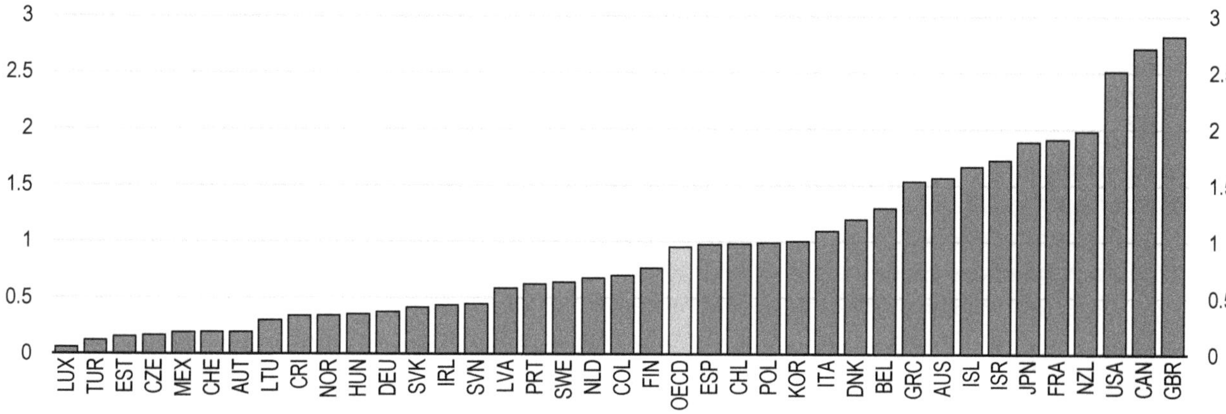

Anmerkung: „OECD" bezieht sich auf einen ungewichteten Durchschnitt.
Quelle: OECD Institute for Statistics und OECD-Berechnungen.

StatLink https://stat.link/2gcyr8593t7q

Die Wirtschaftstätigkeit, die Altersstruktur der Bevölkerung und die Grundstückspreise unterscheiden sich stark zwischen den verschiedenen Kreisen und kreisfreien Städten. Wenn der lokalen Steuerbasis bei den Einnahmen mehr Gewicht gegeben würde, um die Anreize zur Steigerung der Ausgabeneffizienz zu erhöhen, bestünde also die Gefahr, dass sich die Unterschiede bei der Finanzkraft der Kommunen verschärfen. Kommunale Finanzausgleichssysteme, bei denen es sich häufig um formelbasierte Zuweisungen an finanzschwache Kommunen handelt, sollten so gestaltet werden, dass einerseits die Finanzierung wichtiger kommunaler öffentlicher Dienstleistungen gesichert wird und andererseits die Anreize zur Erhöhung des Gemeindesteueraufkommens und zur Steigerung der Ausgabeneffizienz gewahrt bleiben. Die kommunalen Finanzausgleichssysteme der Länder werden nach wie vor teilweise durch Gemeinschaftsteuern sowie allgemeine und zweckgebundene Bundeszuweisungen finanziert, und in etwa der Hälfte der Bundesländer gibt es keine horizontalen Finanztransfers zwischen den Kommunen. Würde ein größerer Teil des kommunalen Finanzausgleichs aus Mitteln reicherer Gemeinden finanziert und eine starke Rechenschaftspflicht für Ausgaben mit einer direkten Interaktion zwischen den Kommunen gewährleistet, könnte dies über Peer-Pressure zu einer Steigerung der Ausgabeneffizienz der Kommunen beitragen. In Schweden leisten Kommunen mit einer höheren Pro-Kopf-Steuerbasis beispielsweise einen Beitrag zum Finanzausgleichssystem, indem sie auf Zuweisungen der Zentralregierung verzichten. Kommunen, in denen die Kosten für öffentliche Dienstleistungen unter dem Durchschnitt liegen, zahlen zudem in die bedarfsorientierte Kostenausgleichssäule ein. Diese Mechanismen sorgen für einen signifikanten Ressourcenausgleich und gewährleisten die Erbringung kommunaler Dienstleistungen zu relativ niedrigen Gesamtkosten; der Anteil dieser Dienstleistungen an den öffentlichen Gesamtausgaben ist nur etwa halb so hoch wie in Deutschland (OECD, 2021[18]). Um die Anreize zur Erhöhung des Gemeindesteueraufkommens zu wahren, sollten die Beiträge zum Finanzausgleich auf der Grundlage einer kommunalen Steuerkraftmesszahl anstatt der tatsächlichen Einnahmen berechnet werden. Aus diesem Grund werden standardisierte, fiktive Hebesätze verwendet, um die Steuerkraftzahlen der Gewerbesteuer und der Grundsteuer zu berechnen. Um die kommunale Steuerkraft angemessen widerzuspiegeln, sollten die neuen Grundsteuerwerte verwendet werden, ohne diese standardisierten Sätze anzupassen.

Um den Ländern Anreize zu geben, den kommunalen Finanzausgleich zu verbessern und die lokale Steuerbasis besser zu nutzen, sollte der Länderfinanzausgleich neu ausgerichtet werden. Ein starker Ausgleich der Einnahmeunterschiede zwischen den Bundesländern durch die Umverteilung der Umsatzsteuereinnahmen, die sich indirekt auf den kommunalen Finanzausgleich der Länder auswirkt, verringert die Anreize, eigene Anstrengungen zu unternehmen, um die Finanzlage der Kommunen zu verbessern (Abbildung 4.10). Mit der Föderalismusreform von 2020 wurde das System vertikaler ausgerichtet, indem der direkte horizontale Finanzausgleich zwischen den Bundesländern verringert und stärker auf die Ergänzungszuweisungen des Bundes zur Unterstützung bestimmter Länder und ihrer Kommunen zurückgegriffen wurde (Bury und Feld, 2023[46]). Gleichzeitig erhielt die kommunale Steuerkraft bei der Berechnung der Beiträge der Länder zum Finanzausgleich mehr Gewicht, was die Anreize für die kommunale Steuererhebung gestärkt und die Beiträge der reicheren Bundesländer erhöht haben dürfte, da die Gemeinden dort in der Regel ebenfalls reicher sind. Vor der Reform hatten die Kommunen in den finanzstarken südlichen Bundesländern relativ niedrige Hebesätze für die Gewerbe- und Grundsteuer; ihre Einnahmen aus den Gemeinschaftsteuern sind hoch genug, um die kommunalen Aufgaben zu finanzieren. In Nordrhein-Westfalen sind die Hebesätze der Gewerbe- und Grundsteuer hingegen höher, da die Mittel aus dem bundesstaatlichen Finanzausgleich niedrig und die Verschuldung der Kommunen sowie die Zinszahlungen relativ hoch sind (Thöne und Bullerjahn, 2020[13]). In den ostdeutschen Bundesländern, die in erheblichem Maße vom bundesstaatlichen Finanzausgleich und von den Ergänzungszuweisungen profitieren, die indirekt auch den kommunalen Finanzausgleich auf Länderebene finanzieren, sind die Gewerbe- und Grundsteuerhebesätze niedrig, was auch eine Möglichkeit ist, Unternehmen und private Haushalte anzuziehen.

Hier wäre eine Evaluierung der beobachteten Unterschiede bei den lokalen Steuersätzen im Hinblick auf eine Umgestaltung des bundesstaatlichen und kommunalen Finanzausgleichs hilfreich. Dabei sollte sich das Augenmerk stärker darauf richten, dass die Kommunen in der Lage sind, zentrale öffentliche Dienstleistungen zu erbringen, anstatt einen Ausgleich für eine unzureichende Nutzung der lokalen Steuerbasis zu schaffen (OECD, 2021[18]). In einem effizienten Finanzausgleichsmodell sollten sich im Steuersatzdifferenzial zwischen den Gemeinden nur regionale Unterschiede bei den Präferenzen und der Effizienz des Steuereinzugs ausdrücken. Eine weitere Erhöhung des Gewichts der kommunalen Steuerkraft bei der Berechnung der Finanzkraft der Länder im bundesstaatlichen Finanzausgleich oder eine Anhebung des Satzes, mit dem überdurchschnittliche Zuwächse der Steuereinnahmen bei der Berechnung der Finanzkraft in Abzug gebracht werden, würde dazu beitragen, die Anreize zur Nutzung der lokalen Steuerbasis zu stärken. Wie im *OECD-Wirtschaftsbericht Deutschland 2023* erörtert, könnte das Finanzausgleichsystem auch die Anreize der Länder zur Erhebung der Gemeinschaftsteuern verringern. Mehr Transparenz in Bezug auf Steuerlücken und Steuervollzugskapazitäten und verbindliche Richtlinien sowie Zielvorgaben würden dazu beitragen, den Steuervollzug auf Länderebene zu stärken (Kapitel 1).

Abbildung 4.10. Finanzausgleich und Bundeszuweisungen verringern die Einnahmeunterschiede zwischen den Bundesländern erheblich

Finanzkraft der Länder, in Prozent der Ausgleichsmesszahl, 2023

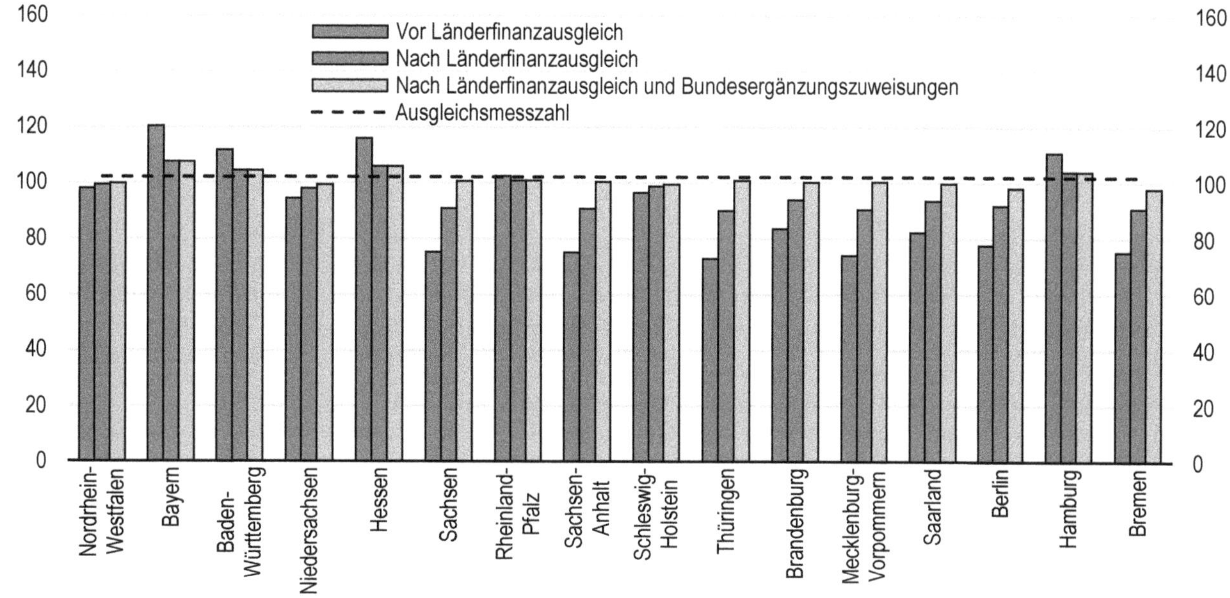

Anmerkung: Die Ausgleichsmesszahl wird berechnet, indem der gewichtete Durchschnitt der den einzelnen Ländern zustehenden Einnahmen aus gemeinsamen und eigenen Steuern, einschließlich 75 % der auf die Kommunen entfallenden Einnahmen, durch die Einwohnerzahl dividiert wird. Dabei wird für die Stadtstaaten Berlin, Bremen und Hamburg eine Einwohnerwertung von 135 % zugrunde gelegt, während die Einwohnerzahlen für Mecklenburg-Vorpommern, Brandenburg und Sachsen-Anhalt mit 105 %, 103 % bzw. 102 % gewertet werden. Die Balken zeigen die unterschiedliche Finanzkraft in Prozent der Ausgleichsmesszahl nach Effekt des Länderfinanzausgleichs (durch Umverteilung der Umsatzsteuereinnahmen), der allgemeinen Bundesergänzungszuweisungen und der Bundesergänzungszuweisungen für Gemeinden mit geringer Steuerkraft.
Quelle: Bundesministerium der Finanzen.

StatLink https://stat.link/1nvhgrwchvog

Die Finanzmanagementkapazitäten der Kommunen stärken

Um den Ländern mehr Anreize zu geben, sicherzustellen, dass die Kommunen über ausreichende Mittel verfügen, um ihre Aufgaben zu erfüllen, gilt es zudem, anreizkompatible Lösungen für die hohe Verschuldung der Kommunen zu finden. Im Gegensatz zu den Ländern, deren jährliche strukturelle Haushaltsdefizite durch die Schuldenbremse begrenzt werden, haben die Kommunen die Möglichkeit, Investitionsausgaben durch Schuldverschreibungen oder Kredite zu finanzieren und Defizite bei den laufenden Ausgaben vorübergehend durch Kassenkredite zu finanzieren (Bury und Feld, 2023[46]). Diese Kassenkredite sind Überziehungskredite auf Girokonten lokaler Sparkassen, die sich häufig im Besitz der Kommunen befinden. Sie dienen dazu, die Zahlungsverpflichtungen für laufende Ausgaben zu erfüllen. Aufgrund der starken prozyklischen Schwankungen der kommunalen Einnahmen, etwa der Gewerbesteuern und der Zuweisungen der Länder, sowie der antizyklischen Schwankungen der Ausgaben, insbesondere für Sozialleistungen, nutzen viele Kommunen diese Option, um Defizite zu finanzieren. 2024 belief sich der Gesamtbetrag dieser Defizite auf 0,4 % des BIP. Einigen Kommunen gelang es nicht, die aufgenommenen Schulden in Aufschwungphasen zurückzuzahlen oder in Niedrigzinsphasen zu refinanzieren, was zu einem Anstieg ihrer Verschuldung führte.

Die steigende Verschuldung der Kommunen belastet in vielen Regionen die öffentlichen Investitionen. Die auf Kreisebene festzustellenden regionalen Unterschiede bei der Verschuldung der Kommunen sind zwischen 2010 und 2019 stetig gestiegen. In einigen Kreisen liegt die Verschuldung der Kommunen bei 10 000 EUR pro Kopf, was mehr als dem Fünffachen des Bundesdurchschnitts entspricht (BBSR, o. J.[4]). In Rheinland-Pfalz, dem Saarland und Nordrhein-Westfalen, wo die kommunale Verschuldung hoch ist, belaufen sich die kommunalen Investitionsausgaben pro Kopf auf 40–70 % des Bundesdurchschnitts. Drei Viertel der Schulden der Kommunen wurden für Investitionszwecke aufgenommen, rd. 3 % des BIP 2022, bei den restlichen Verbindlichkeiten der Kommunen handelt es sich jedoch um Kassenkredite (BMF, 2023[14]). Der Gesamtbetrag der Kassenkredite ist zwar seit 2016 in Relation zum BIP zurückgegangen, in Nordrhein-Westfalen, in Rheinland-Pfalz und im Saarland war er 2022 pro Kopf aber immer noch dreimal so hoch wie im bundesweiten Durchschnitt. Kommunen mit einem hohen Bestand an Kassenkrediten haben häufig zu wenig Liquiditätsreserven und sind anfällig gegenüber Zinserhöhungen. Einige Bundesländer wie Niedersachsen, Hessen und Brandenburg stellen Entschuldungshilfen bereit, um finanzschwache Kommunen von ihren Kassenkrediten zu entlasten und fiskalischen Spielraum für Investitionen zu schaffen. Bundesländer wie Nordrhein-Westfalen, Rheinland-Pfalz und das Saarland haben den Bund gebeten, sich an der Entschuldung ihrer Kommunen zu beteiligen, da die hohe Verschuldung die Investitionstätigkeit belastet und die erforderlichen höheren Gewerbesteuersätze die lokale Wirtschaftstätigkeit beeinträchtigen. Ein Teil der Altschulden geht zwar auf langfristige Herausforderungen im Zusammenhang mit dem Strukturwandel zurück, ursächlich für die Schuldenüberhänge der Gemeinden waren aber auch Moral-Hazard-Probleme und überhöhte Ausgaben. Das vorgeschlagene Entschuldungsprogramm des Bundes sollte umgesetzt und in eine allgemeine Reform des föderalen Finanzausgleichs integriert werden, die den Kommunen mehr Anreize gibt, die Ausgabeneffizienz zu steigern, das Rechnungswesen zu verbessern und die eigene Steuerbasis zu verbreitern. Darüber hinaus müssen auch einige Governancefragen im Zusammenhang mit den Sparkassen geklärt werden (Kapitel 2).

Die fehlende Transparenz und Standardisierung der kommunalen Rechnungslegung verringert die Vergleichbarkeit und erschwert die Früherkennung von Haushaltsproblemen. In Deutschland ist die Rechnungslegung der verschiedenen staatlichen Ebenen weniger standardisiert als in anderen föderalen OECD-Ländern, wie z. B. Australien, Kanada, Österreich und Spanien, wo für alle staatlichen Ebenen vergleichbare Standards gelten (OECD, 2021[47]). Während Hessen und Hamburg sowie die meisten ihrer Kommunen doppisch buchen, haben Bayern und Thüringen die Kameralistik beibehalten, ermöglichen ihren Kommunen aber auf freiwilliger Basis die Einführung der Doppik. In Schleswig-Holstein können die Kommunen zwischen Doppik und Kameralistik wählen (BMF, 2023[14]). Würde die Einführung der doppischen Buchung für alle Kommunen verbindlich vorgeschrieben, würde dies die Transparenz erhöhen und die Frühwarnmechanismen für fiskalische Risiken stärken. Die doppische Buchführung ist ressourcenorientiert und legt daher mehr Gewicht auf Aufgabenteilung und Finanzierungsautonomie als die Kameralistik. Sie setzt außerdem Anreize für eine umsichtige Haushaltswirtschaft in den Kommunen, da Ausgaben beispielsweise bei der Rechnungsstellung und nicht bei der Zahlung verbucht werden. 24 OECD-Länder sind in den 2010er Jahren in ihren nachgeordneten Gebietskörperschaften zu einer doppischen Buchführung übergegangen (OECD, 2021[47]). Die Unterschiede in der Rechnungslegung werden durch uneinheitliche Dokumentenformate und unterschiedliche Aufgabenabgrenzungen zwischen den Bundesländern und ihren Kommunen verstärkt, was auch der Grund dafür ist, dass die Finanzdaten der deutschen Kommunen nicht in die Municipal Government Finance Database der OECD aufgenommen werden können. Die obligatorische Einführung der doppischen Rechnungslegung sollte mit einem umsichtigen Cashflow-Management einhergehen. Wenn die Kommunen beispielsweise verpflichtet würden, einen Mindestliquiditätspuffer vorzuhalten, wie dies in Baden-Württemberg und Hessen der Fall ist, könnte eine nicht nachhaltige Zunahme der Kassenkredite verhindert werden. Diese Liquiditätspuffer könnten in Hochzinsphasen zur Deckung der laufenden Ausgaben, einschließlich der Bedienung von Altschulden, verwendet werden, während in Niedrigzinsphasen verstärkt auf Kassenkredite zurückgegriffen werden könnte (Freier, Geißler und Gnädinger, 2023[32]).

Wenn Spending Reviews in das Haushaltsverfahren integriert werden, um die Ausgaben auf Politikziele auszurichten, kann dies die Ausgabeneffizienz auf kommunaler Ebene steigern. In den meisten Kommunen werden Spending Reviews als eine Verwaltungsformalität betrachtet, die keine Auswirkungen auf die Haushaltsdisziplin hat. Eine Ausnahme bildet Brandenburg, wo anhaltende finanzielle Schwierigkeiten in finanzschwachen Kommunen eine schwierige Ausgabenpriorisierung erforderlich machten, was zur Wiederherstellung der Finanzstabilität beitrug. In den wirtschaftsstärkeren Bundesländern werden Spending Reviews aufgrund hoher Einnahmen aus Gemeinschaftsteuern als weniger wichtig angesehen, schwache Monitoringkapazitäten sind aber ebenfalls ein Grund, warum Mittelzuweisungen ohne klare Evaluierung ihrer

Wirkungen beschlossen werden (OECD, 2021[48]). Die nur langsam vorankommende Digitalisierung der öffentlichen Verwaltung und Datenschutzvorschriften, die die Nutzung und Verknüpfung von Mikrodaten verbieten, behindern die Evaluierung von Politikmaßnahmen auf allen staatlichen Ebenen (Kapitel 2). Wie im *OECD-Wirtschaftsbericht Deutschland 2023* empfohlen, ist es für die Steigerung der Ausgabeneffizienz von entscheidender Bedeutung, die für den Datenaustausch erforderliche Infrastruktur zu schaffen, Spending Reviews im Haushaltsaufstellungsverfahren zu stärken und Peer-Learning ebenenübergreifend zu fördern. Die Sitzungen des Stabilitätsrats, bei denen die Finanzministerien des Bundes und der Länder vertreten sind, könnten Möglichkeiten für ein Peer-Learning über den Einsatz von Spending Reviews in den Ländern bieten, dessen Erkenntnisse auch in den kommunalen Haushaltsverfahren angewandt werden könnten.

Die Einführung einer mittelfristigen Haushaltsplanung würde dazu beitragen, die Unsicherheit im Hinblick auf die Finanzierung von Investitionen zu verringern. In den Kofinanzierungsvereinbarungen zwischen den verschiedenen staatlichen Ebenen fehlt es an einer gegenseitigen Verpflichtung auf mehrjährige Haushaltsplanung, was die Finanzierung langfristiger kommunaler Investitionsprojekte erschwert. Mehrjährige Ausgabengrenzen werden nur fortlaufend beschlossen, wobei die Obergrenzen jährlich durch Hinzufügung des kommenden Jahres aktualisiert werden, um dem im Grundgesetz verankerten Grundsatz der Jährlichkeit zu entsprechen (Moretti, Keller und Majercak, 2023[49]). Die fünfjährige Finanzplanung des Bundes und der Länder ist ein Planungsinstrument für längerfristige Projekte, das aber nicht verbindlich ist. Im Vereinigten Königreich werden dagegen verbindliche und feste Ausgabenobergrenzen festgelegt, die sich bei Investitionsausgaben auf fünf Jahre und bei laufenden Ausgaben auf drei Jahre beziehen. Konjunkturabhängige Ausgaben wie Sozialleistungen und Renten sind ausgenommen und die Obergrenzen werden alle zwei Jahre unter Berücksichtigung der Ergebnisse von Spending Reviews aktualisiert. In den Niederlanden und Finnland werden derartige Obergrenzen für alle Ausgaben für vier Jahre festgelegt. Die Festlegung glaubwürdiger und verbindlicher mehrjähriger Ausgabenobergrenzen auf gesamtstaatlicher und sektoraler Ebene gemäß dem Spending Better Framework der OECD würde dazu beitragen, die Finanzierungsunsicherheit zu verringern und den großen Investitionsstau der Kommunen abzubauen. Parallel dazu sollte unter klar definierten Bedingungen ein gewisses Maß an Flexibilität zugelassen werden, um beispielsweise auf einen raschen Anstieg der Sozialausgaben infolge von Bundesgesetzen zu reagieren (Deutscher Städtetag, 2023[33]).

4.3.2. Die Verwaltungskapazitäten der Kommunen verbessern

Neben finanziellen Schwierigkeiten haben auch begrenzte Kapazitäten für strategische Planung und Projektmanagement dazu geführt, dass der kommunale Investitionsstau regional sehr unterschiedlich ist. Begrenzte Verwaltungskapazitäten erschweren auch die Beantragung und Verwaltung von Zweckzuweisungen anderer staatlicher Ebenen oder der EU, was die Wirksamkeit dieser Mittel zur Bewältigung des kommunalen Infrastrukturstaus beeinträchtigt. So variierte beispielsweise die Absorption von GFS-Mitteln in strukturschwachen Regionen zwischen Gemeinden erheblich (BMWK, 2024[5]). Der Fachkräftemangel nimmt zu, und es wird immer schwieriger, die in den Kommunalverwaltungen erforderlichen Fachkräfte zu gewinnen und zu halten. Eine schnellere Digitalisierung der öffentlichen Verwaltung, eine Verringerung des Verwaltungsaufwands und eine Verbesserung der Personalpolitik sind wichtige politische Hebel, um die Verwaltungskapazitäten und die Qualität der öffentlichen Dienstleistungen auf lokaler Ebene zu verbessern (Kapitel 2). Dies sollte mit einer besseren Kooperation und einer Bündelung von Aufgaben zwischen den Kommunen kombiniert werden. Bestimmte Aufgaben, bei denen große Skaleneffekte erzielt werden können, sollten zudem an andere Verwaltungsebenen übertragen werden.

Es gibt großes Potenzial, die Kosten öffentlicher Dienstleistungen im Verhältnis zur Bevölkerung durch Gebietsreformen auf Länderebene zu senken (Abbildung 4.11). Aufgrund der raschen Alterung und des Bevölkerungsrückgangs in bestimmten Regionen könnten die Kosten von kommunalen Dienstleistungen und Infrastrukturinvestitionen in den nächsten zwanzig Jahren drastisch steigen, wodurch die regionalen Unterschiede verstärkt würden (BMWK, 2024[5]). Durch kommunale Gebietsreformen ist die Zahl der Gemeinden seit 1990 zwar deutlich gesunken, diese Konsolidierung fand jedoch hauptsächlich in den neuen Bundesländern statt.

Es gibt immer noch mehr als 10 500 Gemeinden mit einer durchschnittlichen Einwohnerzahl von weniger als 8 000, im Vergleich zu rd. 26 000 Einwohner*innen im Median der OECD-Länder. Die Kommunen beschäftigen mehr als ein Drittel aller öffentlich Bediensteten. In einigen Gemeinden war die Zahl der Beschäftigten pro Kopf 2019 sogar viermal so hoch wie im Bundesdurchschnitt (BBSR, o. J.[4]). Jedes Bundesland sollte die zu erwartenden Vorteile einer Gebietsreform auf seinem Hoheitsgebiet untersuchen und gegebenenfalls eine solche Reform umsetzen. In Dänemark wurden 2007 im Rahmen einer Reform der Kommunalverwaltung die Einwohnerzahlen und Funktionen der Gemeinden in Bereichen wie Sozialfürsorge, Umweltschutz und Wasserversorgung weitgehend standardisiert, um stärkere Skaleneffekte zu erzielen (OECD, 2021[18]). Mit der Reform wurde außerdem sichergestellt, dass die in den Gemeinden erhobenen Steuern die Haupteinnahmequelle bleiben (etwa drei Fünftel), während neu entstehende Kosten der Kommunen durch höhere Zuweisungen der Zentralregierung ausgeglichen werden (Bland, Kilpatrick und Dimitrova, 2021[50]).

Wenn der Spielraum für Gebietsreformen begrenzt ist, bieten kommunale Zweckverbände einen geeigneten institutionellen Rahmen, um die Zusammenarbeit zwischen kleineren Kommunen zu erleichtern. In Bereichen wie Abfallwirtschaft, öffentlicher Verkehr oder Tourismus gibt es diese Art der Kooperation bereits (Zimmermann, 2017[51]). Die potenziellen Vorteile einer interkommunalen Zusammenarbeit bei der Wasserversorgung, den Feuerwehren und dem Krankenhausmanagement sowie bei Investitionen und Stadtplanung sind groß, da die durchschnittliche Gemeindefläche weniger als ein Zehntel des Medianwerts im OECD-Raum beträgt (De Mello, 2019[52]). Die Angst der Kommunen vor einem Autonomieverlust sowie Datenschutzbedenken stellen jedoch Hindernisse für die institutionelle Zusammenarbeit zwischen den Gemeinden dar. Um diese Probleme anzugehen, hat Nordrhein-Westfalen das Kompetenzzentrum für interkommunale und regionale Zusammenarbeit eingerichtet. Es ist dafür zuständig, die Kommunen in den frühen Phasen der Zusammenarbeit zu beraten, hauptsächlich im Hinblick auf den potenziellen Mehrwert erhöhter Synergien. Um das Bewusstsein für erfolgreiche Zusammenarbeit zu schärfen, bietet das Bundesland Informationen über 633 Kooperationsprojekte zwischen insgesamt 427 Städten, Gemeinden und Landkreisen. In Brandenburg können die Kommunen bei der Erfüllung ihrer öffentlichen Aufgaben umfassend zusammenarbeiten, und es gibt keine Landesregelungen gegen eine Kooperation. Neben institutionalisierten Modellen interkommunaler Kooperation fördert Brandenburg auch informelle Netzwerke und Arbeitsgruppen, um den Wissens- und Erfahrungsaustausch in den Bereichen Stadtentwicklung, lokale Wirtschaftsentwicklung und Verkehr zu erleichtern. Dies kann auch zum Aufbau von Verwaltungskapazitäten beitragen. Solche Anstrengungen sollten intensiviert und durch finanzielle Anreize zur Stärkung der kommunalen Zusammenarbeit bei der Erbringung öffentlicher Dienstleistungen ergänzt werden, z. B. durch Anreize im kommunalen Finanzausgleich. Eine Option wäre auch, die Zusammenarbeit der Kommunen bei bestimmten Dienstleistungen vorzuschreiben.

Durch die Bündelung von Aufgaben oder die Übertragung bestimmter Aufgaben, die vollständig digitalisiert werden können und keine Beratung vor Ort erfordern, an andere Verwaltungsebenen kann der Druck auf die Verwaltungskapazitäten auf der lokalen Ebene verringert werden. Die Beantragung und Ausstellung von Pässen, Personalausweisen und Führerscheinen ist beispielsweise in vielen OECD-Ländern zentralisiert und digitalisiert, wobei die Dokumente per Einschreiben zugestellt werden. In Deutschland werden diese Dokumente ebenfalls zentral gedruckt, für die Antragsverfahren und die Aushändigung der Dokumente sind die einzelnen Gemeinden jedoch selbst zuständig. Viele Kommunen haben die Antragsverfahren digitalisiert, dafür aber verschiedene IT-Anbieter genutzt, und eine Vernetzung der Systeme ist vielfach nicht möglich. Eine Bündelung oder Zentralisierung dieser Verwaltungsverfahren würde die Ausgabeneffizienz erhöhen und die dadurch frei werdenden personellen Ressourcen könnten für andere Aufgaben genutzt werden. Auch andere Aufgaben könnten gebündelt oder auf andere Verwaltungsebenen übertragen werden, so z. B. die Festlegung und Kontrolle bestimmter Baunormen wie etwa Brandschutzvorschriften, Kfz-Zulassungsverfahren oder Verfahren für die Anerkennung ausländischer Berufsqualifikationen (NKR, 2025[53]). In Irland beispielsweise wurden die Kontroll-, Aufsichts- und Durchsetzungsverfahren im Bauwesen durch die Einführung eines digitalen Portals gestrafft, das von den Behörden auf zentraler und nachgeordneter Ebene genutzt werden kann (OECD, 2021[18]). Ein gemeinsames Bekenntnis aller Verwaltungsebenen zu mehr Aufgabenbündelung, u. a. durch die Verringerung der Rechtsunsicherheit bezüglich zulässiger Mischverwaltung und die grundgesetzliche Einführung eines allgemeinen Kooperationsgebots und von Experimentierklauseln, sowie die Etablierung einer für strategische Steuerung und operative Umsetzung zuständigen Abteilung in der Bundesregierung und eine Erhöhung der ebenenübergreifenden Mobilität öffentlich Bediensteter würden den Reformprozess unterstützen (NKR, 2025[53]).

Abbildung 4.11. Ein großer Teil der Gemeinden hat eine geringe Einwohnerzahl

Größenstruktur der Kommunen, auf Basis der Wohnbevölkerung, in %, 2022

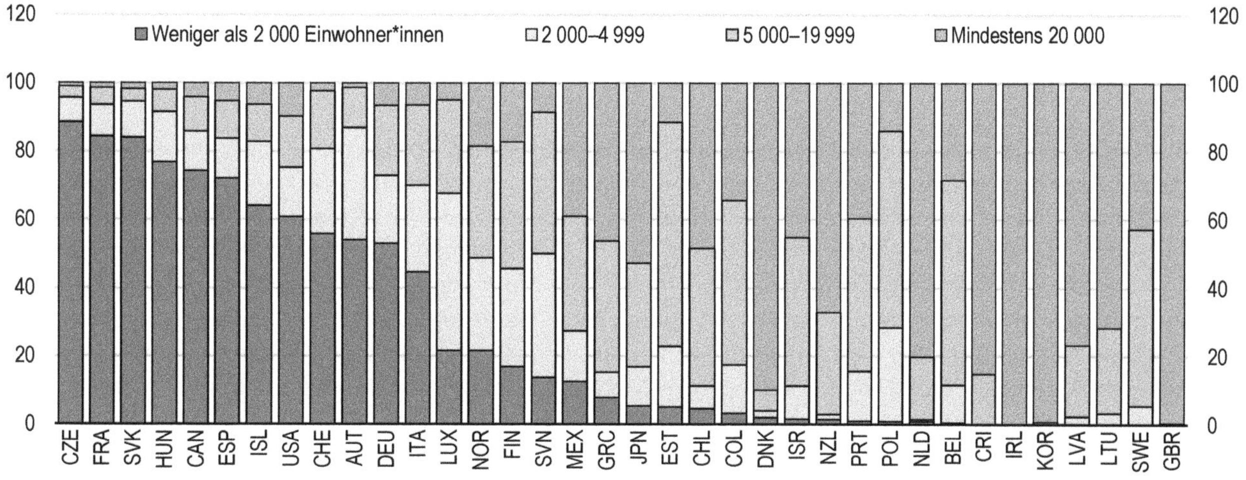

Quelle: *OECD Subnational Government Structure and Finance* (Datenbank).

StatLink https://stat.link/y872b6bct793

Das Potenzial, die Ausgabeneffizienz durch Aufgabenbündelung zu steigern, ist im öffentlichen Beschaffungswesen und bei der Digitalisierung öffentlicher Dienstleistungen besonders groß. Etwa 30 000 dezentrale Beschaffungsstellen sind für ein Beschaffungsvolumen von rd. 15 % des BIP verantwortlich. Zwar wurde eine zentralisierte Online-Bekanntmachung und e-Vergabe-Plattform eingerichtet, die Veröffentlichung der Vergabeverfahren ist für die Länder und Kommunen jedoch nur verpflichtend, wenn der Wert der Aufträge über den EU-Schwellenwerten liegt, und zentrale Beschaffungsstellen sind eher die Ausnahme als die Regel, auch auf Bundesebene (Kapitel 2). Eine stärkere Nutzung der Online-Bekanntmachung sowie des eingerichteten e-Vergabe-Systems würde die Zusammenarbeit zwischen den Kommunen erleichtern und es ermöglichen, Nutzen aus Spezialisierung und Skalenvorteilen zu ziehen und die Ausgabeneffizienz zu steigern (OECD, 2019[54]). Durch eine gemeinsame Beschaffung können die Kosten nachweislich erheblich gesenkt werden, viele standardisierte Waren und Dienstleistungen werden jedoch nach wie vor auf kommunaler Ebene beschafft (Fazekas und Blum, 2021[55]).

Bei der Beschaffung von IT und Software ist das Potenzial zur Steigerung der Ausgabeneffizienz besonders groß. Viele Kommunen haben für verschiedene Verwaltungsleistungen unterschiedliche IT-Systeme entwickelt, was einen Datenaustausch zwischen verschiedenen Datenbanken innerhalb ein- und derselben Gemeinde oder zwischen verschiedenen Kommunen und Verwaltungsebenen verhindert, und es gibt keine einheitlichen systemübergreifenden Identifikationsnummern. Jede Gemeinde hat eigene Beschaffungsaufträge an private Anbieter vergeben, die verschiedene IT-Systeme für die gleichen Verwaltungsleistungen entwickelt haben, ohne gemeindeübergreifend Skaleneffekte zu nutzen (BMWK, 2021[56]). Wie in Kapitel 2 erörtert, sollte die Einführung verbindlicher gemeinsamer IT-Standards und Datenformate für alle staatlichen Ebenen eine wichtige politische Priorität darstellen: Alle IT-Dienstleister sollten verpflichtet werden, diese Standards bei der Entwicklung von Produkten für die öffentliche Verwaltung einzuhalten. Die Länder sollten ihre Kommunen ermutigen, gemeinsame Initiativen zur IT-Entwicklung und -Beschaffung einzuleiten, was eine Harmonisierung der Verwaltungsverfahren und eine gewisse Verringerung der Autonomie der Kommunen erfordern würde (NKR, 2021[57]). Solche Initiativen würden die

Ausgabeneffizienz jedoch erheblich steigern und könnten durch Peer-Learning-Effekte auch zu deutlichen Verbesserungen der Qualität von Verwaltungsleistungen führen. Auf Länderebene gelang es mit der „Einer-für-Alle"-Initiative, gemeinsame IT-Lösungen zu entwickeln, beispielsweise das digitale Portal zur Beantragung von Coronahilfen. In Schleswig-Holstein wurde auf kommunaler Ebene ein IT-Beschaffungsverbund gegründet, zu dem auch eine zentrale Beschaffungsstelle gehört (OECD, 2019[54]).

4.4. Horizontale Politikmaßnahmen gestalten, um die ökologische und digitale Transformation in den Regionen zu fördern

4.4.1. Industriepolitische Maßnahmen auf die regionalen Entwicklungsziele abstimmen

In vielen OECD-Ländern gewinnt die Industriepolitik aus verschiedenen Gründen an Bedeutung. Globalisierung und technologischer Wandel sind in vielen Ländern mit erheblichen Beschäftigungsverlusten im Verarbeitenden Gewerbe einhergegangen (Gagliardi, Moretti und Serafinelli, 2023[2]). Dies hat zu zunehmenden protektionistischen Forderungen und ortsbezogenen industriepolitischen Maßnahmen geführt, um die am stärksten betroffenen Regionen zu unterstützen. Die Förderung der ökologischen Transformation, die Minderung des Risikos im Hinblick auf Lieferungen kritischer Vorleistungen aus dem Ausland und hinsichtlich der Abhängigkeit vom Handel mit geopolitischen Gegnern sowie unfairer Wettbewerb seitens anderer Länder sind weitere Motive für industriepolitische Maßnahmen (Millot und Rawdanowicz, 2024[58]). Schätzungen zufolge zählt Deutschland zu den OECD-Ländern mit den meisten industriepolitischen Interventionen in den vergangenen zehn Jahren (Juhász et al., 2023[59]). Als wichtigste von Deutschland eingesetzte Instrumente werden Exportanreize, zinsverbilligte Kredite und Kreditbürgschaften, Subventionen für Forschung und Entwicklung (FuE) sowie Steuerbefreiungen genannt. In anderen großen OECD-Ländern sind hingegen eher Steueranreize für FuE üblich.

In jüngerer Zeit werden im OECD-Raum anstelle horizontaler industriepolitischer Maßnahmen häufiger gezielte Maßnahmen eingesetzt, bei denen größerer Ermessensspielraum besteht. Dadurch verliert der regelbasierte Ansatz bei industriepolitischen Interventionen an Bedeutung. Gezielte Maßnahmen unterstützen bestimmte Sektoren, Regionen, Wirtschaftszweige oder Technologien, u. a. durch Subventionen, Steuerermäßigungen, Zuschüsse oder Kreditbürgschaften. Sie können ein industrie- oder regionalspezifisches Marktversagen möglicherweise wirkungsvoller korrigieren als eine horizontale Industriepolitik, die nicht zwischen den Sektoren unterscheidet, und umfassen beispielsweise die Bereitstellung von Infrastruktur oder die Finanzierung von Einrichtungen der angewandten Forschung. Sie können aber auch den Wettbewerb verzerren und Innovationen und den Strukturwandel behindern, da sie einer interessenpolitischen Vereinnahmung und Rent-Seeking unterliegen können (Kapitel 2) (Millot und Rawdanowicz, 2024[58]). Beispielsweise wurden in vielen Ländern in Wirtschaftszweigen wie dem Baugewerbe, dem Bankensektor, der Automobilindustrie, dem Schiffbau und dem Einzelhandel Unternehmen gerettet; eine wichtige Erwägung hierfür war das Ziel, Arbeitsplätze zu erhalten. Die Verhinderung der Insolvenz von Unternehmen kann zu Moral Hazard führen sowie den Wettbewerb verzerren und die effiziente Allokation von Ressourcen behindern. In besonderen Fällen können Rettungsaktionen gerechtfertigt sein, wenn der Zusammenbruch des betroffenen Unternehmens zu gesamtwirtschaftlichen Störungen der Versorgung mit wichtigen Produkten oder Dienstleistungen führen könnte. Angesichts der geopolitischen Fragmentierung kann eine gezielte Industriepolitik zudem dazu dienen, bei bestimmten Produktionstätigkeiten strategische Autonomie zu wahren, was z. B. für Subventionen für die Chip- oder Batterieherstellung gilt. Die wirtschaftlichen Kosten solcher Interventionen sollten aber umfassender evaluiert werden.

Umfangreiche industriepolitische Interventionen sind nicht systematisch auf die ortsbezogenen GFS-Maßnahmen abgestimmt, haben aber große regionale Auswirkungen, da die Zielbranchen räumliche Cluster bilden (OECD, 2023[60]; Suedekum, 2023[16]). Beispielsweise beläuft sich die durchschnittliche jährliche Finanzierung des Kohleausstiegs auf rd. 60 % des gesamten jährlichen Förderbudgets der GFS-Maßnahmen. Die Subventionen für die Automobilindustrie zur Förderung des Absatzes von Elektrofahrzeugen, zur

Ankurbelung von Infrastrukturinvestitionen in Ladestationen und zur Unterstützung regionaler Innovationscluster, die sich auf Verbrennungsmotortechnologien spezialisiert hatten, waren mehr als doppelt so hoch wie die Mittel für die GFS-Maßnahmen. Andere Beispiele sind die Subventionierung der geplanten Chip-Fabriken in Magdeburg und Dresden in Höhe von 15 Mrd. EUR und die Klimaschutzverträge, mit denen die ökologische Transformation in CO_2-intensiven Wirtschaftszweigen in den kommenden 15 Jahren mit bis zu 50 Mrd. EUR gefördert werden soll. Um Synergien zwischen den verschiedenen Förderprogrammen besser zu nutzen und die Ausgabeneffizienz zu steigern, sollte die Industriepolitik besser mit der regionalen Wirtschaftsförderung verzahnt werden, der eine stärker regelbasierte Definition strukturschwacher Regionen zugrunde liegt. Die Abstimmung der Programme ließe sich verbessern und der Verwaltungsaufwand für die Empfängerregionen verringern, wenn Programme zusammengelegt würden oder wenn es unter bestimmten Bedingungen möglich wäre, Mittel zwischen verschiedenen Programmen zu übertragen.

4.4.2. Eine marktfreundliche und fiskalisch nachhaltige ökologische Industriepolitik gestalten

Die ökologische Industriepolitik erfolgt überwiegend in Form von horizontalen Maßnahmen, auch wenn diese aufgrund der unterschiedlichen Industriestrukturen in den einzelnen Regionen unterschiedliche Auswirkungen haben können. Die deutsche Strategie zur Minderung der Industrieemissionen beruht auf CO_2-Bepreisungsmechanismen, sektorbezogenen Subventionen und FuE-Förderung. Etwa die Hälfte der Emissionen unterliegt dem europäischen Emissionshandel, der energieintensive Branchen und die Energieerzeugung abdeckt. Dies wird von hohen Subventionen für die Erzeuger erneuerbarer Energien flankiert; diese beliefen sich 2024 auf über 18 Mrd. EUR und boten starke Anreize für den Ausbau der Wind- und Solarstromerzeugung, auf die 2024 nahezu 60 % der Stromproduktion entfielen. Der Ausstieg aus der Kernenergie erfolgte 2023, und die Kohleverstromung soll bis 2038 auslaufen. Um die Entwicklung von neuen umweltfreundlichen Technologien zu unterstützen, beispielsweise von grünem Wasserstoff, und Emissionsminderungen in Sektoren zu erleichtern, in denen sie mit hohen Kosten verbunden sind, wie z. B. der Stahl- und Zementproduktion, wird außerdem Forschung und Entwicklung gefördert.

Bis zu 50 Mrd. EUR sind in den kommenden 15 Jahren für Klimaschutzverträge vorgesehen, um die Unsicherheit über die künftigen CO_2-Preise zu verringern, vor allem in Sektoren mit hohen Emissionsminderungskosten und hohem langfristigen Investitionsbedarf zur Dekarbonisierung ihrer Produktionsprozesse. Auf der Grundlage eines durch ein wettbewerbliches Gebotsverfahren ermittelten CO_2-Referenzpreises für die Emissionsreduktion durch Umstellung auf grünen Wasserstoff, CO_2-Abscheidung und -Speicherung oder andere emissionsarme Produktionsmethoden garantiert ein Klimaschutzvertrag den Investoren einen festen Erlös je Tonne nicht emittiertes CO_2. Der Staat gleicht die Differenz aus, wenn die CO_2-Preise unter dem Basis-Vertragspreis liegen. Umgekehrt zahlen die Investoren die Differenz zurück, wenn die CO_2-Preise den Basispreis übersteigen. Dies gilt entsprechend für die Preise anderer Energieträger, die für die Produktion eingesetzt werden. Im Rahmen des ersten Gebotsverfahrens für Klimaschutzverträge im Oktober 2024 wurden 15 Projekte sowohl von KMU als auch von Großunternehmen in energieintensiven Branchen im Umfang von 2,8 Mrd. EUR gefördert. Die Klimaschutzverträge haben eine Laufzeit von 15 Jahren. Die Auszahlung der Zuwendungen erfolgt nachschüssig, sofern die jährlichen Emissionsminderungsziele erreicht werden. Die Klimaschutzverträge werden zudem indirekt Investitionen in den Bau von Wasserstoffproduktionsanlagen und -leitungen ankurbeln und sich damit unmittelbar auf Regionen mit Wasserstofftankstellen auswirken, und vorhandene Erdgasleitungen werden umgerüstet werden (siehe weiter unten).

Die CCfD-Gebotsverfahren und -Verträge sollten technologieneutral gestaltet werden, um den Wettbewerb, die Unternehmensdynamik und die Innovationstätigkeit nicht zu hemmen (Kapitel 2). Eine Vergrößerung der Palette der für die Teilnahme an den Gebotsverfahren infrage kommenden Technologien birgt die Gefahr, dass Technologien, die derzeit einen Kostennachteil aufweisen, aber ein großes Potenzial haben, in Zukunft wettbewerbsfähig zu werden, verdrängt werden. Der Ausschluss bestimmter Technologien kann hingegen den

Wettbewerbsdruck und die Innovationstätigkeit verringern und zu einer Ressourcenverschwendung führen. Eine starke Subventionierung der integrierten Produktion von grünem Stahl kann beispielsweise den komparativen Vorteil von Innovationen verringern, die Stahl in Bauvorhaben ersetzen. Das Gleiche gilt für Innovationen, die darauf abzielen, bei der Stahlproduktion besonders energieintensive Vorleistungen aus Ländern zu importieren, die einen komparativen Vorteil bei der Energieversorgung aus erneuerbaren Quellen haben. Die Bundesregierung sollte das eingeführte Förderprogramm daher sorgfältig evaluieren, ehe sie die Klimaschutzverträge weiter ausbaut.

Die Preissignale der CO_2-Besteuerung, die Anreize zur Minderung der Emissionen schaffen sollen, werden durch zahlreiche umweltschädliche Steuervergünstigungen und Subventionen, u. a. für fossile Energieträger, in Höhe von bis zu 65 Mrd. EUR jährlich geschwächt und verzerrt (Burger und Bretschneider, 2021[61]). Diese Subventionen und Steuervergünstigungen behindern auch den Marktdurchbruch von umweltfreundlichen Produkten und erschweren die Erreichung der Klimaziele. So summieren sich beispielsweise die Strom- und Energiesteuerermäßigungen sowie die reduzierten Netzentgelte für energieintensive Branchen, die Energiesteuervergünstigung für Dieselkraftstoff, die steuerliche Vorzugsbehandlung privat genutzter Dienstwagen und die Umsatzsteuerbegünstigung für Fleisch und andere tierische Produkte auf Subventionen in Höhe von rd. 21 Mrd. EUR jährlich. Wie im *OECD-Wirtschaftsbericht Deutschland 2023* erörtert, sollten die bestehenden Subventionen und Steuervergünstigungen sorgfältig geprüft, gezielter ausgerichtet werden und Anreize für Emissionsminderungen setzen, z. B. in Form von Emissionsminderungssubventionen oder Klimaschutzverträgen. Es ist von entscheidender Bedeutung, dass alle Subventionen und Steuervergünstigungen mit einem im Voraus angekündigten Ablaufdatum versehen sind, um die Anreize zur Emissionsminderung zu stärken und künftige fiskalische Kosten zu verringern. Steuervergünstigungen, mit denen bestimmte Sektoren indirekt unterstützt werden, wie diejenigen für Dieselkraftstoff und Kerosin, die Pendlerpauschale oder die steuerliche Vorzugsbehandlung privat genutzter Dienstwagen sollten schrittweise abgebaut und teilweise durch direkte Transfers an vulnerable Haushalte ersetzt werden (siehe weiter unten).

Subventionen für die Erzeuger erneuerbarer Energien haben geholfen, den Ausbau der Erneuerbaren im Norden und Osten zu beschleunigen. Dies hat zur regionalen wirtschaftlichen Konvergenz beigetragen, da damit Unternehmen angelockt wurden, die mit Grünstrom produzieren wollen. Die fiskalischen Kosten dafür sind jedoch hoch. Die Einspeisevergütung wurde zwar reformiert, sodass die Fördersätze auf Basis von Ausschreibungen mit festgelegten Höchstwerten ermittelt werden, die Kosten dafür beliefen sich 2024 aber immer noch auf rd. 18,5 Mrd. EUR. Da höhere CO_2-Preise die Stromerzeugung aus erneuerbaren Energien auch ohne Subventionen attraktiv machen und die Technologien bereits ausgereift sind, sollten die Subventionen für erneuerbare Energien nach und nach abgeschafft werden, um Mittel für eine gezieltere Förderung grüner FuE freizusetzen. Die öffentlichen Ausgaben für Forschung, Entwicklung und Demonstration im Energiesektor lagen 2023 gemessen am BIP unter dem OECD-Durchschnitt. Schätzungen zufolge werden 35 % der globalen CO_2-Emissionsreduktionen durch Technologien erzielt werden müssen, die sich noch in der Prototyp- oder Demonstrationsphase befinden (IEA, 2023[62]). Eine Erhöhung der staatlichen Förderung von grüner FuE kann die Gesamtkosteneffizienz des Policy-Mix verbessern, indem die künftigen Kosten CO_2-armer Technologien gesenkt werden und Anreize für die Forschung im Bereich grüner Innovationen mit positiven Wissensexternalitäten gesetzt werden.

Die Erzeugung von grünem Wasserstoff durch Elektrolyse anhand von Wasser und Strom aus Erneuerbaren kann die Treibhausgasemissionen beträchtlich verringern. Grüner Wasserstoff hat das Potenzial, fossile Brennstoffe in industriellen Hochtemperaturprozessen in Sektoren, in denen sich die Emissionsreduktion schwierig gestaltet, wie z. B. der Stahlerzeugung, und im Straßengüterverkehr zu ersetzen und Energie aus intermittierenden Quellen zu speichern. Die Erzeugung von grünem Wasserstoff ist aber nach wie vor etwa dreimal so teuer wie die Wasserstoffproduktion aus Erdgas (Cordonnier und Saygin, 2022[63]). Wesentliche Kostensenkungen werden entscheidend von FuE sowie groß angelegten Demonstrationsprojekten abhängen. Um Anreize für private Investitionen in die Wasserstoffproduktion und deren Nutzung in industriellen Prozessen zu setzen, ist es unerlässlich, die Unsicherheit für Investoren durch Standardisierung und den raschen Aufbau des Wasserstoff-Kernnetzes zu verringern (Cammeraat, Dechezleprêtre und Lalanne,

2022[64]). Eine Harmonisierung der Qualitätsstandards und Definitionen der verschiedenen Wasserstoffarten (grün, blau, türkis usw.) ist entscheidend, um die Unsicherheit zu reduzieren und die Koordinierung, einschließlich auf EU-Ebene, zu erleichtern. Um den Kostennachteil der Erzeugung von grünem Wasserstoff zu verringern, sind außerdem ein Ausbau und ein besseres Management des Stromnetzes notwendig, um die Verbraucherstrompreise zu senken (siehe weiter unten). Gleichwohl werden wohl große Mengen an grünem Wasserstoff importiert werden müssen.

Der Aufbau des Wasserstoff-Kernnetzes erfordert eine enge Abstimmung mit den Maßnahmen der regionalen Wirtschaftsförderung und der Industriepolitik. Die deutsche Nordsee und die nördlichen Regionen verfügen über Salzkavernen, die für die Lagerung von Wasserstoff geeignet sind (OECD, 2023[7]). Für eine stärkere industrielle Nutzung von Wasserstofftechnologien und eine höhere Nachfrage nach erneuerbaren Energien werden umfangreiche Investitionen in Produktions- und Speicherkapazitäten sowie in die Rohrleitungsinfrastruktur erforderlich sein, um die betreffenden Regionen an das Wasserstoff-Kernnetz anzuschließen (OECD, 2023[7]). Für einen Großteil der erforderlichen Leitungs- und Speicherinfrastruktur wird das Gasverteilnetz umgerüstet werden, und die verbleibenden Neuinvestitionen sollen bis 2032 abgeschlossen sein. Für die Netzentgelte, aus denen die neuen Investitionen weitgehend finanziert werden sollen, ist aufgrund der anfangs geringen Zahl der Abnehmer im Einklang mit den EU-Beihilfevorschriften eine Deckelung vorgesehen. Mittels eines Amortisationskontos sollen die anfänglichen Mindereinnahmen später durch höhere Entgelteinnahmen ausgeglichen werden. Wenn die höheren Einnahmen aus den Netzentgelten den Fehlbetrag im Amortisationskonto nicht ausgleichen, greift eine subsidiäre finanzielle Absicherung des Bundes. Da beim Transport von Wasserstoff über Fernleitungen Skaleneffekte zum Tragen kommen, müssen neue Produktionsstandorte für sauberen Wasserstoff in entlegenen Gebieten eine kritische Masse erreichen, um die künftigen Netzentgelte zu senken. Daher sollte die Planung und Umsetzung der Wasserstoff-Kernnetz-infrastruktur eng mit den Maßnahmen der regionalen Wirtschaftsförderung und der sonstigen Industriepolitik abgestimmt werden, um die Wirksamkeit regionalentwicklungspolitischer Maßnahmen zu gewährleisten und sicherzustellen, dass die Netzentgelte die Kosten decken und nicht zu Haushaltsrisiken führen.

Um Emissionen in Industrieprozessen zu reduzieren, in denen sich die Emissionsreduktion schwierig gestaltet, wie z. B. in der Zementproduktion, ist es zudem unverzichtbar, ein Netzwerk für die CO_2-Abtrennung und -Speicherung zu entwickeln. Aufgrund der geringen öffentlichen Akzeptanz der CO_2-Speicherung auf dem Festland wird mit Lagerstätten in der Nordsee geplant, für die der Bau eines Rohrleistungsnetzes erforderlich ist (OECD, 2023[7]). Da es nicht möglich ist, vorhandene Gasleitungen für die Zwecke der CO_2-Abtrennung und -Speicherung zu nutzen, sollte das neue Netz auf Industrieanlagen mit hohem CO_2-Ausstoß ausgerichtet werden. Daher sollte seine Gestaltung eng mit den Ländern und den ortsbezogenen bundespolitischen Maßnahmen abgestimmt werden, damit sie mit den Zielen für die Regionalentwicklung vereinbar ist. Die überarbeiteten Eckpunkte der Carbon-Management-Strategie wurden im Mai 2024 vorgestellt, und eine Umsetzung der Strategie wäre ein wichtiger Schritt nach vorn. Ihr Schwerpunkt liegt auf schwer vermeidbaren Prozessemissionen, und sie zielt darauf ab, bestehende regulatorische Hindernisse – wie z. B. lange Genehmigungsverfahren – zu beseitigen. Die überarbeiteten Eckpunkte begrenzen die Offshore-Speicher auf die ausschließliche Wirtschaftszone Deutschlands in der Nordsee und verbieten sie in einer Pufferzone von 8 km um die Meeresschutzgebiete. Darüber hinaus wird der CO_2-Export zur Offshore-Speicherung durch die Ratifizierung der Änderung des London-Protokolls ermöglicht. Die Länder behalten die Entscheidungsbefugnis über die Genehmigung der Onshore-Speicherung auf ihrem jeweiligen Landesgebiet. In Anbetracht der geografischen Streuung der Zementproduktionscluster und der hohen Kosten des Aufbaus der Rohrleitungs-infrastruktur könnte die Nutzung von Technologien zur CO_2-Abscheidung und -Speicherung erleichtert werden, wenn auch die Speicherung in Aquiferen und erschöpften Erdgasfeldern auf dem Festland gestattet würde.

4.4.3. *Die Energiewende bewältigen*

Laut den jüngsten Daten des Umweltbundesamts sind die Emissionen 2023 gegenüber 2022 um 10 % und gegenüber 1990 um 46 % gesunken. Dies ist im Wesentlichen auf eine starke Beschleunigung des Ausbaus erneuerbarer Energien bei der Stromerzeugung zurückzuführen (Abbildung 4.12). Die Vereinfachung und Beschleunigung der Planungs- und Genehmigungsverfahren für Windkraft- und Solaranlagen haben ebenso wie die steigenden Strompreise aufgrund der Energiekrise kräftig zum Ausbau der erneuerbaren Energien beigetragen (Kapitel 1 und 2). Um eine stabile Stromversorgung zu gewährleisten und sicherzustellen, dass die Verbraucher von den niedrigen Erzeugerpreisen für Strom aus erneuerbaren Quellen profitieren können, und zugleich die regionale Entwicklung strukturschwacher Regionen zu fördern, müssen die Netzinfrastruktur und die Gestaltung der Netzentgelte weiter verbessert werden. Andererseits sind die Emissionen des Verkehrssektors kaum gesunken, da hohe Subventionen und Steuerermäßigungen die CO_2-Preissignale geschwächt haben und die Ladeinfrastruktur nicht mit der steigenden Zahl der batteriebetriebenen Elektrofahrzeuge Schritt halten konnte (vgl. *OECD-Wirtschaftsbericht Deutschland 2023*). Die Dekarbonisierung des Güterverkehrs stellt die Regionen vor erhebliche Herausforderungen, die es zu bewältigen gilt.

Abbildung 4.12. Die Reduzierung der CO_2-Emissionen in der Stromerzeugung hat sich beschleunigt, wohingegen die Emissionen des Verkehrssektors nicht gesunken sind

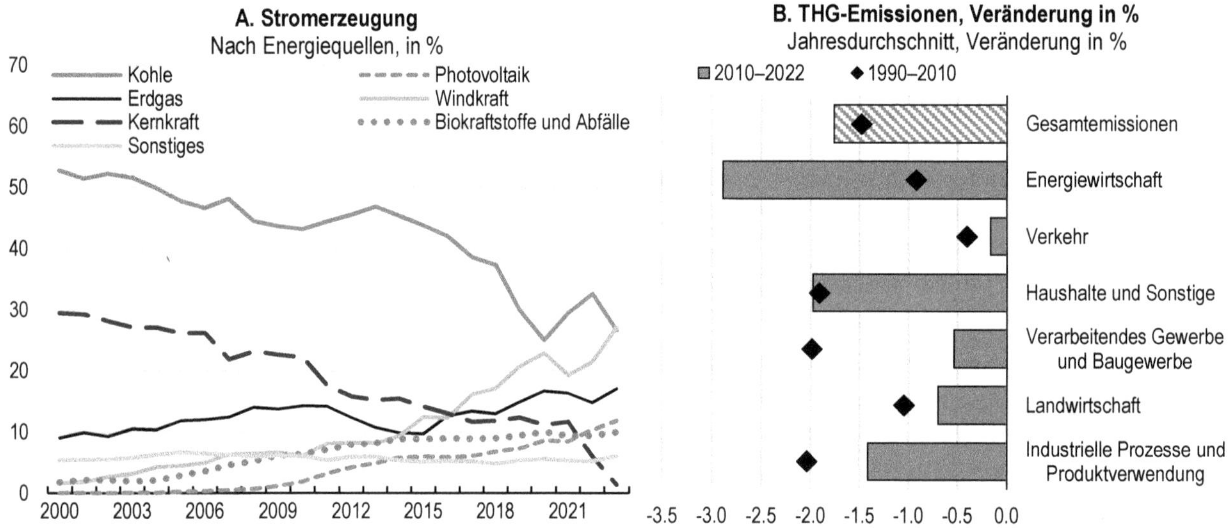

Anmerkung: In den Treibhausgas (THG) -Emissionen sind Landnutzung, Landnutzungsänderungen und Forstwirtschaft nicht berücksichtigt.
Quelle: IEA, https://www.iea.org/countries/germany/energy-mix#where-does-germany-get-its-energy; *OECD Environment Statistics* (Datenbank).

StatLink https://stat.link/nv1s276hxi4z

Das Stromnetz ausbauen und bessere Anreize schaffen, um Stromnachfrage und -angebot aufeinander abzustimmen

Der rasche Ausbau der Wind- und Solarenergie stellt das Übertragungsnetz vor Herausforderungen: Die Stromerzeugung aus erneuerbaren Energien ist auf Dauer weniger stabil, und der in den nördlichen Bundesländern, die diesbezüglich einen komparativen Vorteil haben, erzeugte Windstrom muss in den Westen und Süden Deutschlands transportiert werden, wo der größere Teil der Bevölkerung und energieintensiven Branchen ansässig ist. In den vergangenen Jahren waren häufiger negative Großhandelspreise für Strom zu beobachten, wenn eine höhere Windstromerzeugung und eine Nachfrageflaute zeitlich zusammentrafen (Timera Energy, 2024[65]). Es ist dringlich geboten, das Stromnetz deutlich auszubauen, die Kapazitäten der Grenzkuppelstellen mit anderen europäischen Ländern wie Frankreich und den Niederlanden zu erhöhen und das Angebot besser an Nachfrageschwankungen anzupassen. Die Netzentwicklungspläne der Bundesnetzagentur lassen darauf schließen, dass das Übertragungsnetz bis 2037 Investitionen in Höhe von 160 Mrd. EUR braucht; für das Verteilnetz werden bis

2033 weitere Investitionen in Höhe von 110 Mrd. EUR fällig. Für die Anbindung der Offshore-Anlagen zur Stromerzeugung aus erneuerbaren Energien an das Stromnetz an Land sind bis 2045 weitere 160 Mrd. EUR notwendig.

Deutschland genießt eine hohe Stromversorgungssicherheit und zählt zu den europäischen Ländern, in denen Stromausfälle besonders selten sind. 2021 betrug die durchschnittliche Stromausfalldauer gerade einmal 13 Minuten, und sie sinkt trotz des verstärkten Ausbaus der erneuerbaren Energien weiter. Diese Verlässlichkeit ist z. T. auf eine umfangreiche Erdverkabelung zurückzuführen (IEA, 2020[66]). Allerdings zeigt die regionale Diskrepanz zwischen dem vorwiegend im Norden erzeugten Strom und der vorwiegend im Süden bestehenden Nachfrage die Schwächen der einheitlichen deutschen Strompreiszone auf. Ohne Preiszonenaufteilung machen diese Ungleichgewichte kostspielige Redispatch-Maßnahmen erforderlich: eine Drosselung der Grünstromerzeugung im Norden, wenn diese die Nachfrage vor Ort übersteigt, und ein Hochfahren der lokalen Stromerzeugung im Süden, wenn die Nachfrage dort das Angebot übersteigt. Solche Interventionen sind mit Wohlfahrtsverlusten für die Verbraucher verbunden. Außerdem kann es dadurch zu ungeplanten Stromflüssen in die Nachbarländer kommen, wo sie zu größeren Preisschwankungen führen und teure Netzstabilisierungsmaßnahmen erforderlich machen. Aufgrund dessen wurden die Schwellenwerte für die verpflichtende Mitwirkung an Redispatch-Maßnahmen ab 2021 gesenkt, um regionale Engpässe abzufedern; außerdem bestehen Pläne zur Optimierung der Redispatch-Maßnahmen auf Verteilnetzebene. Bis der Netzausbau solche Maßnahmen entbehrlicher macht, könnte die Einführung unterschiedlicher Preiszonen, wie sie z. B. in Norwegen und Schweden existieren, in Betracht gezogen werden (OECD, 2024[67]). Die Preiszonenaufteilung könnte überdies die industrielle Entwicklung im Norden begünstigen, der einen komparativen Vorteil bei der Windstromerzeugung hat. Dies bietet sich insbesondere für stromintensive Branchen an wie die Herstellung von Batterien für Elektrofahrzeuge und Rechenzentren. Diese Vorteile sollten gegen die höheren Strompreise abgewogen werden, die sich in der Folge für den Süden ergeben würden, wo viele energieintensive Unternehmen ansässig sind.

Um die Ziele für den Netzausbau zu erreichen, müssen Genehmigungen noch rascher erteilt werden. Die Bundesregierung hat die Planungs- und Genehmigungsverfahren vereinfacht, indem der Stromnetzausbau als Vorhaben eingestuft wurde, das im überragenden öffentlichen Interesse liegt, wodurch die Genehmigungsverfahren stark beschleunigt wurden (Abbildung 4.13, Kapitel 2). Außerdem wurde die Rolle der Bundesplanung bei Netzausbauvorhaben gestärkt, womit die Genehmigungsverfahren weiter vereinfacht werden. Die Unabhängigkeit der Bundesnetzagentur im Bereich der Regulierung wurde gestärkt, indem u. a. das Erfordernis abgeschafft wurde, dass die Länder den Entscheidungen der Regulierungsbehörde in Bezug auf Netzzugang und Entgelte zustimmen müssen, während ihre Aufsicht durch einen Beirat gewährleistet bleibt. Die Bundesnetzagentur plant eine Reform der Konzessionsvergabe für Netzausbauprojekte und eine Verkürzung der Regulierungsperiode für Netzbetreiber von fünf auf drei Jahre, u. a. durch die Digitalisierung der Verfahren. Außerdem beabsichtigt sie, die Kriterien für den Nachweis der finanziellen Nachhaltigkeit der Bewerber um den Netzbetrieb zu vereinfachen. Die Umsetzung der Erneuerbare-Energien-Richtlinie der Europäischen Union in nationales Recht und ihre Anwendung könnte die Netzausbauverfahren weiter beschleunigen und die Einbindung in das Stromnetz der EU erleichtern. Die Bundesnetzagentur sollte die Netzanschlussfristen genau überwachen und den Verwaltungsaufwand für die Anbindung von Speicherkapazitäten weiter verringern. Dies gilt auch für den Anschluss großer energieintensiver Anlagen, die ihre Produktion elektrifizieren, da lange Wartezeiten den industriellen Wandel und die regionale Entwicklung behindern können.

Die Gestaltung der Netzentgelte hat die wirtschaftliche Entwicklung ebenso wie den Ausbau der erneuerbaren Energien in ärmeren Regionen im Norden und Osten behindert, die aufgrund großer Mengen an Windkraft und einer relativ geringen Bevölkerungsdichte großes Potenzial für die Erzeugung erneuerbarer Energien aufweisen (Abbildung 4.4, Teil B). Aufgrund der unzureichenden Anbindung an die Netzverknüpfungspunkte führte der Anschluss von Erneuerbare-Energien-Anlagen ans Netz in diesen Regionen zu höheren Netzentgelten, da Letztere regional unterschiedlich ausfallen und von den Grenzkosten des Netzausbaus abhängen. Die Netzentgelte waren bis zu dreimal so hoch wie die Tarife, die von den Verbrauchern in anderen

Regionen zu entrichten waren. Dadurch wurden Fehlanreize für die Übersiedlung von Unternehmen, die Grünstrom nachfragen, in entsprechende Gebiete gesetzt und der Aufbau von Speicherkapazitäten und Anlagen zur Erzeugung von grünem Wasserstoff wurde behindert. Diese Entwicklung führte auch zu einem Rückgang der Akzeptanz des Ausbaus erneuerbarer Energien in der Öffentlichkeit. Infolge einer Netzentgeltreform werden die zusätzlichen Kosten für den Ausbau der Verteilnetze seit 2025 gleichmäßig auf alle Stromverbraucher in Deutschland verteilt, was einen großen Schritt nach vorn darstellt. Damit werden die Stromkosten für Kund*innen in Brandenburg, Mecklenburg-Vorpommern und Schleswig-Holstein um rd. 200 EUR pro Jahr sinken. Um sicherzustellen, dass diese Preissenkung an die Kund*innen weitergegeben wird, sollten das Bundeskartellamt und die Bundesnetzagentur die Strommärkte genau beobachten und handeln, sofern sie Belege für Missbrauch einer marktbeherrschenden Stellung finden (Kapitel 2). Außerdem könnte eine weitere Verbesserung der Netzentgeltanreize für die Übersiedlung von Unternehmen in Gebiete, die mit Strom aus erneuerbaren Energien versorgt werden – z. B. durch die Angleichung der Netzentgelte zwischen den Regionen – die regionale Entwicklung und die ökologische Transformation fördern.

Abbildung 4.13. Die Genehmigungsverfahren für Netzausbauprojekte wurden beschleunigt

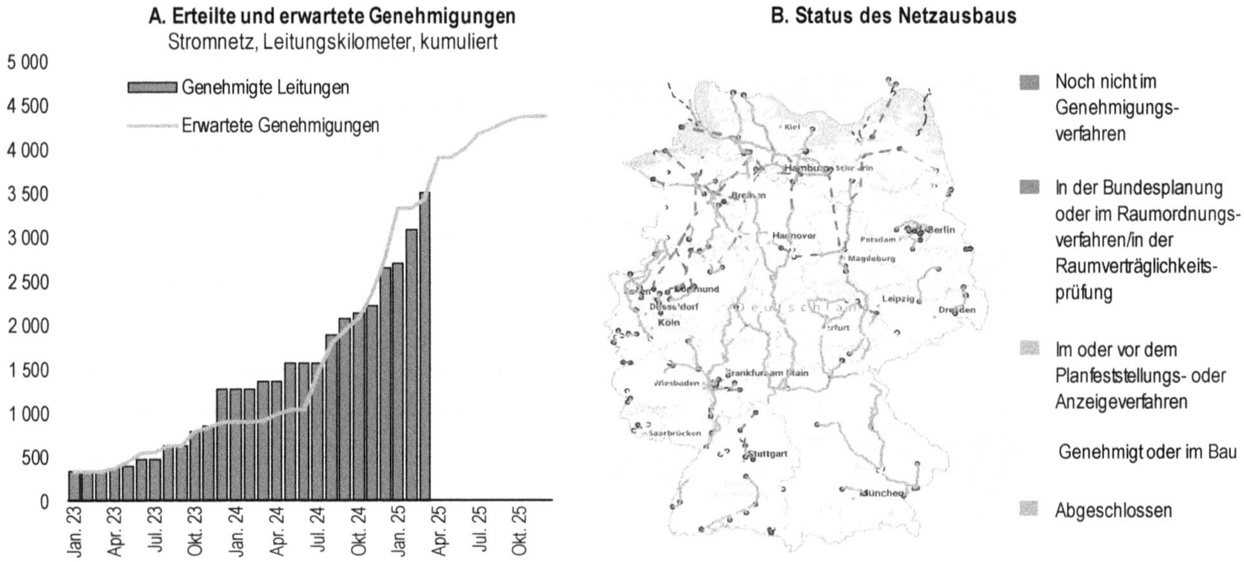

Anmerkung: In Teil A sind die Genehmigungen im Geschäftsbereich der Bundesnetzagentur dargestellt, auf die 60 % der Leitungskilometer entfallen.
Quelle: Bundesnetzagentur.

StatLink https://stat.link/ftwxdr78ryi4

Bei der Flexibilisierung der Strompreise, die eine bessere Abstimmung zwischen Angebot und Nachfrage ermöglicht und damit die Kosten für die Stromerzeugung und -übertragung senken kann, wurden einige Fortschritte erzielt. Alle Stromanbieter müssen seit 2025 dynamische Tarife anbieten. Dies setzt Anreize, verfügbare Technologien wie intelligente Thermostate und Warmwasserbereiter zu nutzen, um den Stromverbrauch zeitlich zu verschieben und Spitzenlastzeiten im Netz zu reduzieren (d. h. die Lastflexibilität zu erhöhen). Seit September 2024 veröffentlicht die Bundesnetzagentur die aktuellen und für die nahe Zukunft erwarteten Strompreise, um die Verbraucher zu sensibilisieren und Anreize für den Wechsel in dynamische Tarife zu bieten. Allerdings nutzen bislang nur wenige Stromkund*innen solche dynamischen Tarife, und andere Bestandteile des Strompreises wie Abgaben, Steuern und Netzentgelte sind weiterhin statisch. Die Netzentgelte – die rd. 28 % der Industriestrompreise für Unternehmen ausmachen – setzen Anreize für einen stabilen Stromverbrauch, indem insbesondere großen energieintensiven Industriekunden mit gleichmäßigem Strombezug reduzierte Netzentgelte gewährt werden (Hanny et al., 2022[68]). Ein Abbau der Vergünstigungen für energieintensive Branchen vor Auslaufen der Stromnetzentgeltverordnung im Jahr 2028 und die Einführung zeitvariabler Netzentgelte und eine Spitzenlasttarifierung würden sicherstellen, dass der Leistungspreis den aktuellen Netzzustand reflektiert. Die vor Kurzem eingeführten variablen

Netzentgelte für Nutzer*innen von Ladestationen für Elektrofahrzeuge und Wärmepumpen sind ein Schritt in die richtige Richtung. Darüber hinaus würde die Abschaffung der Subventionen für die Erzeuger erneuerbarer Energien helfen, die Reagibilität erneuerbarer Energien auf Preisschwankungen zu erhöhen.

Um die Nutzung von Verträgen mit dynamischen Stromtarifen zu fördern und Stromangebot und -nachfrage besser aufeinander abzustimmen, ist ein besseres Kommunikationsnetz erforderlich, in das Stromerzeugung, Verbrauch und das Stromnetz eingebunden sind. Intelligente Stromzähler und bessere Speichereinheiten können den Haushalten helfen, ihren Stromverbrauch zu optimieren und überschüssigen Strom in Zeiten hoher Nachfrage ins Netz einzuspeisen. Außerdem können sie den Entscheidungsträger*innen einen genaueren Überblick über die Energieverbrauchsmuster verschaffen und Ressourcen sparen helfen, da das manuelle Ablesen der herkömmlichen Stromzähler nicht mehr notwendig ist. Die Einführung von intelligenten Stromzählern (Smart-Meter-Rollout) geht indessen nach wie vor langsamer vonstatten als in den meisten anderen OECD-Ländern; ihr Anteil lag 2024 bei rd. 14 % (De Paola, Andreadou und Kotsakis, 2023[69]). Dies ist hauptsächlich auf Datenschutzfragen und den Wunsch nach Vermeidung von Cyberangriffen zurückzuführen (Tounquet und Alaton, 2020[70]). Mit einem Gesetz von 2023 soll der Smart-Meter-Rollout beschleunigt werden, indem ein Rollout-Fahrplan festgelegt wird, unnötige Rechtsvorschriften abgebaut werden und die Installation sicherer Kommunikationseinheiten (Smart-Meter-Gateways) an den Netzanschlusspunkten erleichtert wird. Das Gesetz schreibt die Installation von intelligenten Messsystemen für alle Industriekunden und Verbraucher*innen mit einem Jahresstromverbrauch über 6 000 kWh bis 2032 vor. Da dies das Doppelte des durchschnittlichen Konsums der privaten Haushalte ist, sollte der Schwellenwert gesenkt werden. Das Gesetz deckelt außerdem die Kosten eines intelligenten Messsystems für private Verbraucher*innen auf 20 EUR pro Jahr, sodass die Netzbetreiber einen größeren Teil der Kosten tragen müssen. Diese Maßnahme kann die Anreize der Netzbetreiber, den Einbau von intelligenten Messgeräten zu beschleunigen, reduzieren und sollte sorgfältig geprüft werden. Höhere Investitionen in Datenschutz und Cybersicherheit könnten dazu beitragen, die öffentliche Akzeptanz der Einführung von intelligenten Messsystemen zu erhöhen.

Die auf dem Strommarkt zur Verfügung stehende flexible Leistung wird durch eine steigende Stromnachfrage und den Ausstieg aus Kohle und Kernenergie begrenzt. Dadurch entsteht das Risiko, dass die Erzeuger die Strompreise erhöhen, indem sie Kapazitäten zurückhalten. 2021 waren die Stromerzeugungskapazitäten von RWE – dem größten Stromerzeuger in Deutschland, auf den 25 % des Marktes entfallen – in deutlich mehr Stunden für die Deckung der Stromnachfrage unverzichtbar, was eine erhebliche Marktmacht bedeutet (Bundeskartellamt, 2022[71]). Um Strom bezahlbar zu halten, ist es unerlässlich, den Wettbewerb auf dem Markt zu fördern. Die Regulierung des deutschen Stromsektors ist wettbewerbsfreundlich, der Anteil der Verbraucher, die den Anbieter wechseln, ist jedoch geringer als in anderen EU-Ländern (OECD, 2018[72]). Ein Ausbau der Netzverbindungen mit den Nachbarländern und eine Verbesserung der Transparenz und des Datenzugangs für die Untersuchung wettbewerbsfeindlichen Verhaltens könnten helfen, den Wettbewerb und die Energiesicherheit zu stärken (Kapitel 2). Außerdem sollte der Wettbewerb im zonenübergreifenden Intraday-Markt durch eine Verlängerung der Handelszeiten gefördert werden. Dadurch könnte der Wettbewerb zwischen den Strombörsen gestärkt werden, was wiederum die Innovation im und die Investitionen in den Intraday-Markt fördert. Auch würde ein verstärkter Wettbewerb bei der Verwaltung der Notreserven die Energiesicherheit zu geringeren Kosten aufrechterhalten helfen. Die Einführung eines wettbewerbsgesteuerten Kapazitätsmarkts, auf dem Stromversorger und Großkunden ihren erwarteten künftigen Bedarf an Kraftwerkskapazitäten wettbewerbsorientiert im Voraus beschaffen, anstelle des Systems der strategischen Kraftwerksreserve, würde den Wettbewerb stärken. Zugleich würde es die Energieversorgungssicherheit verbessern und die Volatilität der Strompreise verringern. Solche Kapazitätsmärkte wurden in Polen und Italien zentral organisiert eingeführt, und Frankreich testet zurzeit einen dezentralen Kapazitätsmarkt mit stärkeren Wettbewerbselementen.

Die Güterverkehrsinfrastruktur dekarbonisieren und zugleich die regionale Anbindung verbessern

Die Dekarbonisierung des Verkehrssystems stellt die Regionen vor zahlreiche Herausforderungen. Dem Verkehrssektor kommt in Deutschland eine Schlüsselrolle zu, da das Land als Zentrum des Verarbeitenden Gewerbes einen hohen Bedarf an Vorleistungen hat und es aufgrund seiner geografischen Lage ein wichtiges Transitland für die Mitgliedstaaten der Europäischen Union ist. Die Stärkung des Schienengüterverkehrs ist ein wichtiger Hebel der Verkehrspolitik, allerdings reichen die Investitionen in die Infrastruktur nicht aus, um die Netzkapazität in den kommenden Jahren nennenswert auszuweiten. Zudem führen eine ineffiziente Zugstreckenplanung und Ungleichgewichte bei der Auslastung zu großen regionalen Unterschieden. Aufgrund fehlender Überholungsgleise für längere Züge sind die Zuggeschwindigkeiten niedrig. Die Digitalisierung des Schienennetzes weist ebenfalls einen Rückstand auf; weniger als 2 % des deutschen Schienennetzes sind mit dem europäischen Eisenbahnverkehrsleitsystem (European Train Control System – ETCS) kompatibel (SVR, 2024[73]). Vor dem Hintergrund der langsamen Digitalisierung der Kontroll- und Signalsysteme droht der steigende Fachkräftemangel das Angebot an Personen- und Güterverkehrsleistungen erheblich zu verringern. Der Übergang zur EU-weiten digitalen automatischen Kupplung wäre mit einem zusätzlichen Investitionsbedarf von rd. 11 Mrd. EUR verbunden. Eine Erhöhung der öffentlichen Investitionen auf der Grundlage einer Kosten-Nutzen-Analyse, um das bestehende Schienennetz zu modernisieren und auszubauen und die Digitalisierung der Kontroll- und Signalsysteme zu beschleunigen, ist entscheidend, um die regionale Verkehrsanbindung zu verbessern, positive wirtschaftliche Spillover-Effekte auf strukturschwache Regionen zu ermöglichen und die Emissionen des Verkehrssektors zu reduzieren. Dies würde auch helfen, im Bereich des Personenschienenverkehrs den hohen Fahrzeitverlust während der Stoßzeiten in den Stadtzentren zu verringern (Batista e Silva et al., 2024[74]). Die Bundesregierung zielt darauf ab, die Wettbewerbsfähigkeit des Schienenverkehrs durch eine Senkung der Netzzugangsentgelte für den Schienengüterverkehr, die Schaffung eines Netzes für 740 Meter lange Güterzüge, das höhere Geschwindigkeiten ermöglicht, und die Stärkung des Einzelwagenverkehrs, bei dem Güterwagen von unterschiedlichen Versendern und für unterschiedliche Empfänger zu einem Ganzzug zusammengestellt werden, zu verbessern. Durch eine Stärkung der Rolle der Eisenbahninfrastrukturunternehmen mit dem Ziel, eine systematische Streckenplanung vorab zu ermöglichen, ließen sich die begrenzten Netzkapazitäten mit der größtmöglichen Effizienz nutzen.

Die Ausweitung der Rolle der Schiene im Güterverkehr sollte mit einer Beschleunigung der Elektrifizierung des Straßenverkehrs einhergehen, um die letzte Meile von der Schiene zu den Kunden zu überbrücken. Dies würde auch helfen, die Dekarbonisierung in vielen ländlichen Regionen zu beschleunigen, in denen das Schienennetz wenig ausgebaut ist, da der Netzausbau Zeit benötigt. Da die Einführung von Lastkraftwagen mit Elektroantrieb insbesondere für weniger innovative Verkehrsunternehmen mit erheblichen Vorlaufkosten verbunden ist, ist eine Steigerung der Investitionen in den Ausbau des Ladeinfrastrukturnetzes – abgestimmt auf den Netzausbau – unverzichtbar, um die Anreize zu verbessern (SVR, 2024[73]).

4.4.4. Die Innovationstätigkeit in den Regionen fördern

Deutschlands Wirtschaftsmodell beruht auf einem der fortschrittlichsten Innovationssysteme der Welt. Trotz regionaler Unterschiede sind die FuE-Ausgaben höher als in den meisten anderen OECD-Ländern (Abbildung 4.14). Die exportorientierte Wirtschaft stützt sich auf ein solides Wissenschafts-, Technologie- und Innovationsökosystem und eine enge Zusammenarbeit zwischen Forschung und Industrie (OECD, 2022[75]). In Schlüsselsektoren wie der Automobilindustrie, dem Maschinenbau sowie der Chemie- und Pharmaindustrie sind sowohl innovationsgetriebene Großhersteller als auch zahlreiche innovative KMU in ihrer Lieferkette tätig. Allerdings steht die Innovationsförderung in vielen Regionen vor Herausforderungen. So ist die Zahl der innovationsgetriebenen Unternehmensgründungen niedrig, was z. T. dadurch bedingt ist, dass innovative Start-ups nur geringen Zugang zu privaten Finanzierungsmitteln haben und mit Wettbewerbshürden konfrontiert sind (Kapitel 1 und 2). Außerdem bestehen Schwierigkeiten beim Wissenstransfer zwischen der öffentlichen Forschung und der Herstellung neuer Waren und Dienstleistungen, und die Digitalisierung der Unternehmen schreitet nur langsam voran.

Das deutsche Innovationsökosystem wird dezentral verwaltet. Grundlagenforschung ebenso wie angewandte Forschung wird in über 1 000 öffentlich finanzierten Forschungseinrichtungen (ohne Hochschuleinrichtungen) betrieben. Hierzu zählen zahlreiche Institute der vier großen öffentlichen Forschungsorganisationen – Fraunhofer-Gesellschaft, Helmholtz-Gemeinschaft, Leibniz-Gemeinschaft und Max-Planck-Gesellschaft – in allen Bundesländern. Das Bundesministerium für Bildung und Forschung und die entsprechenden Landesministerien legen gemeinsam die Prioritäten des Bundes und der Länder für Bildung und Forschung fest, während das Bundesministerium für Wirtschaft und Klimaschutz und die entsprechenden Landesministerien die industrielle Anwendung von Innovationen fördern. Dank beträchtlicher Dezentralisierung und regionaler Autonomie können Politikmaßnahmen enger auf die Prioritäten vor Ort, wozu auch konkrete Industriebedarfe zählen, abgestimmt werden. Darüber hinaus verfügen die Länder über ein hohes Maß an Autonomie in der Bildungspolitik, einschließlich der Hochschulverwaltung, was eine noch weitergehende Anpassung an regionale Bedürfnisse ermöglicht. Auch die öffentlichen Forschungsinstitute und Hochschulen genießen erhebliche Autonomie und können ihre Forschungsprogramme unabhängig von bundespolitischer Einflussnahme selbst bestimmen (OECD, 2022[76]).

Die beträchtlichen regionalen Unterschiede bei den Innovationsergebnissen sind der ungleichen Verteilung großer Unternehmen auf die einzelnen Regionen und schwachen Verbindungen zwischen Hochschulen, Forschungsinstituten und kleineren Unternehmen geschuldet. In dicht besiedelten städtischen Regionen ist die Innovationstätigkeit besonders hoch konzentriert (Abbildung 4.15). Bayern und Baden-Württemberg weisen europaweit die höchste Zahl an Patentanmeldungen je Einwohner*in auf, in Mecklenburg-Vorpommern sind es hingegen zwanzigmal weniger (Durán Laguna, 2024[9]). Die starken Innovationsergebnisse in Süddeutschland hängen mit den wichtigen Innovationsstandorten dort zusammen, zu denen führende Großunternehmen der Automobilbranche und anderer Fertigungs- und Dienstleistungssektoren gehören. Der Anteil der Großunternehmen an den Unternehmensausgaben für FuE ist in Deutschland nach Japan der höchste im OECD-Raum (OECD, 2022[76]). Wenn eine kritische Schwelle in Bezug auf Wissen, Talente und Ressourcen innerhalb der Unternehmen überschritten ist, stützen sich Großunternehmen stärker auf ihre eigenen FuE-Kapazitäten und weniger auf Kooperationen mit öffentlichen Forschungseinrichtungen. Um die Innovationstätigkeit kleinerer Unternehmen zu steigern, kommt es entscheidend darauf an, die Zusammenarbeit zwischen diesen Unternehmen und den Hochschulen zu verbessern. Die Zusammenarbeit zwischen Hochschulen und Industrie kann vertieft werden, indem die Zusammenarbeit mit Innovationsakteuren des privaten Sektors als formelle Säule der Forschungseinrichtungen definiert wird und Schulungs- und Informationskampagnen für lokale Wirtschaftsverbände initiiert werden.

Die Bundesregierung sollte auch den Regulierungsrahmen überprüfen, um Hochschulen eine engere Zusammenarbeit mit Wagniskapitalfonds oder Banken zu gestatten und so die Vermarktung des Wissenstransfers zwischen Forschungseinrichtungen und Unternehmen zu erleichtern. In Belgien, Dänemark und im Vereinigten Königreich geschieht dies bereits. Dies würde den Aufbau von universitären Proof-of-Concept-Fonds anregen und erleichtern, um Ausgründungen und Start-ups aus dem Hochschulbereich zu unterstützen. Die verstärkte Nutzung von Reallaboren und die Einrichtung eines öffentlich-privaten Labors würden die Erprobung, die Implementierung und das Monitoring von innovationspolitischen Instrumenten unterstützen. Darüber hinaus sollte die Bundesregierung offene Plattformen und Netzwerke für datenbasierte Innovationen fördern, wie dies beispielsweise mit dem Forschungsdatengesetz geplant ist. Um Forschungskooperationen mit kleineren Unternehmen zu erleichtern, ist es sehr wichtig, den Verwaltungsaufwand für Innovationsförderungsanträge zu verringern. Einer kürzlich durchgeführten Evaluierung zufolge wurden durch das Zentrale Innovationsprogramm Mittelstand (ZIM) für jeden aus öffentlichen Mitteln in neue FuE-Ausgaben investierten Euro zusätzliche Ausgaben in Höhe von 90 Cent für FuE und forschungsbezogene Beschäftigung in geförderten KMU mobilisiert (Stehnken et al., 2024[77]). Das Programm förderte zudem die Zusammenarbeit zwischen Unternehmen und Forschungseinrichtungen, was kleinen und mittleren Unternehmen half, bei der Innovationskraft aufzuschließen (BMWK, 2024[5]). Allerdings erwies sich die Beantragung von Fördermitteln als zeitaufwendig, vor allem für Erstantragsteller, von denen sich die Hälfte um externe Berater*innen bemühte, um Hilfestellung beim Antragsverfahren zu erhalten. Die jüngsten Reformen zur Vereinfachung der Verfahren für dieses Programm sind zu begrüßen. Eine bessere Abstimmung des ZIM auf die Kohäsionspolitik der EU zur Förderung der Innovationstätigkeit ist entscheidend, um die Maßnahmen der regionalen Innovationsförderung des Bundes und der EU sinnvoll miteinander zu kombinieren und die fiskalischen Kosten zu verringern.

Abbildung 4.14. Die Ausgaben für Forschung und Entwicklung sind hoch, das regionale Gefälle bleibt aber groß

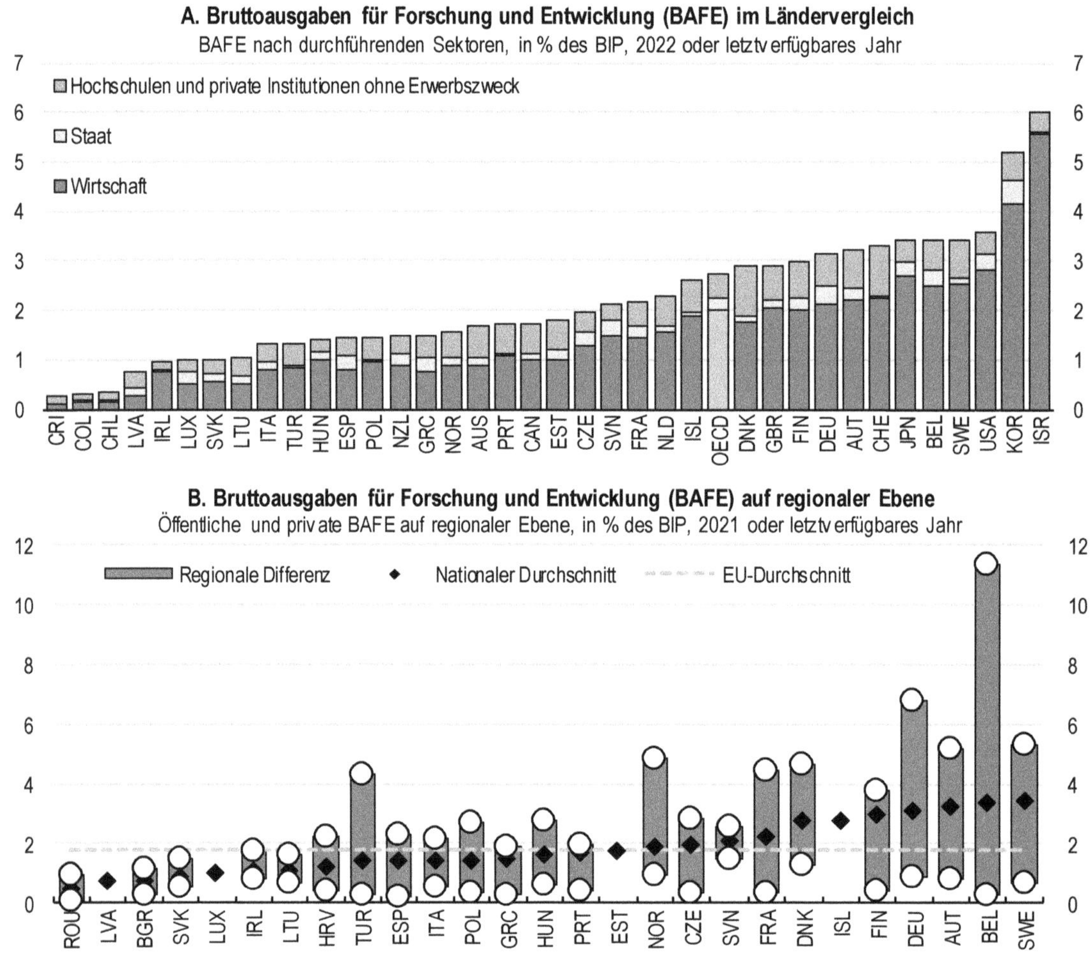

Anmerkung: Die regionale Differenz bezieht sich auf die Ebene der NUTS2-Regionen (die in Deutschland den Regierungsbezirken entsprechen).
Quelle: OECD Main Science and Technology Indicators (Datenbank); Europäische Kommission (2024[9]).

StatLink https://stat.link/ifnzj9rwnk1s

Wichtige Politikhebel für die Förderung der Innovationstätigkeit in Unternehmen sind Subventionen oder Steuergutschriften für FuE-Ausgaben. Laut der OECD-Datenbank *R&D Tax Incentives* beliefen sich die direkten staatlichen Fördermittel und die staatlichen Steuererleichterungen für Unternehmensausgaben für FuE im OECD-Durchschnitt 2023 auf rd. 0,2 % des BIP; dabei entfiel über die Hälfte der Förderung auf Steuerentlastungen. Dies war mehr als das Doppelte des Umfangs der 2020 in Deutschland eingeführten Forschungszulage. Seit den jüngsten Änderungen im Jahr 2024 sind die FuE-Ausgaben von Großunternehmen und KMU bis zu einer Höhe von 10 Mio. EUR pro Jahr förderfähig; die Forschungszulage beträgt 25 % bzw.

35 % der Bemessungsgrundlage. Die Steuergutschrift wird von den Ertragsteuerzahlungen abgezogen bzw. ausgezahlt, wenn die Steuerzahlungen der Unternehmen geringer sind als der Subventionsbetrag. Die Auszahlung der Steuergutschrift kommt jüngeren und innovativeren Unternehmen zugute, da diese Unternehmen häufig noch keine Gewinne erwirtschaften und daher keine Ertragsteuern entrichten. Die neue auszahlbare FuE-Steuergutschrift sollte ausgeweitet werden, wenn sie sich nach sorgfältiger Überprüfung als ein wirksames Instrument zur Förderung der Innovationstätigkeit der Unternehmen erweist. Es wäre von Vorteil, wenn die Überprüfung auch den Effekt der größenabhängigen Schwellenwerte für die Förderfähigkeit auf die Expansionsentscheidungen der Unternehmen berücksichtigen würde.

Abbildung 4.15. Die Innovationstätigkeit ist relativ hoch, konzentriert sich aber auf städtische Räume

Durchschnittliche Patentanmeldungen je 50 000 Einwohner*innen nach Einwohnerzahl des funktionalen städtischen Gebiets, 2022

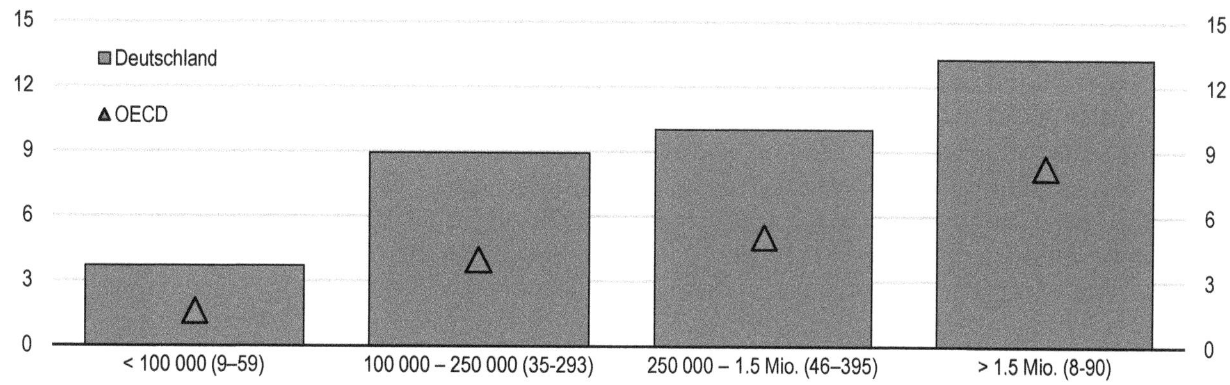

Anmerkung: Zahl der funktionalen städtischen Gebiete in Deutschland und im OECD-Raum in Klammern. Die Patentdaten beziehen sich auf die in der Internationalisierungsphase im Rahmen des Vertrags über die internationale Zusammenarbeit auf dem Gebiet des Patentwesens (PCT-Vertrag) bei der Weltorganisation für geistiges Eigentum (WIPO) eingereichten Patentanmeldungen. Die Patentzählungen beruhen auf dem Wohnort der Erfinder*innen. „OECD" bezieht sich auf den ungewichteten Durchschnitt des angegebenen Werts für funktionale städtische Gebiete.
Quelle: OECD (2024[78]).

StatLink https://stat.link/nard4v

Innovative öffentliche Beschaffung kann ebenfalls eine wichtige Rolle dabei spielen, neue Ideen und Start-ups sowie die ökologische und digitale Transformation zu fördern. Eine Konsultation von involvierten Akteuren ergab, dass die Vergabeverfahren für innovative junge Unternehmen zu aufwendig und zu kostspielig sind. Der vor Kurzem vorgelegte Gesetzentwurf zur Transformation des Vergaberechts sieht eine Vereinfachung der Berichtspflichten für die Teilnahme von Start-ups und innovativen Unternehmen an öffentlichen Ausschreibungen und eine Anhebung der Schwellenwerte für die Direktvergabe vor. Die Umsetzung dieser Pläne wäre ein wichtiger Schritt nach vorn, sollte aber ergänzt werden, indem die Veröffentlichung von Vergabeverfahren, die unter den EU-Schwellenwerten liegen, auf der neuen e-Vergabe-Website des Bundes für alle staatlichen Ebenen verbindlich vorgeschrieben wird. Dies würde die Informationsasymmetrien verringern und die Teilnahmehürden für Bieter weiter senken (Kapitel 2).

Eine weitere Möglichkeit, die Innovationstätigkeit zu fördern, ist die weitere Erleichterung der Einwanderung von Fachkräften. In wissens- und forschungsintensiven sowie in IT- und naturwissenschaftsbezogenen Branchen gibt es starke Personalengpässe, wobei regional große Unterschiede bestehen (BBSR, o. J.[4]). Laut der OECD-Datenbank *Twin Transition Tracker* ist der Anteil der Eingewanderten mit Universitätsabschluss in vielen deutschen Regionen gering. In Australien hat ein Anstieg des regionalen Beschäftigungsanteils hochqualifizierter Migrant*innen im Verhältnis zur Gesamtbeschäftigung um 1 Prozentpunkt die Zahl der Patentanmeldungen auf regionaler Ebene in fünf Jahren um 4,8 % erhöht. Die Effekte sind zudem größer bei Migrant*innen in wissenschaftlichen Berufen und in Regionen mit anfänglich geringerer Patentierungsaktivität (OECD, 2024[79]). In den Vereinigten Staaten führte ein Anstieg der Zahl der im Rahmen des

H-1B-Programms für Berufe in Natur- und Ingenieurwissenschaften erteilten Visa in den Städten, die diese Personen aufgenommen haben, zu einer Zunahme der Patentierungsaktivität von Erfinder*innen, ohne dass es zu einem Verdrängungseffekt für die Einwohner*innen gekommen wäre (Kerr und Lincoln, 2010[80]). Eine Verringerung des Verwaltungsaufwands im Zusammenhang mit Visa und Arbeitserlaubnissen, die Einrichtung einer zentralen Anlaufstelle für migrationsbezogene Verfahren in den Bundesländern und die Förderung einer Willkommenskultur können dazu beitragen, mehr qualifizierte Einwanderer*innen für die Regionen zu gewinnen (Kapitel 2).

4.4.5. Den Einsatz digitaler Technologien fördern

Die Einführung digitaler Technologien in den Unternehmen ließe sich durch eine Ausweitung der Versorgung mit leistungsfähigen Internetanschlüssen auf alle Regionen fördern. Während die Unternehmensausgaben für Forschung und Entwicklung über dem OECD-Durchschnitt liegen, verharren die Investitionen in Wissenskapital auf einem vergleichsweise geringen Niveau, was den Einsatz digitaler Technologien wie Cloud-Computing und Big-Data-Analysen behindert (Abbildung 4.16, Abbildung 4.17). Ein wichtiger Faktor ist hier die niedrige durchschnittliche Downloadgeschwindigkeit, die zwischen den Regionen – vor allem zwischen Stadt und Land – erheblich schwankt (Abbildung 4.18). Zwar hat sich der Anteil der Netze mit sehr hoher Kapazität im Juni 2024 auf 76 % der Haushalte erhöht, der Anteil der Glasfaseranschlüsse ist mit 36 % aber nach wie vor niedrig (Europäische Kommission, 2024[81]). Laut der Breitbandstatistik der OECD beruhten Ende 2023 nur etwa 11 % der Festnetzbreitbandanschlüsse auf Glasfaserleitungen, gegenüber etwa 42 % im OECD-Durchschnitt. Die große Verbreitung der kupferbasierten DSL-Netze behindert den Glasfaserausbau. Zwei Drittel aller Haushaltsinternetanschlüsse sind entweder direkt mit dem Kupferkabelnetz der Deutschen Telekom verbunden oder indirekt über andere Internetanbieter. Ohne sorgfältige Planung könnte der Übergang von Kupfer- zu Glasfasernetzen erhebliche Zugangsbarrieren für neue Marktakteure schaffen und damit den Wettbewerb behindern und den Glasfaserausbau verlangsamen. Wie im *OECD-Wirtschaftsbericht Deutschland 2020* erörtert, sollte die gemeinsame Infrastrukturnutzung erleichtert werden, um den Wettbewerb zu fördern und die Engpässe bei der Glasfaseranbindung zu beseitigen. Dies sollte mit einer Vereinfachung und Beschleunigung der Planungs- und Genehmigungsverfahren sowie der Festlegung bundesweiter Standards für kostengünstigere Netzausbauvarianten einhergehen. 2023 wurde eine bundesweit geltende Norm für die Reduzierung der erforderlichen Grabtiefe für Erdkabel veröffentlicht, die die Unsicherheit der Planungs- und Genehmigungsbehörden und der Bevölkerung im Hinblick auf Sicherheits- und Gesundheitsrisiken deutlich verringern könnte.

Es bedarf zudem einer angemessenen Mittelausstattung, um die Internetversorgung in entlegenen Gebieten zu verbessern, da Marktversagen dazu führen kann, dass keine hinreichenden Investitionen in Hochgeschwindigkeitsbreitbandkapazitäten getätigt werden. In dieser Hinsicht ist die Bereitstellung von rd. 760 Mio. EUR zur Förderung des Breitbandausbaus im Rahmen des Gesamtdeutschen Fördersystems für strukturschwache Regionen (GFS), wie im Regionalindikatorenmodell der Gemeinschaftsaufgabe „Verbesserung der regionalen Wirtschaftsstruktur" (GRW) definiert, ein begrüßenswerter Schritt (BMWK, 2024[5]). Im August 2024 gewährte die Europäische Investitionsbank eine Kofinanzierung in Höhe von 350 Mio. EUR für ein Projekt zur Verbesserung der Glasfaserbreitbandversorgung in ländlichen und suburbanen Gebieten im gesamten Bundesgebiet mit einem Gesamtumfang von 970 Mio. EUR. Die Mittel aus der Aufbau- und Resilienzfazilität für Investitionen in Hochgeschwindigkeitsnetze, mit denen Kommunikationstechnologien und fortgeschrittene Cloud-Infrastruktur unterstützt werden, sollten durch mehr inländische Fördermittel ergänzt werden, um das Infrastrukturgefälle zu verringern. Zugleich sollte sichergestellt werden, dass Finanzierungsmittel des privaten Sektors nicht verdrängt werden. Eine bessere Internetversorgung würde nicht nur die Einführung digitaler Technologien in den Unternehmen verbessern, sondern könnte auch die regionale Entwicklung fördern, da sie die Telearbeitsbedingungen verbessern und hochqualifizierte Arbeitskräfte in entlegenere Gebiete locken könnte. Des Weiteren könnte die neu eingeführte auszahlbare Steuergutschrift für Forschung und Entwicklung auf FuE-bezogene Investitionsausgaben ausgeweitet werden, um Investitionen in Software und Daten, Informations- und

Kommunikations- Technologie (IKT)-Ausstattung sowie Managementkapazitäten zu steigern, die erforderlich sind, um die durch digitale oder KI-basierte Lösungen ermöglichten Produktivitätsgewinne zu realisieren. Gegenwärtig kann sie nicht in Anspruch genommen werden, um Software, Lizenzen und Rechte des geistigen Eigentums für FuE-Zwecke zu erwerben.

Abbildung 4.16. Die Investitionen in Wissenskapital sind relativ niedrig

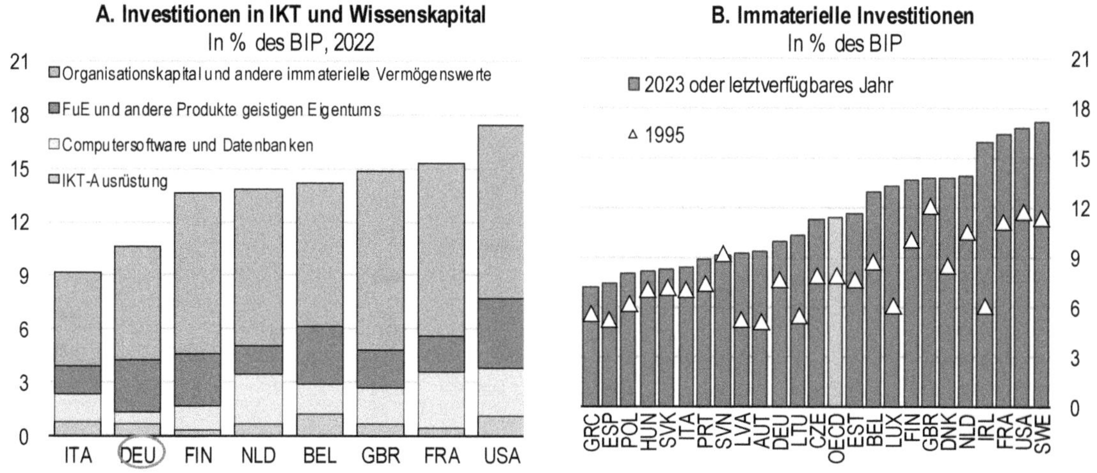

Anmerkung: Andere immaterielle Vermögenswerte umfassen Vermögenswerte, die in der Volkswirtschaftlichen Gesamtrechnung noch nicht als Investitionen eingestuft sind – erteilte Gebrauchsmuster, Finanzproduktentwicklung und -design, Marktforschung und Markenentwicklung, Betriebsmodelle, Plattformen, Lieferketten und Vertriebsnetze sowie arbeitgeberseitige Schulungen. „OECD" bezieht sich auf einen ungewichteten Durchschnitt.

Quelle: OECD-Berechnungen auf der Basis der *OECD National Accounts* (Datenbank) und *Global INTAN-Invest-Database* (Datenbank), https://global-intaninvest.luiss.it.

StatLink https://stat.link/7yzq6b

Der Mangel an Arbeitskräften mit fortgeschrittenen Digitalkompetenzen ist ein weiterer Faktor, der die Einführung digitaler Technologien in Unternehmen hemmt. Es bestehen große regionale Unterschiede bei der Nachfrage nach Arbeitskräften mit fortgeschrittenen Digitalkompetenzen, und die raschere Bevölkerungsalterung in den neuen Bundesländern verstärkt das regionale Gefälle (Abbildung 4.5). Um dem Fachkräftemangel zu begegnen, ist es von entscheidender Bedeutung, die Fort- und Weiterbildungsmöglichkeiten für Arbeitskräfte auszuweiten und die Qualität der Bildungsangebote zu verbessern, z. B. durch die Einführung einer standardisierten Zertifizierung für Weiterbildungskurse. Außerdem sollte die Einwanderung von Fachkräften erleichtert werden (Kapitel 3). Auf Antrag der Landesbehörden in Bayern und Nordrhein-Westfalen wurde das EU-Instrument für technische Unterstützung genutzt, um Konzepte für Outreach, Marketing und Akteursbeteiligung zur Verbesserung der Digitalkompetenzen zu erarbeiten. In Bayern hat sich daraus die „Allianz für Digitale Kompetenzen" entwickelt, eine im April 2023 gemeinsam mit großen Technologieunternehmen gestartete breit angelegte Fortbildungskampagne. In Nordrhein-Westfalen lag der Schwerpunkt der Maßnahmen auf der Förderung digitaler Kompetenzen der öffentlich Bediensteten, um die Erbringung digitaler öffentlicher Dienstleistungen zu verbessern. Allerdings beschränkt sich der Wissenstransfer von den Hochschuleinrichtungen auf den privaten Sektor nach wie vor auf die traditionellen Bedürfnisse der Industrie; dem dringenden Bedarf an digitalen Kompetenzen wird dagegen nur langsam Rechnung getragen (OECD, 2022[75]). Die Landesbehörden in Nordrhein-Westfalen haben festgestellt, dass die Ausrichtung und Lehrplanentwicklung der Fort- und Weiterbildungskurse zu digitaler Bildung verbessert werden müssen. Diese Bemühungen sollten durch die Nutzung der neu eingeführten digitalen Bildungsplattform ergänzt werden, um ein Kompetenzverzeichnis zu erstellen, mit dem die Kompetenzen der Arbeitskräfte beurteilt und Lücken ermittelt werden können, die in die Gestaltung gezielter Weiterbildungs- und Erwachsenenbildungsmaßnahmen einfließen können.

Abbildung 4.17. Der Einsatz komplexerer digitaler Technologien ließe sich verbessern

Unternehmen, die bestimmte digitale Technologien nutzen, in % der Unternehmen, 2023 oder letztverfügbares Jahr

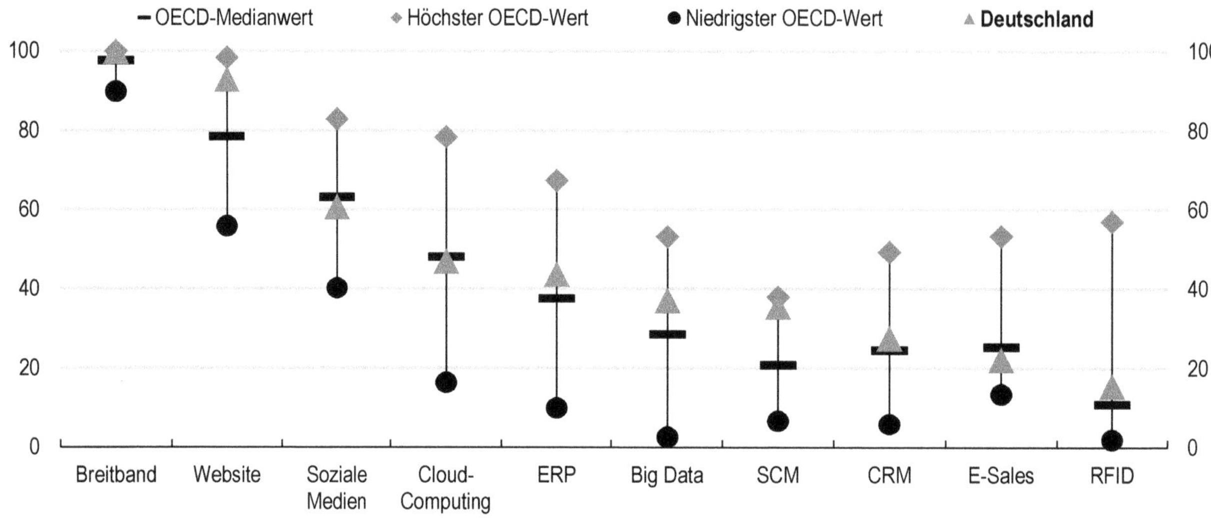

Anmerkung: Die Daten beziehen sich auf den Anteil der Unternehmen mit zehn oder mehr Beschäftigten, die über einen Breitbandanschluss (Festnetz oder Mobilfunk), eine Website oder Homepage verfügen, soziale Medien nutzen, Softwaresysteme zur Planung und Steuerung von Unternehmensressourcen (Enterprise Resource Planning – ERP) und zur Pflege der Kundenbeziehungen (Customer Relationship Management – CRM) verwenden, Cloud-Computing-Dienstleistungen erwerben, Aufträge über Computernetzwerke erhalten, Informationen elektronisch mit Zulieferern und Kund*innen austauschen (SCM), Radiofrequenzidentifikation (Radio Frequency Identification – RFID) nutzen und Big-Data-Analysen durchführen.
Quelle: OECD, *ICT Access und Usage by Businesses* (Datenbank).

StatLink https://stat.link/50vq8kudn92z

Abbildung 4.18. Internet-Downloadgeschwindigkeiten sind in vielen deutschen Regionen niedrig

Durchschnittliche Downloadgeschwindigkeit im Festnetz auf regionaler Ebene, Mbit/s, Q1 2023

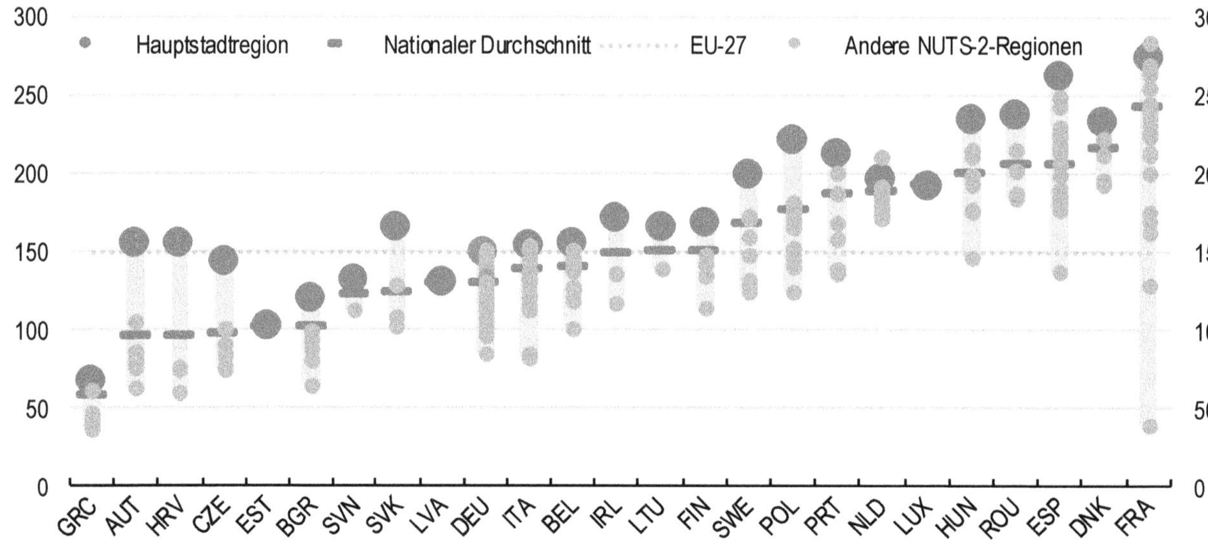

Anmerkung: Die regionale Differenz bezieht sich auf die Ebene der NUTS2-Regionen (die in Deutschland den Regierungsbezirken entsprechen).
Quelle: Europäische Kommission (2024[9]).

StatLink https://stat.link/f5d401

Datenschutz- und Sicherheitsbedenken tragen dazu bei, dass Unternehmen digitale Technologien nur in geringem Maße einsetzen (vgl. *OECD-Wirtschaftsbericht Deutschland 2020*). Vor allem der Einsatz von Cloud-Computing, z. B. für das Hosting von Software und Datenbanken, wird durch Sicherheitsbedenken beeinträchtigt (Abbildung 4.17). Derartige Bedenken sind in Deutschland von großer Bedeutung – sowohl verglichen mit anderen Ländern als auch verglichen mit anderen Hindernissen für das Cloud-Computing, wie z. B. Interoperabilität oder Kompetenzen. Viele deutsche Unternehmen ergreifen zwar praktische und technische Maßnahmen zur Verbesserung der Cybersicherheit, verfolgen dabei aber keinen strategischen, auf Risikomanagement basierenden Ansatz. Um ein entsprechendes Risikomanagement in den Unternehmen umzusetzen, darf die digitale Sicherheit nicht mehr nur als rein technisches Problem behandelt werden, sondern muss zu einem Thema für die oberste Entscheidungsebene der Unternehmen werden. Bei einer Überarbeitung der „Cyber-Sicherheitsstrategie für Deutschland" sollte das Augenmerk stärker auf Unternehmen im Allgemeinen und auf das Management von digitalen Sicherheitsrisiken im Besonderen gelegt und zugleich die Kooperation zwischen den beteiligten Ministerien gestärkt werden. Zudem führt die unterschiedliche Auslegung der Datenschutzvorschriften zwischen den Ländern zu einer Fragmentierung der Märkte und behindert die Einführung digitaler Technologien, die Innovationstätigkeit und den Marktzutritt (Kapitel 2). Der Gesetzentwurf für das Forschungsdatengesetz zielt darauf ab, zu ermöglichen, dass sensible Daten sowohl durch private als auch durch öffentliche Einrichtungen im Einklang mit der EU-Datenschutz-Grundverordnung zu Forschungszwecken abgerufen, verknüpft und verarbeitet werden können, und sollte umgesetzt werden. Wenn Mitarbeitende aus verschiedenen Bundesländern an Datenprojekten beteiligt sind, sollte die Genehmigung eines*r Landesdatenschutzbeauftragten von den anderen Bundesländern akzeptiert werden, um den Verwaltungsaufwand für die Unternehmen zu verringern.

Die Beschleunigung der Digitalisierung des öffentlichen Sektors und eine Höherqualifizierung der öffentlichen Bediensteten könnte die Ausgabeneffizienz bedeutend steigern und den Verwaltungsaufwand verringern und zugleich die Entwicklung innovativer KI-Lösungen fördern. Solide Rechenkapazitäten und ein Reservoir an hochqualifizierten Forschenden haben es deutschen Forschenden ermöglicht, in allen KI-Teildisziplinen belastbare Beiträge zu leisten, und kamen dem deutschen KI-Ökosystem zugute (OECD, 2024[82]). 2018 wurde eine nationale KI-Strategie verabschiedet, bei der es sich um eine der ersten im OECD-Raum handelte. Der regulatorische Ansatz der Strategie, der den Menschen in den Mittelpunkt stellt, hat die gesellschaftliche Akzeptanz unter den Arbeitskräften auf einem relativ hohen Niveau gehalten. Die Strategie umfasst ferner klare Pläne und gesetzliche Bestimmungen für Reallabore. Allerdings wird ihre Umsetzung durch begrenzte Kompetenzen der Verwaltung, auch auf Ebene der Länder und Kommunen, behindert. Bessere Koordinierung, klare Zuständigkeiten, Schulungen für öffentlich Bedienstete und eine Aktualisierung des Fahrplans für Initiativen im öffentlichen Sektor könnten den Übergang zu einer stärkeren Nutzung KI-basierter Lösungen beschleunigen. In diesem Zusammenhang ist eine raschere Digitalisierung des öffentlichen Sektors Voraussetzung, um die Datenqualität und -verfügbarkeit zu verbessern und KI-Anwendungen für die Erbringung öffentlicher Dienstleistungen zu trainieren (Kapitel 2). Es bedarf zudem einer besseren Abstimmung zwischen den Bildungsministerien auf Bundes- und auf Länderebene, um mehr KI-Studiengänge – vor allem in englischer Sprache – an den Hochschulen anzubieten und so den KI-Talentepool zu erweitern und mehr KI-Fachkräfte zu gewinnen.

Verteilungsfolgen dämpfen und Arbeitskräfte im Strukturwandel unterstützen

Die Einkommen haben sich zwischen den einzelnen Bundesländern zwar angeglichen, zwischen den verschiedenen Kreisen und kreisfreien Städten bestehen jedoch nach wie vor hohe Einkommensunterschiede, vor allem zwischen den städtischen Zentren und ihren Pendlereinzugsgebieten (Abbildung 4.19, Teil A). Die Konzentration der Wirtschaftstätigkeit in größeren Metropolräumen und die Unterschiede bei der Arbeitsproduktivität, aber auch Merkmale des Steuer- und Transfersystems haben dazu geführt, dass die Einkommensungleichheit zwischen den Kreisen hoch ist (Abbildung 4.3 und Abbildung 4.20, Teil A). So werden Erwerbseinkommen in Deutschland beispielsweise hoch und stark progressiv besteuert, während die Besteuerung von Kapitalerträgen sowie Grundeigentum unter dem OECD-Durchschnitt liegt (Kapitel 1). Auch der starke Anstieg der Immobilienpreise in größeren städtischen Gebieten hat die Einkommensungleichheit zwischen den verschiedenen Kreisen und kreisfreien Städten erhöht, vor allem vor dem Hintergrund der – laut der *OECD Affordable Housing Database* – vergleichsweise niedrigen Wohneigentumsquoten (Abbildung 4.19, Teil B). Hinzu kommt, dass sich die strukturellen Anpassungen im Zusammenhang mit dem Niedergang CO_2-intensiver Industriezweige, den zunehmenden Handelsverschränkungen und der Automatisierung sowie mit der Wiedervereinigung in einigen Regionen stärker auf die Erwerbsbiografien und Erwerbseinkommen auswirkten als in anderen. Zudem ist auch die Vermögensungleichheit hoch, was sich aus der geringen Ersparnisbildung der Ostdeutschen zu DDR-Zeiten, dem Ablauf des Privatisierungsprozesses nach der Wiedervereinigung und einer de facto regressiven Erbschaftsteuer erklärt (Kasten 4.2 sowie *OECD-Wirtschaftsbericht Deutschland 2023*). Nur etwa 2 % der Erbschaftsteuereinnahmen entfallen auf die ostdeutschen Länder (Jirmann, 2022[83]).

Abbildung 4.19. Zwischen Städten und ihren Pendlereinzugsgebieten sowie zwischen verschiedenen städtischen Gebieten besteht eine hohe Einkommens- und Vermögensungleichheit

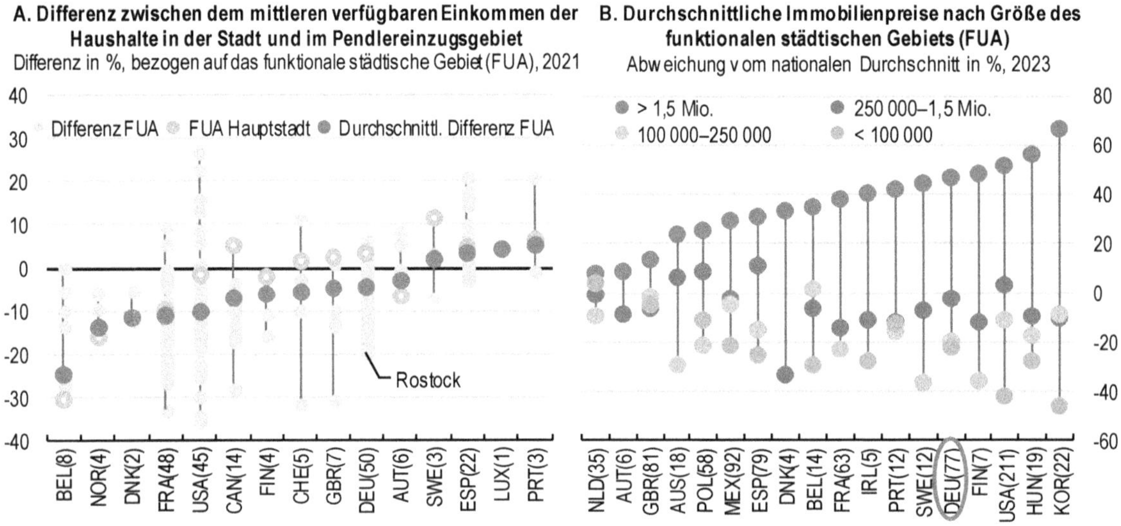

Anmerkung: Die Angaben in Klammern hinter den Länderbezeichnungen entsprechen der Zahl der funktionalen städtischen Gebiete (*functional urban areas* – FUA). Ein funktionales städtisches Gebiet umfasst die Stadt sowie ihr Pendlereinzugsgebiet. In Teil A sind nur funktionale städtische Gebiete mit mindestens 5 kleinen Gebietseinheiten (*small area units* – SAU) sowie mindestens 250 000 Einwohner*innen berücksichtigt. Die grauen Punkte in Teil A zeigen für die einzelnen FUA die Differenz zwischen dem mittleren verfügbaren Einkommen der Haushalte in der Stadt und im Pendlereinzugsgebiet. Die Wohnungspreise in Teil B beziehen sich auf den durchschnittlichen Quadratmeterpreis von Wohngebäuden; Ausnahmen sind das Vereinigte Königreich und die Vereinigten Staaten, wo in den Preisen andere Wohnungsmerkmale berücksichtigt sind.
Quelle: OECD (2024[78]).

StatLink https://stat.link/7rtivwetd9uk

Abbildung 4.20. Geringere Einkommen korrelieren mit größerer Unzufriedenheit mit der Wirtschaftslage und den Institutionen

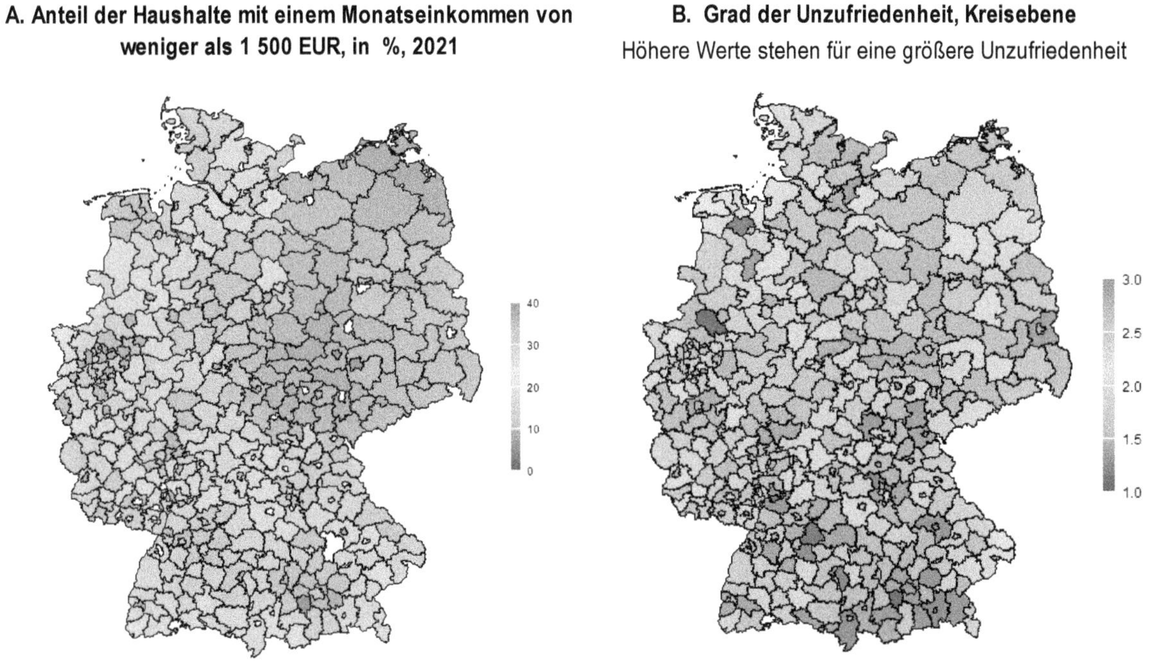

Anmerkung: Darstellung auf Kreisebene (T3-Regionen). Teil B zeigt den ungewichteten Durchschnitt der quantifizierten Antworten in einer Spanne von 1 bis 3 (geringe bis hohe Unzufriedenheit) auf Fragen zur Einschätzung der aktuellen regionalen Wirtschaftslage und der regionalen Wachstums- und Beschäftigungsaussichten, der Gründungsaktivität und des sozialen Zusammenhalts, der öffentlichen Verkehrsanbindung, des Zugangs zu schnellem Internet, Schulen, Kinderbetreuungseinrichtungen und örtlichem Einzelhandel, des Umweltzustands der Region, der Luftqualität und der Qualität der Naherholungsgebiete, der Gesundheitsversorgung, der Sicherheit, der regionalen Lebenszufriedenheit aus einer vergleichenden Perspektive, der allgemeinen Lebenszufriedenheit und des Vertrauens in die Zukunftsaussichten der Region.
Quelle: BBSR (o. J.[4]); (BMWK, 2024[5]); Berechnungen der OECD.

StatLink https://stat.link/cw302bwfe8rs

Die Einkommensungleichheit korreliert stark mit anderen Formen sozioökonomischer Ungleichheit sowie mit dem Vertrauen in die Institutionen (Rodríguez-Pose und Bartalucci, 2023[31]). Für diesen Bericht wurde ein Regionalindikator konstruiert, der die Unzufriedenheit mit den Wirtschafts- und Arbeitsmarktaussichten, dem Zugang zu und der Qualität von öffentlichen Dienstleistungen wie Bildung, Gesundheitsversorgung, öffentlichen Verkehrsmitteln und sozialen Diensten, der Qualität der Digital- und Verkehrsinfrastruktur und dem Zustand der Umwelt misst. Dieser Indikator weist eine starke Korrelation mit dem Anteil der Haushalte mit geringem Arbeitseinkommen und Vermögen auf (Abbildung 4.20). Da die ökologische und die digitale Transformation regional unterschiedliche Effekte haben werden, drohen die Einkommensdisparitäten weiter zuzunehmen (Abbildung 4.21). Regionen mit einem hohen Anteil CO_2-intensiver Branchen werden die Auswirkungen von Emissionsminderungsmaßnahmen stärker spüren. Die zunehmende Automatisierung von Produktionsprozessen wird hingegen größere Auswirkungen auf Regionen mit einem höheren Anteil automatisierbarer Tätigkeiten haben. Arbeitskräfte werden in expandierende Sektoren und Unternehmen überwechseln und ihre Kompetenzen an sich verändernde Arbeitsaufgaben anpassen müssen. Dies ist mit hohen Anpassungskosten verbunden, da der Umschulungs- und Höherqualifizierungsbedarf erheblich sein dürfte, ein Umzug in andere Regionen soziale Kosten entstehen lässt und entlassene Arbeitskräfte u. U. über längere Zeiträume arbeitslos bleiben. Wie bereits im *OECD-Wirtschaftsausblick Deutschland 2023* erörtert, entstehen Arbeitskräften, die zuvor in CO_2-intensiven Branchen beschäftigt waren, höhere Kosten als anderen entlassenen Arbeitskräften, da sie wenig Ausweichmöglichkeiten auf den lokalen Arbeitsmärkten haben, eine hohe Humankapitalspezifität aufweisen und in ihren vorherigen Beschäftigungen einen größeren Lohnvorteil hatten. Daher bedarf es Maßnahmen, um die Einkommen der betroffenen Arbeitskräfte zu stützen und ihnen durch verbesserte und umfangreichere Weiter- und Erwachsenenbildungsmöglichkeiten zu helfen, neue Kompetenzen zu erwerben (Kapitel 3). Der Transformationsprozess könnte die Einkommensungleichheit aber auch verringern: Einkommensschwächere Regionen mit mehr Möglichkeiten für den Ausbau erneuerbarer Energien könnten von der ökologischen Transformation profitieren, vor allem wenn zusätzliche Anreize für die Übersiedlung energieintensiver Branchen dorthin geschaffen werden (Abbildung 4.4).

Abbildung 4.21. Die ökologische und die digitale Transformation haben regional unterschiedliche Auswirkungen

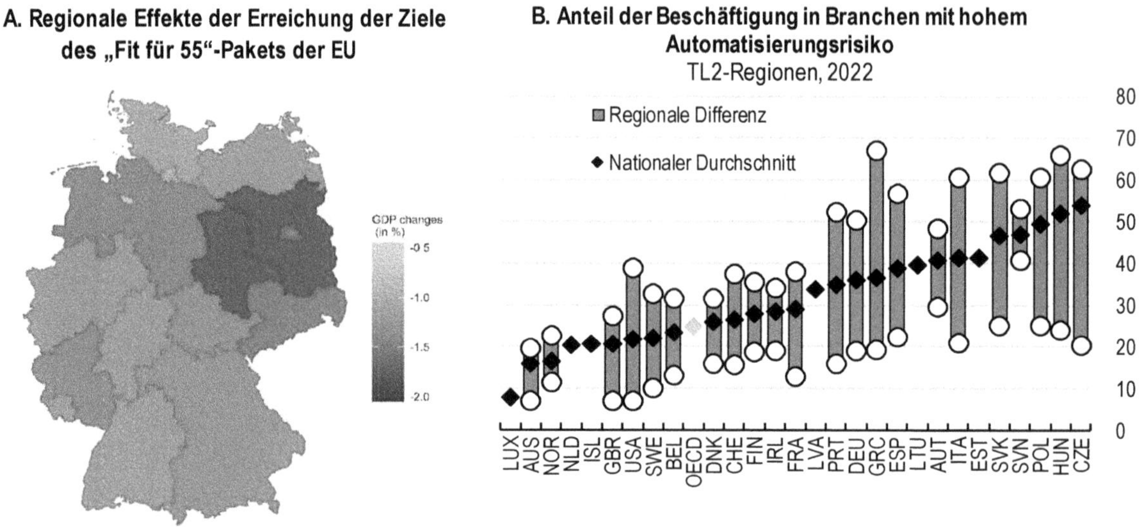

Anmerkung: Die regionale Differenz in Teil B bezieht sich für Deutschland auf die Ebene der Länder. Ein Arbeitsplatz weist ein hohes Automatisierungsrisiko auf, wenn mehr als 25 % seiner Tätigkeitsbereiche infolge der Fortschritte im Bereich KI und Robotik stark automatisiert werden können. Inwieweit dies der Fall ist, wird ausgehend von einer Fachleutebefragung zum Grad der Automatisierbarkeit der einzelnen Kompetenzen sowie Informationen zur Tätigkeitszusammensetzung der Arbeitsplätze geschätzt. Der Anteil der Arbeitsplätze mit hohem Automatisierungsrisiko wird dann ausgehend von regionalen Beschäftigungsdaten für die einzelnen Regionen berechnet.
Quelle: *OECD-Wirtschaftsbericht Deutschland 2023*; *OECD Twin Transition Tracker* (Datenbank).

StatLink https://stat.link/lmfy42

Eine Möglichkeit, die Arbeitskräfte für die negativen Auswirkungen der ökologischen Transformation zu entschädigen, besteht darin, einen Teil der Einnahmen aus der CO_2-Bepreisung an die Haushalte zurückfließen zu lassen. Wie im *OECD-Wirtschaftsausblick 2023* erörtert, würden steigende CO_2-Preise ärmere Haushalte überproportional stark treffen, weil sie einen größeren Teil ihres Einkommens für CO_2-intensive Heizstoffe und Strom ausgeben und weil ihr Erwerbseinkommen sinken dürfte. Würden die Einnahmen aus der CO_2-Bepreisung jedoch in Form einheitlicher pauschaler Transfers an alle Haushalte zurückfließen, hätten steigende CO_2-Preise einen progressiven Effekt, und die Kaufkraft der ärmsten Haushalte könnte sogar zunehmen. Aktuell fließen die Einnahmen aus der CO_2-Bepreisung in den Klima- und Transformationsfonds (KTF). Etwa ein Drittel der Mittel aus dem KTF wurde 2024 zur Bezuschussung von Energieeffizienzsteigerungen im Gebäudesektor verwendet und ein großer Teil der verbleibenden Mittel dient der Förderung der Dekarbonisierung energieintensiver Branchen. Transferleistungen zur Entschädigung der privaten Haushalte für höhere CO_2-Preise gibt es jedoch immer noch nicht. Die vorherige Bundesregierung hat die Rechtsgrundlage und die technische Infrastruktur für pauschale Transfers auf die Bankkonten der privaten Haushalte ab 2025 geschaffen. Würde diese technische Infrastruktur genutzt, um Transfers aus dem KTF an die privaten Haushalte einzurichten, und ein größerer Teil der Ausgaben aus dem KTF zur Finanzierung von Anreizen für Energieeffizienzsteigerungen in sozialem Wohnraum verwendet, würde dies helfen, vulnerable Haushalte für die negativen Konsequenzen der ökologischen Transformation zu entschädigen. Angesichts knapper Haushaltsmittel könnten die Transfers auch gezielt auf einkommensschwächere oder stärker betroffene Haushalte bzw. auf Regionen ausgerichtet werden, auf die sich die ökologische Transformation besonders negativ auswirkt. Ein Beispiel hierfür ist eine frühere ökosoziale Steuerreform in Österreich. Mit ihr wurde die CO_2-Bepreisung in Bereichen, die nicht dem Emissionshandelssystem der EU unterliegen, mit der Einführung eines steuerfreien Klimabonus kombiniert. Dieser besteht aus einem pauschalen Sockelbetrag und einem Regionalausgleich, dessen Höhe vom Wohnort und von dessen Ausstattung mit öffentlichen Verkehrsmitteln abhängig ist. Eine OECD-Erhebung ergab, dass die öffentliche Akzeptanz der CO_2-Bepreisung steigt, wenn die Einnahmen anstatt für einheitliche Transfers an alle Haushalte für Transfers an vulnerablere Haushalte genutzt werden (Dechezleprêtre et al., 2022[84]). Einkommensabhängige Transfers an die privaten Haushalte, mit denen die Umverteilung der Einnahmen aus der CO_2-Bepreisung progressiver gestaltet werden könnte, setzen indessen eine länderübergreifende Verknüpfung administrativer Daten sowie eine einheitliche Einkommensdefinition voraus (Kapitel 2). Diese Fragen gilt es dringend zu klären, da der fehlende Ausgleich für steigende CO_2-Preise die öffentliche Akzeptanz der ökologischen Transformation verringern dürfte (vgl. *OECD-Wirtschaftsausblick Deutschland 2023*).

Bessere aktive Arbeitsmarktmaßnahmen sind ein wichtiges Instrument, um die Anpassungskosten für die Arbeitskräfte regional zu verringern. Nur ein kleiner Teil der Erwachsenen im Erwerbsalter nimmt an Weiterbildungen teil (Abbildung 4.22). Vor allem ältere Arbeitskräfte absolvieren seltener Weiterbildungen (Kapitel 3). Dies droht die regionalen Unterschiede zu verstärken, da Regionen mit rascher alternder Bevölkerung wie etwa die Länder im Osten stärker ins Hintertreffen geraten (Abbildung 4.5). Zudem nehmen gerade Beschäftigte, deren Arbeitsplätze stärker durch die Dekarbonisierung der Industrie bedroht sind, seltener an Weiterbildungen teil, was die Anpassungskosten während der ökologischen Transformation erhöhen dürfte (OECD, 2023[85]). Es besteht zwar noch etwas Spielraum, um die Weiterbildungsausgaben zu erhöhen, es ist aber vor allem die Qualität der Weiterbildung, die steigen muss. Der Mangel an harmonisierten Qualitätsstandards und Zertifizierungen für nicht formale Weiterbildungen führt dazu, dass große Informationsasymmetrien bestehen, die Qualität vielfach gering ist und die Kurse nur bedingt auf den Kompetenzbedarf der lokalen Arbeitsmärkte abgestimmt sind (Gontek und Sutera, 2024[86]). Die Schaffung harmonisierter Qualitätsstandards und Zertifizierungen für Weiter- und Erwachsenenbildungsangebote ist daher sehr wichtig, um die Weiterbildungsqualität zu verbessern (Kapitel 3). Mit der Einführung des Bürgergelds wurde der Vermittlungsvorrang, d. h. das Ziel, Menschen möglichst schnell in Jobs zu bringen, zugunsten eines stärkeren Fokus auf Weiterbildung aufgegeben. Bürgergeldempfänger*innen wurde es damit leichter gemacht, auch dreijährige Berufsausbildungen zu absolvieren. Dies ist ein wichtiger Schritt nach vorn, da das formale Berufsbildungsangebot zu anerkannten Abschlüssen führt und strengen Qualitätsstandards unterliegt und im Zuge der ökologischen Transformation viele Arbeitskräfte gezwungen sein werden, den Beruf zu wechseln. Außerdem basiert das Berufsbildungssystem auf einer engen Zusammenarbeit zwischen Unternehmen, Gewerkschaften und Berufsbildungseinrichtungen auf regionaler Ebene, was die Anpassung der Ausbildungsinhalte und -kapazitäten an den Kompetenzbedarf der lokalen Arbeitsmärkte erleichtert. Eine solche Koordination sollte auch für nicht formale Weiterbildungen gefördert werden, u. a. durch die Schaffung harmonisierter Qualitätsstandards und Zertifizierungen. In Verbindung mit einer stärkeren Kooperation zwischen den Arbeitgebern vor Ort und den Jobcentern ist dies äußerst wichtig, um die Wirksamkeit der Weiterbildungsmaßnahmen für Arbeitslose zu erhöhen.

Die verbesserten Bildungs- und Weiterbildungsmöglichkeiten sollten durch gezielte Eingliederungszuschüsse ergänzt werden, um die Beschäftigungsfähigkeit von Personen zu erhöhen, die infolge der ökologischen oder digitalen Transformation einem Langzeitarbeitslosigkeitsrisiko ausgesetzt sind. Für den dauerhaften Wiedereinstieg in den Arbeitsmarkt sieht das 2019 in Kraft getretene Teilhabechancengesetz sowohl gezielte Lohnkostenzuschüsse als auch Coaching und Weiterbildung vor, allerdings nur für Personen, die bereits mindestens zwei Jahre arbeitslos waren. Diese Regelung könnte auf andere gefährdete Gruppen, die noch nicht lange arbeitslos sind, ausgeweitet werden, um auch deren Chancen auf eine neue Anstellung zu verbessern. Für wen dies sinnvoll ist, könnte mithilfe von auf statistischen Modellen beruhenden Profiling-Tools entschieden werden, mit denen ermittelt werden kann, wie hoch das Langzeitarbeitslosigkeitsrisiko ist. So könnte auch verhindert werden, dass solche Angebote Personen mit besonders hohen Vermittlungschancen vorbehalten werden, um die Leistungskennzahlen der Jobcenter zu verbessern. Bekannte Beispiele für derartige Tools sind der „Work Profiler“ in den Niederlanden, das „Job Seeker Classification Instrument“ in Australien und die Initiative „Worker Profiling and Reemployment Services“ (WPRS) in den Vereinigten Staaten (Desiere, Langenbucher und Struyven, 2019[87]).

Abbildung 4.22. Die Erwachsenenbildungsteilnahme ist in vielen Regionen sehr gering

Weiterbildungsquote Erwachsener, TL2-Regionen (entspricht in Deutschland den Ländern), in %

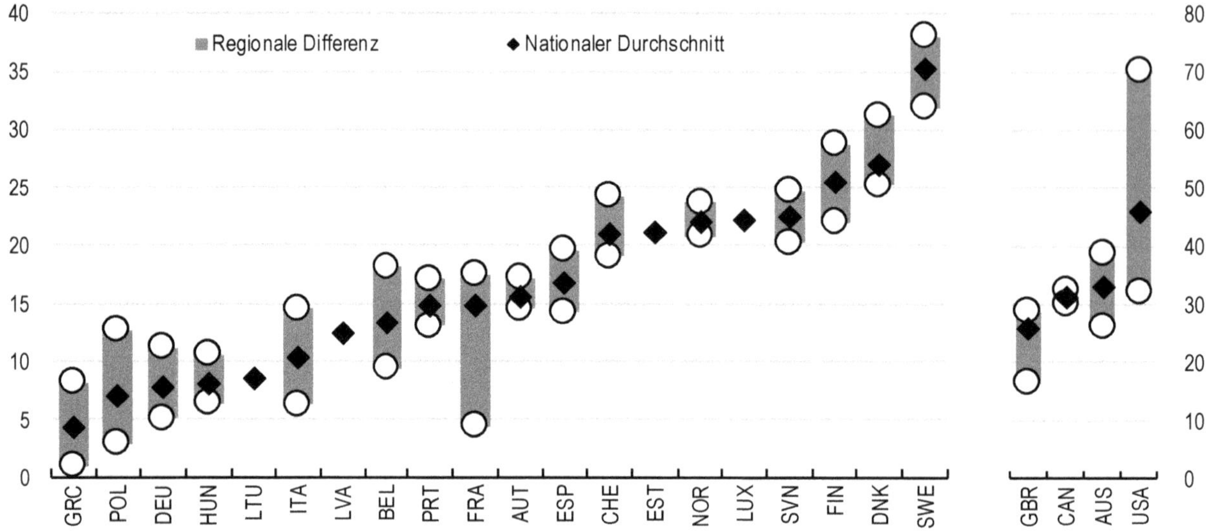

Anmerkung: Die Weiterbildungsquote Erwachsener ist der Anteil der Bevölkerung im Alter von 25 bis 64 Jahren, der im vorangegangenen Monat (EU), den vorangegangenen drei Monaten (Vereinigtes Königreich) oder den vorangegangenen zwölf Monaten (Australien, Kanada und Vereinigte Staaten) an einer berufsbezogenen Weiterbildung teilgenommen hat. Der unterschiedliche Zeithorizont erklärt sich aus geografischen Unterschieden im Fragebogendesign.
Quelle: *OECD Twin Transition Tracker* (Datenbank).

StatLink https://stat.link/shrbgm

Ein wichtiger politischer Hebel, um die Agglomerationseffekte in Regionen im Wandel zu wahren, ist die Umnutzung bereits bestehender Infrastrukturen durch Investitionen und die Umschulung der Beschäftigten. Dies hilft, eine starke Abwanderung von Arbeitskräften aus den betroffenen Regionen zu verhindern und negative Rückkopplungseffekte zu vermeiden. Für die Strukturstärkung in den Regionen, die vom Ausstieg aus der Kohleverstromung und dem Braunkohleabbau betroffen sind, wurden 41 Mrd. EUR bis 2038 bereitgestellt. Diese Mittel sind u. a. für Infrastrukturinvestitionen, Innovations- und Weiterbildungshilfen und Investitionszuschüsse bestimmt. Förderfähig sind Investitionen in die Herstellung von Erneuerbare-Energien-Anlagen, z. B. Solarpanels, Batteriezellen, Windräder, Wärmepumpen und Elektrolyseure, sowie Ausgaben für innovationsbezogene Wissenstransfers und Vernetzungsaktivitäten, Startup-Finanzierung und Fachkräfteanwerbung. Umgerechnet auf die schätzungsweise 20 000 direkt betroffenen Beschäftigten im Kohlesektor entspricht dies über die Programmlaufzeit im Jahresdurchschnitt Kosten in Höhe von 100 000 EUR pro Arbeitsplatz (Suedekum, 2023[16]). Zusätzlich zu den 41 Mrd. EUR zur Unterstützung der Kohleausstiegsregionen sind weitere 5 Mrd. EUR für Frühverrentungsprogramme für ältere Arbeitnehmende bestimmt. Diese Mittel könnten gezielter eingesetzt werden, da die Wohlfahrtsverluste gerade für Beschäftigte mittleren Alters hoch sind und die Frühverrentung infolge höherer Rentenausgaben zusätzliche Kosten entstehen lässt (Haywood, Janser und Koch, 2024[88]). Würden diese Mittel stattdessen genutzt, um Lohnkostenzuschüsse zu finanzieren, wäre es möglich, die Gesamtwohlfahrt zu steigern und die fiskalischen Kosten zu senken, indem ein Wechsel der betroffenen Arbeitskräfte in andere Branchen erleichtert würde.

Tabelle 4.2. Frühere Empfehlungen und ergriffene Maßnahmen

Frühere Empfehlungen	Ergriffene Maßnahmen
Die Kofinanzierung regionaler Projekte durch den Bund prüfen.	2019 wurden mehrere Maßnahmen der regionalen Wirtschaftsförderung im gesamtdeutschen Fördersystem für strukturschwache Regionen (GFS) zusammengeführt. 2022 wurde die Gemeinschaftsaufgabe „Verbesserung der regionalen Wirtschaftsstruktur" (GRW) im Rahmen des GFS reformiert. Dabei wurden die lohnkostenbezogenen Zuschüsse an hochqualifizierte Beschäftigung geknüpft und das Entfernungskriterium für den Warenabsatz wurde aufgehoben. Zudem wurden die Fördervoraussetzungen für klimafreundliche Investitionen und forschungsintensive Unternehmen erleichtert.
Die Neubewertung des Grundbesitzes nutzen, um die Grundsteuer stärker an den Wert des Grundvermögens zu koppeln und das Steueraufkommen zu steigern.	Mit der vor Kurzem erfolgten Grundsteuerreform wurde eine regelmäßige Aktualisierung der Boden- und Gebäudewerte auf Basis der Verkehrswerte eingeführt. In vielen Bundesländern wurde die Reform jedoch so umgesetzt, dass die Gesamteinnahmen konstant bleiben.
Die kommunalen Planungskapazitäten durch interkommunale Zusammenarbeit, Schulungen und Neueinstellungen von einschlägigem Fachpersonal ausbauen.	Der Beschleunigungspakt zwischen Bund und Ländern soll die Standards und Verwaltungsverfahren der verschiedenen staatlichen Ebenen harmonisieren und die Planungs- und Genehmigungsverfahren für Infrastrukturinvestitionen weiter beschleunigen. 30 % der vereinbarten Ziele wurden bereits erreicht. Einige Bundesländer haben zentrale Anlaufstellen eingerichtet, die die Kommunen in den frühen Phasen der Zusammenarbeit beraten und den potenziellen Mehrwert erhöhter Synergien vermitteln. Außerdem fördern sie informelle Netzwerke, um den Wissens- und Erfahrungsaustausch in den Bereichen Stadtentwicklung, lokale Wirtschaftsentwicklung und Verkehr zu erleichtern.
Schrittweise von Subventionen für erneuerbare Energien zu einer gezielteren Förderung von grüner FuE und nahezu emissionsfreien Industrietechnologien übergehen, um die künftigen Emissionsvermeidungskosten zu senken.	Keine
Subventionen und Steuervergünstigungen für fossile Energieträger schrittweise abbauen und ggf. durch Emissionsminderungssubventionen oder direkte Geldleistungen an Haushalte ersetzen.	Die letzte Bundesregierung hat bis 2025 die Rechtsgrundlage und die technische Infrastruktur geschaffen, die eine pauschale Rückverteilung von Einnahmen aus der CO_2-Bepreisung direkt auf die Bankkonten der privaten Haushalte ermöglichen würde. Die länderübergreifende Verknüpfung von Verwaltungsdaten, um zu gewährleisten, dass solche Geldleistungen einkommensabhängig sind, stellt nach wie vor eine Herausforderung dar.
Die Mindesteffizienzstandards für Gebäude anheben und Energieausweise für alle Bestandsbauten vorschreiben.	Mit dem novellierten Gebäudeenergiegesetz wurden die Energieeffizienzstandards für Neubauten in Neubaugebieten ab Januar 2024 angehoben. Neu eingebaute Heizungen müssen mindestens 65 % der bereitgestellten Wärme aus erneuerbaren Energien erzeugen. Für Bestandsimmobilien und Neubauten außerhalb von Neubaugebieten greifen die Standards ab 2026 bzw. 2028.
Die Ladeinfrastruktur ausbauen sowie kleine Akteure durch zielgenaue Subventionen unterstützen, die Preisbildung standardisieren und Leistungsanforderungen festlegen, um den Wettbewerb zu fördern und den Marktzugang zu verbessern.	Eine Sektoruntersuchung des Bundeskartellamts von 2024 kam zu dem Ergebnis, dass der Wettbewerb auf den lokalen Ladeinfrastrukturmärkten schwach ist. Dies ist u. a. dadurch bedingt, dass bei der Konzessionsvergabe private Anbieter häufig diskriminiert und die kommunalen Stadtwerke bevorzugt werden.
Die Rahmenbedingungen für Unternehmensinvestitionen in Wissenskapital verbessern, u. a. durch eine Prüfung der Höchstgrenze für die steuerliche FuE-Förderung, damit diese auch von größeren mittelständischen Unternehmen stärker in Anspruch genommen werden kann.	Seit den jüngsten Änderungen im Jahr 2024 sind die FuE-Ausgaben von Großunternehmen und KMU bis zu einer Höhe von 10 Mio. EUR pro Jahr förderfähig; die Forschungszulage beträgt 25 % bzw. 35 % der Bemessungsgrundlage.
Die Digitalisierung von KMU beschleunigen, indem die bestehende KMU-Förderung rasch umgesetzt und bei Bedarf aufgestockt wird und die Investitionsanreize für Sachkapital so ausgestaltet werden, dass sie die Ausgaben der Unternehmen für digitale Dienstleistungen nicht hemmen.	Im Rahmen des GFS wurden die zeitaufwendigen und komplexen Antragsverfahren des Zentralen Innovationsprogramms Mittelstand (ZIM) teilweise vereinfacht. Mit dem ZIM wurden in den geförderten Unternehmen zusätzliche Mittel für FuE-Ausgaben und forschungsbezogene Beschäftigung mobilisiert. Zudem wurde die Zusammenarbeit zwischen Unternehmen und Forschungseinrichtungen gefördert, was kleinen und mittleren Unternehmen half, bei der Innovationskraft aufzuschließen.
Mehr Informations- und Aufklärungsarbeit leisten, um die Klima- und Verteilungseffekte beschlossener Maßnahmen zu erläutern.	Keine
Die Zielgruppe für Instrumente der aktiven Arbeitsmarktpolitik vergrößern und den Fokus auf Umschulungen und den Erwerb von Grundkompetenzen richten; die Erwachsenenbildung durch bundeseinheitliche Qualitätsstandards verbessern und die Angebote über die Regionen hinweg besser koordinieren und vermarkten.	Mit der Einführung des Bürgergelds wurde der Vermittlungsvorrang zugunsten eines stärkeren Fokus auf Weiterbildung aufgegeben. Bürgergeldempfänger*innen wurde es damit leichter gemacht, dreijährige Berufsausbildungen zu absolvieren oder Erwachsenenbildungsangebote zu nutzen.

Tabelle 4.3. Wichtigste Feststellungen und Empfehlungen (zentrale Empfehlungen in Fettdruck)

Wichtigste Feststellungen	Empfehlungen
Regionalförderung stärken	
Die zweckgebundenen Zuweisungen des Bundes und die industriepolitischen Maßnahmen sind nicht mit den Maßnahmen der regionalen Wirtschaftsförderung koordiniert. Auch wenn sich ihre Zielsetzungen unterscheiden können, zielen sie doch häufig auf die gleichen Bereiche ab.	**Die Zweckzuweisungen des Bundes und die industriepolitischen Maßnahmen besser mit den Maßnahmen der regionalen Wirtschaftsförderung koordinieren, um die Ausgabeneffizienz und die Wirksamkeit der Maßnahmen zur Stärkung der regionalen Entwicklung zu steigern.**
Die Kriterien für die Investitionszuschüsse aus der regionalen Wirtschaftsförderung könnten Unternehmen dazu bewegt haben, klein zu bleiben und geringer qualifizierte Kräfte zu beschäftigen, was das Produktivitätswachstum in den Empfängerregionen gehemmt haben könnte. Dass die Unternehmen bei der Beantragung von GRW-Mitteln ihre Wirtschafts-Identifikationsnummer angeben müssen, erleichtert die Evaluierung der Investitionszuschüsse.	Die Kriterien der regionalen Wirtschaftsförderung von der Größe der antragstellenden Unternehmen unabhängig machen und höhere Fördersätze für die Einstellung höher qualifizierter und angemessen geschulter Arbeitskräfte festlegen. Die Unternehmen bei der Beantragung aller im Rahmen der regionalen Wirtschaftsförderung gezahlten Investitionszuschüsse und sonstigen Fördermittel zur Angabe ihrer Wirtschafts-Identifikationsnummer verpflichten, um die Evaluierung der Maßnahmen weiter zu verbessern.
Das Gesamtdeutsche Fördersystem für strukturschwache Regionen zielt auf die Schaffung gleichwertiger Lebensverhältnisse ab, jedoch sehen sich auch aktuell nicht geförderte Regionen künftig mit hohen Kosten durch Emissionsminderung und für Klimaanpassung konfrontiert.	Den Mechanismus zur Fördermittelverteilung in der regionalen Wirtschaftsförderung dahin gehend verändern, dass auch die voraussichtlichen Kosten durch Emissionsminderung und für Klimaanpassung berücksichtigt werden.
Die finanziellen und administrativen Kapazitäten der Kommunen verbessern	
Bundesgesetze über Steuerentlastungen und Sozialleistungen können starke Auswirkungen auf die Finanzlage der Kommunen haben und die verfügbaren Mittel für Investitionen verringern.	Wenn künftige Gesetzesänderungen auf Bundesebene negative Auswirkungen auf die Haushaltslage der Gemeinden haben, als Ausgleich dafür den Anteil der Kommunen an den Gemeinschaftsteuern erhöhen und dabei sicherstellen, dass die Zuweisungen der Länder im Rahmen des kommunalen Finanzausgleichs nicht im Gegenzug gekürzt werden.
Die Einnahmen der Kommunen aus der laufenden Besteuerung von unbeweglichem Vermögen sind niedrig, obwohl die Grundstücks- und Gebäudepreise stark gestiegen sind. Außerdem wird die Finanzlage der Kommunen dadurch beeinträchtigt, dass ihr Steueraufkommen stark konjunkturabhängig ist.	**Die kürzlich erfolgte Neubewertung des Grundbesitzes nutzen, um die Grundsteuer stärker an den Verkehrswert zu koppeln und das Steueraufkommen zu steigern, wobei zahlungsschwachen Wohneigentümer*innen Steuerstundungen gewährt werden sollten.**
Ein starker Ausgleich der Einnahmeunterschiede über den bundesstaatlichen Finanzausgleich verringert die Anreize der Länder, eigene Anstrengungen zu unternehmen, um die Finanzlage ihrer Kommunen zu verbessern.	Das Gewicht der kommunalen Steuerkraftmesszahl bei der Berechnung des Länderfinanzausgleichs anheben und den Satz erhöhen, mit dem überdurchschnittliche Zuwächse der Steuereinnahmen von der Finanzkraft abgezogen werden.
Die fehlende Transparenz und Standardisierung der kommunalen Rechnungslegung verringert die Vergleichbarkeit und erschwert die Früherkennung von Haushaltsproblemen.	Die doppische Rechnungslegung für alle Kommunen verbindlich einführen und die Frühwarnmechanismen für fiskalische Risiken stärken.
Aufgrund der großen Zahl kleiner Kommunen sind die Kosten der Erbringung öffentlicher Dienstleistungen im Verhältnis zur Bevölkerung hoch; im Zuge von Bevölkerungsalterung und -rückgang könnten sie weiter zunehmen. Eine engere Zusammenarbeit der Kommunen könnte hier große Vorteile bringen.	Eine stärkere Zusammenarbeit zwischen den Kommunen bei der Erbringung öffentlicher Dienstleistungen fördern, u. a. durch finanzielle Anreize und kapazitätsbildende Maßnahmen, und eine verbindliche Zusammenarbeit oder eine Gebietsreform in Erwägung ziehen.
Verwaltungsleistungen wie die Ausstellung von Führerscheinen oder Reisepässen sind dezentralisiert, die Erstellung der Dokumente erfolgt jedoch zentralisiert. Der Fachkräftemangel verringert die Kapazitäten der lokalen Verwaltungen.	Verwaltungsaufgaben, die weniger Beratungsaufwand erfordern und sich besser digitalisieren lassen, bündeln oder auf andere Verwaltungsebenen übertragen, um Personal für andere lokale Verwaltungsabläufe freizusetzen.
Horizontale Maßnahmen konzipieren, um die ökologische und digitale Transformation in den Regionen zu fördern	
Neue Produktionsstandorte für sauberen Wasserstoff in entlegenen Gebieten müssen eine kritische Masse erreichen, damit die Finanzierung der Investitionen des privaten Sektors in das Wasserstoff-Kernnetz gesichert ist. Die Unsicherheit in Zusammenhang mit der Nutzung der Wasserstofftechnologie könnte fiskalische Risiken mit sich bringen.	Die Planung und Umsetzung der Wasserstoff-Kernnetzinfrastruktur mit den Maßnahmen der regionalen Wirtschaftsförderung koordinieren, um die Wirksamkeit dieser Maßnahmen zu gewährleisten und die Ausgabeneffizienz zu steigern.
Die Wartezeiten für den Anschluss von Speicherkapazitäten und energieintensiven Großanlagen an das Stromnetz sind nach wie vor lang; dies hemmt Investitionen in die ökologische Transformation der Industrie und die regionale Wirtschaftsentwicklung.	Die Genehmigungsverfahren für Netzausbauinvestitionen durch eine stärkere Digitalisierung beschleunigen und die Verfahren zur Beurteilung der Kapitalausstattung der Netzbetreiber vereinfachen.

Wichtigste Feststellungen	Empfehlungen
In Gebieten mit hohem Angebot an erneuerbaren Energien sind die Netzentgelte höher. Dies verringert die Akzeptanz der erneuerbaren Energien in der Öffentlichkeit und senkt die Anreize für Unternehmen, dorthin überzusiedeln, wo Grünstrom erzeugt wird.	**Sicherstellen, dass die jüngsten Netzentgeltsenkungen an die Kund*innen weitergegeben werden, und in Erwägung ziehen, die Netzentgeltanreize weiter zu verbessern, damit Unternehmen in Gebiete übersiedeln, die mit Strom aus erneuerbaren Energien versorgt werden.**
Die Stromerzeugung aus erneuerbaren Energien ist über die Zeit weniger stabil. Die Preissignale auf der Verbraucherseite sind aufgrund statischer Abgaben, Steuern und Netzentgelte schwach.	Zeitvariable Netzentgelte einführen und Netzentgeltermäßigungen, die Anreize für eine stabile Stromnachfrage setzen, schrittweise abschaffen.
Die Investitionen in die Schieneninfrastruktur reichen nicht aus, um die Netzkapazität zu verbessern. Der geringe Digitalisierungsgrad und die zunehmenden Fachkräfteengpässe drohen das Angebot an Schienenverkehrsleistungen zu verringern.	Die öffentlichen Investitionen in das Schienennetz auf der Grundlage von Kosten-Nutzen-Analysen anheben und die Kontroll- und Signalsysteme rascher digitalisieren.
Private FuE-Ausgaben werden ganz überwiegend von Großunternehmen getätigt, was zu großen regionalen Unterschieden bei der Innovationsleistung führt. Der Verwaltungsaufwand für die öffentliche Innovationsfinanzierung ist hoch, und die Start-up-Finanzierung ist unzureichend.	Die Zusammenarbeit zwischen Forschungseinrichtungen und kleineren Unternehmen verbessern, den Verwaltungsaufwand für die öffentliche Innovationsfinanzierung verringern und die Zusammenarbeit mit Finanzierungseinrichtungen gestatten, um die Vermarktung neuer Ideen zu erleichtern.
Die in vielen Regionen niedrige durchschnittliche Downloadgeschwindigkeit hemmt Investitionen in Wissenskapital und die Einführung digitaler Technologien.	Die gemeinsame Infrastrukturnutzung erleichtern, die Planungs- und Genehmigungsverfahren beschleunigen und die Nutzung kostengünstiger Technologien für den Glasfaserausbau fördern.
Datenschutz- und Sicherheitsbedenken hemmen den Einsatz digitaler Technologien in den Unternehmen. Unterschiede bei der Auslegung der Datenschutzvorschriften bremsen die Einführung digitaler Technologien und die Innovationstätigkeit.	Das Management von digitalen Sicherheitsrisiken in den Unternehmen durch eine überarbeitete nationale Cyber-Sicherheitsstrategie fördern und die Auslegung der Datenschutzvorschriften in den verschiedenen Bundesländern harmonisieren.
Verteilungsfolgen dämpfen und Arbeitskräfte im Strukturwandel unterstützen	
Die Akzeptanz der ökologischen Transformation leidet darunter, dass die Einnahmen aus der CO_2-Bepreisung nicht an die privaten Haushalte rückverteilt werden, wobei die öffentliche Akzeptanz progressiv gestalteter Transfers höher wäre als die von Pauschalzahlungen.	Die Einnahmen aus der CO_2-Besteuerung nutzen, um progressive Transferleistungen an Haushalte und Anreize für eine verbesserte Energieeffizienz in sozialem Wohnraum zu finanzieren.
Im Zuge der digitalen und der ökologischen Transformation werden viele Arbeitskräfte den Arbeitsplatz wechseln müssen. Das formale Berufsbildungsangebot ist von hoher Qualität.	**Arbeitslosen mehr Möglichkeiten bieten, eine formale Berufsausbildung abzuschließen, und die Koordinierung zwischen den Jobcentern und den Arbeitgebenden vor Ort weiter verbessern.**
Die Frühverrentungsprogramme für ältere Beschäftigte in den Kohleregionen sind kostspielig. Für Arbeitskräfte im Haupterwerbsalter hat der Kohleausstieg schwerere Auswirkungen; durch Lohnkostenzuschüsse könnte ihnen geholfen werden, eine neue Beschäftigung zu finden.	Die im Kontext des Kohleausstiegs für Frühverrentungsprogramme vorgesehenen Mittel stattdessen in Lohnkostenzuschüsse fließen lassen.

Literaturverzeichnis

Akcigit, U. et al. (2023), „Committing to Grow: Privatizations and Firm Dynamics in East Germany", *NBER Working Paper Series*, No. 31645, National Bureau of Economic Research, Cambridge, MA, https://doi.org/10.3386/w31645. [22]

Atalay, E. et al. (2023), „Micro- and Macroeconomic Impacts of a Place-Based Industrial Policy", *NBER Working Paper Series*, No. 31293, National Bureau of Economic Research, Cambridge, MA, https://doi.org/10.3386/w31293. [29]

Bachmann, R. et al. (2024), „Monopsony Makes Firms not only Small but also Unproductive: Why East Germany has not Converged", *ECONtribute Discussion Papers*, No. 328, ECONtribute: Märkte & Public Policy, https://www.econtribute.de/RePEc/ajk/ajkdps/ECONtribute_328_2024.pdf. [26]

Bach, S. und S. Eichfelder (2021), „Reform der Immobilienbesteuerung: Bodenwerte belasten und Privilegien streichen", *DIW Wochenbericht*, Vol. 88/27, S. 463–470, https://doi.org/10.18723/diw_wb:2021-27-3. [43]

Batista e Silva, F. et al. (2024), *Challenges and opportunities for territorial cohesion in Europe – Contributions to the 9th Cohesion report*, Amt für Veröffentlichungen der Europäischen Union, Luxemburg, https://doi.org/10.2760/466949. [74]

BBSR (o. J.), „INKAR – Indikatoren und Karten zur Raum- und Stadtentwicklung", interaktiver Online-Atlas, Bundesinstitut für Bau-, Stadt- und Raumforschung, Bonn, https://www.inkar.de/. [4]

Becker, S., L. Mergele und L. Woessmann (2020), „The Separation and Reunification of Germany: Rethinking a Natural Experiment Interpretation of the Enduring Effects of Communism", *Journal of Economic Perspectives*, Vol. 34/2, S. 143–171, https://doi.org/10.1257/jep.34.2.143. [20]

Bergvall, D. et al. (2006), „Intergovernmental Transfers and Decentralised Public Spending", *OECD Working Papers on Fiscal Federalism*, No. 3, OECD Publishing, Paris, https://doi.org/10.1787/5k97b11z2hxw-en. [36]

Beznoska, M. und T. Hentze (2019), „Verschuldung der Kommunen in Deutschland: Vorschläge für mehr Handlungsfähigkeit", *IW-Reports*, No. 27, Institut der deutschen Wirtschaft, Köln, https://www.iwkoeln.de/fileadmin/user_upload/Studien/Report/PDF/2019/IW-Report_2019_Kommunale_Finanzen.pdf. [40]

Bland, N., K. Kilpatrick und N. Dimitrova (2021), *Systems of local governance and how citizens participate: international review*, The Scottish Government, Edinburgh, https://www.gov.scot/publications/systems-local-governance-citizens-participate-international-review. [50]

Blesse, S., Hoegner; Leon und S. Necker (2024), „Steht der Staat sich selbst im Weg? Bürokratie in der Fördermittelvergabe an Kommunen", *ifo Schnelldienst*, Vol. 77/11, S. 43–46, https://www.ifo.de/DocDL/sd-2024-11-kosten-buerokratie-reformen.pdf. [17]

Blöchliger, H., D. Bartolini und S. Stossberg (2016), „Does Fiscal Decentralisation Foster Regional Convergence?", *OECD Economic Policy Papers*, No. 17, OECD Publishing, Paris, https://doi.org/10.1787/5jlr3c1vcqmr-en. [38]

Blöchliger, H. und J. Kim (Hrsg.) (2016), *Fiscal Federalism 2016: Making Decentralisation Work*, OECD Publishing, Paris, https://doi.org/10.1787/9789264254053-en. [35]

Blum, U. (2019), „The Eastern German Growth Trap: Structural Limits to Convergence?", *Intereconomics*, Vol. 54/6, S. 359–368, https://doi.org/10.1007/s10272-019-0854-8. [21]

BMF (2023), *Finanzbeziehungen auf der Grundlage der Finanzverfassung 2023*, Bundesministerium der Finanzen, Berlin, https://www.bundesfinanzministerium.de/Content/DE/Downloads/Broschueren_Bestellservice/bund-laender-finanzbeziehungen-2023.pdf. [14]

BMWK (2024), *Gleichwertigkeitsbericht 2024*, Bundesministerium für Wirtschaft und Klimaschutz, Berlin, https://www.bmwk.de/Redaktion/DE/Publikationen/Wirtschaft/gleichwertigkeitsbericht-der-bundesregierung-2024.html. [5]

BMWK (2024), *Koordinierungsrahmen der Gemeinschaftsaufgabe „Verbesserung der regionalen Wirtschaftsstruktur" ab 1. Januar 2024*, Bundesministerium für Wirtschaft und Klimaschutz, Berlin, https://www.bmwk.de/Redaktion/DE/Downloads/J-L/koordinierungsrahmen-gemeinschaftsaufgabe-verbesserung-regionale-wirtschaftsstruktur.pdf. [15]

BMWK (2021), *Digitalisierung in Deutschland – Lehren aus der Corona-Krise*, Gutachten des Wissenschaftlichen Beirats beim Bundesministerium für Wirtschaft und Energie, BMWK, Berlin, https://www.bmwk.de/Redaktion/DE/Publikationen/Ministerium/Veroeffentlichung-Wissenschaftlicher-Beirat/gutachten-digitalisierung-in-deutschland.pdf. [56]

Brachert, M. et al. (2024), *„Evaluation der Gemeinschaftsaufgabe ‚Verbesserung der regionalen Wirtschaftsstruktur' (GRW)" durch einzelbetriebliche Erfolgskontrolle – Evaluationsbericht*, IWH Studies, No. 3/2024, IWH, Halle, https://www.iwh-halle.de/fileadmin/user_upload/publications/iwh_studies/iwh-studies_2024-03_de_GRW-Evaluationsbericht.pdf. [91]

Bundeskartellamt (2022), *Marktmachtbericht: Wettbewerbsverhältnisse im Bereich der Erzeugung elektrischer Energie 2021*, Bundeskartellamt, Bonn, https://www.bundeskartellamt.de/SharedDocs/Publikation/DE/Berichte/Marktmachtbericht_2021.pdf. [71]

Burger, A. und W. Bretschneider (2021), *Umweltschädliche Subventionen in Deutschland*, Texte, No. 143/2021, Umweltbundesamt, Dessau-Roßlau, https://www.umweltbundesamt.de/sites/default/files/medien/479/publikationen/texte_143-2021_umweltschaedliche_subventionen.pdf. [61]

Bury, Y. und L. Feld (2023), „Fiscal Federalism in Germany", in Tremblay, J. (Hrsg.), *The Forum of Federations Handbook of Fiscal Federalism*, Palgrave Macmillan, Cham, S. 159–211, https://doi.org/10.1007/978-3-030-97258-5_5. [46]

Cammeraat, E., A. Dechezleprêtre und G. Lalanne (2022), „Innovation and industrial policies for green hydrogen", *OECD Science, Technology and Industry Policy Papers*, No. 125, OECD Publishing, Paris, https://doi.org/10.1787/f0bb5d8c-en. [64]

Cordonnier, J. und D. Saygin (2022), „Green hydrogen opportunities for emerging and developing economies: Identifying success factors for market development and building enabling conditions", *OECD Environment Working Papers*, No. 205, OECD Publishing, Paris, https://doi.org/10.1787/53ad9f22-en. [63]

Dauth, W., S. Findeisen und J. Suedekum (2014), „The Rise of the East and the Far East: German Labor Markets and Trade Integration", *Journal of the European Economic Association*, Vol. 12/6, S. 1643–1675, https://doi.org/10.1111/jeea.12092. [1]

De Mello, L. (2019), „Local Government Cooperation: Challenges, Trends and International Experience", Paper für die „Jornada sobre Experiencias de Cooperación y Asistencia entre Municipios", Universitat de Barcelona, https://www.researchgate.net/publication/340778794. [52]

De Paola, A., N. Andreadou und E. Kotsakis (2023), *Clean Energy Technology Observatory: Smart Grids in the European Union – 2023 Status Report on Technology Development, Trends, Value Chains and Markets*, Amt für Veröffentlichungen der Europäischen Union, Luxemburg, https://doi.org/10.2760/237911. [69]

Dechezleprêtre, A. et al. (2022), „Fighting climate change: International attitudes toward climate policies", *OECD Economics Department Working Papers*, No. 1714, OECD Publishing, Paris, https://doi.org/10.1787/3406f29a-en. [84]

Desiere, S., K. Langenbucher und L. Struyven (2019), „Statistical profiling in public employment services: An international comparison", *OECD Social, Employment and Migration Working Papers*, No. 224, OECD Publishing, Paris, https://doi.org/10.1787/b5e5f16e-en. [87]

Deutscher Städtetag (2023), „Stadtfinanzen 2023 – Schlaglichter des Deutschen Städtetages", *Beiträge zur Stadtpolitik*, No. 120, Deutscher Städtetag, Berlin und Köln, https://www.staedtetag.de/files/dst/docs/Publikationen/Beitraege-zur-Stadtpolitik/2023/beitraege-zur-stadtpolitik-120-stadtfinanzen-2023.pdf. [33]

Dinauer, R., A. Kammerer und K. Ott (2022), „Das Problem beginnt dort, wo dem Fiskus etwas vorgespielt wird“, *Süddeutsche Zeitung*, 16. Februar. [39]

Dougherty, S. und H. Kim (Hrsg.) (2023), *Bricks, Taxes and Spending: Solutions for Housing Equity across Levels of Government*, OECD Fiscal Federalism Studies, OECD Publishing, Paris, https://doi.org/10.1787/7a22f9a6-en. [45]

Durán Laguna, J. (Hrsg.) (2024), *Ninth report on economic, social and territorial cohesion*, Amt für Veröffentlichungen der Europäischen Union, Luxemburg, https://doi.org/10.2776/585966. [9]

Estrin, S. et al. (2009), „The Effects of Privatization and Ownership in Transition Economies“, *Journal of Economic Literature*, Vol. 47/3, S. 699–728, https://doi.org/10.1257/jel.47.3.699. [24]

Europäische Kommission (2024), *DESI 2024 indicators*. [81]

Fazekas, M. und J. Blum (2021), „Improving Public Procurement Outcomes Review of Tools and the State of the Evidence Base“, *Policy Research Working Paper*, No. WPS9690, Weltbank, Washington, D.C., http://documents.worldbank.org/curated/en/656521623167062285/Improving-Public-Procurement-Outcomes-Review-of-Tools-and-the-State-of-the-Evidence-Base. [55]

Freier, R., R. Geißler und M. Gnädinger (2023), *Kommunaler Finanzreport 2023*, Bertelsmann Stiftung, Gütersloh, https://doi.org/10.11586/2023042. [32]

Friedrich, T. et al. (2023), *Kommunalbefragung Klimaanpassung 2023*, Climate Change, No. 34/2024, Umweltbundesamt, Dessau-Roßlau, https://www.umweltbundesamt.de/sites/default/files/medien/11850/publikationen/34_2024_cc_kommunalbefragung.pdf. [30]

Fuest, C., J. Hey und C. Spengel (2021), „Vorschläge für eine Reform der Immobilienbesteuerung“, *Ifo Schnelldienst*, Vol. 74/12, S. 31–38, https://www.ifo.de/DocDL/sd-2021-12-fuest-hey-spengel-immobilienbesteuerung.pdf (Abruf: 23 September 2022). [42]

Gagliardi, L., E. Moretti und M. Serafinelli (2023), „The World’s Rust Belts: The Heterogeneous Effects of Deindustrialization on 1,993 Cities in Six Countries“, *NBER Working Paper Series*, No. 31948, National Bureau of Economic Research, Cambridge, MA, https://doi.org/10.3386/w31948. [2]

Garicano, L., C. Lelarge und J. Van Reenen (2016), „Firm Size Distortions and the Productivity Distribution: Evidence from France“, *American Economic Review*, Vol. 106/11, S. 3439–3479, https://doi.org/10.1257/aer.20130232. [27]

Gontek, F. und M. Sutera (2024), „In Deutschland werden Milliarden Steuergelder verprasst. Und das seit Jahren“, *Der Spiegel*, 19. Dezember, https://www.spiegel.de/karriere/fragwuerdige-kurse-fuer-arbeitslose-in-deutschland-werden-milliarden-steuergelder-verprasst-a-858e3b35-94e8-4cb1-8da8-f2fd40dc2a83. [86]

Hanny, L. et al. (2022), „On the progress in flexibility and grid charges in light of the energy transition: The case of Germany“, *Energy Policy*, Artikel 112882, https://doi.org/10.1016/J.ENPOL.2022.112882. [68]

Hanushek, E., J. Ruhose und L. Woessmann (2017), „Knowledge Capital and Aggregate Income Differences: Development Accounting for US States“, *American Economic Journal: Macroeconomics*, Vol. 9/4, S. 184–224, https://doi.org/10.1257/mac.20160255. [12]

Haywood, L., M. Janser und N. Koch (2024), „The Welfare Costs of Job Loss and Decarbonization: Evidence from Germany’s Coal Phaseout“, *Journal of the Association of Environmental and Resource Economists*, Vol. 11/3, S. 577–611, https://doi.org/10.1086/726425. [88]

Heider, B. et al. (2023), *Ungleiches Deutschland: Sozioökonomische Disparitäten 2023 – Wissenschaftlicher Hintergrundbericht*, Friedrich Ebert Stiftung, Berlin, https://library.fes.de/pdf-files/a-p-b/20535.pdf. [8]

Herrmann, B. (2022), „Local taxes on economic activity in municipalities in EU member states“, *European Commission Science for policy brief*. [34]

IEA (2023), *Net Zero Roadmap: A Global Pathway to Keep the 1.5 °C Goal in Reach*, IEA Publications, Paris, https://www.iea.org/reports/net-zero-roadmap-a-global-pathway-to-keep-the-15-0c-goal-in-reach. [62]

IEA (2020), *Germany 2020 Energy Policy Review*, IEA Energy Policy Reviews, OECD Publishing, Paris, https://doi.org/10.1787/cedb9b0a-en. [66]

Jirmann, J. (2022), *Steuerprivilegien bei Erbschaften und Schenkungen*, Friedrich Ebert Stiftung, Bonn, https://library.fes.de/pdf-files/a-p-b/19775.pdf. [83]

Juhász, R. et al. (2023), „The Who, What, When, and How of Industrial Policy: A Text-Based Approach", *STEG Working Paper*, Vol. WP050, https://steg.cepr.org/sites/default/files/2023-01/WP050%20Juh%C3%A1szLaneOehlsenP%C3%A9rez%20TheWhoWhatWhenAndHowOfIndustrialPolicy.pdf. [59]

Kerr, W. und W. Lincoln (2010), „The Supply Side of Innovation: H-1B Visa Reforms and U.S. Ethnic Invention", *Journal of Labor Economics*, Vol. 28/3, S. 473–508, https://doi.org/10.1086/651934. [80]

Mergele, L., M. Hennicke und M. Lubczyk (2022), „The Big Sell: Privatizing East Germany's Economy", *ZEW Discussion Paper*, No. 20-043, ZEW, Mannheim, https://ftp.zew.de/pub/zew-docs/dp/dp20043.pdf. [25]

Millot, V. und Ł. Rawdanowicz (2024), „The return of industrial policies: Policy considerations in the current context", *OECD Economic Policy Papers*, No. 34, OECD Publishing, Paris, https://doi.org/10.1787/051ce36d-en. [58]

Moretti, D., A. Keller und M. Majercak (2023), „Medium-term and top-down budgeting in OECD countries", in OECD (Hrsg.), *OECD Journal on Budgeting, Volume 2023 Issue*, OECD Publishing, Paris, https://doi.org/10.1787/39425570-en. [49]

NKR (2025), *Bündelung im Föderalstaat. Zeitgemäße Aufgabenorganisation für eine leistungsfähige und resiliente Verwaltung*, Gutachten, Nationaler Normenkontrollrat, Berlin, https://www.normenkontrollrat.bund.de/Webs/NKR/SharedDocs/Downloads/DE/Gutachten/2025-b%C3%BCndelung-im-f%C3%B6deralstaat.pdf. [53]

NKR (2021), *Jahresbericht 2021: Zukunftsfester Staat – weniger Bürokratie, praxistaugliche Gesetze und leistungsfähige Verwaltung*, Nationaler Normenkontrollrat, Berlin, https://www.normenkontrollrat.bund.de/Webs/NKR/SharedDocs/Downloads/DE/Jahresberichte/2021-jahresbericht.pdf. [57]

OECD (2024), *Job Creation and Local Economic Development 2024: The Geography of Generative AI*, OECD Publishing, Paris, https://doi.org/10.1787/83325127-en. [11]

OECD (2024), „Migration and regional innovation in Australia", *OECD Regional Development Papers*, No. 66, OECD Publishing, Paris, https://doi.org/10.1787/6d6ff472-en. [79]

OECD (2024), *OECD Economic Surveys: Norway 2024*, OECD Publishing, Paris, https://doi.org/10.1787/cb13475f-en. [67]

OECD (2024), *OECD Regions and Cities at a Glance 2024*, OECD Publishing, Paris, https://doi.org/10.1787/f42db3bf-en. [78]

OECD (2024), *OECD-Bericht zu Künstlicher Intelligenz in Deutschland*, OECD Publishing, Paris, https://doi.org/10.1787/8fd1bd9d-de. [82]

OECD (2024), „SME Digitalisation to manage shocks and transitions: 2024 OECD D4SME survey", *OECD SME and Entrepreneurship Papers*, No. 62, OECD Publishing, Paris, https://doi.org/10.1787/eb4ec9ac-en. [10]

OECD (2023), *Job Creation and Local Economic Development 2023: Bridging the Great Green Divide*, OECD Publishing, Paris, https://doi.org/10.1787/21db61c1-en. [85]

OECD (2023), *OECD Regional Outlook 2023: The Longstanding Geography of Inequalities*, OECD Publishing, Paris, https://doi.org/10.1787/92cd40a0-en. [6]

OECD (2023), *OECD-Wirtschaftsberichte: Deutschland 2023*, OECD Publishing, Paris, https://doi.org/10.1787/80df9211-de. [60]

OECD (2023), *Regional Industrial Transitions to Climate Neutrality*, OECD Regional Development Studies, OECD Publishing, Paris, https://doi.org/10.1787/35247cc7-en. [7]

OECD (2022), *OECD-Berichte zur Innovationspolitik: Deutschland 2022: Agile Ansätze für erfolgreiche Transformationen*, OECD Publishing, Paris, https://doi.org/10.1787/9d21d68b-de. [75]

OECD (2022), *OECD-Berichte zur Innovationspolitik: Deutschland 2022: Agile Ansätze für erfolgreiche Transformationen*, OECD Publishing, Paris, https://doi.org/10.1787/9d21d68b-de. [76]

OECD (2022), *Tax Policy Reforms 2022: OECD and Selected Partner Economies*, OECD Publishing, Paris, https://doi.org/10.1787/067c593d-en. [41]

OECD (2021), *Fiscal Federalism 2022: Making Decentralisation Work*, OECD Publishing, Paris, https://doi.org/10.1787/201c75b6-en. [18]

OECD (2021), *Government at a Glance 2021*, OECD Publishing, Paris, https://doi.org/10.1787/1c258f55-en. [48]

OECD (2021), *Making Property Tax Reform Happen in China: A Review of Property Tax Design and Reform Experiences in OECD Countries*, OECD Fiscal Federalism Studies, OECD Publishing, Paris, https://doi.org/10.1787/bd0fbae3-en. [44]

OECD (2021), *OECD Economic Surveys: European Union 2021*, OECD Publishing, Paris, https://doi.org/10.1787/a77ab220-en. [47]

OECD (2019), *Öffentliche Vergabe in Deutschland: Strategische Ansatzpunkte zum Wohl der Menschen und für wirtschaftliches Wachstum*, OECD Publishing, Paris, https://doi.org/10.1787/48df1474-de. [54]

OECD (2018), „OECD Product Market Regulation (PMR) Indicators: How does Germany compare?", OECD, Paris, https://issuu.com/oecd.publishing/docs/ger_country_note_-_final?fr=sMzM1NTkzNTk1MQ. [72]

OECD (2016), „Taxes or grants: What revenue source for sub-central governments?", in *Fiscal Federalism 2016: Making Decentralisation Work*, OECD Publishing, Paris, https://doi.org/10.1787/9789264254053-6-en. [37]

Rodríguez-Pose, A. und F. Bartalucci (2023), „Regional vulnerability to the green transition", *Single Market Economics Papers*, No. 15, Amt für Veröffentlichungen der Europäischen Union, Luxemburg, https://doi.org/10.2873/739058. [31]

Rodríguez-Pose, A., L. Dijkstra und H. Poelman (2024), „The Geography of EU Discontent and the Regional Development Trap", *Economic Geography*, Vol. 100/3, S. 213–245, https://doi.org/10.1080/00130095.2024.2337657. [90]

Siegloch, S., N. Wehrhöfer und T. Etzel (2021), „Direct, Spillover and Welfare Effects of Regional Firm Subsidies", *IZA Discussion Paper Series*, No. 14362, Forschungsinstitut zur Zukunft der Arbeit, Bonn, https://docs.iza.org/dp14362.pdf. [28]

Sinn, H. (1995), „Factor Price Distortions and Public Subsidies in East Germany", *CEPR Discussion Papers*, No. 1155, CEPR Press, Paris & London, https://cepr.org/publications/dp1155. [23]

Stehnken, T. et al. (2024), *Endbericht Evaluation des „Zentralen Innovationsprogramms Mittelstand" (ZIM)*, Studie im Auftrag des Bundesministeriums für Wirtschaft und Klimaschutz, Prognos, Berlin, und ZEW, Mannheim, https://ftp.zew.de/pub/zew-docs/gutachten/ZIM_Evaluation_Endbericht_extern.pdf. [77]

Suedekum, J. (2023), „The broadening of place-based policies – from reactive cohesion towards proactive support for all regions", Paper für den Workshop 1 der OECD-EC High-Level Expert Workshop Series on „Place-Based Policies for the Future", https://www.oecd.org/content/dam/oecd/en/about/projects/cfe/place-based-policies-for-the-future/the-broadening-of-place-based%20policies-from-reactive-cohesion-towards-proactive-support-for-all-regions.pdf. [16]

SVR (2024), „Güterverkehr zwischen Infrastrukturanforderungen und Dekarbonisierung", Kapitel 2 im Frühjahrsgutachten des Sachverständigenrats zur Begutachtung der gesamtwirtschaftlichen Entwicklung, Wiesbaden, https://www.sachverstaendigenrat-wirtschaft.de/fileadmin/dateiablage/gutachten/fg2024/FG2024_Kapitel_2.pdf. [73]

Thöne, M. und J. Bullerjahn (2020), *Gemeindefinanzen und kommunaler Finanzausgleich*, GIZ, Bonn und Eschborn. [13]

Timera Energy (2024), „Negative prices surging: a German case study", Blogartikel, 15. September, https://timera-energy.com/blog/strong-growth-in-negative-prices-a-german-case-study/. [65]

Tounquet, F. und C. Alaton (2020), *Benchmarking smart metering deployment in the EU-28*, Amt für Veröffentlichungen der Europäischen Union, Luxemburg, https://doi.org/10.2833/492070. [70]

VATM (2024), „Position des VATM zur Migration von Kupfer auf Glasfaser", Positionspapier, 30. September, VATM, Köln, https://www.vatm.de/wp-content/uploads/2024/10/2024-09-30_VATM_Position_Kupfer-Glas-Migration_final.pdf. [89]

Vogel, L. (2022), „(How) Perceived Descriptive Underrepresentation Decreases Political Support: The Case of East Germans", *German Politics*, Vol. 32/1, S. 169–190, https://doi.org/10.1080/09644008.2022.2058494. [19]

von Hagen, J., R. Strauch und G. Wolff (2002), „East Germany: Transition with Unification, Experiments and Experiences", *ZEI Working Papers*, No. B 19-2002, Zentrum für Europäische Integrationsforschung, Bonn, https://hdl.handle.net/10419/39652. [3]

Zimmermann, K. (2017), „Re-Scaling of Metropolitan Governance in Germany", *Raumforschung und Raumordnung | Spatial Research and Planning*, Vol. 75/3, S. 253–263, https://doi.org/10.1007/s13147-017-0480-5. [51]

www.ingramcontent.com/pod-product-compliance
Ingram Content Group UK Ltd.
Pitfield, Milton Keynes, MK11 3LW, UK
UKHW051645031026
15588UKWH00007B/1330

9 789264 521438